Männlichkeit und gymnasialer Alltag

Theorie Bilden

Band 2

HANNELORE FAULSTICH-WIELAND, HANS-CHRISTOPH KOLLER,
KARL-JOSEF PAZZINI, MICHAEL WIMMER
(HERAUSGEBER IM AUFTRAG DES FACHBEREICHS
ERZIEHUNGSWISSENSCHAFT DER UNIVERSITÄT HAMBURG)

Editorial

Die Universität ist traditionell der hervorragende Ort für Theoriebildung. Ohne diese können weder Forschung noch Lehre ihre Funktionen und die in sie gesetzten gesellschaftlichen Erwartungen erfüllen. Zwischen Theorie, wissenschaftlicher Forschung und universitärer Bildung besteht ein unlösbares Band.

Auf diesen Zusammenhang soll die Schriftenreihe »Theorie Bilden« wieder aufmerksam machen in einer Zeit, in der Effizienz- und Verwertungsimperative wissenschaftliche Bildung auf ein Bescheidwissen zu reduzieren drohen und in der theoretisch ausgerichtete Erkenntnis- und Forschungsinteressen durch praktische oder technische Nützlichkeitsforderungen zunehmend delegitimiert werden. Dabei ist der Zusammenhang von Theorie und Bildung in besonderem Maße für die Erziehungswissenschaft von Bedeutung, ist doch Bildung nicht nur einer ihrer zentralen theoretischen Gegenstände, sondern zugleich auch eine ihrer praktischen Aufgaben. In ihr verbindet sich daher die Bildung von Theorien mit der Aufgabe, die Studierenden zur Theoriebildung zu befähigen.

In dieser Schriftenreihe werden theoretisch ausgerichtete Ergebnisse aus Forschung und Lehre von Mitgliedern des Fachbereichs publiziert, die das Profil des Faches Erziehungswissenschaft, seine bildungstheoretische Besonderheit im Schnittfeld zu den Fachdidaktiken, aber auch transdisziplinäre Ansätze dokumentieren. Es handelt sich dabei um im Kontext der Fakultät entstandene Forschungsarbeiten, hervorragende Promotionen, Habilitationen, aus Ringvorlesungen oder Tagungen hervorgehende Sammelbände, Festschriften, aber auch Abhandlungen im Umfang zwischen Zeitschriftenaufsatz und Buch sowie andere experimentelle Darstellungsformen.

Der Autor dieses Bandes:
Jürgen Budde (Dr. phil.) arbeitet an der Universität Hamburg sowie als freiberuflicher Bildungsreferent. Seine Forschungsschwerpunkte sind Männlichkeitsforschung, Gender Studies und Jungenarbeit.

Jürgen Budde

Männlichkeit und gymnasialer Alltag

Doing Gender im heutigen Bildungssystem

[transcript]

Bibliografische Information der Deutschen Bibliothek
Die Deutsche Bibliothek verzeichnet diese Publikation in der Deutschen
Nationalbibliografie; detaillierte bibliografische Daten sind im Internet über
http://dnb.ddb.de abrufbar.

© 2005 transcript Verlag, Bielefeld

Umschlaggestaltung und Innenlayout: Kordula Röckenhaus, Bielefeld
Lektorat und Satz: Jürgen Budde
Druck: Majuskel Medienproduktion GmbH, Wetzlar
ISBN 3-89942-324-0

Gedruckt auf alterungsbeständigem Papier mit chlorfrei gebleichtem Zell-
stoff.

Besuchen Sie uns im Internet: http://www.transcript-verlag.de

*Bitte fordern Sie unser Gesamtverzeichnis und andere Broschüren an
unter: info@transcript-verlag.de*

Inhalt

Einleitung

Die Veröffentlichung der Ergebnisse der ersten PISA-Studie (vgl. Baumert 2000) und weiterer Schulvergleichsstudien zieht eine nachhaltige Erschütterung der deutschen Schullandschaft nach sich. In der PISA-Studie wurden international die Fähigkeiten von Schülerinnen und Schülern untersucht, wobei das deutsche Bildungssystem allgemein recht schlecht abschnitt. Dabei offenbarte sich en passant eine unerhoffte, nichtsdestotrotz höchst interessante Erkenntnis. Die geschlechtsbezogene Diskussion der Ergebnisse zeigte, dass Pädagogik und Schulforschung nicht mehr so gleichgültig gegenüber der sozialen Kategorie Geschlecht sind, wie es ihnen noch in den 1980er Jahren zurecht vorgeworfen wurde (vgl. Faulstich-Wieland 1987). Denn die PISA-Studie erhob nicht nur konsequent die Geschlechtszugehörigkeit der Schülerinnen und Schüler, sondern wertete auch systematisch unter dieser Variable aus und wies geschlechtsbezogen die Stärken und Schwächen der Mädchen und Jungen nach. Dieses Vorgehen ist in den Sozialwissenschaften bisher noch nicht besonders weit verbreitet. Die häufig kritisierte – offensive oder diskrete – Zentrierung des Bildungssystems auf die Belange der Jungen ist damit aber noch lange nicht vom Tisch. Während es beispielsweise als ein Ergebnis der PISA-Studie allgemeines Aufsehen erregte, dass Jungen hauptsächlich im sprachlichen Bereich schlechter abschnitten als ihre Mitschülerinnen, inklusive vieler Vorschläge, um an diesem Punkt Abhilfe zu schaffen, so interessierten die schlechteren Noten der Mädchen in den Naturwissenschaften nicht im gleichen Maße. Und auch die aus der PISA-Studie gezogenen Konsequenzen sind häufig gerade nicht geschlechtlich ausdifferenziert. Trotzdem markiert diese Forschungspraxis durch die konsequente Berücksichtigung der Kategorie Geschlecht einen Wendepunkt innerhalb der geschlechtsbezogenen Schulforschung in Deutschland.

Aber auch in weiterer Hinsicht ist die PISA-Studie für Geschlechterforschung interessant. Offenbart sie doch, dass die Schnittstelle von Männlichkeit und Schule bislang ein Forschungsdesiderat darstellt, welches mit der vorliegenden Studie bearbeitet wird. Schwerpunkt der Untersuchung wird der Blickwinkel der männlichen Schüler sein. Das Hauptanliegen ist es, die Herstellung geschlechtlicher Zugehörigkeit aus ihrer Perspektive nachzuvollziehen. Dieses geschieht weder, um die Relationalität der Geschlechter zu nivellieren, noch um zu propagieren, dass nunmehr die Untersuchung von Männlichkeit wichtiger sei als von Weiblichkeit. Geschuldet ist diese Perspektive dem ‚blinden Fleck', den die noch weitestgehend unerforschten Konstruktionsprozesse von Männlichkeit bei Schülern darstellt.

Zwar sind mittlerweile durch diverse Studien die unterschiedlichen Facetten des weiten Feldes der Schulforschung thematisiert worden, diese berücksichtigen aber noch immer nicht konsequent die Kategorie Geschlecht (vgl. beispielhaft: Helsper/Böhme/Kramer/Lingkost 2001; Breidenstein/Combe/Helsper/Stelmaszyk 2002[1]). Auf der Seite der Geschlechter- und Männlichkeitsforschung existiert, insbesondere im englischsprachigen Raum, inzwischen eine intensive Diskussion über die soziale Konstruktion von Männlichkeiten (vgl. Connell 1995a, 1999a, 2000b; Breines/Connell/Eide 2000; Barrett/Whitehead 2001). Die Veröffentlichungen in Deutschland zum gleichen Thema sind zwar noch nicht umfassend, mittlerweile gelten aber auch hierzulande einige theoretische Eckpunkte als gesichert (vgl. bspw. Hirschauer 1994; Meuser 1998, 2002; Brandes 2002; Budde 2003a). Allerdings findet sich hier nach wie vor ein erhebliches Defizit in der umfassenden qualitativen Untersuchung von Männlichkeiten, insbesondere der alltäglichen sozialen Praxis von Jungen, sowie in der Verknüpfung von Männlichkeit und Schule.

Das erste Defizit hat sicherlich mit der bis heute andauernden theoretischen Auseinandersetzung innerhalb der Geschlechterforschung zu tun, die erst langsam ihren Niederschlag in qualitativen und methodisch anspruchvollen Studien findet. Das zweite Defizit hingegen ist irritierender. Denn innerhalb der Erziehungswissenschaft besetzt die Schule einen exklusive Position, da sie die einzige pädagogische Institution darstellt, in der sich alle Kinder und Jugendlichen über einen langen Zeitraum hinweg aufhalten. Bis Mitte der 1990er existierte jedoch nach Kurt Möller noch keine empirische Forschung zu Jungen in der Schule (vgl. Möller 1997). Auch Peter Zimmermann stellte noch 1999 fest, dass in der Schulforschung die Erfahrungen und Lerninteressen männlicher Jungendlicher kein Thema sind (vgl. Zimmermann 1999).

---

1   Die einzige Ausnahme in diesem Sammelband stellt der Aufsatz von Faulstich-Wieland/Willems dar, der sich explizit mit Geschlecht beschäftigt und dadurch dieser Kategorie wiederum eine Sonderstellung verleiht.

Sowohl von Seiten der Schul- als auch der Männerforschung bleibt also die Schule als Feld zur Herstellung von Männlichkeiten unbearbeitet. Die wenigen Forschungen, die Aspekte des schulischen Alltags der Jungen (mit-)thematisieren, erstrecken sich bislang insbesondere auf den Bereich der Grundschulforschung (vgl. Breidenstein/Kelle 1998), Unterrichtsforschung (vgl. Hilgers 1994), sind empirisch eng angelegt (vgl. Zimmermann 1999; Thies/ Röhner 2000) oder wenden sich der Frage der Koedukation zu (vgl. Faulstich-Wieland 1991). Die im Zuge der PISA-Studie zunehmende Beschäftigung mit Jungen in der Schule wiederum gründet in der Regel auf ebenso alltagstheoretischen wie stereotypen Ansichten und verharrt in einer ,aufgeregten' Postulierung der Benachteiligung von Jungen. Erst in jüngster Zeit entstanden – wiederum zuerst im englischsprachigen Raum – einige Publikationen, die sich der Schnittstelle dieser Forschungsrichtungen vorsichtig annähern (vgl. Connell 2000a; Martino/Meyenn 2001; Budde 2003b).

Als Feld für die vorliegende, ethnographische Studie wurden drei Klassen der Mittelstufe des Edith Benderoth-Gymnasium[2] untersucht. Während der Mittelstufe befinden sich die Schülerinnen und Schüler in der Adoleszenz und damit in einer Phase der intensiven Aushandlung und Ausgestaltung geschlechtlicher Identifizierungsprozesse. Im Gymnasium, so lässt sich vermuten, finden sich insbesondere mittelschichtsorientierte Formen von Männlichkeit, welche die Ausgestaltung der künftigen Geschlechterverhältnisse entscheidend mitprägen werden.

Lange Zeit galt, auch im universitären Diskurs, die dichotome Ordnung der Geschlechter als stabile, unveränderliche und naturgegebene Angelegenheit. Mittlerweile ist allerdings einige Dynamik in den Genderdiskurs gekommen, dementsprechend besitzen auch Studien zu Männlichkeiten inzwischen viel weniger ein exotisches Flair. Die Annahme, dass Männlichkeit und Weiblichkeit naturgegeben und somit determiniert sind, erhält immer mehr Risse und Widersprüche, zumindest in Teilbereichen der Sozialwissenschaften, die Betrachtung von Geschlecht als so genannter sozialer Konstruktion findet – zwar in unterschiedlichsten Facetten – mittlerweile durchaus Akzeptanz (vgl. West/ Zimmerman 1991; Butler 1991; 1995; Maihofer 1995). Die ehemals gesicherte Begründung von Männlichkeit als naturgegebene ,Tatsache' erweist sich als immer weniger tragfähig in Anbetracht der gravierenden gesellschaftlichen und technologischen Möglichkeiten und Veränderungen. Dementsprechend transformieren auch die gesellschaftlichen Bilder von Männlichkeit. In dem Maße, wie traditionelle Legitimationen weniger stichhaltig

---

2   Der Name des Gymnasiums ist ebenso anonymisiert, wie auch die Namen der Schülerinnen, Schüler und Lehrkräfte.

werden – der Mann als Familienernährer beispielsweise – müssen neue Antworten gefunden werden (vgl. Budde 2003c; Budde/Schultz 2003).

Allerdings lässt sich ebenfalls ein gegenläufiger Trend beobachten. Hinter der momentan stattfindenden Suche nach genetischen Grundlagen für Aggressivität, Kriminalität und Homosexualität oder der Zementierung der Geschlechterdifferenz aufgrund hormoneller Unterschiede steht die Konzeptionierung der Dichotomie – das heißt die Gegensätzlichkeit bei gleichzeitigem aufeinander bezogen sein – als unveränderlich.[3] Desweiteren existieren ebenfalls Theorieansätze in der Männerforschung, die mit archaischen Geschlechterstereotypen (vgl. Bly 1991; eine kritische Auseinandersetzung findet sich bei Brandes 2002: 191ff.) oder essentialisierenden Fixierungen genau die gleiche Dichotomie festzuschreiben versuchen (vgl. Schnack/Neutzling 1992; Lee 1998).

Mittlerweile setzt sich sowohl in den sozialwissenschaftlichen Theorien als auch in der pädagogischen Praxis durch, dass Männlichkeit eine wichtige Identifizierungsvariable darstellt und die Beschäftigung durchaus sinnvoll und lohnend ist. Sie erscheint nicht als naturgegebene Konstante, sondern – so die vertretene Ausgangsthese – als eine sozial konstruierte, geschlechtliche Situierung. Dabei greifen gesellschaftliche Zuschreibungen und die eigene Mitarbeit in der sozialen Praxis an der Herstellung der Ordnung der Geschlechter ineinander, die Schnittstelle kann als geschlechtlicher Habitus verstanden werden (vgl. Bourdieu 1997; Brandes 2002). Der grundsätzlichen Zweiteilung in männlich oder weiblich ist dabei nicht zu entkommen, denn ein vollständiger Subjektstatus wird nur bei eindeutiger Geschlechterinszenierung zugestanden (vgl. West/Zimmerman 1991; Butler 2001a). Gleichzeitig ist die Ordnung der Geschlechter, trotz der momentanen Veränderungen und den zunehmenden Delegitimierungen, nicht neutral, sondern eingelassen in ein Machttableau (vgl. Connell 1987; Foucault 1992), welches noch immer die männliche Suprematie und damit den Gewinn absichert, der Jungen allein aufgrund eindeutiger geschlechtlicher Inszenierung zugesprochen wird. Die Hierarchie der Geschlechterordnung beschneidet allerdings nicht nur Schülerinnen in ihren Chancen, sondern durch die männlichen Sozialisationsanforderungen stehen sich Schüler zunehmend selber im Weg.

Die Beschäftigung mit Männlichkeiten ist nicht zuletzt auch deswegen sinnvoll, weil das Verhalten von Jungen in der Schule, wenn es denn als geschlechtsbezogenes Verhalten wahrgenommen wird, meist als problematisch gilt. In diesem Zusammenhang wird oft die These von der zunehmenden Ge-

---

3   So stellte der US-amerikanische Wissenschaftler Dean Hammer 1993 die Existenz eines Gens fest, welches Homosexualität determinieren solle. 1999 wurde dieser Befund von einem kanadischen Forschungsteam widerlegt. Trotzdem wird Hammer immer wieder zitiert.

walt an Schulen geäußert. Als Reaktion beispielsweise auf die Ereignisse in Erfurt im Jahr 2002 findet sich häufig der Hinweis auf die generelle Zunahme von männlicher Gewalt an Schulen (zum Umfang: vgl. Lösel/Bliesener 2003). Demgegenüber steht die Hoffnung, dass die Veränderung von Männlichkeit eine gewaltärmere und geschlechtergerechtere Ausgestaltung des (Schul-)Alltags ermöglichen kann.

Dabei ist jedoch die Vorstellung, Veränderung an sich bringe Geschlechtergerechtigkeit, aus mehreren Gründen problematisch. Zum ersten bedeutet nicht jede Veränderung, dass sich Männlichkeit auch weniger hierarchisch gegenüber Weiblichkeit darstellt. Zum zweiten ist der problemzentrierte Fokus auf ,die Jungen' aufgrund der Gefahr der Homogenisierung und der Dramatisierung der geschlechtlichen Stereotype eine pädagogische Sackgasse. Mit Dramatisierung ist nicht die Verstärkung einer problemzentrierten Sichtweise, sondern das ,in den Vordergrund rücken' der sozialen Kategorie Geschlecht gemeint. Der Begriff der Dramatisierung stützt sich auf dafür auf die Theatermetapher bei Erving Goffman (1994) und bezieht sich auf Situationen, die einen Schauplatz für Geschlechtskonstruktion darstellen. Zum dritten ignoriert der (pädagogische) Versuch des Unterbindens unliebsamer Verhaltensweise, dass sich Jungen zuweilen deswegen risikoreich und problematisch verhalten, weil sie das gesellschaftlich vorherrschende Anforderungsprofil von Männlichkeit erfüllen.

All diese Einwände zielen auf dasselbe ab, nämlich auf die Kritik einer in der Regel schablonenhaften Vorstellung von männlicher Sozialisation. Gerade deswegen ist es notwendig, die alltäglichen Konstruktionsprozesse von Männlichkeit im schulischen Alltag zu untersuchen und die Spielräume für Veränderungen unter folgenden Fragen auszuloten: Welche Transformationen finden momentan statt? Existieren Hinweise für einen enthierarchisierten Umgang mit Männlichkeit? Wo und wie finden Dramatisierungen und Entdramatisierungen von Geschlecht statt? Wer nimmt diese vor?

Die vorliegende Studie richtet ihr Augenmerk insbesondere auf zwei Aspekte. Zum einen soll die Binnenrelation des Systems hegemonialer Männlichkeiten detailliert beschrieben werden. Welche Konstruktionsmechanismen existieren im Alltag realiter? Welche Methoden wenden die Schüler an, um geschlechtliche Zugehörigkeit herzustellen? Was machen Jungen in der Schule eigentlich, um legitim als Jungen zu gelten? Wo zeigen sich hier ungleiche Machtverteilungen, die einer geschlechtergerechteren Schule widersprechen? Es wird auch danach gesucht, inwieweit die ,ganz gewöhnlichen Jungen' einen wichtigen Baustein bei der Herstellung legitimer Männlichkeit darstellen. Durch welche Dimensionen wird Männlichkeiten abgesichert? Welche Kapitalien sind für diesen Prozess vonnöten?

Dabei drängt sich die Frage auf, ob jede Handlung, die Schüler vollziehen, notwendigerweise immer Männlichkeit konstruiert. Könnte es nicht viel mehr sein – so eine weitere These – dass nur unter bestimmten, allerdings recht häufig vorkommenden Bedingungen, Männlichkeit entsteht? Gibt es Möglichkeiten, die geschlechtlichen Normierungen zu entdramatisieren, zu ignorieren, zu durchkreuzen oder gar umzukehren?

Um diesen Punkt zu konkretisieren, richtet sich das zweite Augenmerk auf die Stellen, an denen durch Transformationen die Konstruktion von Männlichkeit variiert, aussetzt oder irritiert wird. Judith Butler schlägt dafür die Geschlechterparodie als wirksame Strategie vor (vgl. Butler 1991; 1995[4]), im Bereich der Männerforschung wird eher mit alternativer Männlichkeit laboriert (vgl. Connell 1999). Aber diese Konzepte beinhalten beide eine Dramatisierung. Die Parodie der Geschlechterverhältnisse kann ihre Wirkung nämlich erst entfalten, wenn die Ordnung der Geschlechter als Ausgangspunkt bereits installiert ist. Das Konzept alternativer Männlichkeit hingegen versucht eine Reform der in die Auseinandersetzung geratenen Männlichkeit. Beide Strategien existieren in der Realität und lassen sich auch in der Studie nachzeichnen.

Eine mindestens ebenso bedeutende Durchkreuzung der Konstruktion von Männlichkeit könnte jedoch in direktem Zusammenhang mit Entdramatisierungen aufgrund alternativer Erwartungskontexte des Feldes Schule stehen. Damit ist aber nicht gemeint, Geschlecht in irgendeiner Weise ungeschehen zu machen oder schlicht zu ignorieren, da der geschlechtlich gebundene Ausweisungszwang eine Grundbedingung der Anerkennung als Subjekt darstellt (vgl. Butler 1991). Vielmehr meint die Frage nach Dramatisierungen oder Entdramatisierungen der Geschlechterdifferenz das jeweils kontextualisierte Thematisieren oder ‚Ruhenlassen‘ von Geschlechterunterscheidungen. Die Frage, ob eine soziale Situation ein Schauplatz für Geschlechtskonstruktion ist oder nicht, wird von den Teilnehmenden ausgehandelt.

Die Arbeit hat folgenden Aufbau: Im ersten Kapitel werden Grundlagen der Konstruktion von Geschlecht als soziale Kategorie nachgezeichnet. Unter Rückgriff auf die mittelalterliche Geschlechterordnung wird gezeigt, wie sich die gesellschaftlichen Gewissheiten verändern. Anschließend wird der Frage nachgegangen, wie Geschlecht und Macht miteinander verwoben sind und wie sich die Mitarbeit der Individuen in alltäglichen Inszenierungen und Interaktionen darstellt.

Das zweite Kapitel beleuchtet theoretisch die Binnenrelation unterschiedlicher Männlichkeiten auf dem Hintergrund des Machtkonzepts der Hegemonie. Mit hauptsächlichem Bezug auf Robert Connell und Pierre Bourdieu wird

---

4 Butler verwendet in diesem Zusammenhang den Begriff „queer" (Butler 1995).

beschrieben, wie Jungen und Männer innerhalb der Geschlechterverhältnisse positioniert sind. Desweiteren wird anhand der Frage nach den momentanen Transformationen der Ordnung der Geschlechter ein genaueres Verständnis von Männlichkeit entwickelt.

Dem theoretischen Ansatz und der Fragestellungen der Studie entspricht ein qualitatives methodisches Vorgehen, das im dritten Kapitel dargestellt wird. Dabei ist insbesondere die Frage der Arbeit mit fremderhobenem Material von besonderem Interesse. Zum Abschluss wird ein differenziertes Analyseraster entwickelt.

Kapitel vier bis sechs stellen den Schwerpunkt der vorliegenden Arbeit dar, in dem das in einer ethnographischen Studie in der Mittelstufe am Edith Benderoth-Gymnasium erhobene Material auf die Konstruktionsprozesse von Männlichkeiten untersucht wird. Im Mittelpunkt von Kapitel vier steht die Frage nach der Binnenrelation von Männlichkeiten anhand der Interaktionen in der geschlechtshomogenen und gemischtgeschlechtlichen Gruppe. Kapitel fünf widmet sich unterschiedlichen Dimensionen des Verhältnisses von Schülern und Schule. Im sechsten Kapitel werden Transformationen innerhalb der Ordnung der Geschlechter beschrieben. Dabei werden insbesondere Brüche mit der geltenden Ordnung der Zweigeschlechtlichkeit untersucht.

Im siebten Kapitel werden die Ergebnisse zusammengefasst und ein abschließender Ausblick auf die möglichen Konsequenzen für die pädagogische Praxis geboten. Hier ergeben sich insbesondere für die Lehrkräfte Vorschläge, die auf eine geschlechtergerechtere Schule hinwirken.

1. Von der Herstellung der Geschlechter

Der Unterschied zwischen Männern und Frauen ist offensichtlich, so heißt es. „Mann und Frau sind eindeutiger durch die primären Geschlechtsorgane unterschieden als durch die sekundären, zu denen man im weitesten Sinne auch das geschlechtsspezifische Verhalten rechnet" (Meyers großes Taschenlexikon 1992: 134, Stichwort: Geschlechterunterschiede). Damit ist scheinbar alles gesagt über die Ordnung der Geschlechter. Dichotome Zweiteilung anhand biologisch eindeutiger – sozusagen ins Auge fallender – primärer ‚Geschlechtsorgane'. Die Differenz zwischen Männern und Frauen und damit auch zwischen Männlichkeit und Weiblichkeit scheint naturgegeben und somit prinzipiell unveränderlich. Desweiteren gibt es dann, als eine Art Illustrierung, noch die sekundären Geschlechtsmerkmale, zu denen im weitesten Sinne das Verhalten zu zählen sei. Die Ordnung der Geschlechter wird nicht in Zweifel gezogen. Das geschlechtsspezifische Verhalten, das im weitesten Sinn Soziale, wird auf die Position eines Zaungastes bei der Einordnung in männlich oder weiblich verwiesen. Diese Ordnung erscheint ebenso normal wie stabil und naturgegeben.

Aber lässt sich diese Annahme überhaupt so aufrechterhalten? Denn offensichtlich gerät die Geschlechterordnung im Zuge der Veränderungen und Anfechtungen, denen sie momentan ausgesetzt ist, zur Unordnung. Wie aber kann sich etwas verändern, das stabil und naturgegeben ist? Was bedeutet es für die Gewissheit der primären Geschlechtsorgane, mit gesellschaftlichen Veränderungen konfrontiert zu werden? Wie wird Geschlecht hergestellt und wie gestaltet sich dabei das Verhältnis von sozialer Praxis des Individuums und geschlechtlichen Strukturen?

1.1 Historische Transformationen

„Über Tausende von Jahren hatte als Allerweltsweisheit gegolten, dass Frauen über dieselben Genitalien verfügen wie Männer" (Laqueur 1996: 16). Dieser verblüffende Satz aus dem Buch „Auf den Leib geschrieben" von Thomas Laqueur offenbart einen Einblick in eine fundamental unterschiedliche Art, Geschlecht zu begreifen, die erst mit der dichotomen Ordnung der Geschlechter seit der Aufklärung verschwunden ist. Vorher galt die Vorstellung von einem Ein-Geschlechter-Modell, welche besagt, dass aus nur einem einzigen biologischen Geschlecht die sozialen geformt werden. Die Zweiteilung männlich/weiblich wurde zwar ebenfalls anhand der Genitalien getroffen, die Unterscheidungspraxis richtete sich jedoch danach, dass die der Frau „innerhalb und nicht außerhalb des Körpers sind" (Bischof Nemesius von Emesa, zit. nach Laqueur 1996: 16). Dieses andere Verständnis basierte, so Laqueur, auf einer gänzlich verschiedenen Vorstellung über die Ordnung der Welt. So bildete sich Geschlecht, aber auch sozialer Stand, Religiosität und ähnliches entlang von Achsen, anhand derer Bedeutung konstruiert und zugemessen wurde. Auch die schulische Erziehung unterlag einer anderen Differenzierung als heutzutage. Schon im Mittelalter existierten für die unterprivilegierten Schichten hauptsächlich Dorfschulen und christliche Sonntagsschulen, aus Not häufig koedukativ, der Adel hingegen erzog privat: seine Söhne zu Stammhaltern und seine Töchter zu guten Ehefrauen.

Der Körper ist also nicht schon immer Bedeutungsträger, sondern wurde je nach Position auf der Achse erst mit Bedeutung versehen: „Weil er [der Leib, J.B.] als veranschaulichend und nicht als determinierend verstanden wurde, konnte der Ein-Geschlechter-Leib Verschiebungen beliebiger Zahl sowohl in den Achsen als auch in den Bewertungen von Unterschieden erfassen und absorbieren" (ebd.: 78).

Männer und Frauen konnten somit die gleichen Eigenschaften und Charaktermerkmale besitzen. Das gesamte gesicherte Wissen der damaligen Zeit orientierte sich zwar ähnlich wie heute sehr wohl auch an den Körpern, allerdings eher als Spiegelbild gesellschaftlicher Ordnung, die Geschlechter waren wesentlich weniger stark fixiert (vgl. ebd.: 121ff.). Generell vertritt Laqueur die These, dass „das biologische Geschlecht (sex) oder der Leib als das Epiphänomen verstanden werden muß, während das soziale Geschlecht (gender), das wir als kulturelle Kategorie fassen würden, primär oder real war" (ebd.: 20). Die kulturellen Unterscheidungspraxen stuft er somit als wichtiger und fundamentaler ein als die biologischen. Damit bezieht er sich auf die Debatte des Verhältnisses von Sex und Gender innerhalb der Geschlechterforschung.[5]

---

5 Zuzustimmen ist der Definition von Andrea Maihofer, die Geschlecht als „gesellschaftlich-kulturelle Existenzweise" (Maihofer 1995: 80) beschreibt. Der

Diese Debatte wird hier nicht weiter vertieft (vgl. dafür: Benhabib/Butler/ Cornell/Fraser 1993; eine gute Zusammenfassung findet sich bei: Maihofer 1995). Der für die vorliegende Studie entscheidende Gedanke, dass die jeweilige Bedeutung von Geschlecht in Gendering-Prozessen hergestellt wird, kann allerdings als gesicherte Ausgangsbasis für die Untersuchung von Männlichkeiten verwendet werden.

Männlichkeit und Weiblichkeit orientierten sich im Mittelalter im besonderen Maße an der Einstufung in die Prinzipien aktiv und passiv, so dass im Falle gleichgeschlechtlicher Sexualität die eingenommene Rolle entscheidend war. Als männlich galt, wer sexuell aktiv agierte, der passive Part hingegen galt als weiblich (vgl. Foucault 1997; Götsch 1999; auch Roper 1992: 154ff.). So lässt sich für die Geschlechterordnung des Mittelalters formulieren: „Sowohl Männer als auch Frauen waren [...] von beiden Prinzipien durchdrungen. Die Geschlechter trennte infolgedessen nur ein gradueller, aber kein wesensmäßiger Unterschied" (Dürr 1998: 76).

Daraus folgt nun mitnichten eine gesellschaftliche Gleichbehandlung oder gar die Nicht-Existenz der Kategorien Mann und Frau. Laqueur betont, dass Frauen in dem Modell zwar „genau die gleichen Organe, aber an genau den falschen Plätzen" haben (Laqueur 1996: 40), inklusive einer hierarchischen Anordnung: „Frauen sind nach innen gekehrt, also weniger vollkommen" (ebd.), denn „der Standard der menschlichen Körper und seiner Repräsentation ist der männliche Körper" (ebd.: 76). Die Hierarchie entsteht also nicht aufgrund eines bestimmten geschlechtlichen Merkmals, sondern anhand des Kriteriums der Vollkommenheit, dem Frauen aufgrund der Lage ihrer Genitalien weniger nahe kommen sollen. Dabei stützt sich die Hierarchie nicht auf den biologischen Unterschied der Geschlechter, sondern dieser illustriert im Gegenteil die soziale Differenz. Der Anspruch der Suprematie des Männlichen zeigt sich folglich auch hier.

Begriff rekurriert auf Althussers Versuch, Ideologien nicht als reines Bewusstseinsphänomen, sondern als „materielle Existenz" (Althuser 1977: 136) zu begreifen. Die Frage nach der Vorgängigkeit von sex oder gender gibt sie zugunsten der Vorstellung vom „Verhältnis der Gleichursprünglichkeit" (ebd.: 84) auf, Körperlichkeit und soziale Konstruktion fällt untrennbar in eins. „Insofern stellt diese Auffassung eine begriffliche Balance zwischen Natur und Kultur, Körper und Geist, Materie und Bewußtsein her" (ebd.: 85). Dabei strukturiert die Norm der biologischen Geschlechter – und nicht Geschlecht selbst – die Art der Wahrnehmung des jeweiligen Geschlechts. Dieser bei Pierre Bourdieu als Inkorporierung bezeichnete Prozess verleiht der Norm – wie an späterer Stelle gezeigt wird – gleichzeitig eine hohe Stabilität. Auch wenn der gesellschaftlich konstruierte vergeschlechtlichte Körper genau nicht durch sex konstituiert wird, existiert Geschlecht nur durch dessen Normierung und durch die normierten Körper als Stützpunkte des Diskurses.

Laqueur selber verbleibt allerdings im Rahmen der von ihm untersuchten Ordnung der Geschlechter. Obwohl er die Körper und somit die naturalisierenden Zuschreibungen als kulturell konstruiert entlarvt, beharrt er auf der Sex/Gender Dichotomie und kann dementsprechend den Rahmen normativer, heterosexuell aufeinander bezogener, Geschlechter nicht verlassen. Er liefert zwar eine Beschreibung der Kategorie Geschlecht und ihrer Veränderungen, nicht aber ihrer Produktion: Gender bleibt ein Effekt des Körpers.[6]

Renate Dürr kritisiert, dass Laqueur eine zu buchstabengetreue Lesart benützt, bei welcher der „metaphorische Sinn" der historischen Texte verloren ginge (Dürr 1998: 77). Er ignoriere auf diese Art, dass es sich eben nicht um ‚wahre' Aussagen handelt, sondern diese quasi erst übersetzt werden müssen. Die Kritik lässt sich so zusammenfassen, dass Laqueur historische Texte unter modernem Blickwinkel interpretiere. Diese Kritik ist insofern berechtigt, als dass er in der Tat vernachlässigt, dass historisch sehr wohl in zwei Geschlechter eingeteilt worden ist. Allerdings wird damit nicht der bedeutsame Hinweis ungültig gemacht, dass sich die Annahmen über Geschlecht radikal gewandelt haben, ebenso wenig wie der daraus folgende Schluss, dass Geschlecht somit historischen Veränderungen unterworfen ist.

Im Zuge der Aufklärung gerät die mittelalterliche Weltsicht zunehmend ins Wanken. Der fundamentale Wandel im Denken seit der Aufklärung erstreckt sich auf verschiedenste gesellschaftliche Bereiche wie Familie[7], Wissenschaft, Religion, Wirtschaft oder Politik. Auch die Definition von Staaten als nationale, kollektive und männliche Gebilde entwickelte sich erst zu jener Zeit (vgl. Lenz 2003). Ebenso radikal geändert hat sich auch die Definition des Mensch-Seins, welches seither an die Vorstellung der Existenz des Subjekts geknüpft wird, das rational, authentisch, autonom und selbstbewusst konzeptioniert wurde. Jedem Subjekt wurde in Folge ein einziges und wahres Ge-

---

6 Auch wenn Laqueur die Bedeutungen des Körpers als kulturell erzeugt betrachtet, so argumentiert er gleichzeitig auf der Annahme einer grundsätzlichen Unterscheidbarkeit von sex und gender. Die Existenz der beiden Kategorien und ihr notwendiger Bezug aufeinander wird in der Untersuchung nicht problematisiert, denn „es geht mir nicht darum, die Wirklichkeit des Sexus [...] zu leugnen" (Laqueur 1996: 24). Er definiert den Unterschied zwischen Männern und Frauen entlang des Besitzes einer Gebärmutter (ebd.: 124). Auf diese Art reinstalliert er die Evidenz von biologischen Kriterien für die Konstruktion von Geschlecht. So gelingt es ihm nicht, den heterosexuellen Bezugsrahmen zu verlassen, in Anerkennung ‚realer' biologischer Unterschiede verbleibt er innerhalb der Dichotomie der Geschlechter.

7 Beispielhaft sei hier der Wandel vom mittelalterlichen ‚ganzen Haus' hin zur bürgerlichen Kleinfamilie angeführt. Während sich im Mittelalter in dörflichen Regionen eine Familie aus allen zum Haushalt gehörenden Personen (Großeltern, Kinder, Knechte, etc.) hierarchisch zusammensetzte, reduzierte sich der Familienbegriff später auf die Kernmitglieder Vater, Mutter und Kind.

schlecht zugeschrieben, welches untersucht, definiert, vermessen und ergründet wird. Diese Strategie entwirft Geschlecht als eine essentialistische – sprich wesensmäßige – Eigenschaft jedes Individuums.

Michel Foucault beschreibt, wie die Normalität der heterosexuellen Kleinfamilie durch die Negativfolie verschiedener Strategien entsteht. „Der Perverse", „Die hysterische Frau", „Das masturbierende Kind" und „Das familienplanende Paar" sind Effekt und Zielscheibe dieser Entwicklung zugleich (vgl. Foucault 1992: 124ff.). Dies wiederum setzt weitreichende Veränderungen in der gesellschaftlichen Struktur und den Individuen in Gang. Der Mann wird als normativer Maßstab für die Definition des Menschen beibehalten, während die Frau als grundsätzlich verschieden aus den Bereichen des öffentlichen Lebens und der öffentlichen Wahrnehmung verschwindet. Gleichzeit beginnt so eine umfassende Normierungsbewegung, die einerseits jede Abweichungen als Sonder- oder Problemfall definiert und andererseits die stabile Norm als einzig legitime Existenzweise festschreibt. Zusammenfassend lässt sich mit Andrea Maihofer formulieren: „Die Vorstellung von der *fundamentalen* Differenz der Geschlechter ist nicht nur ein rein historisch noch sehr junges Phänomen, sie ist auch konstitutiv mit der bürgerlichen Gesellschaft verbunden und keineswegs ein Überbleibsel aus vorbürgerlicher Zeit" (Maihofer 1995: 22, Herv. i. Orig.).

Die geschlechtliche Differenz stellt demnach keine absolute Größe dar, sondern ist ein Produkt historischer Prozesse, eine soziale Konstruktion, welche allerdings außerordentlich effektiv ist. Sie zielt zuallererst auf exkludierende Ausschließlichkeit: was männlich ist, kann nicht weiblich sein und umgekehrt. Gleichzeitig sind beide Geschlechter in ihrer grundsätzlichen Verschiedenheit sowohl aufeinander bezogen als auch hierarchisch angeordnet (vgl. Budde 2003d: 13f.). Die männliche Suprematie unterlag folglich ebenfalls einem Wandel und konnte seither ihren Herrschaftsanspruch durch die Strategie der Naturalisierung festigen. Naturalisierung deswegen, weil als Begründung für die Ordnung der Geschlechter nun nicht mehr der Wille Gottes, sondern die Natur der Geschlechter angenommen wurde, Männlichkeit galt dementsprechend fortan in erster Linie als naturgegeben, dadurch allerdings nicht weniger statisch fixiert.

In diesem historischen Moment begann sich ebenfalls die geschlechtliche Arbeitsteilung zu organisieren: analog der Einteilung in männlich gleich öffentlich und weiblich gleich privat wurde zukünftig außerhäusige Erwerbsarbeit als männliche Tätigkeit angesehen, während der Bereich der Haus- und Reproduktionsarbeit nun als weiblich gilt. Diese Teilung der Arbeitswelt stellt bis heute eine der stabilsten Stützen der Geschlechterhierarchie und -dichotomie dar, die sich klassenspezifisch je unterschiedlich ausprägte (vgl. Wetterer 2002).

In Korrelation zu der folgenden Ausbreitung proletarischer Männlichkeit entwickelte die bürgerliche Klasse Distinktionsmechanismen zur Markierung der sozialen Differenz (vgl. Schmidt 2000). Gegen die große Inklusionsbewegung durch Vereinheitlichung von Kleidung, Arbeitsabläufen, Architektur, etc., die sich auf sämtliche soziale Schichten ausweitete, führte sie „die feinen Unterschiede" (so der Titel eines Buches von Bourdieu 1982) auch innerhalb der Geschlechterordnung ein. So formte sich zuerst in Distinktion zu sowohl den – in den Fabriken, Kasernen und Schulen neu entstehenden – proletarischen Massen als auch zur adeligen Dekadenz das Modell der bürgerlichen Ehe: der Mann wird erst hier ideologisch zum Ernährer der Familie, seine Position wird eng mit der Erwerbsarbeit in Abgrenzung zur weiblichen Hausarbeit entworfen. Schon bald hielt dieses Modell Einzug in fast alle gesellschaftlichen Klassen, wenn auch nicht immer in der Realität – in proletarischen Familien mussten die Frauen selbstverständlich erwerbstätig sein – so doch zumindest als Ideologie.[8]

Die so durchgesetzte Geschlechterordnung der Moderne gilt für den mitteleuropäischen Raum in ihren Grundzügen noch immer, gerät jedoch durch zunehmende Delegitimierungen mittlerweile wiederum in Bewegung.

1.2 Macht und Subjekt

Wenn also Geschlechter sozial konstruiert sind, wie mit Laqueur gezeigt wurde, dann stellen sich anschließend eine ganze Reihe von Fragen. Wie wird konstruiert? Wer konstruiert? Wie kommt es, dass Subjekte in die beiden Kategorien Mann oder Frau eingeordnet werden können? Welchen eigenen Anteil haben sie daran? Und welche Bedeutung kommt dabei dem Wechselspiel aus sozialer Praxis und institutionellen Strukturen, speziell der Schule, zu?

1.2.1 Das geschlechtliche Subjekt

Innerhalb der Schulforschung ist in den letzten Jahrzehnten intensiv über das Verhältnis von Mädchen und Schule geforscht worden. Auf der Seite der Jungen hingegen herrscht eine seltsame Mischung aus Schweigen und populärwissenschaftlichen Vermutungen. Hier ist es dringend geboten, einen detaillierten Einblick in die geschlechtlichen Konstruktionsprozesse von Jungen zu erhalten.

Dabei ist es in einem ersten Schritt notwendig, Gender im Allgemeinen und Männlichkeit im Besonderen nicht nur als eine neutrale Konstruktion, glei-

---

8 Deren Erwerbsarbeit wurde dann mit der Bezeichnung ‚Zuverdienst' abqualifiziert und entwertet.

chermaßen als Bauanleitung, zu begreifen, sondern als eingelassen in ein symbolisches Feld, welches hierarchisch strukturiert ist. Woher aber stammt die in diesem Prozess deutlich werdende Macht? Wie wirkt sie?

Die übliche Antwort ist klar: von Außen, als Einwirkung, Zumutung, Repression oder als verlockendes Angebot. Nach diesem Verständnis erscheint Geschlecht als eine Art Brandmal, welches als Symbol von Zugehörigkeit eingeprägt und dann verkörpert wird.[9] Und in der Tat wird diese Sicht scheinbar durch die Faktenlage gestützt: das ,richtige' Spielzeug, die geschlechteradäquate Sportart, die Vorschriften über die Größe der Genitalien bei Neugeborenen und die daraus folgenden operativen Eingriffe zwecks zweifelsfreier Zuordnung (vgl. Reiter 1997) oder die Aufforderung, sich wie ein ,richtiger' Junge zu verhalten. Dazu gehört ebenfalls die rigide männliche Erziehung in Institutionen wie beispielsweise dem Militär (vgl. Frevert 1995; Seifert 1996). Die Welt ist voller Zuweisungen in die Kategorien Mann oder Frau, deren Resultat dann wiederum das geschlechtlich eindeutige Subjekt ist. Der Subjektstatus ist dabei eine Art Eintrittskarte zur Erlangung gesellschaftlicher Anerkennung, dementsprechend gibt es keine ,Freiheit', ob eine geschlechtliche Identität angenommen wird oder nicht, das Gebot der Zweigeschlechtlichkeit existiert unabhängig.[10]

Judith Butler betont, dass der Begriff des Subjekts nicht zu verwechseln ist mit dem Individuum oder der Person, sondern einen einzunehmenden Ort markiert, von dem aus legitimes, gelungenes Sprechen möglich ist, also „die sprachliche Bedingung der Existenz" (Butler 2001b: 15). Diese Unterscheidung ist insofern bedeutsam, da es ihr eben nicht – wie häufig vorgeworfen – um den „Tod des Menschen" (Flax, zit. nach Benhabib 1993: 10) geht, sondern um das Hinterfragen seiner Existenzweisen, die seit der Aufklärung an den Subjektstatus gebunden sind.

In das Feld der Schule transformiert, bedeutet dies, dass institutionalisierte Strukturen wie Unterrichtsfächer, Art der Wissensvermittlung, Schwerpunktsetzung der Schule oder Bewertung der Leistung, einen wesentlichen Einfluss auf die Konstruktion von Männlichkeiten haben. Dies wird jedoch nicht der Hauptfokus dieser Arbeit sein.

Denn die Vorstellung, dass das Geschlecht als Zumutung auf die Subjekte einwirkt, hat Foucault als Repressionshypothese bezeichnet – und zu Recht

---

9 Dabei symbolisiert das Brandmal nicht nur Zugehörigkeit zu einer bestimmten Gruppe, sondern auch immer die Distinktion von einer anderen Gruppe im Sinne einer ,wir–die anderen' Konfiguration. Als offensichtliches Zeichen wird der Körper markiert, um Ausgrenzungen vorzunehmen

10 Foucault beschreibt diesen Zusammenhang zwischen gesellschaftlicher Zuweisung und Subjekt eindrucksvoll als direkte Disziplinartechnik, indem ein ,Tableau' errichtet wird, innerhalb dessen Anordnung die Subjekte parzelliert werden: „Jedem Individuum seinen Platz und auf jeden Platz ein Individuum" (Foucault 1994: 183).

kritisiert (vgl. Foucault 1992: 88ff.[11]). Anstatt einseitiger und repressiver Unterdrückung ist die Macht vielfältig und zersiedelt. Unter Macht versteht Foucault ganz allgemein:

„die Vielfältigkeit von Kräfteverhältnissen, die ein Gebiet bevölkern und organisieren; das Spiel, das in unaufhörlichen Kämpfen und Auseinandersetzungen diese Kraftverhältnisse verwandelt, verstärkt, verkehrt; die Stützen, die diese Kraftverhältnisse aneinander finden, indem sie sich zu Systemen verketten [...] und schließlich die Strategien, in denen sie zur Wirkung gelangen und deren institutionelle Kristallisierungen sich in den Staatsapparaten, in der Gesetzgebung und in den gesellschaftlichen Hegemonien verkörpern" (ebd.: 113).

Macht ist demnach die Bezeichnung für eine „komplexe strategische Situation" (ebd.: 114), die allgegenwärtig ist und nicht als Resultat einer bestimmten Zielrichtung verstanden werden kann, sie wirkt nicht eindimensional ‚von oben nach unten', sondern flexibel. „Die Macht wird nicht besessen [...], sie ist nie voll und ganz auf einer Seite [...]. In jedem Augenblick spielt die Macht in kleinen singulären Teilen" (Foucault. 1976: 114). Das bedeutet, dass es keine Subjektposition außerhalb der Macht gibt, denn der Subjektstatus ist selber schon der Effekt einer von Macht durchzogenen Konstruktionsleistung. Das Subjekt ist nicht zuerst frei oder neutral und wird anschließend einer geschlechtlich zweiteilenden Macht unterworfen, sondern ist immer schon auch Produkt derselben. Denn in der Tat, bei einem zweiten Blick offenbart sich, dass das geschlechtliche Subjekt auch ein Resultat der eigenen sozialen Praxis ist. Die Subjekte arbeiten an der Konstruktion ihrer Männlichkeit oder Weiblichkeit mit. Die Handlungen innerhalb der geschlechtshomogenen Gruppe, ebenso wie zwischen den Geschlechtern, tragen wesentlich zu Gendering-Prozessen an Schulen bei. Aber auch die Interaktionen mit den Lehrkräften bewirken doing gender-Prozesse durch die Lernenden.

Männlichkeit (oder Weiblichkeit) ist eben nicht – oder zumindest nicht erschöpfend – zu verstehen als ein machtvoller Stempel, der seine Prägung in Seele und Körper neutraler Individuen drückt. Wie aber entsteht, wenn doch das Gebot der Zweigeschlechtlichkeit existiert, überhaupt die Möglichkeit zur Eigeninszenierung oder zu Variationen von Interaktionen? Wie kann das männliche Subjekt abweichend handeln, wenn es immer schon durch die Notwendigkeit einer geschlechtlichen Identifikation festgelegt scheint? Da unterschiedliche Handlungsmuster von Männlichkeiten existieren, bleibt die Frage, an welchem Ort diese Variationen entstehen können. Wie realisieren sich verschiedene Konzepte von Männlichkeit?

---

11 „Anstatt von einer allgemein anerkannten Repression [...] muß man von diesen positiven, wissensproduzierenden, diskursvermehrenden, lusterregenden und machterzeugenden Mechanismen ausgehen" (Foucault 1992: 93).

Es ist also nicht ausreichend, die strukturellen geschlechtlichen Zuschreibungen seitens der Schule zu untersuchen, sondern es ist notwendig, in der
sozialen Praxis die Interaktionsprozesse und Eigeninszenierungen zu analysieren, über die zwar eine Menge alltagstheoretischer Spekulationen, aber
wenig qualitativ überprüftes Wissen existieren.

1.2.2 Subjektivation als Selbststrategie

Mit Foucault konnte beschrieben werden, wie Macht und Subjektposition
miteinander verwoben sind. Allerdings bleibt unklar, wieso die Subjekte nicht
durch die Macht vollständig determiniert werden? Wenn die Macht überall ist
und gleichzeitig sogar das konstitutive Element für geschlechtlich eindeutige
Subjekte, kann es dann überhaupt Spielräume für die Inszenierung geben?
Butler untersucht in ihrem Buch „Psyche der Macht" (2001a) die Frage, was
es für die Konstitution eines Subjektes heißt, immer schon dem Zwei-Ge-
schlechter-Modell unterworfen zu sein. Zur Klärung dieser Frage schlägt sie
die Verwendung des Begriffs „Subjektivation"[12] vor. „Subjektivation bezeichnet den Prozess des Unterworfenwerdens unter die Macht und zugleich den
Prozess der Subjektwerdung" (ebd.: 8). Mit diesem Begriff verbindet sie das
Paradoxon Unterordnung und Handlungsfreiheit miteinander.

Das Subjekt hat nach Butler nicht von sich aus ein Interesse an seiner
Unterordnung, sondern diese ist ein Produkt der Macht. Daraus resultiert eine
unauflösbare Verknüpfung mit der Macht, eine Art Begehren. Das heißt:
„Wenn das Subjekt nicht geformt werden kann ohne leidenschaftliche Bin-
dung an jene, denen es untergeordnet ist, dann erweist sich die Unterordnung
als zentrales Moment der Subjektwerdung" (ebd.: 12). Also beinhaltet die
Unterordnung als schöpferische und hervorbringende Bewegung erst die
Möglichkeit der Realisierung von Geschlecht. Mit der Konstitution des geschlechtlich eindeutigen Subjekts ist als legitime Möglichkeit immer entweder
die Position Mann oder Frau gemeint. Nach Butler werden gleichzeitig alle
anderen potentiellen Positionen verunmöglicht und in den Bereich des Illegitimen oder Ausgeschlossenen gedrängt. Das Begehren richtet sich also nicht
auf die Macht, sondern auf die Möglichkeit, Anerkennung zu erfahren (vgl.
Butler 2001a). Anerkannt werden kann aber wiederum nur, wer eine legitime
Subjektposition einnimmt.

So entsteht, was Butler als „heterosexuelle Matrix" (Butler 1991: 67) beschreibt. Dies meint die Errichtung zweier eindeutiger Geschlechter und deren
heterosexuellen Bezug aufeinander. Denn erst das Verbot der Homosexualität

---

12 In dieser Übersetzung klingt sowohl die englische Bedeutung von subjection als
   Unterordnung als auch der lateinische Wortstamm subjektum als Subjektwerdung an. Im Französischen ist er an Foucaults Begriff des assujettisment, den er
   in „Überwachen und Strafen" (1994) zu entwickeln beginnt, angelehnt.

„bringt […] in Wirklichkeit die Heterosexualität hervor, d.h. es wirkt nicht nur als negativ ausschließender Code, sondern als Sanktionierung und – was noch wichtiger ist – als Gesetz des Diskurses, das das Sagbare vom Unsagbaren und das Zulässige vom Unzulässigen scheidet" (ebd.: 104).

Ohne die Verwerfung der Homosexualität existiert keine Heterosexualität. Die Gesetzesmetapher bei Butler beleuchtet den unentrinnbaren Charakter, die heterosexuelle Matrix gilt selbst bei individueller Verweigerung (vgl. Butler 1995: 24ff.). Die Sprache als symbolisches System regelt wie ein Gesetz jene Bereiche der Matrix, die sagbar und damit legitim, oder unsagbar und damit verboten sind. Als Beispiel führt sie die US-Army an, in der nicht das homosexuelle Begehren sanktioniert ist, sondern die sprachliche Selbstbezeichnung als homosexuell (vgl. Butler 1998: 149ff.).

Dem Verbot der Homosexualität kommt also ein besonderer Stellenwert zu, da die geschlechtliche Eindeutigkeit durch Annahme einer fragilen Heterosexualität abgesichert wird, indem das homosexuelle Begehren aufgegeben wird. Diese gilt für beide Geschlechter, für den Bereich des Männlichen bedeutet dies: „Männlich wird man erst mit dem Errichten der Heterosexualität" (Butler 1995: 128).[13] Erst wenn der Mann das Weibliche abgewiesen hat, erfüllt er die Vorbedingung seiner Heterosexualisierung. Durch die Fixierung der legitimen und illegitimen Formen von Männlichkeit wird Homosexualität tabuisiert. In Anlehnung an Butler wird im Folgenden der Begriff des Tabus verwendet, da es sich nicht nur um ein Verbot handelt, sondern um ein Ausstreichen der Homosexualität, welche gleichzeitig begehrt wird.

Man muss Butler nicht bis in den letzten Winkel ihrer linguistischen und teilweise ‚mürben' Argumentation folgen, um zuzustimmen, dass die Konstitution der Heterosexualität erkauft wird mit dem grundsätzlichen Tabuisieren der Homosexualität und dass dieser Akt nicht nur aufgezwungen, sondern durch die Subjektivation schon in die Konstitutionsbedingung jedes geschlechtlichen Subjekts als Verbot eingeschrieben ist, der sich dem vollständigen Zugriff des Bewusstseins entzieht.

Subjektivation bedeutet vereinfacht das Streben der Individuen nach einer (sprachlichen) Existenz und der Möglichkeit der Identifizierung, allerdings ohne eine freie Wahlmöglichkeit.[14] Zur Auflösung der Aporie schlägt Butler die Annahme einer Lücke zwischen Voraussetzung und Wiederholung vor.

---

13 Auch für die Herstellung von Weiblichkeit ist Homosexualität bedeutsam, allerdings können die existierenden Unterschiede hier nicht weiter vertieft werden (vgl. dazu Rauw 2001).

14 In dieser Arbeit wird der Begriff der Identifizierung in Abgrenzung zum Begriff der Identität verwendet. In der landläufigen Verwendung innerhalb der Männerforschung markiert der Begriff der Identität zumeist eine starre Position, eine abgeschlossene Wahrheit über Männlichkeit, wohingegen der Begriff Identifizierung stärker den prozessualen und konstruktivistischen Charakter verdeutlicht.

Dieser Zusammenhang wird realisiert über die Praxis des Zitierens (vgl. Butler 1995: 37ff.), denn jede Wiederholung kann als Zitierung der vorangegangenen Äußerung oder Tat verstanden werden. An diesem Punkt siedelt Butler die Handlungsmöglichkeit an, denn in jeder Wiedereinsetzung liegt auch die Möglichkeit des Durchkreuzens. Die Macht des Subjekts ist also nicht identisch mit der Macht der Unterordnung, sondern beinhaltet die Möglichkeit der Umschreibung. Daraus folgt die Paradoxie, dass es nicht nur kein Subjekt vor der Macht gibt, sondern auch keine Macht vor dem Subjekt, denn die Optionalität der Macht bedarf der Konkretisierung oder Aktualisierung im Subjekt. Dieser Doppelcharakter der Macht verhindert – so Butler weiter – die Entscheidung, ob nun die Macht oder das Subjekt vorgängig ist. Sie schlägt vor, die Ambivalenz zum Ausgangspunkt zu machen anstatt zu versuchen, diese aufzulösen: „Wenn das Subjekt weder durch die Macht voll determiniert ist noch seinerseits vollständig die Macht determiniert, dann geht das Subjekt über die Logik der Widerspruchsfreiheit hinaus, es ist gleichsam ein Auswuchs, ein Überschuss der Logik" (Butler 2001b: 22).

Das Denken der Ambivalenz zwischen der Macht und dem Subjekt ermöglicht es nun, im nächsten Kapitel noch einmal auf die Frage zurückzukommen, wie denn nun die Individuen an der Herstellung des geschlechtlichen Subjektstatus beteiligt sind.

1.2.3 Doing gender

Mit dem Begriff doing gender lässt sich die Verbindung zwischen Macht und Subjekt auf die geschlechtlichen Identifizierungsprozesse anwenden. Eingeführt wurde der Begriff von Candace West und Don H. Zimmerman (1991), die mit der Verwendung betonen, dass den Inszenierungen und interaktionelle Prozessen ein bedeutender Anteil an der Produktion von Geschlecht und Männlichkeit zukommt. Doing gender wird verstanden als ein aktiver und handlungsorientierter Prozess.

Am Beispiel Transsexueller zeichnen West und Zimmerman nach, welche Eigenbeteiligung geleistet wird, um ein geschlechtlich eindeutiges Subjekt herzustellen, denn beim Geschlechterwechsel handelt es sich nicht lediglich um einen medizinischen Vorgang, sondern insbesondere um das Erlernen der gesamten Symboliken und Interaktionsformen des neuen Geschlechts als Mann oder Frau, eine andere Möglichkeit existiert nicht.[15] Der mühsame Prozess der Identifizierung verweist auf den komplexen – aber möglichen – Gen-

---

15 Zuerst findet sich die These der Kultur der Zweigeschlechtlichkeit bei Hageman–White 1984.

dering-Prozess, da Transsexuelle sich sowohl eindeutig in ihrem Geschlecht präsentieren, wie auch von anderen zweifelsfrei interpretiert werden müssen.

Die geschlechtliche Selbstinszenierung muss dafür für die soziale Umwelt ständig berechenbar – „accountable" (Fenstermaker/West 2001: 244) – sein. Dabei wirkt das Prinzip der accountability durch die kollektiven Deutungsmuster normierend. Dieses beinhaltet ebenfalls eine Einordnung nach dem ‚if-can' Prinzip: „if people *can be seen* as members of a relevant category, then *categorize them that way*" (West/Zimmerman 1991: 20, Herv. i. Orig.). Nach West und Zimmerman bedeutet doing gender die permanente Mitarbeit an der Herstellung von Geschlecht: „members do gender, as they do housework" (ebd.: 31). Durch diesen Rückgriff gelingt es ihnen, die Ebene der individuellen Inszenierung mit den Interaktionen und der gesellschaftlichen Ebene zu verbinden. Geschlecht muss zwar individuell berechenbar inszeniert werden, die Anerkennung realisiert sich jedoch erst in Interaktionen auf der Grundlage kollektiver und dichotomer Deutungsmuster. Die Methoden, die eingesetzt werden, um beispielsweise Männlichkeit darzustellen, variieren zwischen unspektakulären Alltäglichkeiten wie Frisuren oder Bekleidungsaccessoires und außergewöhnlichen Praktiken wie Mutproben oder der Einsatz von körperlicher Gewalt. Häufig gerinnen diese in institutionalisierten oder ritualisierten Praktiken.

In der Institution Schule bildet sich das männliche Gendering in zwei wesentlichen Bereichen ab. Zum einen in der Selbstinszenierung von Jungen in Unterricht und Pause, zum zweiten in Interaktionen innerhalb der geschlechtshomogenen Gruppe oder zwischen Jungen und Mädchen. Gerade in der adolszenten Peer-Group ist das doing gender ein bedeutender Aspekt der Konstruktion von Männlichkeiten, da hier Geschlecht neu verhandelt und definiert wird.

Auf ihre eigene Frage: „can we ever *not* do gender?" (West/Zimmerman 1991: 24, Herv. i. Orig.) antworten West und Zimmerman mit einer Verneinung. Dem Geschlecht ist ihrer Meinung nach nicht zu entkommen, da es wie ein Ausweisungszwang wirkt. Die Herstellung dieser Eindeutigkeit obliegt dabei den Individuen. Häufig wird in diesem Zusammenhang Geschlecht als eine omnipräsente Kategorie bezeichnet (bspw. Hirschauer 2001). Was bedeutet aber die Vorstellung der Omnipräsenz? Ist damit gleichzeitig gemeint, dass Geschlecht permanent bedeutsam ist?

Diese Vorstellung greift sicherlich zu kurz, denn unter bestimmten Bedingungen tritt – so die hier vertretene These – Geschlecht in den Hintergrund, wird unbedeutender für das Verhalten in einer Situation und nimmt den Status einer „ruhenden Ressource" (Budde 2003c: 74) an. Dieser Begriff umfasst den Mechanismus des gleichzeitigen Verschwindens und Beharrens der Kategorie Männlichkeit. Es ist zu erwarten, dass je nach sozialem und institutionellem Kontext die Bedeutung von Geschlecht an Relevanz variiert. Ebenso wie in anderen gesellschaftlichen Bereichen, beispielsweise der Ökonomie oder der Familie verschiebt sich die Intensität der Präsenz auch an Schulen. Inwieweit Geschlecht in solchen Passagen verminderter Offensichtlichkeit weiterhin präsent bleibt und ob es ebenfalls zu undoing gender-Prozessen kommen kann, wird im empirischen Teil in Kapitel 5.1 untersucht.

Dabei ist Gender nur eine Kategorie, an deren Produktion die Subjekte in hohem Maße beteiligt sind. Erweitert wird dieser Ansatz mit dem Begriff des „doing difference" (Fenstermaker/West 2001), der beschreibt, dass nicht nur geschlechtliche Differenz unter aktiver Mitarbeit der Individuen hergestellt wird, sondern jede soziale Kategorie. Fenstermaker und West betonen insbesondere die Verknüpfung von Klasse, Gender und Ethnizität. Nach Cornelia Behnke und Michael Meuser können die unterschiedlichen Differenzlinien jedoch nicht einfach addiert werden, denn sie entstehen simultan und wirken als „zentrale soziale Platzanweiser" (Behnke/Meuser 1998: 21).

Für die hier vorliegende Studie hat das doing student – als die Ausgestaltung der sozialen Position des Lernenden – eine besondere Bedeutung. Da sich die Schülerinnen und Schüler während der Feldphase in der Adoleszenz befinden, spielt auch das doing adult, also möglichst erwachsenes Gendering, eine wichtige Rolle.

1.3 Zusammenfassung

Im vorherigen Kapitel wurde mit Laqueur der Gedanke aufgegriffen, dass Geschlecht mit den jeweils gesellschaftlich gültigen Annahmen über Männlichkeit und Weiblichkeit verwoben ist und sich dementsprechend also nicht als naturgegeben und unveränderlich begründen lässt, sondern immer in einen sozialen Kontext eingelassen ist. Erst seit der Aufklärung gilt, im Gegensatz zum mittelalterlichen Ein-Geschlechter-Modell, die Vorstellung des geschlechtlich eindeutigen Subjekts, welches auf der dichotomen und hierarchischen Zweiteilung in männlich und weiblich beruht. Geschlechtliche Positionen werden sowohl über institutionelle Arrangements als auch in sozialen Praktiken wie Interaktionen, Zuschreibungen und Eigeninszenierungen konstruiert. Beides ist eingelassen in ein Feld der Macht, welches von jedem Menschen eine geschlechtlich eindeutige Subjektposition fordert. Dabei spielt das Tabu der Homosexualität eine herausragende Rolle bei der Konstruktion normativer Männlichkeit (oder Weiblichkeit). Neben Gender existieren auch weitere Kategorien sozialer Klassifizierung, die soziale Konstruktionsakte können als doing difference verstanden werden.

26

Die Aporie der Gleichzeitigkeit von Subjekt und Macht für die Handlungsfähigkeit eröffnet einen Freiraum, in dem die Möglichkeit für Variationen der Gendering-Prozesse angesiedelt ist. Die Bandbreite der Variationsmöglichkeiten ist dabei weder vollständig beliebig, noch umfassend determiniert. Die Inszenierung muss im Rahmen der heterosexuellen Matrix eine zweifelsfreie Einordnung in eines der beiden Geschlechter ermöglichen.

Für eine an Geschlecht interessierte Schulforschung bedeutet dies eine Abkehr von naturalisierenden Zuschreibungen und eine Öffnung der Perspektive hin zur Analyse der vielfältigen sozialen Konstruktionsmechanismen von Geschlecht. Sie muss also im Spagat zwischen gesellschaftlichen stereotypen Zuschreibungen und individuellen Handlungsoptionen ansetzen. Auf die an diesem Punkt entstehenden Gestaltungsspielräume wird im empirischen Teil der Studie ein besonderes Augenmerk gerichtet.

2. Männlichkeit als soziale Kategorie

Die theoretischen Überlegungen zur Ordnung der Zweigeschlechtlichkeit sollen nun in einem nächsten Schritt auf Männlichkeiten zugespitzt werden. Dabei ist Männlichkeit ein ambivalentes Phänomen. Einerseits scheint immer eindeutig zu sein, worum es eigentlich geht, denn es existieren jede Menge alltagstheoretischer Vorannahmen darüber ‚wie Jungen/Männer so sind'. Andererseits wurde im letzten Kapitel aufgezeigt, dass die naturalisierenden und essentialistischen Begründungen nicht ausreichen, um die Geschlechterverhältnisse angemessen zu erklären. Es bedarf eines genaueren Verständnisses dessen, was gemeint ist, wenn von Männlichkeit die Rede ist. In der Männerforschung existieren dazu unterschiedliche Ansichten. Deswegen wird im folgenden Kapitel ein Modell von Männlichkeit skizzieren, welches in der Lage ist, die Komplexität des Themas angemessen zu erfassen. Die Theorie soll in erster Linie einer Anwendbarkeit auf das qualitative Material genüge tun. Daher wird an dieser Stelle auf eine ausführliche Diskussion unterschiedlicher Ansätze zum Thema Männlichkeit verzichtet, zumal die wissenschaftliche Theoriearbeit – wenn auch nicht abgeschlossen – so doch bereits große Fortschritte gemacht hat.

Die Studie blickt aus der Sicht der Jungen: auf ihre Mitschüler, auf die Mädchen, auf die Lehrkräfte und die Institution Schule. Zwar ist die Ordnung der Geschlechter eine relationale Angelegenheit, der Nachteil des Fehlens der Mädchenperspektive in der vorliegenden Studie wird jedoch durch den ungleich detaillierteren Einblick in die Konstruktionsprozesse der Schüler aufgewogen. Im empirischen Teil wird anhand aufgezeigt, welche Inszenierungsmöglichkeiten und Binnenrelationen von Männlichkeit im spezifischen Kontext des Feldes Schule zu finden sind.

Im Zuge der Männerbewegung der 1980er und 1990er Jahre findet das Thema Männlichkeit im deutschsprachigen Raum eine große und populäre Verbreitung als expliziter Gegenstand kritischer Auseinandersetzungen. Auch wenn in diesem Kontext auf unterschiedliche Theorien Bezug genommen wird, eint die Männerbewegung jedoch zumeist die Suche nach einem essentialistischem Kern. Die begleitende Männerverständigungsliteratur schreibt, im Spannungsfeld zwischen wissenschaftlich und essayistisch, mal klagend, mal hoffnungsfroh, über die Veränderungen im Geschlechterverhältnis (vgl. Wieck 1988; Hollenstein 1992; Rohrmann 1994). Männlichkeit wird als feststehende Identität definiert und gegen Weiblichkeit gestellt. Oft gepaart mit Erkenntnissen aus der Psychoanalyse wird versucht, ein einheitliches Bild vom Mann-Sein oder von Männlichkeit zu entwerfen (vgl. Winter/Willems 1991; Böhnisch/Winter 1994; Böhnisch 2003[16]).

Hier lassen sich keine Analyseinstrumente gewinnen, die sowohl der sozialen Konstruiertheit als auch der Differenziertheit von Männlichkeiten gerecht werden. Denn diese sind vielfältiger, als dass sie auf einen einzigen Typus reduzierbar wären. So ist dieser Blickwinkel zumeist ethnozentristisch auf deutsche, mittelständische Männer zugeschnitten. Zugleich können alternative Begehrens- und Lebensformen wie Homosexualität oder entdramatisierende Praktiken nicht theoretisch gefasst werden.

Die Männerverständigungsliteratur hält eine Vielzahl unterschiedlicher Erklärungsmodelle bereit, es existiert zwar ein scheinbar gesichertes Wissen über Männlichkeit, aber bei genauerer Überprüfung erweist sich dies häufig als recht spekulative und alltagstheoretische Annahme. Die genauso humorige wie populärwissenschaftliche These von Dieter Schnack und Rainer Neutzling über die „kleinen Helden in Not" (1990) werden 14 Jahre nach dem ersten Erscheinen immer noch gerne zitiert. Dabei wird oft das Thema der männlichen Identifizierung aufgegriffen, die durch die doppelte Negierung des ‚Nicht-nicht-Männlichen' stattfinden soll. Geprägt von Lothar Böhnisch und Reinhard Winter beschreibt dieser Topos, dass es keinen eigenständigen Gehalt von männlicher Identität gibt, welche sich deswegen in einem doppelten Negativzirkel konstituiere, da männlich definiert wird, was nicht weiblich ist, weiblich wiederum ist all das, was nicht männlich ist, so dass am Ende die Konstruktion von Männlichkeit eben über die Figur des ‚Nicht-nicht-Männlichen' funktionieren soll (vgl. Böhnisch/Winter 1994: 64ff.). Diese These ist ebenso verbreitet wie bislang noch nicht empirisch überprüft und drängt Jungen in eine einseitige und passiv anmutende Position als alleinige Opfer der Ordnung der Geschlechter (vgl. Pech 2002: 44). Sie ist zur Erläuterung des

---

16 Dabei stellt sich den Autoren jeweils das gleiche Problem. Denn auch wenn sie sehr differenziert und theoretisch anspruchsvoll argumentieren, können sie sich von einer essentialischen Grundannahme nicht lösen.

männlichen Sozialisationsprozesses sicherlich nicht falsch, greift allerdings an zwei Punkten zu kurz.

Zum einen existieren sehr wohl Bilder von Männlichkeit, denn was früher die ‚He-Man-Figur', das sind heute ‚Dragon Ball Z' oder ‚Bay-Blade', nämlich häufige und gerne angenommene Identifikationsangebote. Die meisten Jungen können auf die Frage danach, was Männlichkeit ausmacht, mit zum Teil erschreckender Klarheit antworten (vgl. Budde 2003e: 44).

Zum anderen gerät hier die Dichotomie aus dem Blick. Da sich Männlichkeit in Relation zu Weiblichkeit konstituiert, gilt das Problem der Identifizierung für beide Geschlechter und kann dementsprechend keine exklusiv männliche Angelegenheit sein. Es sei denn, man nimmt die Fähigkeit zu Gebären als positiv definierte ‚weibliche Natur' an. Denn auch wenn die Zuschreibung von Natürlichkeit als weiblich einen eigenständigen, ursprünglichen Inhalt vorgaukelt, so ist doch auch dieses eine soziale Konstruktion. Beide Geschlechter gewinnen ihre Konturierung aus einer Art Leerstelle entlang der dichotomen Grenzziehung.

Dieser Blick schlägt sich nieder in den Themen, die innerhalb der Männerverständigungsliteratur bearbeitet werden. Herausragend ist Frage nach der Bedeutung der postulierten zunehmenden Abwesenheit der Väter im Erziehungsprozess, insbesondere für Söhne. Dieses Thema greift die Schwierigkeit männlicher Identitätsbildung aufgrund fehlender Identifikationsmöglichkeiten auf. Sicherlich steckt in dieser Denkfigur einiges an Wahrheit, ein empirisch überprüftes Wissen stellt sie jedoch noch nicht dar.[17] Desweiteren konstruieren sich Jungen auch aus der Abwesenheit ein Männerbild. Demnach ist der Vater derjenige, dessen tägliche Beschäftigung so besonders und wichtig ist, dass er deswegen nicht zu Hause sein kann. Abwesenheit und Außergewöhnliches werden so zum Bestandteil von Männlichkeit. Darüber hinaus ist weniger die Abwesenheit der Väter ein neues Phänomen, sondern vielmehr die sozialwissenschaftliche Beschäftigung damit.

Die Suche nach Archetypen unter dem Label der männlichen Identität wie ‚der Krieger', ‚der Schamane' oder Ähnliches findet sich ebenfalls häufiger als Thema (vgl. bspw. Haindorff 1997).[18] In diesem Zusammenhang werden meist Initiationsriten als wesentlicher Bestandteil männlicher Sozialisation gefordert, die den Blick darauf versperren, dass die Sozialisation auch von Jungen eine komplexe Angelegenheit ist. So wird verschleiert, dass Männlichkeit eine soziale Konstruktion und keine fest umrissene Identität ist.

---

17 In der Bezogenheit auf bestimmte Thematiken sagt die Männerforschung mehr über den sozialen – nämlich mittelständischen – Hintergrund der Autoren aus, als über Männlichkeiten.

18 Im Internet lässt sich mittlerweile ein breites Spektrum identitätsorientierter bis maskulinistisch motivierter Websites finden, beispielsweise: <http://www.gim-goettingen.de>; <http://www.maennerrat.de>; <http://www.vaeteraufbruch.de>.

Auch wenn die Thematisierung inhaltlich häufig zu wünschen übrig lässt, verweist die gestiegene Auseinandersetzung darauf, dass „die Basis traditioneller Männlichkeit brüchig zu werden beginnt bzw. daß es keine allgemeingültige Definition von Mannsein mehr gibt" (Meuser 1998: 131). Allgemein lässt sich Meuser zustimmen, der, unabhängig von dem Inhalt der Publikationen, die Tatsache der massenhaften Diskursivierung des Phänomens als gewichtiges Indiz für Delegitimierung wertet (vgl. Meuser 1998: 129ff.). Männlichkeiten werden zunehmend erklärungs- und legitimierungsbedürftiger (vgl. Kap. 2.3).

2.1 Männlichkeiten bei Connell

Connell – ein australischer Männlichkeitsforscher – systematisierte 2000 den international als gesichert geltenden Stand der Forschung zum Thema Männlichkeiten. Dabei kam er zu dem Ergebnis, dass auf der theoretischen Ebene viele Leerstellen geschlossen werden konnten (vgl. Connell 2000b: 23). Inzwischen hat sich auch im deutschsprachigen Raum ein eher soziologisch ausgerichteter, Forschungszweig etabliert, welcher die Mängel der Männerverständigungsliteratur aus den 1990er Jahren weitestgehend überwindet (vgl. Meuser 1998; Brandes 2002; Pech 2002). Die gewonnenen Ergebnisse können allerdings hierzulande noch nicht als allgemeiner Stand der Wissenschaft angesehen werden. In einem Handbuch wird für diesen Forschungszweig der Begriff der „kritischen Männerforschung" (BauSteineMänner 1996: 327ff.) vorgeschlagen.[19] Das zentrale Anliegen der kritischen Männerforschung ist es, die Binnenrelationen zwischen unterschiedlichen Männlichkeiten und damit verknüpfte Machtstrukturen zu erfassen. Der theoretische Hauptbezugspunkt stammt wiederum von Connell, auf dessen Arbeit sich die folgenden Kapitel ausführlich beziehen.

2.1.1 Hegemonie als Machtkonzept

Connell unternimmt seit Ende der 1980er den Versuch einer systematischen Analyse der männlichen Seite der Geschlechterordnung mit dem Konzept der hegemonialen Männlichkeit, durch welches er theoretisch zu fassen versucht, wie Männlichkeiten organisiert sind. Dabei entwirft er auf der Basis des Machtbegriffs der Hegemonie ein Modell der Binnenrelation. Auch wenn die

---

19 Anstatt des besser geeigneten, weil genaueren Begriff ‚Männlichkeitsforschung', der sehr viel stärker den strukturellen und prozesshaften Charakter betont wird, im Folgenden auf Grund der Etablierung des Terminus von kritischer Männerforschung gesprochen.

unterschiedlichen Handlungsmuster unterschiedlich ausgeprägt sind, so beziehen sie sich doch auf die gleiche Machtstruktur der Hegemonie.

Connell greift für dieses Vorhaben auf Antonio Gramsci zurück, der den Begriff der Hegemonie in den 1920ern geprägt hat, um Herrschaftsstrategien angemessen zu erklären. Gramsci entwickelte aufgrund der erwarteten, aber ausbleibenden, kommunistischen Revolution eine Kritik an der Lehre von der automatischen Gleichzeitigkeit der Zuspitzung der Machtverhältnisse und der daraus resultierenden Zuspitzung des Widerstandes. Seine Hauptthese ist, dass Herrschaft nicht nur über den objektiven Besitz an Produktionsmitteln funktioniere, sondern über ein gemeinsames gesellschaftlich akzeptiertes Machttableau. „Der Begriff der Hegemonie indiziert [...] eine geistig-ideologische Dominanz und Attraktionswirkung" (Jablonka 1998: 30). Die Dominanz resultiert also nicht (nur) aus materiellen Strukturen, sondern vor allem aus der ideologischen Vormacht, die eine gesellschaftliche Gruppe ermächtigt, ihre Interpretation und Interessen durchzusetzen. Die jeweils hegemoniale Gruppe besitzt die Macht nicht, sie verfügt lediglich darüber in dem Maße, in dem sie diese einzusetzen und zu behaupten vermag.

Nach Gramsci stellt Hegemonie einen „spontanen Konsens" (Gramsci, zit. nach Jablonka 1998: 28) her. Die Herrschaft findet deswegen – und hier liegt das Hauptmoment der Hegemonie und auch die Verbindung zum doing difference – unter Zustimmung und Mitarbeit derjenigen statt, die beherrscht werden. Der Konsens unterliegt allerdings einigen Brechungen und kann deswegen nicht vollständig durchgesetzt werden, er ist also nie total oder eindeutig. Durch die Frage: „Zu wie vielen Gesellschaften gehört das Individuum?" (Gramsci, zit. nach Barfuss 1998: 34) unterstreicht Gramsci, dass die Subjekte durch ein komplexes Netz verschiedener Machtverhältnisse innerhalb eines gesellschaftlichen Kontextes situiert sind.

Hegemonie ist nicht als eine Bewegung der Macht in eine bestimmte Richtung oder auf ein Ziel vorstellbar, sie ist zentrumslos und wirkt in allen Bereichen des gesellschaftlichen Lebens. Hier lassen sich Parallelen zum Machtbegriff bei Foucault aufzeigen, denn erst aus dem Zusammenspiel der vielen unterschiedlichen gesellschaftlichen Gruppierungen ergibt sich die hegemoniale Konstellation. Macht ist also keine statische Größe, sondern ein Verhältnis, das sich ebenso sehr auf die Beherrschten wie auf die Beherrscher stützt. An diesem Punkt deutet sich an – und lässt sich mit Butlers Begriff der Subjektivation weiter theoretisieren – dass die Trennung von Beherrscher und Beherrschten nicht schablonenhaft aufrechterhalten werden kann, sondern von einem Geflecht hierarchischer Beziehungen ausgegangen werden muss. Dass es dabei aber zu unterschiedlich privilegierten Situierungen oder gesellschaftlichen Positionen kommt, steht bei aller Relativität der Macht, außer Frage.

Maihofer beschreibt in diesem Zusammenhang die Bedeutung des hegemonialen Diskurses für die Konstruktion von Geschlecht (vgl. Maihofer 1994), den sie ebenfalls an Foucault anlehnt. Dabei versteht sie Diskurs nicht nur als gesprochene Sprache, sondern als „Handlungsweise, Körperpraxis, Naturverhältnisse, Kunst, Architektur etc." (Maihofer 1995: 80), beziehungsweise als eine Kombination aus solchen verschiedenen Elementen. Die einzelnen Beiträge zum Diskurs können unterschiedliche Reichweite und Bedeutung haben, wichtig ist, dass sie sich auf eine gemeinsame Ähnlichkeit beziehen. Hegemonial wird ein Diskurs, „wenn er innerhalb einer Gruppe, Klasse, Gesellschaft oder gar gesellschaftsübergreifend dominiert, in dem er z.B. die herrschenden Normen, Werte und Verhaltensstandards einer Gesellschaft konstituiert" (ebd.: 81). Wichtig ist bei Maihofer die Feststellung, dass Hegemonie ein Prozess der Selbststilisierung und Selbstkonstituierung ist, ein System von produktiven und hervorbringenden Anreizen (vgl. ebd.: 104). Diesen Hegemoniebegriff legt Connell seiner Arbeit schon früh zugrunde: „Hegemony as a situation, a moment in history in which control is effectively exercised, can thus be distinguished from the mechanisms of control that operate in it. Situations can vary in the mechanisms that are active and in the depth of control that is achieved" (Connell 1977: 207).

Im hegemonialen Machtverhältnis werden verschiedene Praktiken zugleich wirksam. Je nach Situation können sich die Mechanismen der Kontrolle, oder die Gruppen, welche die Kontrolle innehaben, ändern, die Hegemonie allerdings bleibt bestehen. Auch wenn Connell sich in der frühen Arbeit, aus der das Zitat stammt, in erster Linie mit Klassenfragen beschäftigt, so wendet er diesen Begriff an gleicher Stelle auch schon auf Geschlechterverhältnisse an, indem er postuliert: „The sex-role pattern is an important part of the cultural structures of capitalism" (Connell 1977: 214). So beschreibt er, dass zur Ausprägung einer hegemonialen Konstellation neben „oppressive social structures" (ebd.) ebenso soziale Praxis, „such as personal socialisation and sexual interaction" (ebd.), gehört. Dabei sind die Mechanismen sowohl im Bewusstsein als auch im Unterbewussten lokalisiert. Connell betont an dieser Stelle, dass sich die ökonomische Ebene – seiner damaligen Meinung nach die wichtigste Ebene von Hegemonie – mit älteren Formen der geschlechtlichen Differenz gemischt hat.

Innerhalb der hegemonialen Situation existieren immer verschiedene Akteure, die zu unterscheiden zwar schwierig, aber nicht unmöglich sei (vgl. ebd.: 218ff.). Hegemonie ist nicht statisch, sie

„bezieht sich immer auf eine historische Situation, eine Reihe von Umständen, in denen Macht gewonnen und bewahrt wird. Die Aushandlung von Hegemonie ist keine Frage der Aushandlung zwischen bereits festgelegten Gruppierungen, sondern zum Teil eine Frage der *Bildung* dieser Gruppierungen" (Carrigan/Connell/Lee 1996: 64, Herv. i. Orig.).

Hegemonie ist als ein prozessuales Austarieren zwischen gesellschaftlichen Gruppen zu verstehen und somit offen für historische und soziale Veränderungen. Seit den 1990ern wendet Connell den Hegemoniebegriff verstärkt auf das Geschlechterverhältnis an.

2.1.2 Die Struktur des Systems hegemonialer Männlichkeiten

Da Männlichkeit nur „ein Aspekt *innerhalb* eines Systems von Geschlechterverhältnissen" (Connell 1999a: 105, Herv. i. Orig.) ist, erhält sie ihren symbolischen Bedeutungsgehalt immer unter Bezug auf Weiblichkeit (vgl. Meuser 1998: 12). „Männlichkeit und Weiblichkeit sind in sich relationale Konzepte, die sich aufeinander beziehen und erst im Verhältnis zueinander Bedeutung gewinnen, als eine soziale Grenzziehung und als kultureller Gegensatz" (Connell 1999a: 63).

Gerade weil sich Männlichkeit und Weiblichkeit in Abgrenzung zueinander definieren, verweisen sie in der Dichotomie permanent aufeinander. Die Figur der Beschreibung ist häufig negativ: „Hegemonic masculinity is thus often defined negatively, as the opposite of feminity" (Connell 2002a: 166). Allerdings unterscheidet sich diese Negativkonstruktion von der von Böhnisch und Winter, denn Connell bezieht Weiblichkeit als konstitutives Element der Konstruktion von hegemonialer Männlichkeit relational mit ein.

Es handelt sich bei Männlichkeiten um „Handlungsmuster" (Connell 1999a: 102), die Männer im Geschlechterverhältnis positionieren und die weiterreichende Effekte (auf Körper, Persönlichkeit, Kultur, etc.) haben. Connell betont an derselben Stelle, dass Männlichkeiten „keinen starr [...] unveränderlichen Charakter" besitzen, sondern „Vorbilder sein können" (ebd.). Behnke und Meuser verwenden den ähnlich gelagerten Begriff „Orientierungsmuster" (Behnke/Meuser 1998: 15). Durch all diese Terminologien wird betont, dass es nicht in erster Linie um einzelne, konkrete Personen geht, sondern um in Gendering-Prozessen hergestellte Strukturen. Männlichkeiten beziehen sich nicht nur auf Subjekte oder einzelnen Gruppen, sondern erstrecken sich auf die gesamte soziale Welt.

„Männlichkeiten sind [...] eine Struktur, die sowohl weiträumige Institutionen und ökonomische Verhältnisse als auch Beziehungen von Angesicht zu Angesicht und Sexualität einschließt. Männlichkeit ist in dieser Struktur institutionalisiert und ist zugleich ein Aspekt des individuellen Charakters oder der Persönlichkeit, [...] wie etwa in den Staat, in eine Armee, in ein Unternehmen oder eine Schule. [...] Darüber hinaus gibt es Männlichkeit in unpersönlicher Weise in der Kultur, als eine Subjektposition im Prozeß der Repräsentation, in den Sprachstrukturen und anderen Symbolsystemen. Die individuelle Praxis kann diese Positionierung wiederholend verstärken, kann sich ihr aber auch entgegensetzen und in Widerspruch dazu treten" (Connell. 1995c: 68).

Männlichkeiten existierten also gleichzeitig auf unterschiedlichen Ebenen (vgl. auch Connell 1995b: 27). Neben Institutionen wie etwa dem Staat oder der Armee bezeichnet Connell im obigen Zitat die Schule als einen wichtigen Ort für deren Herstellung.

Zwischen den Individuen und der institutionellen Ebene der Schule existiert eine Wechselwirkung, welche eine Vielzahl an geschlechtlichen Identifizierungsprozessen bedingt, erfordert und ermöglicht. Institutionelle Dramatisierungen von Männlichkeit (oder Weiblichkeit) finden sich zuhauf: durch geschlechtliche Konnotierung unterschiedlicher Fächer, durch Begabungszuschreibungen seitens der Lehrkräfte oder durch die Anforderungen im Bezug auf Leistung, Konkurrenz und Disziplin. Mindestens ebenso wichtig sind jedoch sicherlich die alltäglichen Interaktionen als soziale Praxis des doing gender, in denen Jungen untereinander oder im Zusammenspiel mit Mädchen Männlichkeit konstruieren.

Doch auch wenn Männlichkeit und Weiblichkeit als soziale Kategorien notwendigerweise relational aufeinander verweisen, existiert in der Schule eine diskrete, aber hochwirksame Separierung. Diese Separierung rekurriert auf die Existenz zweier ‚Geschlechterreviere'. Dieser Begriff beschreibt unterschiedlichste Aktivitäten, Unterrichtsfächer, Bekleidungsnormen etc., die einer dauerhaften männlichen (oder eben weiblichen) Konnotation unterliegen. Damit eine bestimmte soziale Anordnung als Geschlechterrevier wahrgenommen wird, muss die symbolische Zuschreibung dauerhaft und stabil sein, sie entsteht nicht in einem einmaligen Akt, sondern bedarf einer Art habituellen Institutionalisierung. In einem männlichen Geschlechterrevier, wie beispielsweise dem Physikunterricht, ist der Zugang für Mädchen erschwert, sie erfüllen nicht die notwendigen habituellen Anforderungen (für Physik als männliches Geschlechterrevier: vgl. Kap. 5.3.3; auch: Faulstich-Wieland 1991: 95ff.; Faulstich-Wieland/Willems 2002; Krebs 2002: 28f.). Weniger als explizites Verbot, wirken Geschlechterreviere eher als diskrete Regulierungen.

Da die Trennlinie zwecks Konturierung von Männlichkeit deutlich markiert sein muss, verbleiben Jungen in der Schule gewöhnlicherweise innerhalb ihrer geschlechtshomogenen Jungengruppe. Das heißt, es existiert neben dem Homosexualitätstabu ein – nicht so starres – zwischengeschlechtliches Interaktionstabu. Im Unterschied zum Homosexualitätsverdacht kann der Kontakt zu Mädchen für Jungen jedoch unter bestimmten Umständen gerade als Be-

35

weis von Männlichkeit gelten (vgl. dazu Kap. 4.2.1). Die zwischengeschlechtliche Interaktion führt nicht mehr zum Verdacht der Nichterfüllung
männlicher Standards, wenn sie dafür das Prestige des erwachsenen Umgangs
sichert. In beiden Fällen wird Geschlecht dramatisiert, im einen Falle als Kriterium für die Abgrenzung von ‚den Mädchen‘, im anderen Fall als heterosexuelle Konnotierung des Kontakts. Die Frage, ob in einer Situation die Ordnung der Geschlechter dramatisiert oder entdramatisiert wird, hängt häufig
von den jeweils Interagierenden ab.

Aber auch institutionelle Trennungen, wie bei unterschiedlichen Sport-
mannschaften oder bei den geschlechtshomogenen Gruppen in der Schule,
können Geschlecht dramatisieren. Goffman hat dies mit seinem Grundgedan-
ken der „institutionellen Reflexivität" (Goffman 1994) verdeutlicht. Gemeint
ist, dass als ‚normal‘ akzeptierte institutionalisierte Konventionen immer wieder quasi ‚reflexhaft‘ als vermeintliche Normalität bestätigt werden.[20] Die
unterschiedlichen Geschlechterreviere stellen eine geschlechtliche Variante
der institutionellen Reflexivität dar. Dazu formuliert Hirschauer: „Soziale Arrangements (wie die Geschlechtersegregation) schaffen Gelegenheiten für in-
teraktive Geschlechtsdarstellungen, die ein Wissen von der Zweigeschlechtlichkeit bestätigen, das wiederum zur Legitimation der institutionellen Arrangements verwendet werden kann" (Hirschauer 1994: 680).

An der Verknüpfung von Männlichkeit und Hegemonie üben Cornelia Kopp-
etsch und Maja Maier Kritik. Sie betonen, dass das hohe Maß an Zustimmung
nicht auf Geschlechterverhältnisse übertragbar ist, da Frauen zunehmend ihre
Mitarbeit an der männlichen Suprematie verweigern. Darüber hinaus sei Connells Analyse blind für Klassengegensätze (vgl. Koppetsch/Maier 2001: 30).
Diese Kritik geht allerdings am Kernpunkt vorbei. Denn auch wenn es zu
Aufkündigungen der Übereinkunft der Geschlechterverhältnisse gerade im
Zuge feministischer Bewegungen[21] kommt, funktioniert – wie Meuser (1998)
zeigt – Hegemonie als geschlechtliches Machtverhältnis bis heute.

Es lassen sich darüber hinaus Hinweise für eine Retraditionalisierung der
Geschlechterverhältnisse auch auf Frauenseite ausmachen.[22] Desweiteren
funktionieren die genannten Herrschaftsverhältnisse aufgrund verschiedenar-
tiger Bedingungen. Am Beispiel der architektonischen Anordnung lässt sich

---

20 Goffman betont ebenfalls, dass die Dramatisierung nach außen eine Entdramatisierung nach innen beinhalten kann, wie beispielsweise bei öffentlichen Toiletten.
21 Mit Feminismus ist hier im weiten Sinn die Bandbreite der patriarchatskritschen
Ansätze der zweiten Frauenbewegung gemeint.
22 Beispielsweise die Veränderungen innerhalb der ostdeutschen Geschlechterordnung nach 1990, die eine Zurückdrängung der Frauen in den Reproduktionsbereich zur Folge hat. Mittlerweile wird diese Entwicklung auch von Frauen in
Ostdeutschland zunehmend akzeptiert und vertreten (vgl. Rosenzweig 2000).

aufzeigen, dass unterschiedliche soziale Klassen häufig auch in unterschiedlichen Stadtteilen wohnen, während sich Geschlechterverhältnisse häufig sogar innerhalb derselben Wohnung realisiert (vgl. Meuser 1998: 105). Während die sozialen Klassen gerade durch die Offensichtlichkeit der Separierung konturiert werden, herrscht in der Ordnung der Geschlechter eher eine Art ‚Distanz in Nähe' vor.

Connell analysiert die Binnenrelation von Männlichkeiten, indem er vier verschiedene Handlungsmuster unterscheidet, nämlich die hegemoniale, die komplizenhafte, die marginalisierte und die untergeordnete Männlichkeit (Connell 1999a: 97).

Die hegemoniale Männlichkeit stützt sich normativ auf Heterosexualität, die Möglichkeit, Gewalt einzusetzen und den Besitz an Produktionsmitteln, kurz: auf einem privilegierten Zugang zu gesellschaftlicher Macht.

Unter komplizenhafter Männlichkeit versteht Connell nicht nur die ‚Schlachtenbummler' der hegemonialen Konstellation. Komplizenhafte Männlichkeit umfasst all die Männer, die zwar von der Geschlechterordnung profitieren, aber nicht mit den gesamten Risiken und Auseinandersetzungen konfrontiert sind. Dies eröffnet ein Spannungsfeld zwischen Familienernährer und Teilung der Reproduktionsarbeit, Kompromissbildung mit Frauen und Antifeminismus. Häufig können dabei widersprüchliche Elemente vereint werden. Allerdings muss Connell um den Hinweis ergänzt werden, dass gerade männersolidarisches Verhalten als entscheidende Strategie der Aufrechterhaltung der Suprematie hier ihren Ursprung findet (vgl. Budde 2003b). Als wesentliche Merkmale von Männerbünden nennt Helmut Blazek neben gesteigerter Aggressivität und räumlicher sowie sozialer Abgrenzung den Erwerb und die Verteidigung männlicher Machtpositionen. Männerbünde zeigen sich also in besonderer Weise als Bastion gegenseitiger Solidarität innerhalb der Geschlechtergruppe (vgl. Blazek 1999: 15). Für die Schule ist dementsprechend der homosoziale Jungenbund eine stabile Basis der gegenseitigen geschlechtlichen Absicherung.

Als die auffälligste Form untergeordneter Männlichkeit führt Connell Homosexuelle an. Dabei geht es nicht nur um die (gewaltförmige) Unterdrückung konkreter Homosexualität, sondern um ein Ausstoßen aus dem „Kreis der Legitimierten" (Connell 1999a: 100) unter symbolischer Nähe zum Weiblichen. Als schwul etikettiert wird – so Connell – was die patriarchale Ideologie aus der hegemonialen Männlichkeit ausschließt.

Mit dem Begriff der marginalisierten Männlichkeit nimmt Connell Bezug auf weitere Kategorien sozialer Ungleichheit. Er führt beispielhaft schwarze Männlichkeit an, die in Teilbereichen wie Kultur oder Sport durchaus dominierend sein kann, aber in der erlebten ethnischen Marginalisierung eigenständige Formen ausbildet.[23] Connell betont desweiteren die Zugehörigkeit zu unterprivilegierten Klassen oder Arbeitslosigkeit, die ebenfalls zur Entstehung marginalisierter Männlichkeit führen kann. Hier findet sich, im Gegensatz zur Kritik von Kopptesch und Maier, ein expliziter Bezug auf den Zusammenhang von Männlichkeit und Schichtzugehörigkeit.

Ein wesentliches Kennzeichen des Systems hegemonialer Männlichkeiten ist, dass gerade nicht alle Männer dem Ideal entsprechen müssen, sondern dass unterschiedliche Dominanzen und Positionen existieren. So formuliert Connell: „Hegemonie ist eine Frage von Beziehungen der kulturellen Dominanz und keine von Kopf-Zahlen" (Connell 1995a: 34). In den Kämpfen um die Hegemonie in den Geschlechterverhältnissen geht es auch um die Macht, jene Begriffe zu bestimmen, mit deren Hilfe diese wahrgenommen, beschrieben und verhandelt werden. Dies bedeutet „die Fähigkeit, eine Definition der Situation aufzuerlegen, die Begriffe festzusetzen, mit denen Ereignisse verstanden und Streitfragen diskutiert werden, Ideale zu formulieren und Moral zu definieren, kurz, Hegemonie geltend zu machen" (Connell 1987: 107; vgl. auch ebd.: 251ff.).

Der Sprache kommt also als Instrument der Konstruktion von Geschlecht und Hegemonie eine zentrale Position zu. Alternativen zum hegemonialen Modell können nach Connell daran gehindert werden, anerkannt zu werden, indem sie in Ghettos, Verstecke oder ins Unbewusste gedrängt werden – dies ist eine zentrale Strategie der Aufrechterhaltung von Hegemonie (ebd.: 186f.), die sich zum Beispiel in der verunglimpfenden Bezeichnung ‚Softies' für Männer aus dem Spektrum der Männerbewegung zeigt. Dadurch wird der Glaube an die naturgegebene Suprematie der hegemonialen Männlichkeit bestärkt. Eine weitere Strategie ist es, „anderen Arten von Männlichkeit eine bestimmte Definition aufzuzwingen" (Carrigan/Connell/Lee 1996: 62), etwa durch die ‚Globalisierung' von Männlichkeiten durch den europäischen Kolonialismus (vgl. Connell 2002b). Abweichende Männlichkeiten, wie etwa Homosexualität, können sowohl diskursiv wie auch materiell als Negativfolien stigmatisiert werden. Dadurch wird die Mehrheit der Männer ‚auf Linie' gebracht und an dem normativen Modell ausgerichtet, indem sie vereinnahmt oder ausgegrenzt werden.

Daran schließt sich die Frage an, warum dieses System so stabil ist. Wieso arbeiten Männer mittels Praktiken des doing gender an der Aufrechterhaltung der Hegemonie mit, auch wenn sie möglicherweise selber untergeordnet werden?

---

23 Beispielsweise produziert der weibliche Sextourismus ebenfalls Formen marginalisierter Männlichkeit. Durch in der Regel weiße und westliche Frauen wird ein Stereotyp von ‚natürlicher' oder ‚ursprünglicher' Männlichkeit geprägt.

Connell bietet mit dem Hegemoniebegriff eine Antwort. Denn da das gesamte System, selbst in Ablehnung, hegemonial ausgerichtet ist, markiert hegemoniale Männlichkeit ein „kulturelles Ideal von Männlichkeit [das der, J.B.] Aufrechterhaltung der Praxen, die die Dominanz von Männern über Frauen institutionalisieren, dient" (Connell 1987: 184f.) und deswegen als erfolgreiche kollektive Strategie zur Unterordnung von Frauen wirkt. Angesichts der Komplexität der Geschlechterverhältnisse existiert allerdings keine einheitliche, sondern eine Kombination verschiedener, teilweise widersprüchlicher Strategien. Der Gewinn, den die einzelnen Männer aus der Aufrechterhaltung ziehen, kann auch als „patriarchale Dividende" (Männerforschungskolloquium Tübingen 1995: 51; vgl. auch Connell 1999a: 103ff.) bezeichnet werden. Diese gilt nach Connell – wenn auch mit unterschiedlicher Rendite – für alle Männer. Die Dividende besteht aus der Anerkennung der legitimen Zugehörigkeit zu Handlungsmustern hegemonialer Männlichkeiten.

Allerdings ist der Begriff der patriarchalen Dividende sicherlich zu ungenau, suggeriert er doch die permanente Suprematie aller Handlungsmuster des Systems hegemonialer Männlichkeiten gegenüber Weiblichkeit und aktualisiert damit einen schematischen Begriff von Macht. Denn die Rendite ist nicht statisch, sondern variiert kontextbezogen je nach Feld und Feldbedingungen sowie den Kapitalien der an der Aushandlung Beteiligten. In diesem Sinne bedeutet die patriarchale Dividende keinen dauerhaften Gewinn, welcher sich einfach aus der Geschlechtszugehörigkeit ergibt, sondern eine geschlechtlich eingefärbte Kapitalienvermehrung unter aktiver Beteiligung.

Allerdings kann mit Connell weder hinreichend geklärt werden, wie die Vermittlung zwischen dem System hegemonialer Männlichkeiten und den Individuen vonstatten geht, noch wie deren gesellschaftliche Situiertheit zustande kommt. Hierzu kann ein Rückgriff auf Bourdieu weiterhelfen.

2.2 Geschlechtliche Situierung im sozialen Feld

Das zentrale Anliegen der Arbeit von Bourdieu ist die Entwicklung eines soziologischen Instrumentariums zur Beschreibung sozialer Ungleichheiten unter paralleler Berücksichtigung von gesellschaftlichen Strukturen und individueller Situierung. Er verbindet mit seinen Analysekategorien diesen vermeintlichen sozialwissenschaftlichen Widerspruch durch ein relationales Denken beider Ebenen (vgl. Gebauer/Wulf 1993: 7). Zentral für dieses Anliegen sind ihm die Begriffe sozialer Sinn, Feld, Kapitalien und Habitus, die in besonderer Weise geeignet sind, die Funktionsweisen des Systems hegemonialer Männlichkeiten genauer zu bestimmen.

2.2.1 Feld und Sozialer Sinn

Bourdieu begreift jedes soziale Arrangement als Feld. Felder funktionieren und existieren aber nicht a priori aus sich selbst heraus, sondern nur unter bestimmten Voraussetzungen. Jedes Feld wird durch die in ihm agierenden AkteurInnen erzeugt, wobei die AkteurInnen wiederum durch das Feld beeinflusst werden. Sie „bestimmen die Struktur des Feldes" (Bourdieu 1998: 174) durch die unterschiedlichen Beziehungen zueinander. Das Feld des Gymnasiums beispielsweise ist zusammengesetzt aus Lehrkräften, Lernenden, Verwaltung- und Reinigungskräften etc. Der bourdieusche Feldbegriff ist zwischen Subjekt und Struktur angesiedelt. Die organisatorischen Prinzipen, die das Feld strukturieren, nennt Bourdieu Feldbedingungen, welche für jedes Feld unterschiedlich sind. Auch strukturelle Merkmale (Architektur, institutioneller Auftrag, etc.) spielen eine wichtige Rolle sowohl bei der Konstitution als auch bei der Regulierung des Feldes. Jedes Feld, entsprechend ebenfalls das gymnasiale, erhält seine Bedeutung erst dadurch, dass die geltenden Feldbedingungen von den AkteurInnen anerkannt werden. Eine zufällige Zusammenkunft verschiedener SchülerInnen schafft also ebenso wenig ein Feld wie beispielsweise die räumliche Vorgabe des Schulgebäudes, sondern erst die kollektive Akzeptanz des Feldes.

Um in einem Feld erfolgreich zu agieren, benötigen die AkteurInnen eine Strategie, die als sozialer Sinn bezeichnet werden kann. Bourdieu definiert den sozialen Sinn als Vermittlungsfunktion zwischen dem Subjektivismus der AkteurInnen und dem Objektivismus der Institution. Er ist nach Hans-Josef Wagner „dialektisch zu fassen als praktischer Sinn" (Wagner 1993: 328), indem er praktisch ausgerichtet auf die jeweils aktuelle Situation ist, abhängig von der Kompetenz des sozialen Akteurs, sich in dem Feld erfolgreich zu behaupten. Der soziale Sinn wird handelnd in Auseinandersetzung mit den äußeren Strukturen erworben.

Nach Bourdieu ist alles Handeln strategisch motiviert, gemessen am Interesse der Kapitalienvermehrung. Dabei dient das Interesse, im Feld erfolgreich zu agieren, als Anerkennung der jeweils spezifischen Regelungen und Einsätze. Die AkteurInnen sind im Spiel des jeweiligen Feldes gefangen:

„ein Interesse haben heißt, einem bestimmten Spiel zuzugestehen, dass das, was in ihm geschieht, einen Sinn hat und dass das, was bei ihm auf dem Spiel steht, wichtig und erstrebenswert ist. [...] Jedes Feld setzt eine spezifische Form von Interesse voraus und aktiviert sie, eine spezifische Illusio als stillschweigende Anerkennung des Wertes der Interessensobjekte, die in ihm auf dem Spiel stehen und als praktische Beherrschung der Regeln, die in ihm gelten" (Bourdieu 1996: 148 f.).

Bourdieu grenzt so seinen Begriff des Interesses ab von utilitaristischen Auf-
fassungen. Der Utilitarismus beschäftigt sich ebenfalls mit der Frage nach
menschlichen Interessen, allerdings unter einem rein nutzenorientierten
Blickwinkel, wobei Nutzen als statisch, egoistisch und der Profitmaximierung
verpflichtet definiert wird. Diesem Prinzip seien – so Peter Singer, ein promi-
nenten Vertreter dieser Denkrichtung – alle Subjekte deterministisch unterworfen (vgl. Singer 1994). Das Interesse ist hier auf der Ebene des Bewusstseins angesiedelt, so dass alle Handlungen, mittels bewussten und rationalen
Kalküls, direkt am Ziel der herzustellenden Profitsteigerung gemessen und
beurteilt werden. Durch diese Annahme wird die reale Vielschichtigkeit von
(geschlechtliche Eindeutigkeit produzierenden) Handlungen auf das ökonomische und logische Primat reduziert und kann so der Komplexität von Gendering-Prozessen nicht gerecht werden. Nicht jede Konstruktion von Männlichkeit gehorcht ausschließlich nutzenmaximierenden Kriterien.

Bourdieu hingegen historisiert den Begriff, da sich Interessen seiner Meinung
nach immer auf konkrete Situationen beziehen, die jeweils veränderlich sind.
Dadurch wird der Begriff dynamischer und flexibler und ermöglicht den
Gebrauch in einem erweiterten Sinne. Deswegen verwendet Bourdieu alternativ den Kunstbegriff der „Illusio", mit dem er ausdrückt, dass es keine uni-
versellen und zeitlosen Interessen gibt, sondern nur je historisch und situativ
spezifische. Illusio bedeutet die Anerkennung der geltenden Spielregeln und
der Illusion, dass die jeweiligen Interessen und Gesetzmäßigkeiten allgemein-
gültig sind. Damit ist Illusio zum einen das Gegenteil der Sichtweise, es gäbe
gar keine Interessen und somit gegen Willkür und Beliebigkeit gerichtet, zum
anderen ebenfalls das Gegenteil von Starrheit und Determinierungen wie bei
Singer. Im gymnasialen Feld meint Illusio die von den AkteurInnen geteilte
Anerkennung der Bedeutung schulischen Wissens und formaler Bildungsabschlüsse. Die Illusio unterscheidet sich je nach Position im Feld, die wiederum durch das Kapitalienvolumen, die Kapitalkonfiguration und die soziale
Konfiguration geregelt wird (vgl. Bourdieu 1992b: 180ff.).
   Wichtiges Instrument des sozialen Sinns sind die Distinktionsmechanismen, die beispielsweise sowohl im gymnasialen Feld als auch in der Ordnung
der Geschlechter wirksam werden. Unter Distinktion versteht Bourdieu soziale Abgrenzung als Mittel der Unterscheidung und Hierarchisierung. Distinktiv sind in jedem Feld unterschiedliche Praktiken oder Objekte. Während für
den Bereich der Männlichkeit die Distinktion von Weiblichkeit besonders
wichtig ist, zählt im gymnasialen Feld insbesondere die Distinktion mittels
Prestige.

2.2.2 Kapitalien

Der bourdieusche Kapitalienbegriff eignet sich in besonderer Weise, um die soziale Position im jeweiligen Feld analytisch zu erfassen. Dabei unterscheidet er drei, respektive vier verschiedene Kapitalformen:

„Das ökonomische Kapital ist unmittelbar und direkt in Geld konvertierbar und eignet sich besonders zu Institutionalisierung in der Form des Eigentumsrechts; das kulturelle Kapital ist unter bestimmten Voraussetzungen in ökonomisches Kapital konvertierbar und eignet sich besonders zur Institutionalisierung in Form von schulischen Titeln; das soziale Kapital, das Kapital an sozialen Verpflichtungen oder ‚Beziehungen‘, ist unter bestimmten Voraussetzungen ebenfalls in ökonomisches Kapital konvertierbar" (Bourdieu 1992a: 52 f.).

Zusätzlich erwähnt Bourdieu symbolisches Kapital, eine Form, in der die anderen Kapitalsorten zur Geltung kommen, da der symbolische Gehalt des jeweiligen Feldes anerkannt wird (Bourdieu 1998: 174). Nach Bourdieu bildet gerade dieses Kapital die Basis für die Ordnung der Geschlechter, denn diese Ordnung muss symbolisch abgesichert werden. Der Besitz symbolischen Kapitals zeigt an, dass man ‚sich etwas leisten‘ kann, es ist eine Art Vertrauensvorschuss als Zugeständnis der Kreditwürdigkeit im Bezug auf die zu erwartenden Kapitalien. Die an das symbolische Kapital geknüpfte symbolische Macht meint die „Macht zur Durchsetzung der Anerkennung" (Bourdieu 1997: 240), beispielsweise der legitimen Zugehörigkeit zum System hegemonialer Männlichkeiten. Zusätzlich kann das symbolische Kapital verschleiern und vergessen machen, dass die Kapitalienakkumulation willkürlich ist, willkürlich, weil sie einer Logik gehorcht, die durch ihre eigene Gesetzmäßigkeit überhaupt erst installiert wird (vgl. Bourdieu/Wacquant 1996: 151).

Deutlich wird, dass Bourdieu das ökonomische Kapital für die entscheidende Dimension hält. „Man muß von der doppelten Annahme ausgehen, daß das ökonomische Kapital allen anderen Kapitalarten zugrunde liegt, daß aber andererseits die transformierten und travestierten Erscheinungsformen niemals ganz auf diese zurückzuführen sind" (Bourdieu 1992a: 71).

Dabei beharrt er im Gegensatz zu beispielsweise marxistischen Theorien gerade nicht auf der Singularität des ökonomischen Kapitals. Kapital kann eher als ‚Vermögen‘ im Sinne einer Eigenschaft verstanden werden – jemand vermag, eine bestimmte Handlung zu vollziehen. Kapitalien sind, was jemand in einem Feld einsetzen kann, wobei die im jeweiligen Feld ‚gültigen‘ Kapitalien variieren. Bei der Transformation von einem Feld in ein anderes kann es nach Bourdieu zu Tauschverlusten oder Tauschgewinnen kommen. Die Kapitalien regeln die soziale Positioniertheit, aus der sich wiederum der jeweilige Habitus entwickelt. Für das gymnasiale Feld erweist sich das kulturelle Kapital als besonderes relevant, da sich der angestrebte Bildungsabschluss Abitur und der schulisch vermittelte Wissenskanon in dieser Kapitalform ausdrücken. Aber auch das soziale Kapital zur sozialen Positionierung innerhalb der Gleichaltrigengruppe, sowie innerhalb des sozialen Gesamtsystems Schule spielt eine herausragende Rolle. Wie aber kommt es zu den stabilen Positionierungen im Feld?

2.2.3 Habitus

Bourdieus Habituskonzept stellt generell die Bezeichnung für eine Soziallage dar, es ist eine Art „gesellschaftlicher Orientierungssinn" (Bourdieu 1982: 728) und ermöglicht situationsangemessenes Verhalten, ohne dieses durch permanente Reflexion bewusst zu reproduzieren. Der Habitus – so Bourdieu – stellt eine Vermittlungsinstanz zwischen gesellschaftlichen Strukturen und der sozialen Praxis wie den subjektiven oder kollektiven Inszenierungen dar, Habitusformen wirken als „strukturierte und strukturierende Strukturen" (Bourdieu 1976: 165).

In vergleichbaren Soziallagen mit relativer Homogenität der sozialen Position bildet sich ein ähnlicher Habitus heraus. So gilt unter Angehörigen der gleichen Berufssparte oder sozialen Klassen ein gleicher Habitus, der das individuelle und kollektive Handeln strukturiert. Aber auch die Zugehörigkeit zu bestimmten gesellschaftlichen Gruppierungen (Subkulturen, regionale Herkunft, Religion) hat ebenso eigene habitusbildende Funktion haben wie die Geschlechtszugehörigkeit. Bourdieu schreibt zu den Entstehungsbedingungen des Habitus: „Die Konditionierung, die mit einer bestimmten Klasse von Existenzbedingungen verknüpft sind, erzeugen Habitusformen als System dauerhafter und übertragbarer Dispositionen" (Bourdieu 1987: 98). Der Habitus ist nach Bourdieu ein sozial konstituiertes System, welches als Dispositionssystem in der Praxis erworben und auf sie ausgerichtet ist, er „wird erst im *Verhältnis* zu einer bestimmten Situation manifest" (ebd.: 168, Herv. i. Orig.). Seine Struktur markiert die Grenze zwischen Beherrschten und Herrschenden, erzeugt Identifizierungsprozesse und bringt so ein hohes Maß der Mitarbeit an der Aufrechterhaltung von Hegemonie hervor. Der Habitus ist dem diskursiven Bewusstsein weitestgehend entzogen und markiert deswegen „einen Bruch mit [...] der Theorie des homo oeconomicus als rational Handelnden" (Bourdieu/Wacquant 1996: 153).

Er wirkt nach Bourdieu als eine inkorporierte Praxis, damit meint dieser eine leibliche Einschreibung in Form von Gesten, Geschmack, ästhetischen Präferenzen, Körperformungen, etc.. Dem Körper kommt eine zentrale Stellung bei der Herstellung, Aufrechterhaltung und Repräsentation des männlichen Habitus zu, insbesondere im Zusammenhang mit der Strategie der Naturalisierung, welche ja gerade am Körper als ‚naturgegebenes' Kriterium ansetzt (vgl. Brandes 2002: 86). Connell verwendet zur Beschreibung den Begriff der „körperreflexiven Praxis" (Connell 1999a: 81), der den Körper einerseits als Ergebnis von und andererseits als Beitrag zur Konstruktion von Männlichkeit ansieht, ein wechselseitiger Prozess. Der Körper ist sowohl Objekt als auch Handelnder in der sozialen Welt.

Körperreflexive Praxen sind nicht beschränkt auf rein materiell-körperliche Vorgänge, sondern beziehen sich auch auf Symbole und Institutionen, wie Sport, Ästhetik usw. Sie konstruieren die körperliche Dimension der Welt, ohne sie zu determinieren (vgl. ebd.: 83ff.). Wie auch Connell nimmt Bourdieu an, dass Geschlecht durch die Körper symbolisiert wird. Dabei „behandelt die soziale Welt den Körper wie eine Gedächtnisstütze" (Bourdieu 1997: 166), in dem durch eine permanente körperliche Bildungsarbeit dieser nicht als neutral, sondern als Speicher gegenderter Interpretationsmuster und als Stütze des männlichen Habitus konstruiert wird. Da der Habitus nicht in erster Linie im Bewusstsein angesiedelt ist, erfolgt der Rückgriff spontan und auf der körperlichen Ebene. Der männliche Habitus beinhaltet funktionale Ausgestaltung und Reklamation außenorientierter und raumintensiver Präsentationsmodi.

Die körperlich eindeutige Inszenierung als Junge stellt für die Schüler der Studie eine große Herausforderung dar. Dieser kommen sie nach, indem der Körper unter funktional-sportlichen Gesichtspunkten betrachtet und behandelt wird. Wesentliches Resultat ist das körperliche Kontakttabu sowohl zu anderen Jungen als auch zu Mädchen.

Habitusabweichungen können durch Veränderung des Feldes zustande kommen, allerdings unterliegen sie immer einem ‚Trägheitsmoment'. Das bedeutet, dass eine Veränderung des Feldes nicht direkt zur Veränderung des Habitus führt. Im Gegenteil: „die Neigung zum Verharren im Sosein" (Bourdieu 1987:117) lässt den Habitus als unflexibel erscheinen. Dieses Trägheitsmoment findet sich auch bei den momentan stattfindenden Anfechtungen der Ordnung der Geschlechter wieder. Den Veränderungen der Konzeptionen von Weiblichkeit steht häufig ein tradierter männlicher Habitus gegenüber. Innerhalb der deutsprachigen Literatur findet das Konzept des männlichen Habitus zur Erläuterung der Konstruktion von Männlichkeit mittlerweile eine inhaltlich fundierte Rezeption (vgl. Meuser 1998, Brandes 2002).

Männlichkeit kann also nicht als naturgegebene Tatsache begriffen werden, sondern als Vermögen, welches angeeignet, anerkannt, eingesetzt und mobilisiert werden kann, sich aber dem Charakter eines reinen Bewusstseinsphänomens entzieht. Männlichkeit lässt sich – einmal erworben – nicht wieder verlernen oder vergessen.

Unklar bleibt bei Bourdieu, wie er Geschlecht als habitusbildende Praxis begreift. Einerseits führt er aus, dass er von einem vergeschlechtlichten Klassenhabitus, nicht aber von einem Geschlechterhabitus ausgeht (vgl. Bourdieu 1994: 221). In dem Aufsatz „Die männliche Herrschaft" (Bourdieu 1998) insistiert er andererseits auf der Existenz von zwei geschlechtlichen Habitus, einen für Männer und einen für Frauen. Was ist der Gewinn, den Geschlechterhabitus auf einen Klassenhabitus zurückzuführen?

An diesem Punkt engt Bourdieu selber seinen eigenen Horizont durch ein Insistieren auf die ökonomische Basis in unnötiger Weise ein. Denn wenn unter Habitus ein gesellschaftlicher Orientierungssinn verstanden werden kann, dann gilt dieser sicherlich insbesondere für die bedeutsame Unterscheidungskategorie Geschlecht. Auch Meuser diskutiert diese Fragestellung. Er führt als Argument für die Annahme von genau einem Habitus je Geschlecht an, dass es zwar verschiedene Ausdruckformen von Männlichkeit geben kann, aber nur einen Geschlechterhabitus, denn alle Formen von Männlichkeit beruhen auf dem gleichen generativen Prinzip, welches sich auf Dichotomie und Hierarchie stützt. Die unterschiedlichen Praxisformen des Habitus hängen wiederum mit Klassen-, Generations- und Milieulagen zusammen (vgl. Meuser 1998: 115).

Aber ist nicht vielleicht auch die Vorstellung von genau einem, für alle Handlungsmuster gültigen Habitus zu kurz gegriffen? Denn wenn der Habitus die Schnittstelle zwischen Individuum und gesellschaftlicher Struktur bildet und sich durch die Inkorporierung dem Bewusstsein zum Teil entzieht, können nicht auch die unterschiedlichen Handlungsmuster, beispielsweise die Erfahrung dauerhafter Unterordnung im System hegemonialer Männlichkeiten, als habitusbildende Praxis verstanden werden? Ist es nicht denkbar, dass für Handlungsmuster hegemonialer Männlichkeit ein anderer männlicher Habitus existiert als für Handlungsmuster untergeordneter Männlichkeit? Für eine detailliertere Beantwortung dieser Frage bedarf es weiterer Forschung, es lassen sich aber auch aus dem vorliegenden empirischen Material Hinweise entnehmen.

2.2.4 Symbolische Herrschaft

Im Rückgriff auf Untersuchungen der Kabylei, einer Bergregion in Algerien, entwirft Bourdieu eine Theorie der männlichen Herrschaft. Denn dort finden sich, so Bourdieu, aufgrund der geringeren gesellschaftlichen Komplexität die Strukturen männlicher Herrschaft in Reinform (vgl. Bourdieu 1997: 154ff.), die Dichotomie der geschlechtlichen Welt ist radikalisiert: der öffentliche Raum ist ein exklusiv männliches Geschlechterrevier, der Bereich des Hauses wird den Frauen zugeschrieben. Sämtliche soziale Symbole verweisen auf diese Dichotomie, von der Arbeitsteilung über Sprichwörter bis zur Einteilung der Zeit. Dabei folgt aus der dichotomen geschlechtlichen Kodierung von aktiv und passiv die symbolische Bedeutung der gesamten sozialen Welt. Bourdieu beschreibt, dass beispielsweise Aktivität, draußen, Kraft oder gerade mit Männlichkeit und dementsprechend Passivität, drinnen, Weichheit oder rund mit Weiblichkeit assoziiert wird. Die jeweiligen Begriffspaare wirken als homologe Gegensätze, sie sind sich in ihrem Unterschied ähnlich. Dabei sind wie in einem Circulus Vitiosus die Dichotomie der Geschlechter und die Symbolisierungen miteinander unauflösbar verwoben, es gibt kein Geschlecht ohne die symbolische Ebene und umgekehrt.

Die Herrschaft des Symbolischen ist zwar in jede Form von Herrschaft eingeschrieben, für die Ordnung der Geschlechter jedoch – und dieses ist ein wichtiger Gedanke von Bourdieu für die vorliegende Arbeit – ist die symbolische Dimension von zentraler Bedeutung. Sie geht als „abgepreßte Anerkennung" (Bourdieu 1997, S. 164) über das Schema von Zwang und Zustimmung hinaus, denn schon die Beschreibung der Unterdrückung kann – so Bourdieu – nur mit den Begriffen und Symbolen geschehen, die gleichzeitig die Unterdrückung vollziehen.

Die symbolische Gewalt der Geschlechterverhältnisse besteht darin, den angenommenen biologischen Unterschied zwischen Männern und Frauen, beziehungsweise zwischen deren Genitalien, als Teil einer symbolischen Ordnung zu errichten. Bourdieu beschreibt die Naturalisierung von Macht als fundamentale Strategie für alle Herrschaftsformen. Durch die Bedeutungszuschreibungen, welche den Genitalien zugemessen werden, symbolisieren diese in einem Umkehrschluss die scheinbar naturgegebene Wahrheit. Dabei kommen Männer wie Frauen nicht umhin, die symbolische Ordnung anzuerkennen. Als Illusio wirkt hier die beiderseitige Anerkennung, dass Männer die „wichtigen Spiele zu spielen" (Bourdieu 1997: 190) haben und Frauen einen Platz als Stellvertreterin (Schwester, Mutter, Tochter, etc.) einzunehmen haben. Deswegen ist auch die patriarchale Dividende, die stetig als soziales und symbolisches Kapital eingestrichen wird, zu kurz gedacht, sondern sie ist auch eine „Pflicht gegen sich selber [...], männlich zu sein" (ebd.: 191).

Nach Bourdieu zielt das Handeln der Männer auf die Vermehrung von symbolischem Kapital ab, welches allerdings nur von anderen Männern gewährt werden kann. Denn nur diese verfügen auch über symbolisches Kapital, je höher das symbolische Kapital des (Spiel-)Gegners, desto größer die erfahrene Anerkennung. Grundlage für dieses Verständnis ist die Annahme der männlichen Ehre, die als symbolische Anerkennung funktioniert (vgl. Roper 1992; Frevert 1995; Bohnsack 2001). Frauen treten bei Bourdieu nur dann in die Logik des symbolischen Tausches ein, wenn sie als Braut das symbolische Kapital des Bräutigams vermehren. Auf die Geschlechterordnung in Europa übertragen stellt er die These auf, dass der kosmetische Erhalt repräsentativer Schönheit von Frauen auf die gleiche Tauschlogik rekurriert.

An dieser Vorstellung ist zu Recht zu kritisieren, dass sie zu statisch und in dieser Weise nicht übertragbar ist. Außerdem ist die Beschreibung der Position von Weiblichkeit in der symbolischen Ordnung zwar partiell richtig, durch Bourdieus Beharren auf einer reinen Objektposition werden sie jedoch theoretisch in Passivität gedrängt. Allerdings ist sicherlich der Annahme zuzustimmen, dass Geschlecht insbesondere als symbolisches Kapital wirkt. Und weiterhin, dass der Gewährung dieses Kapitals durch andere Männer eine zentrale Rolle bei der Regulierung legitimer und illegitimer Formen von Männlichkeit zukommt. Ohne die in die Körper dauerhaft eingeschriebenen symbolischen Bedeutungszuschreibungen kann Geschlecht nicht verstanden werden. Doing gender meint – übersetzt in den bourdieuschen Sprachduktus – nichts anderes als die aktive Aushandlung geschlechtlich kodierten symbolischen Kapitals.

Deswegen muss auch eine Veränderung der geschlechtlichen Ordnung insbesondere auf die symbolische Ebene zielen.

„Die Bedeutung einer symbolischen Revolution, die darauf zielt, die fundamentalen Prinzipien der männlichen Weltsicht in den Köpfen wie in der Wirklichkeit umzustürzen, sollte man nicht unterschätzen; denn die männliche Herrschaft ist das Paradigma (und oft das Modell und der Gegenstand) aller Herrschaft" (Bourdieu 1997: 216).

Dabei ist im Rahmen der vorliegenden Studie von besonderem Interesse, unter welchen Bedingungen es zu Veränderungen des Systems hegemonialer Männlichkeiten kommen kann. In diesem Kontext gewinnt die Frage an Aktualität, ob Transformation notwendigerweise auf Enthierarchisierung von Männlichkeit abzielt. Besteht nicht die Möglichkeit, dass sich die Transformation als eine weitere – eventuell weniger offensichtliche – Stabilisierung männlicher Hegemonie erweist?

2.3 Aspekte der Transformation von Männlichkeit

Wie erläutert, ist das System hegemonialer Männlichkeiten nicht statisch und eindimensional. Im folgenden Kapitel werden unterschiedliche Dimensionen der Veränderung von Männlichkeit beleuchtet. Für den Bereich der Schule stellen sich dabei einige Fragen. Wie hat sich das Geschlechterverhältnis in der Schule geändert? Welche Umbrüche hängen mit der Adoleszenz zusammen? Seit einiger Zeit nehmen auch die Hinweise auf eine breitere Auseinandersetzung um die Transformationen von Männlichkeiten zu. Auf welchen Ebenen findet dies statt? Welche Entwicklungslinien lassen sich aufzeigen?

2.3.1 Männlichkeiten in der Jugendphase

Alle Kinder und Jugendlichen halten sich im Laufe ihrer Sozialisation lange Jahre in der Institution Schule auf. Dabei existieren vielfältige Interaktionsmöglichkeiten: getrenntgeschlechtliche, gemischtgeschlechtliche, generationenübergreifende mit den Lehrkräften, mit jüngeren und älteren Mitschülerinnen und Mitschülern, in der Pause oder im Unterricht. Während der Studie besuchten die Schülerinnen und Schüler die Klassen 7 bis 10, waren dementsprechend zwischen 12 und 17 Jahren alt und befanden sich folglich mitten in der Adoleszenz, welche eine Phase der erhöhten Auseinandersetzung mit Geschlecht darstellt. Das Thema ist sozusagen virulent. Böhnisch und Winter betrachten diese Zeit als eine Phase tief greifenden Wandels der Konzepte von Männlichkeit, weil die Jungen nun, im Gegensatz zur Kinderzeit, durch das Hinaustreten in die soziale Welt mit unterschiedlichen kulturellen Konnotierungen von Männlichkeit konfrontiert werden (vgl. Böhnisch/Winter 1994: 77ff.).

Ein wesentliches Moment ist dabei die Orientierung an der gleichaltrigen Peer-Group, denn „über die Gleichaltrigengruppe entwickeln sich auch spezifische Orientierungsmuster an der ‚Männerwelt'" (Böhnisch/Winter 1994: 83). Der geschlechtshomogenen Jungengruppe kommt dabei eine besondere Bedeutung zu, da hier ein Ort geschlechtlichen Experimentierens entsteht, in dem Jungen einen je eigenen sozialen Status aushandeln, der damit der sozialen Neuorientierung dient (vgl. Bilden 1998; Connell 2000a; King 2002: 228ff.). Sie dient nach Meuser dabei als Ort der Solidarität und „der wechselseitigen Vergewisserung der eigenen Normalität" (Meuser 2002: 10). In diese geschlechtshomogene Jungengruppe werden alle legitimen Formen von Männlichkeit eingeschlossen. Dabei bestärken sich herkömmliche Elemente der Gleichaltrigenkultur wie zunehmende Mobilität oder öffentliche Wahrnehmbarkeit und hegemoniale und komplizenhafte Männlichkeit gegenseitig. Hier werden die Verhaltensweisen männlicher Inszenierungen eingeübt, späteres männersolidarisches Verhalten erworben und somit wesentliche Elemente für die weitere Ausgestaltung von Männlichkeiten geprägt. Die Adoleszenz ist in diesem Sinne eine Phase privilegierter Verhandlungen über Geschlecht und Männlichkeit. Böhnisch und Winter sprechen in diesem Zusammenhang von der „Jugend als zweite Chance" (Böhnisch/Winter 1994: 78ff.).

Zusätzlich entstehen der Wunsch und die Notwendigkeit, als erwachsen zu gelten. Für die Schüler wird es zunehmend wichtiger, sich von kindlichen Inszenierungsformen zu lösen und sich als kompetent zu stilisieren. Die Adoleszenz ist also eine Phase des Umbruchs der Inszenierungen von Männlichkeiten, von der kindlichen zur erwachsenen Darstellung. Dieser Umbruch findet beispielsweise in Auseinandersetzungen um den Status in der Klasse statt. Auch die beginnende, in der Regel heterosexuelle, Beziehungsgestaltung spielt nach Böhnisch und Winter eine wichtige Rolle bei der Neudefinition von Männlichkeit. Bedeutende Faktoren sind Unsicherheit, Erwartungszuschreibungen seitens der Mädchen und eigene unerprobte Konzepte von Männlichkeit und Sexualität.

Die Institution Schule stellt durch ihren verpflichtenden Charakter und durch die koedukative Praxis einen Ort gemischtgeschlechtlicher Aushandlung dar, der gemeinsame Interaktionen erfordert und ermöglicht. Breidenstein und Kelle betrachten den Unterricht „immer auch Ressource für Inszenierungen im Rahmen von peer culture" (Breitenstein/Kelle 2002: 327). Dabei kommt die frühe Studie von Marianne Horstkemper (1987) zu dem Ergebnis einer eindeutigen Machtverteilung in der Schule zugunsten der Jungen. So sei das vermittelte Wissen männlich geprägt und die Jungen könnten ihre Interessen besser durchsetzen, während den Mädchen weniger Selbstvertrauen zugeschrieben würde (vgl. ebd.: 219; auch: Münst 2002: 13ff.). Auch die Interaktionsstudie von Uta Enders-Dragässer und Claudia Fuchs (1989) kommt zu ähnlich Ergebnissen über stereotype Zuschreibungen Sie stellen fest, dass Mädchen stärker auf Kooperation, Jungen stärker auf Konkurrenz hin orientiert seien. Desweiteren zeigen die Jungen eher rebellisches Verhalten, während die Mädchen zur Kooperation angeregt werden. Die Studie von Wiltrud Thies und Charlotte Röhner (2000) dokumentiert, dass seitens der Lehrkräfte geschlechterstereotypes Verhalten noch immer unterstützt wird. Andrea Hilgers (1994) führt hingegen an, dass sich die Gendering-Prozesse an der Schule verändern, dies zeige sich beispielsweise in dem besseren schulischen Abschneiden der Mädchen. Allerdings hänge die spätere, stereotype Berufswahl der Schülerinnen und Schüler damit zusammen, dass die Jungen die Schule mit mehr Selbstvertrauen verlassen. Die Studie von Georg Breidenstein und Helga Kelle kommt 1998 zu differenzierten Ergebnissen, da sie darauf hinweisen, dass in der Schule – neben den Dramatisierungen der Geschlechterdifferenz – ebenfalls Interaktionen stattfinden, welche Geschlecht in den Hintergrund treten lassen.

Spätestens seit der PISA-Studie zeichnet sich ab, dass die Losung von der mädchenbenachteiligenden Schule verkürzt ist und sowohl hinsichtlich der Fächer als auch hinsichtlich der Schicht- und Ethnienzugehörigkeit differenziert werden muss. Das stereotype Bild vom ‚katholischen Mädchen vom Land' als Hauptverliererin des Bildungssystem ist ersetzt worden durch den ‚türkischen Jungen aus der Großstadt'.

2.3.2 Das ‚Gerede' von der Krise

Männlichkeiten befinden sich in einer Krise, so wird häufig postuliert. Im englischsprachigen Raum findet schon seit einigen Jahren eine Beschäftigung mit diesem Topos statt. Die schlechteren Schulerfolge von Jungen dienen dabei ebenso als Indiz für die Krisenhaftigkeit wie Veränderungen auf dem Arbeitsmarkt. Im deutschsprachigen Raum wird insbesondere in der Männerverständigungsliteratur (vgl. Schnack/Neutzling 1991; Hollenstein; 1992, Rohrmann 1994) und in Feuilletons unterschiedlicher Zeitschriften (vgl. Der Spiegel Nr. 20/2002; Focus Nr. 32/2002; GEO Nr. 03/2003) populär verbreitet, dass Männer – oder Männlichkeiten, je nach Standpunkt – verunsichert sind und nach Antworten auf die Frage nach der Bedeutung von Mann-Sein – oder eben Männlichkeit – suchen. Dabei kommt das ‚Gerede' von der Krise häufig sehr undifferenziert daher. Unterschiedliche Phänomene wie beispielsweise Gewaltdelikte, Schulversagen, risikoreiche Lebensführung oder Auflösung tradierter Familien- und Erwerbsarbeitsstrukturen werden zu einem einzelnen Phänomen zusammengefasst, welches dann als Krise von Männlichkeit präsentiert wird.

Hinter dem Krisendiskurs findet sich Sensation und Unruhe. Die Unruhe gründet in der Aufregung aufgrund der hypostatisierten Benachteiligung von Männern und scheint auf den ersten Blick erstaunlich. Auch wenn Mädchen inzwischen in vielen westlichen Ländern bessere Schulerfolge erzielen, kann von einer breiten gesellschaftlichen Benachteiligung von Jungen oder Männern keine Rede sein: sowohl der private Bereich wie Erziehung von Kindern und Übernahme der Reproduktionsarbeit als auch der Bereich der materiellen Verteilung von Arbeitsplätzen und Besitz ist nach wie vor gegendert und hierarchisch zugunsten von Männern geregelt. Woher also diese Unruhe, diese Empörung?

Auf den zweiten Blick wird deutlich, dass tatsächlich etwas in Unordnung geraten ist. Die Hierarchie verschiebt sich, die männliche Hegemonie funktioniert nicht mehr unangefochten, sondern es müssen Erklärungsmuster und Legitimierungen gesucht werden. Was hier nämlich in Bewegung gerät, ist einerseits der eindeutige männliche Zugriff auf die Hegemonie inklusive der herkömmlichen Rechtfertigungen, andererseits aber auch die Gewissheit der Geschlechterordnung. Denn wenn das System hegemonialer Männlichkeiten deswegen so reibungslos funktioniert, weil es hegemonial ausgerichtet ist, seine Herrschaft also hinter einer breiten Zustimmung verschleiern kann, dann untergräbt die Forderung nach Legitimation nun genau diese stillschweigende Zustimmung. Wenn sich weiterhin herausstellt, dass Geschlechterinszenierungen veränderbar sind – was durch die Transformationen von Weiblichkeit in den letzten Jahrzehnten eindrucksvoll demonstriert worden ist und sich auch in der vorliegenden Studie abbildet – dann bedeutet dieses weitergehend, dass die essentialisierenden Erklärungen für Geschlecht und damit auch für Männlichkeit keine allumfassende Gültigkeit mehr haben können. Wenn aber sowohl der selbstverständliche Zugriff zur Macht erschwert und verstellt wird als auch zusätzlich althergebrachte Gewissheiten ins Wanken geraten, haben wir es in der Tat mit einem gravierenden Einschnitt im System hegemonialer Männlichkeiten zu tun. Dieser Einschnitt hängt nicht nur mit der zunehmenden Delegitimierung zusammen, sondern ist ursächlich mit den Konstitutionsbedingungen von Männlichkeit selber verbunden: das Problem ist sozusagen hausgemacht. Die Unruhe zeigt an, dass das Legitimierungsproblem durchaus relevant ist, es wird zwar selten in diesen Begriffen beschrieben, ist aber trotzdem wahrnehmbar.

Holger Brandes weist zu Recht darauf hin, dass von einer Krise erst die Rede sein kann, wenn es für alle Männlichkeiten zu einem dauerhaften Wegbrechen tradierter Inszenierungs- und Identifikationsmöglichkeiten kommt (vgl. Brandes 2002). Da allerdings viele Männer die Frage nach Veränderung individuell nicht auf sich beziehen (müssen), kann auch nicht von einer kollektiven Krise ausgegangen werden (vgl. Meuser 2002: 4ff.). Denn nicht die Handlungsfähigkeit, sondern die Selbstverständlichkeit männlicher Hegemonie ist in Frage gestellt.

Die Entdeckung der Krise erscheint häufig als eine Neuerung, eine Sensation, eine Bewegung, die nach jahrhundertelanger Zementierung der Männlichkeit scheinbar plötzlich einsetzt. Dieses erstaunt nicht, ist doch einer der Gründungsbedingungen der modernen Geschlechterordnung gerade, dass sie als ‚Wahrheit' erscheint, als wahres Wissen, als unveränderlich und naturgegeben (vgl. Foucault 1992: 67ff.). Das ‚Gerede' um die momentane Krise verschleiert aber, dass die Geschlechterordnung schon immer permanenter Veränderung unterworfen ist (vgl. Barrett/Whitehead 2001: 7). Das System hegemonialer Männlichkeiten war zu Zeiten der Kolonialisierung oder der Indusrialisierung anders konstituiert als nach der Niederlage des deutschen Faschismus in den Wiederaufbaujahren, und dieses System wiederum unterscheidet sich von dem, was die heutige Ordnung der Geschlechter als Männlichkeiten bereithält. Unter diesem Fokus betrachtet, lassen sich viele Beispiele für krisenhafte Tendenzen des Systems hegemonialer Männlichkeiten finden.[24] Der Wandel ist also so neu nicht. Neu ist, dass Männlichkeiten expliziter Gegenstand sozialwissenschaftlichen Erkenntnisstrebens geworden sind.

Aufgrund der allgemeinen rasanten Entwicklung der Gesellschaft in den letzten Jahrzehnten in den unterschiedlichsten Bereichen ist der gesamte Ge-

---

24 So führte beispielsweise die Erfahrung des Stellungskriegs im ersten Weltkrieg zu einer umfassenden Krise von Männlichkeit, die einerseits in der Ablehnung tradierter, soldatischer Tugenden, andererseits in der Verstärkung von Maskulinität mündete.

sellschaftsaufbau zurzeit umfassend infrage gestellt. Die ‚man-made-world' ist längst nicht so monolithisch fest gefügt wie es den Anschein hat. Die Veränderungen sind nicht als Krisen im Sinn von Zusammenbrüchen zu verstehen, sondern erzeugen als Passagen erhöhter Legitimierungsanforderung eine Art Transformationseffekt.

„Diese ‚Veränderung' [...] besteht also nicht darin, dass die Strukturen und Institutionen des Patriarchats in sich zusammenbrechen. Was in den Industrienationen zusammenbricht, ist die *Legitimation* des Patriarchats" (Connell 1999a: 248, Herv. i. Orig.). Die tradierten Strukturen erfüllen weiterhin ihre Funktion, ihre Legitimation hingegen wird zunehmend hinterfragt beziehungsweise abgesprochen. Connell weist darauf hin, dass „the key is to recognize that structures develop crisis tendencies, that is, internal contradiction [...] and force change in the structure itself" (Connell 2002b: 71). Krise und Struktur stehen also in einem spannungsreichen und aufeinander verweisenden Verhältnis zueinander.

An die momentane Passage erhöhter Legitimierungsanforderung wird dabei häufig die Hoffnung einer Enthierarchisierung von Geschlecht aufgrund der stattfindenden Veränderungen gekoppelt. Weniger eindeutige Männlichkeiten sollen auch hierarchiefreier sein, da sie sich nicht auf tradierte Formen hegemonialer Männlichkeit stützen. Inwieweit diese Hoffnung berechtigt ist, oder ob nicht die Transformation einer Neuformulierung der männlichen Hegemonie dient, wird im Mittelpunkt der empirischen Analyse stehen. Auch in der pädagogischen Diskussion bildet sich die Hoffnung ab, dass die Veränderungen zu einer konfliktfreieren Schule führen könnten. An zunehmend mehr Schulen werden unterschiedliche soziale Trainingskurse mit dem Ziel der pädagogisch intendierten Veränderung explizit für Jungen angeboten.[25]

2.3.3 Aktuelle Transformationen

Vor dem Hintergrund der Bewegung, in welche die Geschlechterordnung geraten ist, fordert Connell als eine wichtige Aufgabe zukünftiger kritischer Männerforschung: „Ein klareres Verständnis des Veränderungsprozesses in den Männlichkeiten zu entwickeln, ist eine Aufgabe von großer theoretischer wie auch praktischer Relevanz" (Connell 2001: 27). Die Passage erhöhter Legitimierungsanforderung bringt eine Reihe von unterschiedlichen Reaktionen mit sich. Connell unterscheidet vier verschiedene Reaktionsstränge:

---

25 Wobei nicht alles, was momentan als Jungenarbeit bezeichnet wird, auch auf eine Enthierarchisierung von Männlichkeiten abzielt (vgl. Glücks/Ottemeier–Glücks 1994; Budde 2003d; 2003e).

Zum einen führt er die Remaskulinisierung von Männlichkeit an. Diese geht häufig einher mit einer religiösen Fundamentalisierung. Für den angloamerikanischen Raum betont er insbesondere die christlich-fundamentalistische Anti-Abtreibungsbewegung. Aber auch die neue Männerrechts- und Väterbewegung, die ebenfalls im deutschsprachigen Raum zu finden ist, dient in weiten Teilen der Re-Reklamation männlicher Suprematie. Dies geschieht häufig als Angriff auf die vermeintliche Benachteiligung von Männern durch die Einforderung von Männerrechten. Es wird zwar eine Verknüpfung der Aspekte Macht und Geschlecht anerkannt, allerdings unter antifeministischen Vorzeichen; so wird hegemoniale Männlichkeit rekonstruiert. Auch die zunehmende globale Militarisierung der Politik unter Gender-Perspektive kann ebenso als Remaskulinisierung verstanden werden wie die steigende Attraktivität rechtsradikaler Einstellungen in Deutschland.

Der zweite Reaktionsstrang drückt sich nach Connell als schlichtes Ignorieren aus, die Delegitimierung wird als Problem von anderen erklärt oder als irrelevant bagatellisiert. Dies lässt sich zum Beispiel in der Studie von Meuser u.a. wieder finden, die in einer Kleinstadt diverse Männergruppen interviewt haben. Hierbei wurde in der Gruppe der ‚Honoratioren' deutlich, dass diese meistens Männlichkeit als nicht problematisierenswert betrachten. Mann und Frau erscheinen in der Gruppe noch als festumrissenes Gegensatzpaar. Eine Verunsicherung oder gar eine Krise kommt in der selbstbewussten Inszenierung von Männlichkeit schlicht nicht vor (vgl. Meuser 1998; Behnke/Loos/ Meuser 1998). In der quantitativen Studie von Paul Zulehner und Rainer Volz machen diese „traditionellen Männer" (Zulehner/Volz 1998: 53) 19% aus.[26] Auch die Darstellung in den Medien lässt einen ähnlichen Befund zu. Neben einigen alternativen Inszenierungen verharren die meisten innerhalb der herkömmlichen Männlichkeit und bestätigen so die These, dass nicht alle Männlichkeiten von Legitimierungsanforderungen betroffen sind (vgl. Budde 2003a). Das Ignorieren speist sich aus einem unerschütterten männlichen Habitus, inklusive dem Glauben in die Richtigkeit und Unveränderlichkeit der Geschlechterordnung. Das Trägheitsmoment des Habitus schützt vor möglichen Veränderungen.

Zum dritten lassen sich Enthierarchisierungstendenzen feststellen. Connells Studien zeigen, dass es ebenfalls zum Abbau tradierter Männlichkeit kommen kann, insbesondere bei homosexuellen Männern und Männern aus der Umweltschutzbewegung. Dieser Punkt ist für die vorliegende Arbeit von besonderer Bedeutung, da die Möglichkeiten eines Abbaus von Geschlechterhierar-

---

26 Zulehner und Volz untersuchen in ihrer Studie das Selbstbild von Männern in Deutschland, sowie das Bild, das Frauen von Männern haben.

chien untersucht werden sollen. Dafür wird hier der Begriff der ‚Enthierarchisierung von Männlichkeit' verwendet, da dieser Terminus im Gegensatz zum allgemein gehaltenen Krisenbegriff die Zielrichtung der Veränderung mit einschließt. Allerdings warnen Behnke und Meuser in ihrer oben genannten Studie vor zu großer Hoffnung auf Veränderung von einem bewussten profeministischen Standpunkt heraus. Ihr ernüchterndes Fazit ist, dass dort Veränderungen „nicht über das Reden hinaus" (Behnke/Loos/Meuser 1998: 241) kommen. Auch Detlef Pech kommt zu dem Ergebnis, dass die profeministischen Männergruppen in Deutschland nicht unbedingt ein Ort der nachhaltigen Veränderung von Männlichkeiten sind (vgl. Pech 2002: 144ff.). Am ehesten finden Veränderungen in der Facharbeiterschicht aufgrund der Notwendigkeit zu pragmatischen Arrangements statt (vgl. Behnke/Loos/Meuser 1998). An diesem Punkt überlagern sich unterschiedliche Anforderungen, nämlich die der geschlechtlich eindeutigen Inszenierung mit der Notwendigkeit der ökonomischen Absicherung.

Viertens findet nach Connell eine Transformation in andere Muster hegemonialer Männlichkeit statt. Diese Transformation ist wesentlich mit der Globalisierung verknüpft (vgl. Connell 1998: 96ff.; 1999b), denn im Zuge des Neoliberalismus breitet sich die westliche, hegemoniale Männlichkeit weltweit aus, allerdings nicht ohne erhebliche Widerstände. Dadurch kommt es zu regional unterschiedlichen Ausprägungen und kulturellen Vervielfältigungen. Die neu entstehenden „transnational business masculinities" (Connell 2000b: 52)[27] beziehen sich hingegen alle gleichermaßen auf strukturell ähnliche Konstruktionsbedingungen. Sie stehen im Gegensatz zur Männlichkeit der Moderne, die sich noch um Erwerbsarbeit als Arbeitnehmer respektive Arbeitgeber gruppiert hat.

Ihre historischen Ursprünge hat diese Figur im Kolonialismus. Heute haben die transnational business masculinities ihren Sitz in den weltweiten Kapitalmärkten, sind nicht mehr an nationalstaatliche Grenzen und Kulturen gebunden und besitzen Verfügungsgewalt über große Kapitalmengen. Connell attestiert, dass die transnational business masculinities, ähnlich dem Wirtschaftssystem, in dem sie agieren, der Verbundenheit mit tradierten Lebens- und Deutungszusammenhängen (bspw. Familie, Arbeit, Quartier, Vereine) tendenziell enthoben sind: „es gibt einen Verlust von einer Art sozialer Kontrolle" (Connell 1999b: 36). Vor allem durch die hohe Form von Autonomie unterscheidet sich der Typ von seinem bürgerlichen Vorläufermodell.

---

27 Die deutsche Übersetzung schlägt den Begriff des Managers vor, der aber nicht in gleicher Weise geeignet ist, die strukturelle Verwobenheit von individueller sozialer Position und gesellschaftlicher Situiertheit zu betonen.

„Dies bedeutet, wir bekommen eine Männlichkeit, die mir als hochgradig egozentrisch ins Auge springt und die Wege gefunden hat, losgelöst von den Kompromissen, die bürgerliche Männer mit Frauen in der bürgerlichen Gesellschaft ihrer Heimatländer in den letzten 50 oder 100 Jahren schließen mußten. Das bedeutet, dass diese Männer keine Rücksicht auf den Feminismus nehmen müssen" (ebd.).

Dabei stellen neue Technologien und deren globale Einsatzmöglichkeiten eine Ausweitung der Macht auf bisher ungeahnten Feldern sicher.[28] Die individuelle Männlichkeit in den westlichen Industrienationen gestaltet sich nach Connell abnehmend gewaltförmig und weniger homophob. Die Männlichkeit, die sie verkörpern, ist hingegen machtvoll und hierarchisch. Während im tradierten System systematisch und penibel zwischen Arbeit und Sozialem unterschieden wurde, so verschwimmt diese Grenze – so die hier angerissene These – unter dem Stichwort der „Ökonomisierung des Sozialen" (Bröckling/ Krasmann/Lemke 2000: 5; vgl. auch: Lemke 2000: 259ff.) auch im Gender-Bereich. Dieser Prozess betrifft nun nicht mehr exklusiv hegemoniale Männlichkeit, sondern in unterschiedlicher Intensität sämtliche Handlungsmuster. Die Familie gilt nicht mehr als ein ruhiger und beständiger Pol in den Stürmen des Lebens, sondern wird zu einer Versammlung mehrerer ‚Ich-AGs' unter einem Dach. Eine ähnliche Denkart hat sich auch im Bereich der Körper durchgesetzt. Während beispielsweise Sport früher als Freizeitbeschäftigung der Reproduktion galt, werden heute unter der Regierung der Ästhetisierung Frauen- wie Männerkörper als zu optimierende Ressource betrachtet. Bodywork und Bodystyling verweisen schon begrifflich auf den Wandel, der mit der Ökonomisierung des Sozialen im Bereich der Körper einhergeht (vgl. Budde 2003a: 81ff.; Reemtsema 2003). Folge ist – in einer eigenen Übersetzung in den bourdieuschen Sprachduktus – die Rückgriffsmöglichkeit auf vielfältige und unterschiedliche Kapitalien. Zusammenfassend ist Peter Loos zuzustimmen, der für die Veränderungen in der Bundesrepublik formuliert: „Die Inhalte der Stereotype verändern sich zwar, es bleiben aber Stereotype" (Loos 1999: 291).

Die hegemoniale Männlichkeit entwickelt sich also weg vom patriarchalischen Familienvorstand hin zu flexibilisierter Männlichkeit, die in verschiedensten sozialen Systemen als ‚just-in-time'-Männlichkeit agiert und eine hohe Affinität zur ‚just-in-time'-Produktion aufweist (vgl. Budde/Schulz 2003). Dabei wird bedarfsgerecht und absatzorientiert produziert: Waren, Dienstleistungen, Aktien oder eben Inszenierungsformen. Nun wird auch klar, warum dieser Transformationsprozess nicht notwendigerweise mit einer Enthierarchisierung einhergeht: denn neben dem Verlust habitueller Sicherheiten

---

28 Claudia Bernhard stellt die These auf, dass es durch diese Transformation der hegemonialen Männlichkeit wieder zu einer Remaskulinisierung kommt (Bernhard 1999: 6).

garantiert die ‚just-in-time'-Männlichkeit einen Zuwachs an Verhaltensoptionen.

Auf die Brüche in der Biographie muss und kann flexibel reagiert werden. Zusatzqualifikationen als private Entwicklungsaufgabe, äußerste zeitliche und räumliche Flexibilität und vielfältige Einsatzgebiete kennzeichnen das Verhältnis zur Erwerbsarbeit. Was nicht mehr effektiv erscheint, wird abgespeckt, outgesourced oder abgewickelt, während neue Qualifikationen erworben, Schlüsselstellungen besetzt und Kapitalien jeglicher Art (finanziell, sozial, emotional, zeitlich) kontrolliert werden. Entsolidarisierung und Egoismus sind dabei weniger ein erstrebenswertes Ziel als sozusagen notwendiges Nebenprodukt modernisierter Männlichkeit: Egoismus gegenüber sozialen Bindungen, gegenüber jenen, die nicht so flexibel sein können und/oder wollen und auch gegenüber sich selber. Hier zeigt sich eine bemerkenswerte Parallele zwischen der Transformation der Geschlechterordnung und des Arbeitsmarktes, wobei sich auch hier von der Vorstellung gelöst werden muss, dass die eine Kategorie die andere dominiert oder ihr zugrunde liegt. Stattdessen existiert ein relationales Geflecht von Aushandlungen.

2.4 Neuformulierung des Männlichkeitskonzeptes

So gewinnbringend die Theorien von Connell und Bourdieu auch sind, an einigen Punkten ist eine Modifizierung notwendig, um im Methodenkapitel ein im Bezug auf die Untersuchung des schulischen Alltags, operationalisierbares Analyseinstrumentarium zu erhalten.

Zum einen betonen sowohl Connell als auch Bourdieu die Wichtigkeit der ökonomischen Basis für ihre Modelle. So rekurriert Bourdieu – beim geschlechtlichen Habitus und den Kapitalien – auf die fundamentale Bedeutung der Ökonomie als Machtbasis. Und auch an jenen Stellen, wo er sich von dieser Vorstellung löst, verbleibt er durch Begriffe wie Tausch oder Kapitalien im ökonomischen Sprachgebrauch. Dieses Problem zeigt sich ebenfalls in der Verwendung des Begriffes des Interesses. Denn auch wenn Bourdieu versucht, diesen von einem utilitaristischen Verständnis zu trennen, verharrt er in der Kalkulation einer Kostenrechnung, die Illusio rekurriert bei ihm auf eine bewusste und strategische Ebene. So scheint hier immer wieder ein Machtmodell des ökonomischen Primats durch, welches jene geschlechtlichen Handlungsmuster, die nicht offensichtlich der Logik der ökonomischen Begrifflichkeit folgen, nur lückenhaft erfasst.

Deswegen ist es gewinnbringend, den Begriff der Absicht als Untersuchungsraster zu verwenden, alternativ zur von Bourdieu vorgeschlagenen, Illusio, wobei unter Absicht nicht nur Phänomene auf der Bewusstseinsebene, sondern auch inkorporierte Praxen gefasst werden.[29] Geschlecht als soziale Kategorie ist also angesiedelt auf einer komplexen und mehrschichtigen Folie, welche die häufig als Gegensätze angenommenen Kategorien Bewusstsein und Körper in ein spannungsreiches und aufeinander verweisendes Verhältnis zueinander setzt. Damit wird sprachlich und inhaltlich die oben bereits ausgeführte Abgrenzung vom Begriff des Interesses vollzogen. Zwar existiert ein enger Zusammenhang zwischen der Ordnung der Ökonomie und jener der Geschlechter, aber dieser ist nicht statisch oder monokausal.

Darüber hinaus geht die ökonomische Rückbindung bei Connell und Bourdieu mit dem Klassenmodell an der momentan stattfindenden Umorganisierung der Arbeitswelt und damit auch in der Geschlechterordnung vorbei. Die zunehmende Flexibilisierung der Arbeit führt zu einer immer stärkeren ‚Ökonomisierung des Sozialen'. Gleichzeitig verändern sich der Klassenbegriff und die soziale Schichtung in einem immensen Umfang. Connell beschreibt dies zwar mit der transnational business masculinity für die hegemoniale Männlichkeit, die Auswirkungen auf untergeordnete und insbesondere komplizenhafte Männlichkeit bleiben allerdings unbeleuchtet.

Die ökonomische Sichtweise greift aber auch zu kurz, um die alltägliche Konstruktion des Systems hegemonialer Männlichkeit am Gymnasium zu untersuchen. Auch wenn die Schichtenstruktur an einem Gymnasium nicht homogen ist, so gibt es doch eine klare schichtspezifische Zuordnung im bundesdeutschen dreigliedrigen Schulsystem. Die Bildungsreformen der letzten Jahrzehnte hat an dieser Chancenungleichheit wenig verändert. An Hauptschulen finden sich nach wie vor überproportional viele Schülerinnen und Schüler aus den unteren Schichten, am Gymnasium lassen sich hingegen meist Schülerinnen und Schüler aus der Mittel- und Oberschicht finden (vgl. Baumert 2000: 355).[30] Ähnliche Ergebnisse haben auch Bourdieu und Jean-Claude Passeron in ihrer Studie über die „Illusion der Chancengleichheit" (vgl. Bourdieu/Passeron 1971) herausgearbeitet, in der sie aufzeigen, dass das differenzierte Schulsystem die sozialen Ungleichheiten eher festschreibt als aufhebt. Es kann mit Bourdieu von einer relativen Homogenität der Existenzweisen der Gymnasiastinnen und Gymnasiasten im Bezug auf ökonomi-

---

29 Die Verwendung des Begriffes Absicht wird in Kapitel 3.2.4 näher expliziert.
30 Die PISA-Studie belegt eindeutig, dass es eine hohe Korrelation zwischen Schichtzugehörigkeit der Eltern und Bildungszugang der Kinder gibt. Während über 50% aller Kinder aus oberen Schichten auf das Gymnasium gehen, beträgt dieser Anteil bei den Kindern ungelehrter ArbeiterInnen 10%. Bei dem Besuch der Hauptschule kehrt sich dieses Verhältnis genau um. Nur 12% aller Kinder der höheren Schichten besuchen eine Hauptschule, aber über 40% der Kinder von ungelernten ArbeiterInnen. Das gleiche Bild zeigt sich auch in der nachfolgenden PISA-Studie (vgl. Prenzel u.a. 2004).

sches und kulturelles Kapital ausgegangen werden und einem entsprechenden gymnasialen Habitus.

Deswegen ist es sinnvoll, Bourdieus Betonung des symbolischen Kapitals zu folgen. Denn die Unterschiede zwischen den einzelnen Handlungsmustern drücken sich am Gymnasium stärker in symbolischer Distinktion und Selbstinszenierung aus, so dass der symbolischen Ebene eine zentrale Bedeutung für das Verständnis der Inszenierungen von Männlichkeit zukommt.

Zudem bietet es sich an, Bourdieus Kapitalientheorie auf die Inszenierungen von Männlichkeit im schulischen Alltag zu übersetzen. Die gesellschaftliche Position von Männern wird nicht einfach durch das ihnen zuerkannte Geschlecht, sondern über das Verfügen über die Kapitalien und den Habitus bestimmt. Die Kapitalkonfigurationen, die notwendig sind, um erfolgreich legitime Männlichkeit zu symbolisieren, variieren je nach Feld. Für das gymnasiale Feld als Forschungsgegenstand der vorliegenden Arbeit setzt sich diese in erster Linie zusammen aus dem Vermögen, mittels sozialen Kapitals Männlichkeit kollektiv herzustellen und dem Vermögen, symbolisches Kapital als Anerkennung legitimer Männlichkeitsinszenierung zu gewinnen. Da die Schüler über noch kein eigenständiges ökonomisches Einkommen verfügen, kann die Betrachtung dieser Kapitalienform vernachlässigt werden. Ökonomisches Kapital spielt in der Studie lediglich im Zusammenhang mit dem Prestige bestimmter Kleidungsstücke eine Rolle, wobei im Untersuchungsfeld Schule bereits erhebliche Distinktionen sichtbar werden. Die Ausstaffierung mit prestigeträchtigen Gegenständen sagt aber noch nicht allzu viel über das reale ökonomische Kapital aus.[31] Und auch wenn am Gymnasium Unterschiede bezüglich des elterlichen Einkommens existieren, kann aufgrund der Selektivität des Schulsystems eine größere Homogenität unter den Schülern postuliert werden, als beispielsweise zwischen Schülern unterschiedlicher Schulformen. Gleiches gilt auch für das kulturelle Kapital, bei dem ebenfalls von einer relativen Homogenität ausgegangen werden kann. Diese beiden Faktoren fließen in den Habitus aller Schüler (und Schülerinnen) in ähnlicher Weise ein.

Der Habitustheorie von Bourdieu wird häufig Starrheit vorgeworfen. Seine Vorstellung leiblicher Einschreibung und symbolischer Zweigeschlechtlichkeit lasse kaum Veränderungen zu und zementiere so den dichotomen Zustand der geschlechtlichen Welt, wird kritisiert. Sicherlich fokussiert Bourdieu in erster Linie die Beharrungskräfte der gesellschaftlichen Ordnung. Möglicherweise liegt die Starrheit aber auch in einem eingeengten Begriff von Körperlichkeit begründet. Der Habitus ist stabil, weil er inkorporiert ist,

---

31 In der Studie wurden keine personenbezogenen Daten über die Einkommensstruktur der Eltern erhoben, so dass diese Variable nicht systematisch berücksichtigt werden kann.

er wirkt im und durch den Körper. Wenn der Körper als starr beschrieben wird, ist die logische Konsequenz auch ein starrer Habitus. Dem Körper wird nicht nur eine symbolische Bedeutung zugeschrieben, sondern er entsteht erst in der sprachlichen Ordnung. Problematisch scheint die Trennung von Sprache als Diskurs und Körper als rein materielle Erscheinung. Denn auch Körper können als symbolischer Beitrag zur Aufrechterhaltung der symbolischen Ordnung betrachtet werden. Der Diskurs ist dabei ein privilegierter Ort der Verhandlung der symbolischen Herrschaft. Mit diesem erweiterten Diskursverständnis erscheint der Körper als im Rahmen bestimmter Möglichkeiten konstruiert. Zurück zu Bourdieu eröffnet sich die Perspektive, den Körper und damit auch den Habitus als flexibel zu verstehen. Erst das Beharren auf der Starrheit des Körpers führt zu einer theoretischen Fixierung des Habitus.

Ein Hauptproblem von Bourdieus Studie liegt dabei in der Wahl des Feldes für seine Forschung begründet. Denn die Annahme, dass die symbolische Ordnung der Zweigeschlechtlichkeit in der Kabylei eine ‚Urmatrix' der Geschlechterordnung darstellt, reduziert die Vielfältigkeit von Geschlecht und impliziert dadurch eine Tendenz zu Stereotypisierung. Die radikale Dichotomie der Ordnung der Geschlechter in der Kabylei und die Zuspitzung in der Interpretation verhindert die theoretische Annahme von Abweichungen und Ambivalenzen.

Aber auch Connells System ist dort zu starr, wo er entweder alle geschlechtlichen Praktiken innerhalb des Modells hegemonialer Männlichkeit einordnet, oder sie direkt von Männlichkeit zu Weiblichkeit umdefiniert: er bleibt in der Dichotomie verhaftet. Ironisierungen oder Entdramatisierungen sind mit seinem Konzept theoretisch nicht zu fassen. Auch Koppetsch und Maier kritisieren Connells System als zu statisch, denn dieses ignoriere:

> „dass auch die Marginalisierung und Ausgrenzung bestimmter Formen von Maskulinität in Abhängigkeit von milieuspezifischen Normalitätskonstruktionen und kulturellen Orientierungen variiert. Nicht in allen Milieus ist Homosexualität eine ausgegrenzte Form von Männlichkeit. Und nicht überall finden wir eine Marginalisierung ‚alternativer' Männlichkeiten" (Koppetsch/Maier 2001: 28).

Auch wenn dieser Befund etwas hoffnungsfroh anmutet, ist den Autorinnen zuzustimmen, dass die Handlungsmuster von Connell zu statisch gesetzt werden. Diese zentrale Kritik richtet sich weniger gegen die Starrheit allein, als gegen die Kombination eines einerseits kategorialen Systems mit andererseits ungenauen Analysebegriffen. Connell verwendet den zentralen Begriff ‚hegemoniale Männlichkeit' in zweierlei Art und Weise, zum einen zur Beschreibung einer übergeordneten Position, zum anderen als generelles Strukturmerkmal von Männlichkeit. Dadurch kommt es häufiger zu Verwirrungen darüber, was jeweils gemeint ist. Deswegen wird hier das supremative Handlungsmuster weiterhin als hegemoniale Männlichkeit benannt, die Relation, wie die einzelnen Männlichkeiten zueinander und zu Weiblichkeiten stehen hingegen als System hegemonialer Männlichkeiten. Durch den Zusatz ‚System' wird deutlich gemacht, dass es sich um ein relationales Geflecht handelt, welches dem Machtmodell der Hegemonie folgt. Die Verwendung des Plurals deutet an, dass unterschiedliche Männlichkeiten existieren.

Gleichzeitig analysiert Connell nicht systematisch, sondern beschreibt in seinen Arbeiten die Biographien einzelner Männer entgegen seinem eigenen Hinweis, dass es sich nicht um konkrete Männer handelt, die bestimmte Positionen innehaben, sondern um Handlungsmuster. In seiner Empirie hält er sich nicht an die eigene Systematik, vermengt marginalisierte und untergeordnete, sowie hegemoniale und komplizenhafte Männlichkeit miteinander.

Connell liefert weder eine konsistente Beschreibung davon, wie die vier Handlungsmuster hergestellt werden, noch von deren unterschiedlichen Legitimierungsstrategien. Damit bleibt sein Ansatz gerade bei der komplizenhaften Männlichkeit – die, wie sich zeigen wird, ein entscheidendes Handlungsmuster bei der Aufrechterhaltung der Hegemonie ist – sehr ungenau und eignet sich nicht für die hier beabsichtigte Untersuchung.

Auch die unklare Trennung von untergeordneter und marginalisierter Männlichkeit erscheint problematisch. So erwähnt er sowohl Homosexualität als auch soziale Situierung als Kriterien der Zuordnung, wobei er keine analytische Trennung unterschiedlicher Handlungsmuster vornimmt. Um dieser Unschärfe zu entgehen, werden im Folgenden diese beiden Handlungsmuster anhand der Frage der Zugehörigkeit zum System der hegemonialen Männlichkeiten unterschieden. Untergeordnete Männlichkeiten werden in dieser Annahme zwar an der Entfaltung ihrer Absichten gehindert, sie verbleiben aber im legitimen Rahmen der hegemonialen Ordnung, ihr geschlechtlicher Status wird nicht in Frage gestellt. Sie sind von Ausgrenzung aus der symbolischen Ordnung bedroht, besitzen aber genügend Kapitalien, um dieser Ausgrenzungsbedrohung zu entgehen. Wesentlich bei der Herstellung marginalisierter Männlichkeit hingegen ist eine Dramatisierung, die darauf abzielt, die Betroffenen außerhalb des Systems hegemonialer Männlichkeiten zu definieren. Dieses kann durch die Verschiebung in den Bereich des Weiblichen, insbesondere durch den Homosexualitätsverdacht, geschehen. Da hegemoniale Männlichkeit auch die Zugehörigkeit zur „Dominanzkultur" (vgl. Rommelspacher 1998) beinhaltet, kann dieses aber ebenfalls Formen ethnischer Zugehörigkeit betreffen. Die untergeordneten Handlungsmuster verbleiben – trotz Anfechtung – in der symbolischen Ordnung von Männlichkeit, bei marginalisierten Handlungsmustern hingegen findet eine symbolische Entmännlichung statt. Die Marginalisierung muss dabei nicht immer handfeste Ausgrenzung annehmen, sie funktioniert ebenso als aufmerksamkeitsheischende Markierung der Differenz zum legitimen System.

Zum Abschluss soll noch auf ein scheinbar weit verbreitetes Missverständnis innerhalb der Geschlechterforschung hingewiesen werden. Denn es zeigt sich, dass in den verschiedenen Denktraditionen unterschiedliche Begriffe von Macht verwendet werden. Während die kritische Männerforschung und auch Bourdieu mit Macht die Machtverteilung innerhalb der Geschlechterverhältnisse meinen, problematisiert Butler als Vertreterin des Dekonstruktivismus Macht auf einer grundsätzlicheren Ebene. Während die ersteren die Ungleichheit der Ordnung der Geschlechter fokussieren, kritisieren die anderen generell die Notwendigkeit, sich in dieser Ordnung zu verorten. Einige der Missverständnisse in der Debatte um dekonstuktivistische Ansätze könnten möglicherweise vermieden werden, wenn nicht versucht würde, diese Machtbegriffe als sich ausschließende Gegensätze zu behandeln.

Es ist zu bedenken, dass es sich um Aussagen über heranwachsende Jungen handelt, die sich in der Adoleszenz befinden. Deren Konstruktionsprozesse unterscheiden sich selbstverständlich von denen erwachsener Männern. Aber aufgrund der erhöhten Virulenz des Themas Männlichkeit in der Adoleszenz liegt die Stärke dieser Studie gerade in der qualitativen Erfassung der Vielfältigkeit der Jugendlichen. Geschlechtliche Identifizierungen sind individuell und sozial noch nicht so festgeschrieben wie in späteren Lebensphasen. Die Kriterien und Anforderungen, welche an legitime Handlungsmuster von Männlichkeiten gestellt werden, sind jedoch bei Kindern, Jugendlichen und Erwachsenen ähnlich. Zusätzlich wirken die in dieser Phase ausgearbeiteten Formen von Männlichkeit über lange Zeiträume biographiestrukturierend.

Um dieses Modell als Raster für eine qualitative Studie zu benützen, muss genauer expliziert werden, worauf die Kategorien gründen. Dies wird nach der Vorstellung des Feldes im nächsten Kapitel präzisiert.

2.5 Zusammenfassung

Männlichkeit kann nicht als eine feststehende naturgegebene oder essentialistische Tatsache verstanden werden, sondern stützt sich als soziale Konstruktion auf verschiedene Elemente. Es existiert dementsprechend nicht eine einzige Form, sondern ein System von Männlichkeiten, das im Machtmodell der Hegemonie gründet, welches wiederum in der und durch die symbolische Ordnung abgesichert wird. Dabei bildet sich der männliche Habitus heraus. Im System hegemonialer Männlichkeiten existieren vier unterschiedliche Handlungsmuster, deren jeweiliger Status im Klassenverband durch Aushandlungen geregelt wird. Je nach Zugang zu im gymnasialen Feld wirksamen sozialen und symbolischen Kapitalien können die eigenen Absichten durchgesetzt werden – oder eben nicht – und so der Platz in der sozialen Ordnung eingenommen werden. Der Gewinn, der aus der Durchsetzung der Absichten winkt, kann als patriarchale Dividende verstanden werden. Dadurch stehen den Schülern wiederum unterschiedliche Zugriffsmöglichkeiten zu den verschiedenen Kapitalien zur Verfügung. Der Körper spielt bei der Konstruktion eine wichtige Rolle, nicht als naturgegebene Begründung, aber sehr wohl als Stützpunkt von Männlichkeit, als eine ,körperreflexive Praxis'.

Die Schule stellt als ein zentraler Ort der Ausgestaltung von Jugendkultur eine wichtige Institution der Konstruktion von Geschlecht und Männlichkeit dar. An dieser Stelle werden unter den Jungen männliche Handlungsmuster einstudiert und ausprobiert, gleichzeitig wirkt die Jugend als zweite Chance bei den erhöhten Auseinandersetzungen und Neuverhandlungen von Geschlecht.

Der Wandel, dem Männlichkeit momentan unterworfen ist, geht einher mit Delegitimierungstendenzen. Das Brüchigwerden tradierter Begründungszusammenhänge männlicher Hegemonie, welches häufig unzureichenderweise als Krise von Männlichkeit verstanden wird, führt dabei unter Umständen zu einer Transformation, die nicht zwangsläufig eine Enthierarchisierung, sondern möglicherweise lediglich eine Flexibilisierung – und damit eine Fortschreibung – bedeutet.

3. Design des Forschungsprojektes

Nachdem in den bisherigen Kapiteln die theoretischen Rahmenbedingungen der Herstellung von Männlichkeiten beleuchtet wurden, sollen nun das Edith Benderoth-Gymnasium als Feld der Untersuchung und das methodische Vorgehen dokumentiert werden.

3.1 Die Studie am Edith Benderoth-Gymnasium

Die Untersuchung eines jeden Felds ist begrenzt durch die Feldbedingungen Diese regeln auch, inwieweit die geltenden Aussagen aus den einen Feld heraus verallgemeinert werden können. Für die vorliegende Studie erweisen sich zwei Feldbedingungen als wesentliche Regulatoren für die Interpretation des Materials. Zum einen spielt die untersuchte Schulform Gymnasium eine wichtige Rolle für die Konstruktionsprozesse von Männlichkeit. Zum zweiten wird das Feld auch durch die Auswahl des Samples beeinflusst. Diese beiden Faktoren werden im folgenden Kapitel dargestellt.

3.1.1 Das Gymnasium als Feld

Das Gymnasium als Feld der vorliegenden Studie beinhaltet zwei wesentliche Feldbedingungen, die direkten Einfluss auf die geschlechtlichen Konstruktionsprozesse haben und somit die Aussagekraft der Ergebnisse eingrenzen. Zum einen stellt die Schule als Institution feldeigen bestimmte Anforderungen und Erwartungen. Sie fordert und fördert durch Benotung, Curriculum und hierarchische Organisationsform eine Verhaltenserwartung im Sinne von ‚doing student'. Das heißt, die Schülerinnen und Schüler entwickeln Interaktions- und Inszenierungsmuster, die ihnen Zugang zu den im gymnasialen Feld notwendigen Kapitalien zur Durchsetzung der Absicht auf soziale Anerkennung und schulischen Erfolg versprechen.

Zum zweiten gelten beim gymnasialen Habitus andere Kapitalien als etwa für die Hauptschule. Innerhalb des dreigliedrigen Schulsystems stellt das Gymnasium mit dem Abitur und damit der Zugangsberechtigung zur Universität die höchste schulische Qualifizierungsmöglichkeit bereit. Lange Zeit galt das Gymnasium als Eliteschule, inzwischen jedoch schließen ca. 28% eines Jahrgangs ihre Schullaufbahn mit dem Abitur ab. Es ist jedoch nach wie vor die Schule der mittleren und höheren Schichten, dementsprechend sind die Ergebnisse zuallererst vor diesem sozialen Hintergrund zu sehen. Dabei weisen Eckart Liebau u.a. darauf hin, dass die Entscheidung für das Gymnasium für Eltern wie Kinder gleichermaßen nicht von der besonderen Attraktivität der Schulform, sondern von dem angestrebten Bildungsabschluss geprägt ist (vgl. Liebau/Mack/Scheilke 1998).

Innerhalb jeder Schulform gelten unterschiedliche Regeln und Richtlinien, die sowohl institutionalisiert und festgeschrieben sind als auch wie diskrete, ungeschriebene Gesetze wirken. Mit Bourdieu kann das Gymnasium als ein Feld begriffen werden, in dem – um erfolgreich und kompetent agieren zu können – für die Lernenden ein gymnasialer Habitus vonnöten ist, der den Status des Schülers oder der Schülerin mit bestimmten Privilegien und der distinktiven Einstellung, eine ‚bessere' Schule zu besuchen, verbindet. Im gymnasialen Feld kommt neben dem ökonomischen Kapital (der Eltern) dem symbolischen Kapital als subtile Zugangsvoraussetzung zwecks Anerkennung legitimer Männlichkeitsinszenierungen eine zentrale Bedeutung zu.

Generell lassen sich konstant wenige ausländische Schülerinnen und Schüler an klassischen Gymnasien finden, denn das dreigliedrige Schulsystem sortiert ebenfalls implizit nach ethnischen Kriterien (vgl. Baumert 2000). Die Dominanzkultur setzt eine bestimmte Definition von kulturellem Kapital durch, die den Zugang für diejenigen erschwert, die nicht Teil davon sind.

Diese Feldbedingungen müssen in die Analyse des Materials mit einbezogen werden, um gültige Aussagen über die Konstruktion des Systems hegemonialer Männlichkeiten zu treffen. Die Studie untersucht aufgrund der Feldwahl Gymnasium gesellschaftlich in der Regel gut integrierte Schüler. Während sich viele Studien zu Männlichkeit entweder auf die auffälligen und spektakulären ‚Randbereiche' des Systems hegemonialer Männlichkeiten konzentrieren (Schroeder bei Männern in Lagen sozialer Benachteiligung 1996; Bourdieu in der Kabylei 1997; Pech bei alternativen Männlichkeiten 2002) oder ausschließlich erwachsen Männer behandeln (vgl. Zulehner/Volz 1998; Meuser 1998), präsentiert sich die Sachlage am Gymnasium anders. Zwar attestiert Brandes (vgl. 2002: 111ff.) zu recht, dass die kritische Männerforschung zu wenig andere Kategorien sozialer Ungleichheit berücksichtig und häufig in mittelschichtszentrierten Studien verhaftet bleibt, allerdings existieren keine Untersuchungen über die Konstruktionsprozesse von mittelständigen Jungen. Wenn Schüler generell in den Blick geraten, dann unter einer problemorientierten Sichtweise.

Häufig wird, neben dem Verhalten im Unterricht, auch die Bereitschaft zum Einsatz von Gewalt beklagt. Als Reaktion auf die Ereignisse in Erfurt im Jahre 2002, wo ein ehemaliger Schüler mehrere Lehrkräfte, Mitschüler und Mitschülerinnen erschoss, findet sich häufig der Hinweis auf die generelle Zunahme von männlicher Gewalt. In der Presse wird pessimistisch vor einer unkontrollierbaren Situation an Schulen gewarnt. Je nachdem wird dann härteres Durchgreifen, mehr Kontrolle oder pädagogische Projektarbeit gefordert. Dabei können wissenschaftliche Studien die These der zunehmenden Gewalt nicht belegen, wie beispielsweise die vor kurzem veröffentlichte Studie von Friedrich Lösel und Thomas Bliesener aufzeigt (2003).

In der Schulforschung finden sich zwar ebenfalls einige (Teil-)Untersuchungen, die Männlichkeit (mit-)thematisieren (vgl. Hilgers 1994; Zimmerman 1998; Breidenstein/Kelle 1998; Krebs 2002), aber bislang keine qualitative Forschung, die detailliert die Konstruktionsprozesse von Jungen fokussiert. Diese Lücke zwischen unterschiedlichen wissenschaftlichen Disziplinen und alltagstheoretischen Annahmen soll durch die vorliegende Studie geschlossen werden.

Analog zu den „feinen Unterschieden" (Bourdieu 1982), mit denen sich die bürgerliche Klasse seit dem 18./19. Jahrhundert distinktiv absetzte, sind auch die Männlichkeitsinszenierungen am Gymnasium vielleicht unspektakulärer. Dies bedeutet aber gerade nicht, dass sie deswegen weniger wichtig oder ‚männlich' wären, im Gegenteil. Denn wenn Männlichkeit als hegemoniales Machtverhältnis mittels ideologischer Vorherrschaft funktioniert, dann werden am Gymnasium jene Formen von Männlichkeiten eingeübt, die den Schülern erlauben, aufgrund ihrer großen Verfügbarkeit über verschiedene Kapitalien auf der geschlechtlichen Ebene eine gesellschaftlich hegemoniale Stellung einzunehmen. In diesem Sinne fokussiert die Studie einen wichtigen und zugleich häufig verborgenen Bereich der Konstruktion von Männlichkeit. Denn geschlechtliche Machtstrukturen sind in der kabylischen Gesellschaft möglicherweise offensichtlicher als am Gymnasium. Damit ist aber noch keine Aussage über die jeweilige gesellschaftliche Bedeutung getroffen.

3.1.2 Zusammensetzung der Klassen

Das Edith Benderoth-Gymnasium als Feld der ethnographischen Studie wurde Anfang des 20. Jahrhunderts in einer westdeutschen Metropole in einem innenstadtnahen Wohnquartier eingeweiht und galt lange Zeit als reformorientierte Schule. An diese Tradition wurde nach der Niederlage des Faschismus durch soziale Projektarbeit und die frühe Einführung der Koedukation angeknüpft. Ein vergleichsweise geschlechtskritischer pädagogischer Blick durchzieht die gesamte Schule, so sind die Leitungsposten in der Mehrzahl weiblich besetzt. Auch im Unterricht findet diese Betrachtungsweise zuweilen ihren Niederschlag. Es existiert eine längere Tradition der Dramatisierung von Geschlecht durch getrennten Unterricht, zum Beispiel im Fach informationstechnische Bildung oder beim Thema Sexualkunde. In diesem Umstand liegt vermutlich auch die Motivation der Schule begründet, sich dem kritischen sozialwissenschaftlichen Blick zu unterziehen und so das Forschungsprojekt zu ermöglichen. Diese Ausgangslage ist zu berücksichtigen, wenn die Ergebnisse verallgemeinert werden sollen. Ein weiteres besonderes Kennzeichen der Schule ist die schrittweise Einführung von bilingualem Unterricht für einige Klasse in mehreren Fächern.[32]

Die Schulleitung selbst sieht ihre Schule als ein ganz ‚normales' Gymnasium mit einer ebenso durchschnittlichen SchülerInnenschaft. Über deren soziale und regionale Herkunft gibt es keine Daten und nur widersprüchliche Aussagen. Nach Selbstaussage der Leitung hat das Edith Benderoth-Gymnasium zwar einen elitären Ruf, es zeige sich aber vielmehr, dass die Schülerinnen und Schüler aus der Umgebung der Schule kämen und der sozialen Zusammensetzung des Stadtteils entsprechen. Allerdings ist dieser eher als bürgerliche, ruhige und problemarme Wohngegend zu bezeichnen. Laut Armutsreport des örtlichen Sozialamtes ist der Anteil der SozialhilfeempfängerInnen hier erheblich niedriger als im stadtweiten Durchschnitt.

In den Anfangsklassen ist das Geschlechterverhältnis der Schülerinnen und Schüler zahlenmäßig noch ausgewogen. Zu den höheren Klassen hin gehen allerdings mehr und mehr Jungen von der Schule ab, so dass ein deutlicher Mädchenüberschuss entsteht. Wie generell an Gymnasien, ist auch an dieser Schule der Anteil von Schülerinnen und Schülern mit Migrationshintergrund im Vergleich zu anderen Schulformen gering.[33] Die Stufen sind durchgängig vierzügig, die Oberstufe ist örtlich ausgelagert.

Es wurden für das Forschungsprojekt drei Klassen aus dem 7. beziehungsweise 8. Jahrgang ausgesucht, die über einen Zeitraum von insgesamt drei Jahren, also über den Zeitraum der Mittelstufe, beobachtet wurden. Um eine möglichst große Bandbreite zu erreichen, wurde eine jungendominierte (im folgenden A-Klasse), eine mädchendominierte (im folgenden B-Klasse) und eine paritätisch besetzte Klasse (im folgenden C-Klasse) untersucht.

---

32 Konkret bedeutet dies, dass ab der 7. Klasse Geschichte, ab der 8. Klasse auch Erdkunde und ab der 9. Klasse zusätzlich Physik in Englisch unterrichtet wird.

33 Da hierzu keine systematischen Daten erhoben wurden, können auch nur begrenzt Aussagen gemacht werden.

Die A-Klasse gehört zu jenen Klassen, deren Zusammensetzung nicht ‚zufällig', sondern nach besonderen Kriterien erfolgte. Im Rahmen der Schulentwicklung zu einer bilingualen Schule ging man davon aus, dass nicht alle Schülerinnen und Schüler für eine bilinguale Klasse geeignet sein könnten. Insofern wurde die A-Klasse monolingual deutsch konzipiert. Sie hatte von Beginn an, also seit der Konstituierung im 5. Jahrgang, eine zahlenmäßige Jungendominanz. Diese unausgewogene Zusammensetzung änderte sich erst in der 10. Klasse. Vom 5. bis zum 9. Jahrgang stellten die Jungen immer zwischen Zweidrittel und Dreiviertel der Klassenmitglieder. Erst im 10. Jahrgang ging ihr Anteil auf gut die Hälfte zurück. Das Zahlenverhältnis der Klasse A sah folgendermaßen aus:

Abbildung 1: Anzahl der SchülerInnen der A-Klasse während der Studie

	Jungen	Mädchen	gesamt
1998 (8. Jhg.)	17	6	23
1999 (9. Jhg.)	13	7	20
2000 (10. Jhg.)	14	12	26

Die Fluktuation in der Klasse war ausgesprochen groß, von den insgesamt 19 Mädchen, die irgendwann einmal in der Klasse waren, besuchten nur zwei durchgängig die gesamte Mittelstufe. Von den insgesamt 30 Jungen, die irgendwann einmal in der Klasse waren, besuchten sie fünf Jungen durchgängig. Summiert man über alle Schülerinnen und Schüler hinweg, dann waren sieben (fünf Jungen und zwei Mädchen) alle sechs Schuljahre zusammen, ein weiterer Schüler war mindestens fünf Jahre dabei, drei Schülerinnen waren vier Jahre, neun SchülerInnen drei Jahre, zehn SchülerInnen ein bis zwei Schuljahre und 19 SchülerInnen ein Schuljahr oder weniger in der Klasse.

Ein Grund für die starke Fluktuation liegt in der Konstitutionsbedingung der A-Klasse als einzige nicht-bilinguale Klasse. Sie wurde folglich von den Schülerinnen und Schülern gewählt, die sich den bilingualen Unterricht nicht zutrauten, die dort gescheitert waren oder die zu einem Zeitpunkt an die Schule gekommen waren, zu dem sie nicht mehr in den bilingualen Unterricht einsteigen konnten. Der hohe Jungenanteil begründet sich vermutlich auch durch diesen Grund: die PISA-Daten über die signifikant schlechteren Lesekompetenzen von Jungen in Deutschland legen dies ebenso nahe (vgl. Baumert 2000) wie die schlechteren Noten der Jungen in den Sprachfächern. Diese Klasse hat auch die größte Heterogenität an Nationalitäten.

In der Klasse B besteht bereits seit dem 5. Schuljahr eine deutliche Mädchendominanz, nämlich mit folgenden Relationen:

Abbildung 2: Anzahl der SchülerInnen der B-Klasse während der Studie

	Jungen	Mädchen	gesamt
1998 (7. Jhg.)	9	15	24
1999 (8. Jhg.)	10	16	26
2000 (9. Jhg.)	8	15	23

Von den insgesamt 24 Mädchen, die vom 5. bis zum 9. Jahrgang in der Klasse waren, besuchte die Hälfte durchgängig die Sekundarstufe I, von den insgesamt 15 Jungen waren dies vier. Ein Mädchen und fünf Jungen waren vier der fünf Sekundarstufe I-Jahre, ein weiteres Mädchen drei Jahre in der B-Klasse. Sieben Schülerinnen und drei Schüler waren nur zwei Jahre und weitere je drei Schülerinnen und Schüler waren ein Jahr oder weniger in der Klasse. Im Vergleich zur A-Klasse existierte also in der B-Klasse eine deutlich stärkere Stabilität in der Gruppenzusammensetzung.

In der C-Klasse bestand bis einschließlich zum 7. Jahrgang ein ausgewogenes Geschlechterverhältnis. Zum 8. Jahrgang wurde die Gruppenzusammensetzung durch die Zusammenlegung mit einer Parallelklasse verändert. Seitdem hatte auch diese Klasse eine zahlenmäßige Mädchendominanz. Die Zusammensetzung der Klasse sah über die drei Jahrgänge hinweg wie folgt aus:

Abbildung 3: Anzahl der SchülerInnen der C-Klasse während der Studie

	Jungen	Mädchen	gesamt
1998 (7. Jhg.)	10	11	21
1999 (8. Jhg.)	10	16	26
2000 (9. Jhg.)	8	14	22

Insgesamt vierzehn SchülerInnen des 9. Jahrgangs waren seit Beginn der Gymnasialzeit in der Klasse. Dabei handelt es sich um neun Mädchen und um vier Jungen. Ein weiterer Schüler war ebenfalls seit dem 5. Jahrgang dabei, er verließ die Klasse im 8. Jahrgang, kehrte aber zum 9. zurück.

Bei der Zusammenlegung der ursprünglichen C-Klasse mit der Parallelklasse im 8. Jahrgang traf der Kern der neun Mädchen und der vier Jungen, die von Anfang an in der Klasse waren, zusammen mit einem fünften Jungen, der erst zum 7. Jahrgang dazugekommen ist, auf zunächst fünf Mädchen und vier Jungen aus der aufgelösten Klasse. In den ersten Monaten des 8. Schuljahres kamen noch zwei weitere Mädchen dazu. Auch die C-Klasse kann damit als eine weitgehend stabile Gruppe bezeichnet werden, und zwar trotz der Zusammenlegung von zwei Klassen im 8. Jahrgang.

3.2 Methodisches Vorgehen

Das breit konzipierte Forschungsprojekt war von Beginn an sowohl methodenplural als auch – wo möglich – prozessorientiert angelegt. Als qualitative Methode der empirischen Sozialforschung aus dem Bereich der Ethnographie wurden im Edith Benderoth-Gymnasium hauptsächlich Unterrichtsbeobachtungen durchgeführt. Es sollen an diesem Punkt nicht alle verwendeten Methoden ausführlich diskutiert werden. Sowohl die Forschungsmethode Ethnographie (vgl. Bohnsack 1997; Hirschauer/Amann 1997; Zinnecker 2000a; Flick/von Kardorff/Steinke 2000) als auch das konkrete Forschungsdesign der Studie sind an anderem Ort ausführlich diskutiert (vgl. Faulstich-Wieland/Gast/Güting 2000; Faulstich-Wieland/Weber/Willems 2004). Neben der Skizzierung des Feldes konzentriert sich dieses Kapitel auf den für die Studie relevanten Aspekt, unter welchen Bedingungen mit ethnographischem Material gearbeitet werden kann, das nicht selber erhoben wurde, sondern – wie hier geschehen – aus Beobachtungen Dritter stammt und einer eigenen analytischen Lektüre unterzogen werden.

3.2.1 Ethnographische Forschungsmethoden

Das zentrale methodische Vorgehen im Forschungsprojekt ist der ethnographischen Beobachtung zuzuordnen. Ethnographie stellt in der qualitativen Sozialforschung eine wichtige Forschungsrichtung dar, deren Reichweite allerdings durchaus kontrovers diskutiert wird. Im folgenden Kapitel werden diejenigen Aspekte thematisiert, die für das methodische Verständnis wichtig sind.

In der Erziehungswissenschaft finden sich vor allem im Bereich der Kinder- und Jugendforschung schon seit langem ethnographische Studien, allerdings bilden sie keineswegs den Mainstream erziehungswissenschaftlicher Empirie (vgl. Zinnecker 2000a). Eine stärkere Verbreitung haben solche Ansätze erst in den letzten Jahren gefunden, vor allem im Rahmen der Auseinandersetzung um Kindheitsforschung versus Sozialisationstheorie (vgl. Zinnecker 2000b). Die beiden wohl bekanntesten Forschungsprojekte in diesem Zusammenhang, die sich auch mit Gender-Aspekten in der Schule befassen, sind die Studie von Lothar Krappmann und Hans Oswald zum „Alltag der Schulkinder" (1995), sowie die Studie von Breidenstein und Kelle zum „Geschlechteralltag in der Schulklasse" (1998).

Ethnographie ist keine festgelegte Methode „sondern ein Forschungsstil, der methodenplural angelegt ist" (Bohnsack 1997: 3). Diesen Stil beschreibt Ralf Bohnsack als durch drei Prinzipien charakterisierbar:

„1. Primär sind Interaktionen, Milieus und Organisationen Gegenstand der Analyse, nicht Individuen.
2. Das von den Erforschten explizit mitgeteilte Wissen (Orientierungen und Theorien) ist einem adäquaten Verständnis nur im Kontext der jeweiligen Handlungspraxis zugänglich.
3. Die Beziehung von Forscher und Erforschtem wird als eine Fremdheitsrelation verstanden" (ebd.).

Dem ersten Punkt wird die Studie durch die Untersuchung der Struktur des Systems hegemonialer Männlichkeiten gerecht. Der zweite Punkt spielt insofern keine Rolle, als dass von den Schülerinnen und Schülern kein explizit mitgeteiltes Wissen protokolliert wurde.

Auf die im dritten Punkt angesprochene Fremdheitsrelation hebt auch Jürgen Zinnecker ab, wenn er die pädagogische Ethnographie beschreibt: „Es ist ein befremdender Blick, der auf die praxeologischen Selbstverständlichkeiten des Handelns und Wissens von Pädagogen und Kindern trifft und diese reflexiv verfügbar macht" (Zinnecker 1995: 21). Klaus Amann und Stefan Hirschauer entfalten ein Programm für ethnographische Forschungen, mit dem eine „Befremdung der eigenen Kultur" (Hirschauer/Amann 1997: 27) möglich gemacht werden soll. Auch sie sprechen von einem Stil, allerdings nicht wie Bohnsack von einem Forschungsstil, sondern von einem ‚Erkenntnisstil', nämlich dem des „Entdeckens" (Hirschauer/Amann 1997: 8). Entdeckt und erkannt werden soll das Unbekannte, das Kuriose, eben das Fremde. Da es jedoch um die ‚Selbstverständlichkeiten' der eigenen Kultur geht, muss die Fremdheit erst hergestellt werden, das Vertraute muss auf Distanz gebracht werden (vgl. Wayand 1998).

Die Methodologie der Ethnographie ist vor allem gekennzeichnet durch eine zeitlich länger dauernde Feldphase und ein variantenreiches Datenmaterial, das dabei anfällt. Der Forschungsprozess beginnt mit vielfältigen Beobachtungen und höchst unterschiedlichen Erfahrungen. Die für ethnographische Studien angewandten Methoden definieren sich nicht über vorgegebene Vorschriften oder dem Einhalten von Regeln, sondern folgen dem Untersuchungsgegenstand. So ergaben sich im Laufe der Studie verschieden Akzentverschiebungen, beispielsweise durch die stärkere Fokussierung einzelner Fächer oder die Einführung neuer Methoden wie Interviews oder Fragebögen.

Amann und Hirschauer betonen die Rolle der EthnographInnen, die zu „menschlichen Forschungsinstrumenten" (Hirschauer/Amann 1997: 19) werden. Ihre Beobachtungs- und Interpretationsleistungen sind die Grundlagen des Forschungsprozesses. Dabei kann der Einsatz vielfältiger technischer Hilfsmittel hilfreich sein. Entscheidend für methodisch sauberes Vorgehen ist es, im Hinblick auf den Erhebungs- und Auswertungsprozess, Transparenz herzustellen. Auf die Interpretationsleistung der Beobachtenden kann dabei –

trotz der unterlaufenden Fehler – nicht verzichtet werden. Die Fehler müssen zwar in Grenzen gehalten werden, man kann sie jedoch nicht eliminieren.

3.2.2 Materialerhebung

Die ausgewählten Stunden in den drei Klassen wurden von Protokollierenden besucht, die den Unterricht beobachteten. Anfänglich wurden viele unterschiedliche Fächer untersucht, später engte sich der Fokus hauptsächlich auf die Fächer Deutsch, Mathematik, Englisch und Physik ein. Um eine bessere Vergleichbarkeit zu erzielen, wurden einige Stunden von zwei ProtokollantInnen im Tandem beobachtet. Dabei positionierten sie sich häufiger an unterschiedlichen Orten in der Klasse, was einen Gesamtüberblick entstehen ließ und die Möglichkeit zu ergänzenden Beobachtungen beinhaltete. Zusätzlich sind einige Stunden ebenfalls auf Tonkassette oder Video aufgezeichnet worden. Die Bezeichnungen der jeweiligen Protokolle setzt sich aus einer Buchstaben-Ziffern-Kombination zusammen.[34] Desweiteren wurden begleitende Interviews mit Lehrkräften geführt, die zum Teil in die vorliegende Studie mit einfließen. Auch mit Gruppen von Schülerinnen und Schülern wurden Interviews nach der Methode des „Nachträglich Lauten Denkens" (vgl. Weidle/ Wagner 1982) angefertigt. Neben diesen Techniken wurden mit einem umfangreichen Fragebogen Einschätzungen der Schülerinnen und Schüler zu Klassenklima und verschiedenen Schulfächern abgefragt. Auch diese fließen an geeigneter Stelle in die Analyse mit ein.

Um das Beziehungsnetz der Interaktionen unter den Schülerinnen und Schülern in den einzelnen Klassen analysieren zu können, wurden alle beobachteten Interaktionen in den Fächern Biologie, Deutsch, Mathematik und

---

34 Der erste Buchstabe gibt an, in welcher der drei Klassen die Beobachtung durchgeführt wurde. Der zweite Buchstabe steht als Abkürzung für das beobachtete Unterrichtsfach. Die Zahlen informieren über den Tag der Beobachtung. Dabei ist das Schema wie folgt: Zuerst wird das Beobachtungsjahr angegeben, also 8 für die erste Feldphase im Jahr 1998, 9 für die zweite Feldphase im Jahr 1999 und 0 für die dritte und letzte Feldphase 2000, anschließend folgt der Monat, dann der Tag, der letzte Buchstabe gibt den Namen der/der ProtokollantIn an. Das Kürzel Bb81007n beinhaltet also folgende Informationen: es handelt sich um ein Protokoll aus der **B**-Klasse, angefertigt in der **B**iologiestunde vom **07.10.**1998 von Nicola Gast-von der Haar, es ist also in der ersten Feldphase erstellt. Die Abkürzung der Fächer ist wie folgt: b-Biologie, d-Deutsch, e-Englisch, f-Französisch, g-Geschichte, i-Informatik, k-Kunst, l-Latein, m-Mathematik, p-Physik, r-Erdkunde, s-Sport, u-Musik, x-Pause, y-Klassenstunde. Die Abkürzungen der ProtokollantInnen sind: a-Angelika Harm, d-Damaris Güting, j-Julia Neumann, g-Julia Gröne, k-Katharina Willems, m-Manfred Nusseck, ml-Manu Logarney, n-Nicola Gast-von der Haar, s-Silke Ebsen, v-Vasca Scheppelmann. Alle Textpassagen stammen vollständig aus der Studie am Edith Benderoth-Gymnasium.

Physik ausgewertet. Dafür wurden in Excel-Tabellen einzelne Interaktionen nach den beteiligten Personen codiert, indem festgehalten wurde, von wem die Interaktion ausging, wer Adressat der Interaktion war und ob sie als positiv, neutral oder eher als negativ angesehen werden kann. Entschieden wurde diese Einschätzung der Wertigkeit einer Interaktion aus dem jeweiligen Kontext, der aus dem Protokoll hervorging. Häufig beobachtet wurden zum Beispiel der Austausch über Noten, die man in einer Klassenarbeit geschrieben hat, die gegenseitige Helfen bei Aufgaben, gemeinsames Arbeiten oder spielerisches Anstoßen. Als weitere Interaktionen wurden beispielsweise Beleidigungen, entwertende Kommentare zu deren Arbeit oder Widerspruch gegenüber von ihnen gemachten Äußerungen codiert.

Für die Interpretation des Material ist es wichtig, sich klar zu machen, dass dieses überwiegend im Unterricht erhoben wurden, das heißt es handelt sich zum großen Teil um alltägliches Unterrichtsgeschehen – etwa beim gegenseitigen Aufrufen oder in unterrichtsbezogenen Wortbeiträgen. Darüber hinaus gibt es Hinterbühnenaktivitäten, die während des Unterrichts stattfinden und oftmals vor den Lehrkräften geheim gehalten werden – beispielsweise Briefchen-Schreiben während des Unterrichts oder Hilfeersuchen um Material, Vorsagen oder ähnliches.

Für alle Erhebungsverfahren wurde versucht, der Feldphase immer wieder eine „reflexive Distanzierung von gelebter Praxis" (Hirschauer/Amann 1997: 27) folgen zu lassen, damit das Befremden der eigenen Kultur möglich wird. Für eine solche Distanzierung ist theoretische Arbeit nötig. Amann und Hirschauer empfehlen deshalb eine rhythmische Unterbrechung der Feldforschung durch eine Rückkehr ins universitäre Feld. Dieser

„Kollektivierungsprozess setzt die Ethnographien und ihr Material einer Übersetzungs- und Vermittlungsaufgabe aus. Ihr Erfahrungsvorsprung muss sich an den Relevanzen und Verstehensbedingungen der eigenen community orientieren und sich in nachvollziehbaren Beschreibungen von Szenen, an einzelnen Beispielen und ihrer Interpretation bewähren" (ebd.: 28).

Ethnographische Methoden sollten – so die beiden – insbesondere die Offenheit für das Unerwartete gewähren, zentral ist nicht eine bestimmte Methode, sondern sie ergibt sich feldimmanent mit dem Ziel des „methodisch kontrollierten Fremdverstehens" (Arbeitsgruppe Bielefelder Soziologen 1976: 433). Es wurden regelmäßige wöchentliche Projektsitzungen durchgeführt, die ein Forum zur gegenseitigen Reflexion boten. Die Validierung der Auswertungen wurde in unterschiedlichen Kontexten gewährleistet: teamintern geschah sie in den Projektsitzungen, extern wurde sie in verschiedene Diskussionskontexte wie Forschungswerkstätten, Tagungen und ähnlichem eingebracht. Neben diesen Befremdungsversuch über Diskussionen diente auch eine materialvergleichende Validierung der Triangulation der Materialien mit dem Ziel, die Sichtweisen aufeinander zu beziehen und so zu komplettieren.

3.2.3 Über die Arbeit mit fremderhobenem Material

Diese Studie stützt sich auf Material, welches von unterschiedlichen Protokollierenden erhoben wurde. Der Erhebungsprozess war somit zu Beginn dieser Untersuchung bereits abgeschlossen, einige der Protokollierenden arbeiteten jedoch noch innerhalb des Forschungszusammenhanges. Die Interpretation von fremderhobenem Material stellt eine durchaus ungewöhnliche Arbeitsweise innerhalb der Ethnographie dar. Amann und Hirschauer betonen die zentrale Stellung, welche EthnographInnen als Forschende bei der Untersuchung innehaben. Sie sind als wichtiges Instrument ihrer Disziplin zu verstehen, als „menschliches Forschungsinstrument" oder „personaler Aufzeichnungsapparat" (Hirschauer/Amann 1997: 19 bzw. 25) und haben in dieser Definition eine bedeutende Rolle inne. Gerade die Tatsache, dass die Ethnographin keine Maschine ist, befähigt sie in besonderem Maße, Untersuchungen sozialer Phänomene vorzunehmen.

Das durch die EthnographInnen durchgeführte Aufschreiben der Beobachtungen ist zwar stets ein selektiver Akt, aber auch sämtliche anderen Verfahren der Sozialforschung – ob statistisch oder per Interview erhoben – unterliegen, so Amann und Hirschauer, selektiven Einschränkungen. Deswegen ist die Offenlegung der methodischen Herangehensweise des Forschenden viel zentraler, als der hoffnungslose Versuch, diese Selektionen zu eliminieren.

Im Akt der Verschriftlichung werden aus den Beobachtungen Daten. Nach Amann und Hirschauer wird das Aufgeschriebene durch diesen Vorgang „autonomisiert" (ebd.: 30) und somit auf der Bedeutungsebene rekonstruierbar. Die eigentliche Bearbeitung findet erst durch die interpretative Rekonstruktion statt, die Daten selber haben, jenseits der interpretatorischen Analyse, keine zwingende Eigenaussage. Ist es bei dieser zentralen Rolle der ForscherInnen überhaupt möglich, auf fremderhobenes Material zurückzugreifen? Unterliegen nicht die textgewordenen Daten der spezifischen Felderfahrung der ForscherInnen und deren Sprachgewohnheiten?

In der Arbeit mit fremderhobenem Material lassen sich die Erfahrungen, die unbewussten Konnotationen oder die geschlechtlichen Vorannahmen der ProtokollantIn nicht vollständig rekonstruieren. Dieses Problem weitet sich aus, wenn Begriffe von mehreren Protokollierenden verwendet oder gleiche Szenen abweichend beschrieben werden. An einigen Stellen wird deutlich, dass unterschiedliche Interpretationen der gleichen Situation durch unterschiedliche ProtokollantInnen existieren. Das folgende Beispiel beleuchtet diese Schwierigkeit nachdrücklich:

„Joe kommt zurück an seinen Platz, Knut fragt, was er denn habe. Joe: ‚Fünf Plus'. Dabei hält er sein Arbeitsblatt offen in Richtung Knut und macht kein Geheimnis daraus. Ihm ist zwar ein wenig Enttäuschung anzumerken, ich habe aber den Eindruck, dass er versucht, sie möglichst nicht zu zeigen. Gegenüber den anderen scheint ihm die Note weniger unangenehm zu sein, als für ihn selbst. Er sitzt wieder auf seinem Platz, einige Jungen kommen zu seinem Tisch und Olins Tisch, ich glaube Knut und Sieghard oder Mark. Auch Dirk ist kurz da, er schlägt sich mit Joe in die Hände. Sie schauen sich die Arbeit an und reden über Aufgaben daraus." (Bb81029d)

Soweit die Beobachtung der Protokollantin Damaris Güting. Die gleiche Passage wurde aber auch von der Protokollantin Nicola Gast-von der Haar beobachtet:

„Nun kommt Joe dran. Als der Lehrer leise mit ihm spricht, wird Joe etwas bleich, nur seine Wangen glühen. Ich habe das Gefühl, dass der sonst recht sichere Joe ganz klein und erschrocken ist. Als er zurückkommt und nach seiner Note gefragt wird, sagt er offensiv aber hektisch: ‚Fünf plus'. Einige SchülerInnen können es nicht fassen. Mark fragt nach. Nun hält Joe seine Arbeit öffentlich aus, wedelt sie demonstrativ durch die Klasse und hält sie hoch, dazu sagt er: ‚Ja, eine Fünf plus'. Dann setzt er sich. Diese Note wird nun aufgeregt von Person zu Person weitergereicht. Obwohl es wohl jeder mitbekommen hat, vergewissern sich die SchülerInnen quer durch die Klasse, ungläubig: ‚Weißt du, was Joe hat, eine Fünf plus'! Oder: ‚Der Joe hat eine Fünf plus'.
Marianne kann ihre Schadenfreude kaum verbergen. Sie sagt auch: ‚Echt? Geil!' Der Austausch über Joes Note wandert quer über die Reihen, hier z.B. von Joke zurück zu Marianne und dann zu Erik." (Bb81029n)

Hier werden unterschiedliche Beobachtungen der gleichen Szene deutlich. Joe hat eine Fünf plus geschrieben, was recht ungewöhnlich zu sein scheint. Die Protokollantin Damaris Güting beschreibt seine Reaktion mit den Worten: „hält sein Arbeitsblatt offen", „macht kein Geheimnis daraus. Ihm ist ein wenig Enttäuschung anzumerken". Die Protokollantin Nicola Gast-von der Haar berichtet in ganz anderer Weise von der gleichen Passage: „klein und erschrocken", hat „glühende Wangen" und ist „hektisch". Die beiden Beschreibungen von Joe sind sehr widersprüchlich, im ersten Protokoll erscheint er souverän, im anderen als stark verunsichert. Desweiteren wird auch die Reaktion der MitschülerInnen unterschiedlich beschrieben. Während die erste Protokollantin ein Akt der Solidarität zwischen Joe und Dirk beschreibt, beobachtet

74

die zweite hingegen Erstaunen der MitschülerInnen und Schadenfreude von Marianne.

Stuart Hall weist darauf hin, dass das Verhältnis zwischen En- und Decoding – also zwischen dem Gemeinten des Sprechers und dem Verstandenen des Hörers – vielseitig und keinesfalls linear ist (vgl. Hall 1981: 128ff.), denn die Beobachtungen der Protokollantinnen werden meinerseits einer interpretativen Rekonstruktion unterzogen, die sich auf deren Beobachtungen stützt. Dabei kann es zu Missverständnissen kommen, wie das folgende Beispiel verdeutlicht:

„Es geht nun um die Besprechung der Hausaufgabe. Eine Person soll die Pro und Contra Argumente an die Tafel schreiben. Luisa sagt: ‚Ich kann nicht so schnell schreiben'. Jens verkündet lauthals zur Qualität seiner Schrift: ‚Selbst wenn ich schnell schreiben könnte, könnte das keiner lesen!' Luisa ist dran um an die Tafel zu schreiben. Luisa sagt abwehrend: ‚Aber ich habe keine Sachen in Kopf!' (Sie meint Argumente für die Hausaufgabe.) Frau Danker beschwichtigt sie und sagt, dass sie das auch nicht bräuchte, sie solle lediglich anschreiben, was von der Klasse genannt werde." (Cd01128d)

Luisa möchte nicht an die Tafel kommen, um Hausaufgaben anzuschreiben, sie gibt als formalen Grund an, dass sie nicht schnell genug schreiben könne. Jens verweigert ebenfalls, an die Tafel zu kommen und argumentiert mit seiner unleserlichen Handschrift.

In einer ersten Interpretation der Passage erscheint Luisas Weigerung, an die Tafel zu gehen, als Unsicherheit und damit als dichotomen Gegensatz zu Jens bezüglich des jeweiligen Selbstvertrauens, der seine Mängel im Bereich der Schrift – zu unleserlich – noch herausstreicht. Der Unterschied liegt im Präsentationsmodus. Jens beteiligt sich unaufgefordert und „lauthals", Luisa abwehrend.

Diese Sequenz illustriert materialimmanent das größte Problem bei der Arbeit mit fremderhobenem Material. Der Eindruck, Luisa habe weniger Selbstvertrauen, resultierte im Wesentlichen aus der Beschreibung der Protokollantin mit den Worten „abwehrend" und „beschwichtigt". Die Interpretation stützte sich auf zwei Worte des Materials, aus denen eine geschlechtsstereotype Zuschreibung konstruiert wird. Geringeres Selbstvertrauen in der Schule wird im allgemeinen Mädchen zugeschrieben. Gleichzeitig werden durch solche Aussagen auch immer wieder die verwendeten Kategorien festgeschrieben. Die Vorannahme darüber, dass Mädchen weniger selbstbewusst seien, fand sich scheinbar genau bestätigt und rekonstruierte so ein geschlechtsstereotypes Bild. Bei der Suche nach Kontrastmaterial ergaben sich nämlich wenig Anhaltspunkte dafür, dass gerade Luisa schüchtern und zurückhalten ist, im Gegenteil:

„Als eine Aufgabe besprochen wird, sagt die Lehrerin, eine bestimmte Lösung sei falsch.

Luisa regt sich auf und echauffiert sich mit lauter Stimme nach vorne rufend: ‚Wieso ist das falsch, ich hab das auch so!' Frau Helfrich geht darauf ein und legt jetzt einen scharfen Ton an: ‚Luisa, das kann ich dir sagen, wieso! Wenn du auf der Seite vorher eine pflanzliche Zelle hast und auf der Seite davor eine tierische und du schreibst der Unterschied beim Zellplasma ist, dass das bei der einen mehr ist, dann ist das Niveau der vierten Klasse! Oder der zweiten!'" (Cb81127d)

In dieser Biologiestunde entsteht ein anderer Eindruck von Luisa. Nachdem sie einen bestimmten Lösungsweg nicht teilt, ruft sie laut und aufgeregt im Unterricht dazwischen, und bezieht deutlich Position, sogar gegen die Lehrerin, welche entsprechend verärgert ist und Luisa kritisiert, indem sie als kindlich dargestellt wird. Auch die Lehrerin Frau Helfrich bestärkt in einem Interview diesen Eindruck: „Luisa ist die Meinungsmacherin" (Cz90126d). Somit kann ihr auf keinen Fall generell zu wenig Selbstbewusstsein zugeschrieben werden. Die erste Interpretation lässt sich also keineswegs aus Luisas sonstigem Verhalten ableiten, sondern resultiert auf der eigenen geschlechtlich eingefärbten Interpretationsfolie und muss dementsprechend verworfen werden. Die Passage wird später noch einmal behandelt werden.

Aus diesem Beispiel könnte sich die Folgerung ziehen lassen, dass es nicht möglich ist, mit Fremdmaterial in einer angemessenen Weise zu arbeiten. Allerdings liegen die Dinge etwas komplizierter. Denn an diesem Punkt handelt es sich nicht ausschließlich um eine Art ‚Übersetzungsproblem', sondern um die grundsätzliche Schwierigkeit der Rekonstruktion qualitativer Daten, welche ja generell einer Interpretation unterzogen werden müssen. Das Problem der Validierung qualitativer Aussagen stellt sich unabhängig von der interpretierenden Person, es stellt sich allen Forschenden. Deswegen betonen Amann und Hirschauer nicht nur die zentrale Rolle der Forschenden, sondern ebenfalls die elementare Notwendigkeit der Konstruktion einer Position der Fremdheit gegenüber dem Material. Denn nur in der Distanz entsteht der Spielraum, der eine unwissenschaftliche Beschreibung von der analytischen Arbeit mit dem Material unterscheidet.

Auch die Herstellung von Befremden gegenüber dem Forschungsfeld, auf welches Zinnecker (1995) und Bohnsack (1997) abheben, zielt in eine ähnliche Richtung. Bohnsack (1993) stellt weiter fest, dass Beobachtungen immer schon im Licht der eigenen Theorie gemacht werden und folgert, dass dieser Zirkel nur durch offenere Forschung zu verlassen ist, die ihre Widerspiegelung in den gewählten Methoden findet. In diesem Sinn erscheint die Arbeit mit fremderhobenem Material als eine Methode, die ein hohes Maß

76

an Offenheit gewährleistet, da sie ein großes Maß an Befremden gewährleistet.

Ines Steinke fordert als ein entscheidendes Kriterium für qualitative Sozialforschung die „intersubjektive Nachvollziehbarkeit" (Steinke 1999: 207).
Sie stellt fest, dass im Gegensatz zur quantitativen Forschung die Ergebnisse
nicht überprüfbar sein können, sondern nur intersubjektiv von den Lesenden
nachvollzogen werden müssen. Dazu ist es notwendig, die Erhebungs- und
Auswertungsverfahren, sowie die Wahl der Textauszüge offen zu legen.
Steinke nimmt weiter an, dass lediglich die Entstehungssituation der Daten
nicht nachvollzogen werden kann (vgl. ebd.: 136). Dies erfordert eine gründ-
liche Dokumentation des Materials. Desweiteren soll durch Gruppendiskussi-
onen ein zusätzliches Objektivierungskriterium angewandt werden. Wenn
diesen Kriterien genüge getan wird, dann ist – so Steinke – eine intersubjektive Nachvollziehbarkeit erreicht. Warum aber soll diese sich nicht zweifach
herstellen lassen? Zum einen zwischen Protokollantin im Feld und der empirischen Auswertung und zum zweiten zwischen der Auswertung und den Lesenden? Denn wenn sich sämtliche Schritte im Forschungsprozess rekonstruieren lassen, muss dieses auch gelten, wenn mit fremderhobenem Material
unter Offenlegung der Methoden und der Eingebundenheit in Diskussionskontexte gearbeitet wird. Durch die Wiedergabe längerer Textpassagen können die ursprünglichen Daten möglichst genau dokumentiert werden.

Hirschauer und Amann selber verwerfen die Möglichkeit der Arbeit mit
Fremdmaterial nicht anhand inhaltlicher Einwände, sondern lediglich mit dem
kurzen Verweis darauf, dass in der Regel kein „Nachlaßverwalter" (Hir-
schauer/Amann 1997: 34) – also WissenschaftlerInnen, die mit dem Material
weiterarbeiten – zur Verfügung stehen. Wieso aber sollte die notwendige ob-
jektivierende Haltung nicht durch einen Dritten erzeugt werden? Liegen doch
neben den oben skizzierten Nachteilen auch die Vorteile auf der Hand. Denn
durch eine distanzierte Lektüre der fremderhobenen Daten können vor-
schnelle oder einseitige Interpretationen vermieden werden. Die notwendige
emotionale Anteilnahme im Feld pflanzt sich nicht über die Texte hinaus bis
in die interpretative Rekonstruktion fort. Im Gegenteil, das distanzierende Befremden fällt leichter. In dem Moment, wo aus den Erfahrungen Daten werden, verlieren sie auch notwendigerweise die Personenbindung an die Forschenden. Wie auch sonst sollten qualitative Daten für eine notwendige Überprüfung durch Dritte handhabbar sein? Durch die Eingebundenheit in den gesamten Forschungskontext existierte für die Interpretation gleichzeitig ein
‚Korrektiv', in dem die Ergebnisse diskutiert und wiederum an den Felderfah-
rungen gemessen wurden und so intersubjektive Nachvollziehbarkeit hergestellt wurde.

Als problematisch hat sich bei der Arbeit mit fremderhobenen Material gezeigt, dass die eigene Fragestellung und das Material nicht von Anfang an deckungsgleich zusammenpassen, sondern in einer Art ,Verstehensprozess' die eigene Frage erst entwickelt wird. Für die Ethnographie stellt dies ein methodisch sauberes Verfahren dar. Ein selbst konzeptioniertes Forschungsdesign hingegen ermöglicht in der Regel eine tiefere Bearbeitung der forschungsleitenden Fragen. Andererseits birgt die Arbeit mit fremderhobenem Material Raum für eine größere Bandbreite und unerwartete Ergebnisse, da die eigenen Vorerwartungen wesentlich geringer ausfallen.

3.2.4 Operationalisierung des eigenen Analyserasters

Voraussetzung für die Analyse von Männlichkeit ist vor allem eine operationalisierbare Definition. Diese, an sich banale Feststellung allerdings hat es in sich, begegnet doch jede Definition dem Forschungsgegenstand mit normierenden Vorannahmen und überzieht ihn dadurch mit einem, meist diskreten, Erkenntnisraster.[35] Die normativen Annahmen bedeuten automatisch eine Beeinflussung der Ergebnisse der Studie, allemal bei der Beschäftigung mit Männlichkeit, welche selber in höchstem Maße normativ wirkt.

Ohne einen Begriff von Männlichkeit allerdings ist eine empirische Untersuchung zu diesem Thema zum Scheitern verurteilt. Da untersucht werden soll, welche Formen von Männlichkeit von den Schülern inszeniert werden und inwieweit es zu Veränderungen kommt, bedarf es einer arbeitshypothetischen Definition, was Männlichkeit denn ausmacht und nach welchen Kriterien eine Handlung oder eine Inszenierung als männlich gilt. Aus der unter 2.4 entwickelten Neuformulierung des Männlichkeitskonzepts wird nun erläutert, welche arbeitshypothetische Definition von Männlichkeit der Interpretation der Textstellen zugrunde liegt. Dadurch wird gleichzeitig Transparenz im Bezug auf den Ausgangspunkt der Forschung hergestellt.

Um die Kategorien für die Untersuchung der Binnenrelation von Männlichkeit nutzbar zu machen, werden die vier verschiedenen Handlungsmuster anhand der Frage untersucht, wie sie jeweils ihre Absichten angelehnt an den

---

35 Beispielhaft sei hier das kohlbergsche System der Moralentwicklung angeführt, welches in der Wahl der Analysekategorien ein vorweggenommenes Wissen um männliche und weibliche Moral implizit zugrunde legte und so zu dem Ergebnis kam, dass Männer eine höhere Moralentwicklung aufweisen als Frauen (vgl. Kohlberg 1981). Gilligan, welche seine Untersuchung feministisch gegengelesen hat, saß an diesem Punkt der gleichen Falle auf (vgl. Gilligan 1985). Sie definierte andere Kategorien als entscheidend für die Moralentwicklung und kam so zu dem gegenteiligen Schluss, nämlich dass die Moralentwicklung von Frauen höher sei. Ähnliches findet sich etwa bei Lacan, der in seiner Lesart Freuds den Phallogozentrismus wiederaufbaut (vgl. Butler 1995: 85ff.; Bourdieu 1997: 153ff.).

bourdieuschen Begriff des sozialen Sinns realisieren können. Dieses ist nicht unproblematisch, denn es stellt sich die Frage, ob sich die in Kapitel 2 entwickelten Begriffe auf die Analyse von Interaktionen beziehen lassen? Dagegen spricht sicherlich, dass die soziologisch orientierte Theoretisierung zumeist auf eine gesellschaftliche und damit abstrakte Ebene abzielt. Sowohl das Konzept hegemonialer Männlichkeiten als auch der männliche Habitus beschreiben Männlichkeit als stabile und gesellschaftlich geronnene Struktur. Soziale Praxis kann in dieser Sichtweise zwar variieren, ist aber den dominierenden Strukturen unterworfen. In einer solchen Perspektive könnte von einem weitgehenden gemeinsamen Bedeutungskontext von gymnasialen Männlichkeiten ausgegangen werden. Allerdings wird Männlichkeit nicht nur über gesellschaftliche Strukturen hergestellt, denn diese beeinflussen zwar die soziale Praxis einzelner, wie auch die soziale Praxis Einfluss auf die strukturelle Ebene hat.

Nicht klären kann diese Sichtweise, wie der männliche Habitus zustande kommt und wo seine Dimensionen geformt werden? Hier ist die soziale Praxis der Akteure bedeutsam. Das heißt gerade nicht, Männlichkeit als singuläre Identität einzelner Männer zu verstehen, wie beispielsweise in der Männerverständigungsliteratur. Diese Sichtweise ist ebenfalls nicht ausreichend, denn zum einen muss auch diese Identität hergestellt werden, sie ist nicht einfach da, sondern wird im Laufe des Aufwachsens erworben. Zum zweiten reicht die Singularität nicht aus, weil sonst der weitreichende Geltungsbereich und die Kontinuität von Männlichkeit nicht erklärt werden könnte. Männlichkeit ist somit ein Zusammenspiel von subjektiver und gesellschaftlicher Seite. Das Konzept des Habitus ist deswegen besonders geeignet, dieses Zusammenspiel näher zu beleuchten, weil im Habitus geschlechtliche Strukturen bis in den Körper hinein eingeschrieben sind, wie auch anders herum die soziale Praxis auf die Strukturen wirkt. Beide Bereiche sollten zusammen gedacht werden. So betont Bourdieu, dass der Habitus zum einen auf die Praxis ausgerichtet ist und zum andern in der Praxis erworben wird. Dementsprechend bietet es sich als ein möglicher Zugang an, die Konstruktion von Männlichkeiten anhand von Interaktionen zu untersuchen und aus diesen dann auf strukturelle Wirkungsweisen zu schließen.

Hier erweist sich das oben angesprochene Konzept des doing gender als aufschlussreich. Denn in der sozialen Praxis wird der Habitus nicht nur erworben, sondern auch geformt. Die Schüler sind also nicht nur Adressant des männlichen Habitus, sondern aktiv Handelnde, deren Praxis Einfluss auf den Habitus hat. Bourdieu beschreibt den Habitus in diesem Zusammenhang als „sozialisierte Subjektivität" (Bourdieu 1996: 159). Die unterschiedlichen Kapitalien, die ihnen dabei zur Verfügung stehen, beeinflussen die Positionen innerhalb der Auseinandersetzungen.

79

Gleichzeitig belegen sowohl Connell wie auch Bourdieu ihre theoretischen Ausführungen durch Beispiele aus der sozialen Praxis von Männern. Während Connell Männlichkeit anhand von biographischen Rekonstruktionen untersucht, analysiert Bourdieu die Geschlechterordnung in der Kabylei. Problematisch erweist sich, dass Connell zwar empirisches Material nutzt, dieses aber nicht systematisch auf seinen Theorierahmen anwendet, beispielsweise, in dem er weitere männliche Handlungsmuster einführt. Bourdieu hingegen verbleibt in einer schematischen Sicht der Geschlechterordnung und simplifiziert so die soziale Praxis (vgl. Kap. 2.4).

Die Untersuchung von Männlichkeiten in der sozialen Praxis anhand der connellschen Handlungsmuster birgt weitere Vorteile. Durch eine Präzisierung der Definition von Männlichkeit wird zum einen die Gefahr einer normativen Festschreibung minimiert. Denn die Erstellung quantitativer Typologien wie beispielsweise Zulehner und Volz (1998[36]) sie in ihrer Studie vornehmen, birgt die Gefahr, dass die komplexen Zusammenhänge der Konstruktion von Männlichkeiten zugunsten einer vermeintlicheren Überschaubarkeit reduziert werden (zur Kritik am methodischen Vorgehen von Zulehner und Volz vgl. Brandes 2002: 111ff.). Denn die Grundfrage der Geschlechterforschung ist – von Hageman-White schon 1993 problematisiert –, wie es möglich ist, Aussagen zum Thema Geschlecht zu machen, ohne die bestehende dichotome Ordnung der Geschlechter permanent zu rekonstruieren. Meuser und Behnke aktualisieren dieses Problem anhand ihrer Studie, denn Geschlechterforschung fragt „zwar einerseits danach, woher wir wissen, dass diese Person ein Mann ist, muss aber andererseits die Gültigkeit dieses Wissens voraussetzen, um überhaupt Personen zur Verfügung zu haben, angesichts derer eine solche Frage gestellt werden kann" (Behnke/Meuser 1999: 43).

Die beiden schlagen vor, Einteilungen aufgrund des Alltagsverstandes vorzunehmen und sie dann theoriegeleitet zu überprüfen (vgl. ebd.). Damit gehen sie einen Schritt über die gängige Forschungspraxis kritischer Männerforschung hinaus, die in der Regel ohne Angabe von Kriterien nach akzeptierten gesellschaftlichen Normvorstellungen einordnet.

Durch das hier skizzierte Untersuchungsraster hingegen stellt einen Vorschlag, eine Art Werkzeug dar, anhand von Interaktionsstrukturen zu ermessen, inwieweit die Schüler im Sinne von doing gender unterschiedliche Handlungsmuster von Männlichkeit herstellen. Diese Methode dient dazu, den Eigenaussagen des Materials gerecht zu werden und nicht durch ein normatives Gerüst lediglich die eigenen Vorannahmen bestätigt zu finden. Ein

---

36 Zulehner und Volz unterscheiden nach quantitativen Kriterien in vier verschiedene Männlichkeitstypologien: traditionelle, pragmatische, unsichere und neue Männer.

besonderer Vorteil ist dabei, dass dieses Raster ebenfalls ermöglicht, insbesondere jene Passagen zu theoretisieren, in denen die Präsenz von männlichem doing gender in den Hintergrund tritt oder irrelevant wird.

Zum anderen entsteht ein Analyseinstrument, mit dem sich die verschiedenen Handlungsmuster differenzieren, und so die Ungenauigkeit im connellschen Modell reduzieren lassen, denn das Raster bietet analytische Kriterien für die jeweilige Zuordnung.

Die Kategorien sind abduktiv gebildet, das bedeutet, dass die deduktive (theoriegeleitete) und die induktive (materialgeleitete) Methode miteinander verbunden wurden, um die in den Beobachtungen aufgefundenen allgemeinen Sätze auf dem Hintergrund des Vorwissens einordnen und erklären zu können (vgl. Moser 2001: 322f.). Konkret bedeutet dies, dass zur Entwicklung eines systematischen Rasters wissenschaftliche und alltagstheoretische Vorkenntnisse zur Konstruktion von Männlichkeit genutzt und eben nicht negiert werden. Die Kriterien, die anzeigen, inwieweit eine Interaktion als Konstruktion von Männlichkeit verstanden wird, stammen aus dem Material selber. So können bestimmte Handlungen als männlich definiert werden, weil sie strukturell die Kriterien von Männlichkeit erfüllen und nicht ausschließlich, weil beispielsweise ein Vorname auf Männlichkeit hindeutet. Dieser zwar etwas umständliche Umweg sichert methodische Offenheit im Gegensatz zu einer stereotypenorientierten Untersuchung.

Als generelle männliche Absicht wird im folgenden alles betrachtet, was die patriarchale Dividende sichert oder erweitert. Connell definiert als: „männliches Interesse [...] ein Zugewinn an Macht, Prestige und Befehlsgewalt" (Connell 1999a: 103). Nach Meuser (1998: 117) sind Differenz und Hierarchie wesentliche männliche Strategien zur Durchsetzung ihrer Absicht, da das Gemeinsame „die Bezogenheit auf die Herrschaftsstruktur der Geschlechterordnung" (Behnke/Meuser 1998: 15) ist. Georg Tillner merkt an, dass erst im Bezug auf die männliche Hegemonie auch Männlichkeit entsteht (vgl. Tillner 2000: 55).

Das bedeutet, dass Strategien zur Herstellung von Männlichkeit zum einen auf die Unterscheidung von und zum anderen auf die Hierarchisierung gegenüber abweichenden Männlichkeiten und Weiblichkeiten abzielt. Nicht jede Handlung, die ein Junge vollzieht, dient somit notwendigerweise der Herstellung von Geschlecht. Ein Junge, der zum Ende der Stunde den Klassenraum verlässt, muss dabei nicht Männlichkeit konstruieren. Es kann sein, dass er sich vordrängelt oder betont langsam aufsteht, um ‚cool' zu wirken. Möglich ist aber auch, dass er entdramatisiert eine Handlung vollzieht, die sich nicht auf Unterscheidung und Hierarchisierung stützt.

Die Kriterien für die Analyse der unterschiedlichen Handlungsmuster in der sozialen Praxis ergibt sich induktiv aus beispielhaften Textstellen:

Als hegemoniale Männlichkeit gelten hier jene Handlungsmuster, die ihre Absichten weitestgehend unangefochten realisieren können. Sie unterliegen keiner Legitimierungsanforderung, sondern erscheinen souverän. Anhand des Materials lassen sich dafür einige Beispiele zur Illustration finden:

„Jemand fängt an, Kissen durch den Raum zu werfen. Es beginnt eine Kissenschlacht. Christof zielt auf Veith und die Plastikwasserflasche von Veith wird ihm aus der Hand geschleudert. Der größte Teil der kürzlich aufgemachten Wasserflasche ergießt sich über Veiths Tisch. Veith sagt: ,Hey, ich hab gesagt ich steige aus'. [...] Nun nimmt Veith die Wasserflasche und schmeißt sie auf Christof [...].
Christof beugt sich blitzschnell, greift die Flasche und wirft sie mit aller Wucht auf Veith. Ein Strahl von Wasser ergießt sich auf Veith, das Aufnahmegerät und Svens Jacke. Helmut interveniert. Mit lauter, strenger Stimme sagt er: ,Das reicht!' Das Spiel ist abgeschlossen." (Ad80916n)

Helmuts Absicht ist es in diesem Fall, für Ordnung zu sorgen. Er eignet sich die Autorität an, die Situation durch eine einzige Weisung zu beenden. Dabei muss er seine Aussage nicht verhandeln. Mit der lauten Stimme bedient er sich eines Bestandteils des männlichen Habitus und hebt sich so von Veiths machtlosen Versuchen zur Durchsetzung ab. Während ein anderer Schüler kurz vorher erfolglos versucht hat, den Konflikt für sich zu beenden, gelingt es Helmut, seine Absicht widerspruchsfrei durchzusetzen. Sein Wort hat genug Macht, die chaotische Situation zu ordnen, die hegemoniale Männlichkeit erscheint souverän.

„Ich wundere mich, dass neben Siegfrieds Tisch im Innenkreis ein metallenes Schubladenschränkchen steht, auf das er auch seine Tasche gelegt hat. Es scheint so sein Privatschränkchen zu sein, vorne neben der Tafel stehen noch zwei gleiche Schränkchen, die offensichtlich mehr allen gehören." (Am01101k)

In dieser Sequenz hat Siegfried es nicht nötig, die ungerechte Verteilung von Schränken zu seinem Vorteil zu legitimieren. Er kann einen ganzen Schrank für sich reklamieren, während sich der Rest der Klasse zwei weitere teilen muss, er festigt so seine hegemoniale Stellung. Niemand sonst zeigt einen gleich exklusiven Anspruch auf das Interieur der Klasse. Auch er hält sein Privileg aufrecht, ohne darüber in Aushandlung treten zu müssen. Dabei stehen die erfolgreiche Durchsetzung der Absicht und die hegemoniale Position in einem wechselseitigen Verhältnis zueinander, denn weder die Absichten, noch die hegemoniale Position sind statisch, sondern dynamisch und kontextabhängig.

„Knut ruft: ‚Joe mach' doch mal die Tür zu!' Joe etwas mürrisch: ‚Tu' dies, tu' das!'
Er macht die Tür zu, setzt sich hin und arbeitet weiter." (Bm01124j)

Hier offenbart sich eine weitere Dimension hegemonialer Männlichkeit. Knut
befiehlt Joe, einen Dienst zu tun. Knut eignet sich das Definitionsrecht über
soziale Regeln an. Joe weist Knut nicht darauf hin, dass dieser die Tür selber
schließen könne, er widerspricht zwar, vollzieht die Anweisung nichtsdestotrotz, ohne dass Knut seine Absicht noch einmal untermauern muss. Dieser
scheint seine Anordnung für legitim und gewöhnlich zu halten.

Unter komplizenhafter Männlichkeit werden jene Handlungsmuster gefasst,
die für die Durchsetzung ihrer Absichten auf Aushandlungsprozesse zurückgreifen. Sie interagieren nicht widerspruchsfrei und souverän, sondern bedienen sich Aushandlungen oder gegenseitiger Unterstützung.

„Achmed steht auf und geht in Richtung CD Player. Helmut sieht, dass er kommt
und steht hastig auf. Helmut ist vor Achmed am CD Player. Einer der beiden legt
eine CD ein. Währenddessen unterhalten sie sich (Es sieht nach einem Konsens auf
dem Gebiet der Musikwahl aus)." (Au80903n)

In dieser Situation verhandeln die beiden Jungen die Absicht, die jeweilige
Lieblingsmusik zu hören. Weder Achmed noch Helmut haben das notwendige
Kapital, so dass nicht eindeutig klar ist, wer die Musik bestimmen darf. Vielmehr veranstalten beide zuerst ein Wettrennen, um als erster am CD-Player zu
sein. Damit ist aber noch nicht ausgemacht, dass Helmut als Gewinner die
Musik auswählen darf, vielmehr handeln sie anschließend einen Konsens aus,
der Gemeinsamkeit zwischen ihnen herstellt. Die Konkurrenz um die Suprematie ist dadurch aber noch nicht beendet, denn später liest Helmut die Sequenz in den Aufzeichnungen der Protokollantin nach und beschwert sich bei
ihr. Denn er habe, im Gegensatz zu Achmed, Musik ausgewählt, die alle mögen würden. Er versucht also noch im nach hinein eine Aufwertung durch die
Betonung seines populären Musikgeschmacks herzustellen.

„Jemand ruft: ‚Ziel doch auf Sören.' Sören sitzt an seinem Tisch mit dem Rücken zu
den Werfenden. Klaus zielt und landet einen Treffer, der Sören leicht am Kopf
streift, fast vorbei, aber dennoch getroffen, ohne ernsthaft verletzend zu sein. Dieser
Wurf wird scheinbar als voller Erfolg gesehen und viele lachen anerkennend."
(Ad91015d)

In der Pause veranstalten einige Jungen aus der A-Klasse eine Kissenschlacht.
Sie schlagen Klaus vor, Sören, der gar nicht beteilig ist, zu bewerfen. Das
gemeinsame Lachen der Mitschüler signalisiert komplizenhaftes Einverständnis. Seine Absicht auf einen neckenden Spaß gegen Sören könnte Klaus zwar

auch alleine realisieren, aber erst die Anerkennung der anderen sichert ihm soziales Kapital. Das Einverständnis konstruiert eine temporäre Absichtsgemeinsamkeit. Die komplizenhafte Männlichkeit kann sich gegen Sören durchsetzen.

Zum Handlungsmuster komplizenhafter Männlichkeit kann auch gehören, dass die Versuche der Durchsetzung scheitern, beziehungsweise auf keine Resonanz stoßen:

„Siegfried bildet einen Satz nach grammatikalischer Vorgabe. ‚Die schöne Frau geht auf den Berg.'

Kurt lacht und giggelt.

Kurt: ‚Die schwule Frau geht auf den Berg!' Er sieht zu Helmut rüber und grinst übers Gesicht. Helmut sieht nicht zu Kurt rüber sondern ‚verfolgt' den Unterricht. Nachdem Kurt vergeblich auf eine Reaktion von Helmut wartet, wechselt er den Tonfall und lehnt sich zu Helmut rüber. Er fragt in etwas tieferer und gedämpfter Stimme: ‚Was hat er gesagt?' Helmut: ‚Die schöne Frau.'

Kurt: ‚Ach so'." (Ad80902n)

Kurt versucht, durch Kommentare im Unterricht die Aufmerksamkeit von Helmut zu erreichen, indem er eine geschlechterverwirrende und sexualisierende Formulierung wählt, da es ja bekanntlich keine schwulen Frauen gibt. Allerdings reagiert Helmut nicht, Kurts Versuch bleibt erfolglos. Um die entstehende Pause zu füllen, führt er die Interaktion weiter, indem er die ironische Ebene verlässt und durch eine tiefere Stimme den Eindruck von Erwachsensein und Kompetenz zu vermitteln versucht. Er wechselt die Form der Inszenierung hin zu ‚ernsthaft interessiert', um sein Scheitern vergessen zu machen. Durch die Bezugnahme auf das Unterrichtsgeschehen ordnet er sich in den vorgegebenen Rahmen der Schulstunde wieder ein.

Die komplizenhaften Handlungsmuster sind auf die Interaktionen mit anderen Jungen, manchmal auch mit Mädchen angewiesen. Sie zeigen solidarisches und zugleich konkurrenzhaftes Verhalten im Rahmen der symbolischen Ordnung von Männlichkeit.

Als untergeordnete Männlichkeit werden diejenigen Handlungsmuster bezeichnet, die an der Durchsetzung ihrer Absichten gehindert werden. Die Unterordnung verbleibt im symbolischen Rahmen von Männlichkeit.

In der oben schon erwähnten Szene aus dem Mathematikunterricht wird dies exemplarisch deutlich:

„Knut ruft: ‚Joe mach' doch mal die Tür zu!' Joe etwas mürrisch: ‚Tu' dies, tu' das!'" (Bm01124j)

Joe hat kein Interesse daran, Knuts Anweisung Folge zu leisten, er reagiert mürrisch und entlarvt durch seinen Kommentar, dass es sich nicht um eine hierarchiefreie Bitte, sondern um eine Anweisung handelt. Trotzdem kommt er ihr nach.

„Er macht die Tür zu, setzt sich hin und arbeitet weiter." (Bm01124j)

Für ihn scheint es einfacher, seine Absichten zurückzustellen, Knuts Anweisungen zu erfüllen und sich danach wieder seiner Tätigkeit zuzuwenden. Deutlich werden die Mechanismen der Unterordnung ebenfalls in der Aufteilung des Klassenraumes:

„Helmut setzt sich auf den Tisch von Veith. Veith ist nicht einverstanden und deutet an, Helmut runterzuschieben. Helmut dreht sich um zu Veith, nimmt ihn nicht ernst und bleibt sitzen. Veith versucht es nicht noch mal." (Ad16098n)

Im diesem Beispiel setzt sich Helmut gegen Veiths Willen auf dessen Tisch. Entscheidend für die Unterordnung ist, dass Veith zwar versucht, seine Absicht durchzusetzen, nach dem Scheitern des ersten Versuchs allerdings aufgibt und seine Absicht zurück stellt: er nimmt die ihm zugewiesene Position selber ein.

Aber nicht immer bezieht sich die Unterordnung auf eine Interaktion zwischen nur zwei Jungen. Manchmal werden gerade kollektive Praxen einer komplizenhaften Gruppe wirksam, die dann zur Unterordnung führen.

„Thema der Stunde ist eine Kurzgeschichte, die anfangs mit verteilten Rollen gelesen wird. Inga liest den Erzähler, Joe den ‚Mann' und Almut liest Jürgen, den Jungen.
Als Joe anfängt zu lesen, meint jemand fragend: ‚Hä?' Es wird reingerufen: ‚Da sind wir doch noch gar nicht' und ähnliches. Nun machen sich viele einen Spaß daraus und wiederholen übertrieben: ‚Hä?', einer ruft zu Joe: ‚Bist du doof oder was?'" (Bd90907d)

Joe hat nicht richtig aufgepasst. Anstatt ihn darauf hinzuweisen, wird er mit einem kurzen Zwischenruf kritisiert. Als Fortsetzung greifen mehrere Schülerinnen und Schüler ein und fangen an, Joe mit Sprüchen zu blamieren. Die Situation endet in der entwertenden Frage, „Bist du doof oder was?" Interessant an dieser Situation ist, dass die Unterordnung kollektiv zustande kommt und durch Jungen wie Mädchen hergestellt wird. Darüber hinaus lässt sich feststellen, dass Unterordnung nicht immer mit einem offensichtlich erniedrigenden Interesse einhergeht, sondern für die Beteiligten ‚ein Spaß' ist.

Als marginalisierte Männlichkeit gelten im folgenden jene Handlungsmuster von Männlichkeit, bei denen eine Form der Dramatisierung auftritt, die darauf abzielt, den symbolischen Rahmen hegemonialer Männlichkeit zu verlassen.

Die Absicht auf Zugehörigkeit zum System hegemonialer Männlichkeiten wird behindert. Dazu gehört insbesondere die Dramatisierung und Abwertung der Homosexualität, wie das folgende Beispiel verdeutlicht.

„Frau Danker fragt: ‚Habt ihr Biolek gesehen?'
Detlef ruft: ‚Der ist auch schwul!'" (Cd01128d)

Homosexualität stellt den Status Mann infrage, da hegemoniale Männlichkeit sich wesentlich über die Abgrenzung von allem nicht-Männlichen konstituiert. Dabei geht es nicht um homosexuelle Handlungen, sondern um den Homosexualitätsverdacht, der eine symbolische Position markiert und als Delegitimierung an codierte Namen, die Seite, auf welcher der Ohrring getragen wird oder an unmännliche Handlungen geknüpft sein kann.[37] Die symbolische Verweiblichung zeigt auch das nächste Beispiel:

„Eine Weile später fragt Achmed noch mal danach, wie die Gruppenaufteilung aussieht. [...] Sören: ‚Veith und Joachim kommen noch zu den Mädchen'." (Ad80902d)

Durch die Definition von Veith und Joachim als diejenigen, die „noch zu den Mädchen" kommen, wird deren Zugehörigkeit zur Jungengruppe delegitimiert und kann von den beiden situationsgebunden auch nicht wiederhergestellt werden.

Eine zweite Form der Dramatisierung ist die Markierung einer ethnischen Differenz.

„Die Lehrerin führt aus, dass es genauso wie mit seinem Namen sei: Er hieße eben Sergio, weil ihn seine Eltern gerade so genannt hatten und nicht Klaus oder Erich. Ein Schüler ruft rein: ‚Er heißt nicht Klaus oder Erich weil er kein Deutscher ist!'" (Ae80701d)

Während sich die Lehrerin auf das allgemeingültige Prinzip beruft: ‚Alle Eltern nennen ihre Kinder verschieden', führt der dazwischen rufende Schüler an, dass Name und ethnische Zugehörigkeit miteinander zusammenhängen. Damit wird eine Gruppe – die Deutschen – konstruiert, zu der Sergio nicht dazugehöre. Diese Abgrenzung dient der Exponierung von Sergio, dem dadurch die Zugehörigkeit verbaut ist.

Auch das folgende Beispiel zielt über die ethnisch markierte Dramatisierung auf eine Marginalisierung ab.

---

37 Beispielsweise galt in den 1980ern der Name Detlef als ‚typischer Schwulenname'. Für Ohrringe bei Männern galt: ‚Rechts ist cool, links ist schwul'. Die symbolische Ordnung wird somit auf eine winzige Differenz reduziert.

„Knut: ‚Was ist Hunger auf Chinesisch? Mush Mush Shi, nicht?'
Yutaka: ‚Ihr könnt mich alle mal'." (Bp00117i)

Zuerst dramatisiert Knut Yutakas Herkunftssprache, dann bietet er selber eine ironisierende Antwort auf seine Frage, was Hunger auf Chinesisch heiße. „Mush Shi" lässt sich zusammengezogen als Muschi aussprechen, eine Verniedlichungsform für Katzen. Im Zusammenhang mit der Frage nach dem Wort Hunger impliziert Knut, dass es im Chinesischen eine Verbindung zwischen Essen und Katzen gibt. „Mush Shi" könnte aber auch auf einen unter Jungen gebräuchlichen sexualisierten Ausdruck für die Vagina rekurrieren. In diesem Falle versucht Knut, die chinesische Sprache durch eine Sexualisierung zu entwerten. Möglicherweise dient die Verknüpfung mit der Vagina einer symbolischen Verweiblichung. Yutaka reagiert ablehnend, vielleicht hat er den entwertenden Unterton wahrgenommen. Gleichzeitig nimmt er auch die ethnische Exponierung auf. Er konstruiert sich selbst als Gegenpart zu den anderen, die ‚ihn alle mal können'.

3.2.5 Die Methode der Sequenzanalyse

Das Material wurde mit der Methode der Sequenzanalyse nach Bohnsack im Bezug auf die Fragestellung nach den Konstruktionsmechanismen von Männlichkeit im schulischen Alltag analysiert. Entscheidend bei dieser Methode ist, dass die nach inhaltlicher Aussagekraft ausgewählten Sequenzen durch ständiges Kontrastieren interpretiert werden. Dafür wird dabei nach Passagen mit gegenteiliger Aussage gesucht (vgl. Bohnsack/Nohl 2001). So wird materialimmanent eine Objektivierungsebene etabliert, die eigene blinde Flecken der Forschungspraxis vermeiden soll. Als Beispiel kann hier das Thema Frisuren angeführt werden. Bei der Suche nach ‚typischen Jungenfrisuren' richtet sich das Augenmerk zuerst auf die getragene Kurzhaarfrisur. Im Material wurden dann alle Passagen mit Frisurbeschreibungen analysiert. Aus den beobachteten Passagen lassen sich dann in einem zweiten Schritt regelhafte Aussagen ableiten. Da nämlich lediglich zwei Schüler, aber fast alle Schülerinnen, von der Kurzhaarfrisur abweichen, kann sie als frisurliche Norm bei Jungen bestätigt werden. Nach dieser Methode wird bei prägnanten Aussagen nach möglichst ähnlichen und möglichst abweichenden Ergänzungen gesucht, die allerdings strukturelle Ähnlichkeiten aufweisen müssen. Sollte sich ein bestimmtes Interaktionsmuster häufig wiederholen, wird auf weitere Stellen verwiesen, um die gewonnenen These zu belegen.[38]
Die von Bohnsack geforderte Kontextualisierung des Materials bedeutet, dass die Ergebnisse sich nicht auf aus dem Zusammenhang gerissene Aussa-

---

38 Ausführlich wird das Thema Frisuren im Kapitel 4.1.2 behandelt.

gen stützen dürfen (vgl. Bohnsack 1993: 162). Der Kontextbezug unterteilt sich in eine a) persönliche, b) interaktionelle und c) strukturell-institutionelle Ebene (vgl. Bohnsack 1984: 9ff.).

a) Die persönliche Ebene umfasst hier insbesondere Fragen nach der individuellen Inszenierung von Männlichkeiten. Die Kontextualisierung der Analyse erfolgt durch den Vergleich mit anderen Inszenierungen desselben Jungen. Für das Thema Haare wäre das beispielsweise die Beschreibung, welche Frisuren von Jungen getragen werden.

b) Auf der interaktionellen Ebene die Konstruktion von Männlichkeit zum einen innerhalb der Jungengruppe, zum anderen im gemischtgeschlechtlichen Kontakt mit Mädchen fokussiert. Hierbei wird überprüft, ob die Interaktionsmuster generalisierbar sind. Für die Haarpraktiken lässt sich feststellen, dass in Interaktionen rund um das Thema Haare symbolisch Männlichkeit und Weiblichkeit hergestellt wird. Diese beiden Ebenen finden häufig sowohl innerhalb des Unterrichts als auch in unterrichtsfernen Situationen wie Pausen oder auf der Hinterbühne des Klassengeschehens statt.

c) Unter der strukturell-institutionellen Ebene wird das gymnasiale Feld, die Schularchitektur, Fachkulturen, aber auch Unterrichtsstile und schulinterne Hierarchien berücksichtigt. Dieser Aspekt entfällt bei der Beschäftigung mit Haaren, da es beispielsweise keine Vorschriften über Haarlänge in der Schule gibt. Sollten solche Aspekte existieren – wie beim Thema Haare bei der Bundeswehr – wären diese der strukturellen Ebene zuzuordnen.

Dieser Einteilung als erkenntnisstrukturierendes Raster zu folgen, hat sich forschungspraktisch als sehr vorteilhaft herausgestellt. In der vorliegenden Studie werden diese drei Kontextbezüge deswegen nicht in getrennten Passagen, sondern gemeinsam untersucht. Dieses mag zwar an einigen Stellen verwirrend wirken, dient aber dazu, die Komplexität der Aussagen nicht durch die methodische Herangehensweise an das Material einschränken.

Die Kontextualisierung dient der Überprüfung auf Generalisierbarkeit und minimiert Fehlinterpretationen durch verfälschte, weil zu kurz zitierte Passagen. Abweichungen von der ursprünglichen Interpretation werden berücksichtigt und als Modifikation der Ergebnisse mit aufgenommen. Sollten sich bei der Kontextualisierung zwei entgegengesetzte Aussagen ergeben, so kann die Sequenz nicht in dem ursprünglich analysierten Sinne verwandt werden. Dieses ist beispielsweise bei der vorangegangenen Interpretation von Joes Reaktion auf seine Biologienote oder Luisas Weigerung, an die Tafel zu gehen, der Fall.

Desweiteren fordert strikte Sequenzanalyse die Bearbeitung des Textes Schritt für Schritt aus sich selber heraus. Es geht darum, „daß keine Information aus und Beobachtungen an späteren Interakten zur Interpretation eines vorausgehenden Interaktes benutzt werden" (Oevermann/Allert/Konau/Krambeck 1979: 414). Das bedeutet, dass der/die Forschende zu Beginn der Ana-

lyse den Gesamttext noch gar nicht zu kennen bräuchte. Für die Geschlechter-
foschung hat sich dieses Kriterium teilweise als unpraktikabel erwiesen. Wie
deutlich geworden ist, scheint es nicht möglich zu sein, eine so umfassende
Distanz zum Thema Männlichkeit herzustellen, als dass das Material ohne
Vorannahmen interpretiert werden könne. Deswegen erfolgt die Interpretation
aus dem Text, aber auf der Grundlage einer Theoretisierung der Vorannahmen.

Das Material wurde nach folgenden Gesichtspunkten bearbeitet: Die Textteile
aus den Unterrichtsstunden sind zusammenhängende Sequenzen. An Stellen,
an denen es sich aus inhaltlichen Gründen anbietet, werden exemplarisch Passagen aus anderen Stunden herangezogen. Gründe sind zum einen häufige
Wiederholungen zur Bestätigung, zum anderen Passagen gegenteiliger Aussage zur Kontrastierung. Alle Zitate aus den Sequenzen sind mit Quelle angegeben. Die Auswahl der Sequenzen erfolgt nach der Aussagekraft bezüglich
der Forschungsfrage zur Konstruktion von Männlichkeit.

Die Beispiele sind aus allen drei untersuchten Klassen und allen drei Jahr-
gängen sowohl aus Unterrichts- als auch aus Pausensituationen gewählt. Als
Hauptuntersuchungsvariable erfährt die Analyse der Binnenrelation von
Männlichkeiten besondere Aufmerksamkeit. Andere Variablen wie Klasse,
Jahrgangsstufe, Position der jeweiligen Schüler im Klassenverband oder zwi-
schengeschlechtliche Kontakte werden jeweils an der Stelle auf ihre Bedeutung untersucht, an der sie zum genaueren Verständnis der Konstruktion von
Männlichkeiten beitragen. Es hat sich forschungspraktisch als nicht sinnvoll
für die Fragestellung herausgestellt, im Vorwege schematisch beispielsweise
nach Klassen oder Jahrgangsstufen zu differenzieren.[39] Zwar ergäbe sich
durch dieses Verfahren eine deutlichere Systematik. Allerdings wird durch
eine schematisierte Form der Untersuchung die Komplexität des Materials reduziert und damit die Dichte der Ergebnisse beschnitten. Zusätzlich würden
bei einer derartigen Strukturierung im Vorfeld Wiederholungen notwendig, da
einzelne Passagen Aussagen zu mehreren Kontexten enthalten. Die scheinbar
größere Übersichtlichkeit würde sich so in ihr Gegenteil verkehren. An jenen
Stellen, an denen es für die Analyse bereichernd ist, werden diese Faktoren
berücksichtigt. Als weitere durchgehend wichtige Untersuchungsvariablen
haben sich neben doing gender die Konstruktionsmechanismen doing student
und doing adult erwiesen, denn häufig überlagern sich die Anforderungen,
SchülerIn zu sein, mit geschlechtlichen Anforderungen. Ähnliches gilt für die
Verschränkung von Männlichkeit und altersangemessener Inszenierung.

---

39 Diese Aspekte werden in anderen Arbeiten beleuchtet, die ebenfalls im Kontext
   des gleichen Forschungsprojektes entstanden sind. Vgl. Faulstich-Wieland/ We-
   ber/Willems 2004.

Ausgehend von der theoretischen Rahmung soll zusätzlich nach Anhalts-
punkten für Veränderungen im System hegemonialer Männlichkeiten gesucht
werden.

3.3 Zusammenfassung

Im gymnasialen Feld spielen die verschiedenen Kapitalien eine wichtige
Rolle bei der sozialen Positionierung der Schüler und Schülerinnen im Klassenverband. Das Edith Benderoth-Gymnasium stellt sich als eine durch-
schnittliche, problemarme Schule dar, die lange Reformtradition findet allerdings ihren Niederschlag in einer vergleichsweise intensiven schulinternen
Berücksichtigung der sozialen Kategorie Geschlecht. Über die Sozialstruktur
der Schülerschaft lassen sich keine konkreten Aussagen machen, aufgrund der
Separierungen innerhalb des dreigliedrigen Schulsystems kann jedoch von einer relativen Homogenität im Bezug auf kulturelles und ökonomisches Kapital ausgegangen werden. Das Gymnasium gilt als Schule der mittleren und
höheren Schichten, dementsprechend legen die Schülerinnen und Schüler einen adäquaten Habitus an den Tag.

Das ethnografische erhobene Material wird im empirischen Teil mit der
Methode der Sequenzanalyse bearbeitet. Die Nachteile der Arbeit mit fremderhobenen Material – wie Schwierigkeiten bei der Rekonstruktion der Lesarten – wird durch die höhere Objektivierungsebene und den Vorteil eines systematischen Befremdens wettgemacht. In der vorliegenden Arbeit wird nach
der Binnenrelation des Systems hegemonialer Männlichkeiten auf der strukturellen, der interaktionellen und der individuellen Ebene gesucht. Zugrunde
liegen den Annahmen über Männlichkeiten die vier unterschiedlichen Handlungsmuster von Connell, die anhand der Frage der Durchsetzung der eigenen
Absichten unterschieden werden.

4. Interaktionen der Schüler

Innerhalb der Schule wird auf verschiedenen Ebenen Männlichkeit konstruiert. Es existieren häufige Anlässe für die alltägliche Herstellung des Systems hegemonialer Männlichkeiten durch die unterschiedlichsten Möglichkeiten zu Interaktionen im Unterricht oder in der Pause.

Auf dem Hintergrund der theoretischen und methodischen Rahmung soll in den nächsten Kapiteln das vorliegende Material anhand des in Kapitel 3.2.4 entwickelten Rasters analysiert werden. Zuerst wird die Binnenrelation innerhalb der geschlechterhomogenen Jungengruppe und in gemischtgeschlechtlichen Interaktionen fokussiert (Kap. 4), denn die alltäglichen Interaktionen innerhalb der Gleichaltrigengruppe stellen ein wesentliches Feld bei der Ausgestaltung von Gendering-Prozessen dar.

Im daran anschließenden Kapitel wird der Zusammenhang der Verknüpfung von Männlichkeit und Lehrkräften, Unterricht sowie den institutionellen Rahmenbedingungen der Schule untersucht. Dabei ist auch von Interesse, welche Konstruktionsleistungen der Herstellung von Männlichkeiten dienen und welche nicht (Kap. 5). Zum Ende der Arbeit werden unterschiedliche Dimensionen der Transformationen und Durchkreuzungen des Systems hegemonialer Männlichkeiten beschrieben (Kap. 6). Die Zusammenstellung der Kapitel folgt dabei nicht formalen Kriterien, sondern den thematischen Schwerpunkten, die sich aus dem Material ergeben.

4.1 Analyse der Binnenrelation von Männlichkeiten

Am Edith Benderoth-Gymnasium gibt es vielfältigste Interaktionen, in denen geschlechtsstereotype Inszenierungen einstudiert und Absichten verhandelt werden. Einer der privilegierten Orte der Konstruktion von Männlichkeiten ist die geschlechtshomogene Jungengruppe. Hier werden die Zugehörigkeiten zu den verschiedenen Handlungsmustern ausgehandelt.

4.1.1 Hierarchie, ‚Wir-Gruppe' und Entwertung

Insbesondere in der jungendominierten A-Klasse kommt es zur Konstruktion binnenhierarchischer Strukturen durch häufige Auseinandersetzungen, welche vor allem in der ersten Feldphase ein dominantes Interaktionsmuster darstellen. Zur Veranschaulichung dient Abbildung 4, aus dem die unterschiedlichen Relationen der Schülerinnen und Schüler zueinander deutlich werden.

Die folgende Sequenz stammt aus einer Deutschstunde, in der nur die Hälfte der Klasse anwesend ist. Während alle Mädchen und einige Jungen aus der Klasse mit dem Lehrer zeitgleich informationstechnische Bildung haben, sollen die verbleibenden Jungen selbstständig Aufgaben für den Deutschunterricht bearbeiten, beschäftigen sich aber mit anderen Dingen. In der Sequenz wird deutlich, wie die Binnenrelationen im System hegemonialer Männlichkeiten hergestellt werden. Dabei spielt die Konstruktion einer komplizenhaften ‚Wir-Gruppe' und Entwertung abweichender Inszenierungen eine entscheidende Rolle. Da in der gesamten Passage Männlichkeit dramatisiert wird, wird sie in diesem Kapitel auch annährend in ihrer vollen Länge zitieren.

„Die Hälfte der Klasse verlässt den Raum. Alexander zu Veith: ‚Veith, du bist ein Nichts ohne Möcki.' Seine Stimme ist vernichtend, er sagt es klar und ruhig, sieht Veith dabei an. Für einen Moment ist es still in der Klasse. Veith verzieht das Gesicht zu einer Fratze und fragt dann Alexander, seinen Blick erwidernd: Wieso? Alexander, nun in gleichgültiger, tonloser Stimme: ‚Von dem schreibst du immer ab'." (Ad80916n)

Wie aus der Grafik ersichtlich, ist Alexander, der die Sequenz mit einer Entwertung gegen Veith beginnt, ein durchschnittlich integrierter Schüler. Veith, neben Joachim (der mit Spitzname Möcki heißt) einer der beiden männlichen Klassenaußenseiter, ist häufig Anfeindungen seitens seiner Mitschüler ausgesetzt. Mit seiner dramatischen Formulierung, nach der Veith ohne Möcki quasi inexistent wäre, koppelt Alexander die beiden entwertend aneinander: „du bist ein Nichts ohne Möcki" stellt insofern eine Steigerung gegenüber der landläufigeren Formulierung „du bist nichts" dar, weil ‚das Nichts' sprachlich zu einer Personifizierung und damit zu einem Wesensmerkmal wird, welches als unveränderlich gilt und nicht, wie eine zugeschriebene Eigenschaft, als veränderbar. Deswegen hat Alexander es auch nicht nötig, seiner Stimme durch einen aggressiven Tonfall mehr Bedeutung zu verleihen. Nur die konstruierte Abhängigkeit von Joachim rettet Veiths Status und bewahrt ihn vor der Marginalisierung, er ist zwar kein Nichts, aber befindet sich in der Position untergeordneter Männlichkeit.

Die Entwertung findet auf einer sprachlichen Ebene statt, mit dem Aussprechen der Entwertung wird diese vollzogen, Butler beschreibt dieses als performative Äußerung (vgl. Butler 1995). Dabei wird die Handlung durch den Sprechakt vollzogen.[40] Die Provokation wird von den verbliebenen Schülern wahrgenommen, die Stille deutet darauf hin, dass die Mitschüler am Fortgang der Situation interessiert sind. Es aktualisiert allerdings niemand die Entwertung, führt sie weiter oder greift entschärfend ein. So präsentiert sich Alexander in der Position hegemonialer Männlichkeit, denn er muss seine Absicht, Veith zu entwerten, nicht legitimieren. Für ihn bedeutet die Überlegenheit einen Kapitalgewinn.

An diesem Beispiel kann demonstriert werden, dass die Hierarchie der Binnenrelation häufig durch Entwertung hergestellt wird. Das ständige Austarieren der Binnenrelation von Männlichkeit mit den dazugehörigen Auseinandersetzungen ist Teil der hegemonialen Machtstruktur (vgl. Carrigan/Connell/Lee 1996: 64).

Veith reagiert auf die Provokation von Alexander in der oben zitierten Passage, indem er rückfragend eine Erklärung verlangt. Er verbleibt damit in der Position untergeordneter Männlichkeit, da er die Beleidigung nicht zurückweist oder gegen Alexander umdreht, sondern zu verschieben versucht. Er erwidert den Blick und beteiligt sich somit zwar an der Interaktion, sein Gesicht ist allerdings „zu einer Fratze" verzogen und macht sehr deutlich die Unterordnung sichtbar. Alexander und Veith interagieren nicht ‚gleichberechtigt', sondern innerhalb eines Machtgefälles. Veith lässt die Situation über sich ergehen, er erscheint als Opfer ohne Möglichkeit einer anderen Reaktion als körperlichem Unwohlsein. Dies bedeutet, dass die Unterordnung in den Körper eingeschrieben ist. Mit Bourdieu kann sie als inkorporiert bezeichnet werden. Sie äußert sich als körperliche Fixierung in der Unfähigkeit, aus der Erstarrung zu entfliehen. Im Gegenteil, diese Starre fungiert gerade als Schutz gegen Angriffe und Verunsicherungen.

Klaus Theweleit hat dafür früh den Begriff des ‚männlichen Körperpanzers' geprägt. Dieser dient der Abwehr drohender Entgrenzung durch emotional aufrührende Ereignisse, die sonst zum Zerfall der starren Ich-Identität führen können (vgl. Theweleit 1995: 223ff.). Diese Form der Körpererfahrung beschreibt er als die „Umwandlung des Körpers in das auf seine Muskelpanzer beschränkte Einzelteil einer Kampfmaschine, in ein Instrument, dessen Innereien gut eingeschlossen sind" (ebd.: 373). Aus dem psychoanalytischen Vokabular Theweleits übertragen, ergibt sich der Hinweis, dass ein starres

---

40 Ein bekannter performativer Akt ist das Gerichtsurteil, bei dem mit der Verkündung des Urteils die Strafe rechtskräftig und damit sozusagen materiell wird. Auch die Taufe eines Neugeborenen oder der Ausspruch: ‚Hiermit erkläre ich Euch zu Mann und Frau' bei einer Hochzeit stellen performative Akte dar.

Abbildung 4: Interaktionsnetz der A-Klasse in der ersten Feldphase[41]

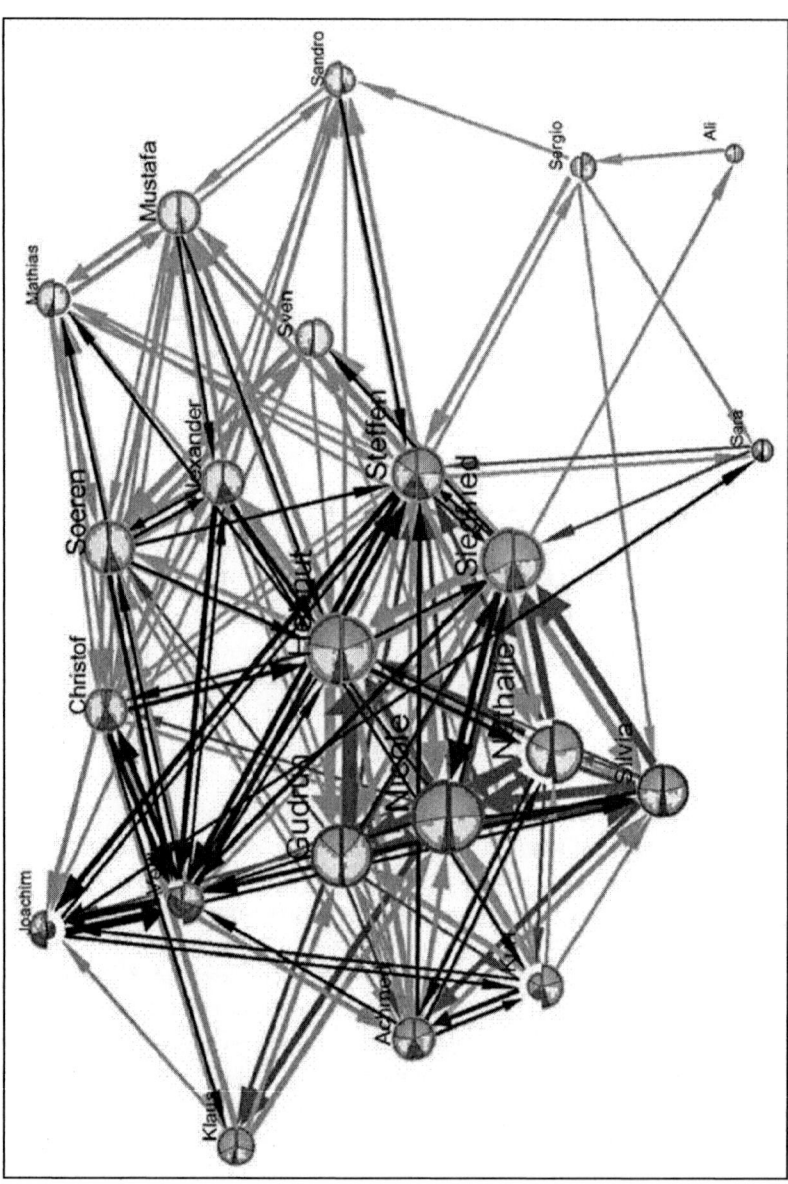

---

41 Die dunklen Pfeile zeigen negative Interaktionen an, die hellen positive. Der obere Halbkreis drückt zusätzlich aus, wie häufig die Interaktion aktiv gestaltet wird, der untere Halbkreis dementsprechend, wie häufig dies passiv geschieht.

Körperkonzept zur Aufrechterhaltung von Männlichkeit dient. Veiths angespannte Starrheit signalisiert die Erwartung weiterer Unterordnung, die ‚Innereien', also die Emotionen werden eingeschlossen hinter einer funktionalen Abschirmung des Körpers. Dies gilt nach Theweleit nicht nur für untergeordnete Männlichkeiten. Connell verwendet in diesem Zusammenhang den Topos von „Bodies as arenas" (Connell 2000b: 23), mit dem er beschreibt, dass der Körper ein Schauplatz gewaltförmiger Männlichkeitsinszenierungen ist. Gleichzeitig klingt mit an, dass Körperlichkeit in den Kämpfen der Männer eine Rolle spielt. Der Körper ist der Schauplatz auf und um den die Auseinandersetzungen verlaufen – in strenger Übersetzung kann eine Arena somit als Schlachtfeld verstanden werden.

Die körperliche Einschreibung der Unterordnung zeigt sich als eine eigene habitusbildende Praxis. Damit läge es nahe, die Annahme eines einzigen männlichen Habitus zu modifizieren und hier analog der unterschiedlichen Handlungsmuster des Systems hegemonialer Männlichkeit unterschiedliche Ausprägungen anzunehmen. Allerdings greift es zu weit, von vollständig verschiedenen Habitus auszugehen. Denn weil der Habitus als kollektive Erfahrung wirkt, fehlt der Unterordnung das Spezifische im Sinne einer Erfahrung nur von einzelnen Schülern. Vielmehr muss davon ausgegangen werden, dass die inkorporierte Unterordnung eine kollektive Erfahrung und somit generell ein Bestandteil des männlichen Habitus darstellt. Diese variiert je nach Intensität der Erfahrung, so dass es hier in der Tat um unterschiedliche Ausprägungen einer habitusbildenden Praxis handelt, nicht aber um eigenständige Habitusformen.

Alexander verliert das Interesse, seine Absicht scheint durchgesetzt. Die Erklärung, dass Veith immer von Joachim abschreibe, nimmt dem Vorangegangenen die Schärfe, verharrt aber noch in der Entwertungsstruktur, denn Abschreiben ist zwar ein durchaus gewöhnlicher Vorgang in der Schule und eignet sich deswegen nur bedingt für eine Weiterführung der Entwertung. Nun ist aber Veiths Status als Schüler infrage gestellt. Das Rekurrieren auf den Schulkontext ist ein Beispiel dafür, dass die Schule Einfluss auf Geschlechterkonstruktionen hat. Hier verstärken sich doing student- und doing gender-Prozesse, da sich die letzte Äußerung von Alexander zugleich auf Veiths Versagen als Mann wie als Schüler bezieht.

Die Aufmerksamkeit der Protokollantin wendet sich nun Helmut zu:

„Helmut ist unruhig. Er geht von einem Platz zum anderen, setzt sich mal zu Sandro und Steffen, mal zu Mustafa, Mathias und Christof. Er trägt neben Sandro als einziger eine Jacke. Alexander fragt Helmut provokativ: ‚Hey, Helmut, warum hast du die Jacke an? Ist dir kalt oder was?'
Helmut, kurz und tonlos: ‚Ja.'

Christof, ironisch: ‚Er braucht Wärme!'
Helmut lacht." (Ad80916n)

Da Helmut eine Jacke trägt, fragt Alexander ihn provokativ, ob ihm kalt sei, denn gewöhnlicherweise ist es nicht notwendig, im Klassenraum eine Jacke zu tragen.[42] Aus der Abbildung vier lässt sich feststellen, dass Alexander und Helmut des öfteren Konflikte miteinander haben. Erstaunlich ist, dass Alexander diese Provokation gegen Helmut wendet, denn dieser verfügt über höheres soziales Kapital und erscheint häufig als Opinionleader. Er ist nicht nur Klassen-, sondern auch Schulsprecher, hat also die formal höchste Position inne, die ein Schüler in der Schule erreichen kann und erscheint somit als Vertreter hegemonialer Männlichkeit. Möglicherweise hat Alexander die erfolgreiche Entwertung von Veith selbstbewusst gemacht. Er kann sich dabei zur Unterstützung seiner Absicht vermutlich auf die allgemeine Regel berufen, dass in der Schule keine Jacken getragen werden. Damit steht er nicht alleine für seine Absicht ein, sondern verstärkt seine Kapitalien durch den Bezug auf die Regel.

Christofs ironischer Einwurf unterstützt Alexander ebenfalls. Die gemeinsame Absicht des Neckens von Helmut stellt zwischen den beiden ein komplizenhaftes Verhältnis her. Resultat ist die Etablierung einer ‚Wir-Gruppe', die durch die Markierung der Abweichung ihre eigene Normalität konstruiert. Helmut weiche – so die Konstruktion – von der Norm komplizenhafter Männlichkeit ab, da er eine Jacke im Klassenraum trägt. Dieser wird allerdings von der Provokation, die für weniger kapitalbesitzende Jungen ein latentes Bedrohungspotential beinhaltet, nicht getroffen. Er reagiert souverän und überlegen, er „lacht" und entblößt dadurch die anderen, da er auf ihre ironischen Unterstellungen nicht weiter reagieren muss. Er interagiert gemäß des Handlungsmusters hegemonialer Männlichkeit, da er seine Absicht realisieren kann. Es zeigt sich, dass hegemoniale Männlichkeit von Entwertungen durch komplizenhafte Formen nicht bedroht werden kann, obwohl diese ihm symbolisch Homosexualität unterstellen. „Er braucht Wärme" ist als eine Anspielung auf Homosexualität zu verstehen, weil Wärme als Indiz für Schwul-Sein gilt, die assoziierte Begriffspalette reicht von ‚warmer Bruder' bis zu ‚Warmduscher'. Zugrunde liegt an dieser Stelle das dichotome Zuschreibungssystem der Geschlechterordnung, in dem Begriffspaare mit dem Bedeutungszusammenhang männlich und weiblich, aktiv und passiv, hart und weich, rational und emotional oder eben kalt und warm, verknüpft werden (vgl. Kap. 2.2.4; auch Bourdieu 1997: 161). Deswegen ruft die Assoziation Wärme eine symbolische Verweiblichung hervor. Helmut verhält sich ‚unmännlich', also homosexuell.

---

42 Dabei wirkt das Tragen von Jacken und Baseballkappen wie eine Panzerung und symbolisiert die Einstellung: ‚Ich bin hier nicht zuhause'.

Der Homosexualitätsverdacht stellt im System hegemonialer Männlichkeiten eine ernste Bedrohung dar, nämlich die Bedrohung, nicht mehr legitim als geschlechtlich eindeutig männliches Subjekt zu gelten (vgl. Kap. 1.2.2). Da der dichotome Bezug auf Weiblichkeit eine unerlässliche Konstitutionsbedingung von Männlichkeit ist, steht Homosexualität notwendigerweise außerhalb legitimer Männlichkeit. Weil allerdings aufgrund der heterosexuellen Matrix kein Außerhalb der Geschlechterdichotomie existiert, wird Homosexualität verdrängt und nimmt symbolisch den Platz von Weiblichkeit ein, es existiert schlicht kein anderer. Der Homosexualitätsverdacht entzieht das sichere Vertrauen in die erwartbare geschlechtliche Inszenierung und damit das symbolische Kapital. Um der Unsicherheit des Nicht-Identifizierbaren zu entgehen, wird jede gravierende Abweichung als homosexuell identifiziert.[43]

Innerhalb der Jungengruppe gibt es häufiger Homosexualitätszuschreibungen. Sie dienen der Entwertung und der Provokation. Beispielhaft lässt sich dieses ebenfalls anhand der folgenden Passage aus einer Pausensituation belegen:

„Sven hat den Handschuh in der Hand. Er wirft fest. Alexander kann ihn fangen. Es wird auf verschiedene Leute gezielt. Henning sagt lästernd: ‚Ihr seid doch alle schwul!' Alexander gibt zurück: ‚du bist auch schwul.' Später geht Henning zu Sören und macht ihn ständig an mit Schimpfwörtern und Lästern. Es entsteht auch eine Rangelei zwischen beiden. Joachim sitzt ruhig da, er ist auch Zielscheibe. Es geht die ganze Zeit hin und her, der Handschuh wird sehr fest geworfen, es wird dabei wild gerufen. [...]
Kurz darauf hat Alexander den Handschuh bekommen, ich vermute von Siegfried. Er sagt: ‚Dich mag ich nicht, zu dir werf ich nicht, ich bin doch nicht schwul!'"
(Ad90907d)

Die Verhandlungen und Unterstellungen, wer schwul sein könnte, werden in der Auseinandersetzung von drei verschiedenen Jungen geäußert. Sie dienen als spielerische Provokation, um die Mitschüler zum Weiterspielen zu animieren. Der Homosexualitätsverdacht signalisiert einen vermeintlichen Makel, dem in der Logik des Spiels nur durch Aktivität begegnet werden kann, die wiederum als männlich codiert den geschlechtlichen Status absichert. Dabei

---

43 Dabei entlarven die absurden Züge, welche die Homosexualitätszuschreibungen annehmen den offensichtlichen Konstruktionscharakter. In einer Stunde sollen die Schülerinnen und Schüler Kurzbeschreibungen ihrer MitschülerInnen anfertigen. Dabei entsteht auch folgende Beschreibung von Siegfried: „Zu dem ‚fährt gern mit mir Fahrrad' höre ich (die Ethnographin, J.B.) eine abfällige Bemerkung, in der ‚schwul' vorkommt. Siegfried verteidigt sich: ‚Ich habe nicht gesagt ‚auf mir' sondern ‚mit mir'" (vgl. Au80910d). Hier wird gemeinsames Fahrrad fahren als Symbol für homosexuelle Praktiken gewertet.

verschwimmen die Grenzen zwischen spaßhaftem Necken, entwertender Beleidigung und körperlicher Rangelei.

Als weiteres Beispiel gilt auch die folgende Sequenz aus dem Deutschunterricht, in dem eine Geschichte behandelt wird, in der sich der Protagonist namens Achim im Spiegel betrachtet und dabei sein eigenes Gesicht berührt.

„Alexander sagt etwas, das um die Stelle geht, wo Achim sich im Spiegel betrachtet und mit den Fingern sanft über seine Gesichtspartien fährt und nichts als Kälte spüren würde. Alexander hat scheinbar gesagt, dass man das nicht mache. Die Lehrerin Frau Sprick antwortet: ‚Das kann man aber nicht vergleichen, man – ich. Was ich mache, muss nicht für alle so sein.'
Alexander, im Brustton der Überzeugung: ‚Aber stimmt doch. Das würde ich nicht machen.' Alexander beharrt weiter: ‚Aber trotzdem!' Er fügt nach einer kurzen Weile halblaut hinzu: ‚Oder ist der schwul oder was?' Mehrere Jungen lachen und einige wiederholen amüsiert: ‚Schwul!'" (Ad90928d)

Alexander vertritt nachdrücklich, dass der Protagonist der Geschichte gegen die Normalitätserwartung verstößt. Anfänglich postuliert Alexander, dass man „das nicht mache". Nach der Intervention der Lehrerin relativiert er zuerst, dass er, Alexander sich nicht sanft berühren würde, um dann zu der Zuschreibung „schwul" für diese Berührung zu kommen. Ein Mann, der sich selber „sanft" berührt, ist schwul, weil erwachsene Männer innerhalb der heterosexuellen Matrix legitimerweise nur von Frauen in dieser Art berührt werden können und auch nur Frauen so berühren dürfen. Das Gelächter einiger Jungen lässt auf ein komplizenhaftes Einverständnis dieser Ansicht schließen.

In beiden Sequenzen funktionieren die Homosexualitätszuschreibungen losgelöst von konkreten sexuellen Handlungen als Codierung bestimmter Symboliken (Passivität bei Rangeleien, Berührungen, etc.). Dementsprechend geht es den Jungen auch nicht um eine Thematisierung von Homosexualität, sondern um die Aushandlung einer legitimen geschlechtlichen Subjektposition. Mittels Gendering errichten sie die Normalität der Dichotomie. Deswegen markiert der Begriff „Schwul" keine gleichberechtigte Subjektposition, sondern verweist auf den Bereich des Illegitimen. Die Subjektivation veranlasst die Jungen, die Verwerfung der Möglichkeit von Homosexualität selber scheinbar zwanglos anzunehmen.

Alexander und Christof wählen in der Sequenz mit Helmut und der Jacke im Gegensatz zu der Entwertung gegen Veith eine andere Form. Nicht vernichtend, sondern ironisch und provokant versuchen sie, ihre Distinktionsabsicht durchzusetzen. Die dahinter stehende Marginalisierung wird ‚als Spaß' nur angedeutet. Resultat ist eine Distinktion auf unernstem Niveau.

Ironisches Sprechen taucht an vielen Stellen des Materials auf. Einerseits erfüllt Ironie als ein Element von Humor eine wichtige Funktion zur Auflockerung des Unterrichts und gehört in diesem Sinne zu einem positiven Klassenklima. Auch innerhalb der Jungengruppe, sowie im Kontakt mit den Mitschülerinnen stellt Ironie eine Art ‚kommunikatives Schmieröl' dar. Andererseits kann Ironie zur Herstellung von Unterordnung und Distinktion dienen. Hierzu ein weiteres Beispiel aus der A-Klasse, in dem wiederum Alexander Ironie benutzt, um sich von anderen Jungen aus seiner Klasse abzugrenzen:

„Plötzlich sagt Alexander ironisch in die Richtung von Mustafa und Kurt, die noch immer arbeiten: ‚Geiler Geburtstag...! (Er lacht) Rufst sechs Leute an... keiner kommt!'" (Af80909n)

Alexander nutzt eine misslungene Geburtstagsfeier für eine ironische Entwertung, die dadurch wirkt, dass er diese Feier als „geil" bezeichnet, obwohl keiner der Eingeladenen zu dem Fest gekommen ist. Die Ironie wird dadurch verstärkt, dass Alexander seine Aussage veröffentlicht.

Abbildung 5: Häufigkeitsverteilung von ironischen Kommentaren

	Junge	Mädchen	Lehrkraft	gesamt
A	30	3	30	63
B	36	14	36	86
C	16	6	13	35
gesamt	82	23	79	

Die meisten der ironischen Sprüche aus der B-Klasse stammen von Knut. Dazu ein Beispiel: „Lehrer: Es gibt auch eine Mathe-AG. Knut kommentiert ironisch: Geil, Mathe AG!" (Bb81027d). Lediglich in der C-Klasse wird augenscheinlich weniger Ironie verwendet. Die Schüler wiederum setzten wesentlich häufiger Ironie ein als ihre Mitschülerinnen. Dieses verwundert nicht, denn die Ironie transportiert auch Unterordnung, Distanz und Distinktion und somit Elemente des männlichen Habitus. Anoop Nayak und Mary Jane Kehily kommen zu dem Schluss: „humour is an organizing principle in the life of young men" (Nayak/Kehily 2001: 121). Als organisierendes Prinzip hat Ironie eine Tendenz zur Gerinnung in ritualisierten Formen.

Die Lehrkräfte benutzen beinahe genau so häufig Ironie wie die Jungen.

„Herr Bartoldi sagt nun, dass Lehrer nicht alles machen dürften. Knut: ‚Sie sind doch unser Klassenlehrer'. Herr Bartoldi belustigt: ‚Ja und? Das ist doch kein Freibrief!' Er ergänzt, dass niemand z.B. Schüler schlagen dürfe und dann ironisch, grinsend: ‚Außer mir'." (By81111n)

Den Lehrkräften dient die Ironie zwar zur Auflockerung des Unterrichts, andererseits aber ebenfalls zur Herstellung von Distinktion in einem legitimierten Rahmen. So können sie ihre übergeordnete Position wahren, ohne sich offensichtlich autoritärer Kommunikationsstrukturen zu bedienen. Dabei verdeutlicht das Beispiel von Herrn Bartoldi, dass auch diese Kommunikationsform durchaus gewaltförmige Elemente enthalten kann. Ironie wird sowohl von Lehrerinnen als auch von Lehrern eingesetzt, am häufigsten jedoch von einem bestimmten Lehrer. Der Gebrauch von Ironie ist somit nicht nur ein männliches Geschlechterrevier, sondern ebenfalls eine generelle Strategie zur Herstellung von Distinktion, die auch personengebunden ist.

Generell gilt Ironie als legitime und anerkannte Ausdrucksform, um Kritik oder Absichten zu formulieren, ohne eine eigene Position deutlich zu machen. Einwände gegen ironisches Sprechen können durch den Verweis darauf, dass 'es doch nicht so gemeint' sei, entkräftet werden, die Aussage wird hinter dem vermeintlich spaßhaften Charakter versteckt. Gleichzeitig ist Ironie eine gute Möglichkeit, innerhalb der komplizenhaften Männlichkeit Anerkennung durch symbolisches Kapital zu gewinnen. Erfolgreiche Ironie sichert eine übergeordnete Position, verbleibt allerdings formal im Bereich des Spaßes, stellt also keine so gravierende Verletzung dar, wie beispielsweise das entwertende Sprechen. Gelungene Ironie stellt in der Jungengruppe Gemeinsamkeit her, wie das häufig gemeinsame Lachen als Reaktion unterstreicht.

In der ursprünglich untersuchten Deutschstunde beginnt Steffen, sich mit der gestellten Aufgabe zu beschäftigen. Daraus entwickelt sich dann eine Verhandlung über ethnische Zugehörigkeit:

„Steffen: ‚Was heißt denn das? (Er beschäftigt sich mit der Deutschaufgabe.) Ist hier jemand Deutscher? Du, Helmut, du bist doch Deutscher, du musst es doch wissen!'
Helmut: ‚Nee, ej.' Dann ergänzt er leiser: ‚Der Vater meines Großvaters war auch Türke.'
Mustafa, Christof und Mathias glauben es nicht. Helmut sagt es noch mal und bestärkt es.
Christof ruft verarschend: ‚Hey du Türke.' Einige Schüler lachen.
Helmut steht auf und will Christof am Nacken packen.
Mustafa: ‚Mit Christof würde ich mich nicht anlegen, Helmut!'
Als Helmut nicht reagiert, sagt Mustafa: Helmut, mit Christof würde ich mich nicht anlegen. Mustafa sieht Christof an, lacht und ergänzt: ‚Der hat ne große Schwester. Der hat ne große Schwester und wenn die kommt...!'
Helmut wird etwas ernster und fragt interessehalber nach: ‚Ja? Ne große Schwester?' Christof sitzt wieder an der Deutschaufgabe und sagt gedankenverloren: ‚Geschwister sind Scheiße.'
Die Unterhaltung verläuft sich." (Ad80916n)

Steffen benötigt Hilfe bei seiner Deutschaufgabe. Allerdings bindet er die Hoffnung auf Hilfe nicht an gute Deutschkenntnisse, sondern an die Frage ethnischer Zugehörigkeit, die in sozialen Prozessen als Abgrenzungskategorie hergestellt wird und gleichzeitig der Hierarchisierung dient. Dabei werden bestimmte Klassifikationskriterien wie Hautfarbe, Charaktereigenschaften etc. festgelegt und sensationiert.

Hier liegt ein ähnlicher Konstruktionsmechanismus zugrunde wie bei der Herstellung komplizenhafter Männlichkeit. So unterschiedlich die Konstruktionen von Geschlecht und Ethnizität auch sind, sie ähneln sich in der Unterscheidung im Sinne einer ‚wir-die anderen' Konfiguration. Die Markierung der Abweichung installiert auch hier im Gegenzug eine Norm, die sich hierarchisch von dem anderen abgrenzt. Während allerdings Geschlecht durch die exkludierende Dichotomie männlich-weiblich hergestellt wird, verlaufen Ethnisierungsprozesse entlang vielfältigerer Trennungslinien. Desweiteren sind die in den beiden Herrschaftsverhältnissen wirkenden Mechanismen in verschiedener Hinsicht unterschiedlich. Sexismus funktioniert in erster Linie über sozialen Einschluss, Rassismus hingegen in erster Linie über Ausschluss (vgl. Weber 2003: 176 ff.). Beide sozialen Klassifizierungen können sich überlagern, widersprechen oder ergänzend verstärken.

Helmut verhält sich auch in dieser Sequenz nicht gemäß den Erwartungen. Er bestreitet, Deutscher zu sein, da sein Urgroßvater Türke war. Dies ist insofern erstaunlich, als dass eigentlich die Zugehörigkeit zur dominanten Gruppe ‚der Deutschen' in der Frage der Ethnizität Hegemonie gegenüber anderen – wie etwa ‚den Türken' – zusichert. Die Aussage, wegen seines Urgroßvaters nicht deutsch zu sein, garantiert ihm also nur dann Statuszuwachs, wenn Helmut sein ‚undeutsch sein' sensationieren kann und er dadurch als etwas Besonderes gilt. Sein Bekenntnis führt zu Unglauben und Verspottung, hat er eine Sensationierung angestrebt, so geht diese nicht auf. Christof nutzt die Abgrenzung vom ‚Türken Helmut' zur Produktion von ethnischen Kategorisierungen. Damit wird Helmut bedroht, aus dem Kreis der hegemonialen Männlichkeit mittels symbolischer Delegitimierung herausdefiniert zu werden.

Im Gegensatz zur vorherigen Szene ist die Drohung der symbolischen Marginalisierung an dieser Stelle konkreter. Dies zeigt sich anhand von Helmuts Reaktion. Er greift zu einem für Männlichkeit legitimen, wenn auch nicht immer anerkanntem Mittel, nämlich der körperlichen Gewalt, um seinen Status wiederherzustellen. Konnte Helmut den neckenden Homosexualitätsverdacht lachend ignorieren, so greift er nun zur Gewaltandrohung, er will Christof „am Nacken packen", um seine Zugehörigkeit zum System hegemonialer Männlichkeiten auszuweisen. Die jeweilige Reaktion auf eine Entwertung hängt also offensichtlich sowohl mit dem Kontext zusammen – sozu-

101

sagen mit dem Bedrohungspotential – als auch mit den individuellen Kapitalien – sozusagen dem Reaktionspotential – die dem Betroffenen zur Verfügung stehen. Die ethnisch konnotierte Unterordnung erweist sich in dieser Situation für Helmut als gravierendere Herausforderung als die geschlechtliche. Außerdem entgeht er durch diese Äußerung der Frage nach der Deutschaufgabe, er kann sich also gleichzeitig dem Arbeitsauftrag ,legitimerweise' entziehen.

Er wird dann allerdings von Mustafa darauf hingewiesen, dass es nicht sinnvoll sei, sich mit Christof anzulegen. Mustafa erwartet eine körperliche Überlegenheit von Christof, so dass Helmut seine Absicht, der Marginalisierung zu entgehen, nicht umsetzen könnte. Als Helmut nicht reagiert, wiederholt Mustafa seine Warnung, allerdings mit dem Zusatz versehen, dass es eigentlich Christofs große Schwester sei, die zu fürchten ist.

Hier wird die Diskussion um Ethnizität wieder aufgenommen und anhand von Gender-Aspekten verwirrend umgedreht, da allgemein das stereotype Bild des schwesterbeschützenden türkischen Bruders existiert. Hier kehrt Mustafa die Verhältnisse spaßhaft um. Die große Schwester beschützt Christof vor Helmut, der kurz vorher als ,Türke' identifiziert worden ist. Dieses stellt sowohl die Zugehörigkeit zur hegemonialen Männlichkeit für Christof als auch für Helmut in Frage: der eine von seiner Schwester beschützt, der andere von ihr an der Wiederherstellung seiner Männlichkeit gehindert. An diesem Punkt zeigt sich, wie Ethnisierungs- und Gendering-Prozesse ineinander greifen. Mit dem Einwurf von Mustafa verliert die Szene auch ihre Spannung. Helmut wechselt auf neutrales Terrain und Christof kehrt zu seinen Deutschaufgaben zurück.

„Wenig später erzählt Helmut Mustafa, Mathias und Christof vom Tennis. Er sagt: ,Gestern hab ich zwei Sätze verloren. 6:1 und 6:0.'
Alexander ruft betont: ,Gegen mich!'
Helmut sagt konternd: ,Nee, gegen ein Mädchen!'
Mustafa, Alexander und Christof ungläubig und geringschätzig: ,Gegen nen Mädchen?'
Helmut, jetzt laut und verteidigend: ,Ja, ej, die Beste aus dem Verein!'
Alexander und Christof können es noch immer nicht fassen. Sie wiederholen: ,Gegen nen Mädchen?'
Helmut will auf etwas anderes zu sprechen kommen. Er sagt: ,Ich hab aber auch einen Satz gewonnen'.
Mustafa: ,Die war bestimmt müde'.
Als Helmut nicht reagiert, wiederholt Mustafa: ,Die war bestimmt müde?!'
Helmut: ,Ja, kann sein...'." (Ad80916n)

Hier stellt Helmut selber seine Position innerhalb der Geschlechterordnung in Frage. Er erzählt, dass er im Tennis gegen ein Mädchen verloren habe. Sport kommt aufgrund der Körperbetontheit, der formalen Regelhaftigkeit, des Leistungsprinzips und des Disziplinierungsgehalts ein bedeutender Stellenwert bei der Herausbildung hegemonialer Männlichkeit zu. Dementsprechend ist die Demonstration von Suprematie und Reklamation höherer Sportkompetenz eine elementare Dimension des männlichen Habitus (vgl. Curry 2002: 170ff.). Tennis – die Sportart, welche hier verhandelt wird – genießt noch immer einen privilegierten Status, stellt jedoch kein ausgewiesenes Geschlechterrevier dar, im Gegensatz zu beispielsweise Fußball oder Ballett. In der unmittelbaren Wettkampfsituation zwischen dem Mädchen und Helmut allerdings hätte er gewinnen müssen.

Alexander schaltet sich in die Unterhaltung über Tennis ein, indem er Helmut durch die Behauptung provoziert, er selber sei Sieger des Tennisspiels gewesen. Helmut besteht allerdings darauf, gegen ein Mädchen verloren zu haben, gerade so, als sei es wahrscheinlicher, im Tennis gegen Mädchen zu verlieren als gegen Alexander. Helmut verstößt hier durch seine Wiederholung noch einmal selbstgewählt gegen das Gebot größerer Sportkompetenz für Jungen, wertet allerdings Alexanders Sportkompetenz en passant mit ab, denn er ordnet ihn unter und bedient sich so eines Handlungsmusters hegemonialer Männlichkeit. Über diesen Umweg gelingt es ihm, seine Männlichkeit zu rekonstruieren.

Die anderen Jungen reagieren in gleicher Art und Weise mit Unglauben („Gegen ein Mädchen?") und stellen so ein komplizenhaftes Einverständnis her. Der Verstoß von Helmut gegen die geschlechtlichen Erwartungen konstruiert ein temporäres ‚wir', eine männersolidarische Gemeinsamkeit. Die drei wissen sich mit ihrer Absicht, als Jungen zu gelten, auf der richtigen Seite, indem sie signalisieren, dass derjenige die jeweilige Ordnung der Geschlechter verletzt, der im Sport verliert. So erscheint Helmuts Handlungsmuster als untergeordnete Männlichkeit.

Helmut versucht nun, seine Position zurückzugewinnen, möglicherweise wird ihm der Regelbruch durch die Konfrontation mit der komplizenhaften Männlichkeit der anderen deutlich. Er antwortet unwirsch („Ja, ej") und entschuldigend („die Beste des Vereins"). Damit versucht er eine alternative Beurteilungsebene zu etablieren, nicht Geschlecht, sondern Fähigkeit sei entscheidend für einen Sieg im Tennis. Durch den Superlativ „die Beste..." rückt er seine Gegnerin in eine scheinbar unbesiegbare Position. Allerdings rettet ihn dieses ebenso wenig wie sein Verweis darauf, dass auch er einen Satz gewonnen habe. Die anderen wiederholen ihren Unglauben. Mustafa provoziert Helmut nun damit, dass seine Gegnerin bestimmt müde war. (Im Sinne von: ‚Sonst wäre das nicht passiert und du hättest auch diesen Satz verloren.') Nun versucht Helmut, die Situation durch Schweigen zu beenden. Es ist von seiner Seite aus alles zu seiner Verteidigung gesagt worden und die Gemeinsamkeit der komplizenhaften Männlichkeit der anderen verunmöglicht es ihm, wiederum auf den Einsatz von Gewalt zurückzugreifen. Das Schweigen funktioniert jedoch nicht, Mustafa fragt noch einmal provokativ nach. Nun beendet Helmuts unwillige Reaktion die Situation, das Thema ist damit auch für Siegfried, Mustafa und Alexander beendet.

Die Schüler wenden sich wieder anderen Betätigungen zu, lediglich die Deutschaufgabe spielt keine große Rolle. Veith, der seit der Entwertung am Anfang der protokollierten Sequenz nicht mehr in Erscheinung getreten ist, findet wieder das Interesse der Protokollantin:

„Die anderen fünf kommen wieder rein. Während Veith vorher mit Sören über ein Fantasyspiel gesprochen hatte, weicht er nun zurück auf seinen Platz. Es sind nun wieder Sandro, Helmut, Steffen, Sören, Christof, Mathias, Mustafa, Alexander und Veith im Raum.
Helmut setzt sich auf den Tisch von Veith. Veith ist nicht einverstanden und deutet an, Helmut runterzuschieben. Helmut dreht sich zu Veith um, nimmt ihn nicht ernst und bleibt sitzen. Veith versucht es nicht nochmal." (Ad80916n)

Einige Jungen betreten das Klassenzimmer, Veith reagiert darauf mit defensivem Raumverhalten. Im Verlauf der Passage setzt sich Helmut auf den Tisch von Veith, dieser ist allerdings mit der Form der Raumaneignung nicht einverstanden. Hier wird der Kontrast zwischen hegemonialer und untergeordneter Männlichkeit sehr deutlich. Helmut hat es nicht nötig, seine Absicht auf Raumaneignung auszuhandeln. Im Einklang mit konventionellen Bestandteilen hegemonialer Männlichkeit eignet er sich an, was er will, in diesem Fall einen Sitzplatz auf Veiths Tisch. Denn die Absicht, Raum in Anspruch zu nehmen, ist ein Kennzeichen der Suprematie hegemonialer Männlichkeit. Die Regulierung des Raumes durch Ausgrenzung lässt sich in der A-Klasse häufiger finden:

„Veith: ,So, Mustafa, weil du so gut bist setze ich mich jetzt neben Dich.' Er hat in seiner Stimme den Tonfall einer Provokation. Er macht Anstalten aufzustehen, hat Mustafa dabei im Auge und grinst über das ganze Gesicht. Mustafa dreht sich weg, macht ein abneigendes Gesicht, legt die Stirn in Falten, sagt aber nichts. Veith zögert und lässt sich dann wieder auf seinen alten Platz fallen." (Au03098n)

Die Ausgrenzung von Veith ist auch hier klar erkennbar. Veith will sich neben Mustafa setzen, obwohl dies gewöhnlicherweise nicht sein Platz ist. Wie auch im Beispiel aus der Deutschstunde geht es weniger um Sitzplätze, als vielmehr um das legitime Vorrecht, unterschiedliche Räume zu reklamieren. Veith ist sich von Anfang an bewusst, dass ihm dieser Platz nicht zusteht, denn er muss – provokativ – bereits zu Beginn seine Absicht kommentieren und erläutern. Durch das Aussprechen vollzieht er das Hinsetzten zuerst als performativen Akt. Da seine Kapitalien jedoch nicht ausreichen, kann er die Handlung nicht vollziehen.

Woran liegt es, dass der performative Akt misslingt? Aufgrund der geringen Kapitalien kann Veith die Praxis des Zitierens nicht ausnützen. Er fällt – so könnte man es ausdrücken – in die von Butler beschriebene Lücke zwischen Voraussetzung und Wiederholung. Zwar zitiert er gängige Provokationsverläufe, aber seine Wiederholung gilt nicht als legitimer Beitrag zum Diskurs.

Ähnlich wie in der Ausgangssequenz versucht Veith zwar, seine Absicht auf Raumaneignung durchzusetzen, im ersten Beispiel deutet er an, Helmut vom Tisch zu schieben, im anderen Fall provoziert er Mustafa. Beide Mal reagieren diese aber nicht auf ihn, sein Widerstand geht ins Leere, Veith hat nicht genügend soziales und symbolisches Kapital, seine Absicht durchzusetzen. Im Gegenteil, ein ablehnender Gesichtsausdruck von Mustafa reicht aus, um ihn an seinen untergeordneten Platz im System hegemonialer Männlichkeiten zu erinnern. Auch Helmut reagiert nicht. Die Spanne zwischen den Kapitalien von Helmut und Veith ist so groß, dass ersterer es nicht nötig hat, Veiths Absicht zur Kenntnis zu nehmen oder mit ihm auszuhandeln. Während also die hegemonialen und komplizenhaften Männlichkeiten legitimerweise Raum für sich beanspruchen können, steht dies untergeordneten Handlungsmustern nicht zu.

Veith reagiert in beiden Beispielen ähnlich, er widersetzt sich nicht weiter, sondern nimmt aktiv seinen untergeordneten Status ein. Er aktualisiert dadurch die Spanne zwischen ihm und Helmut beziehungsweise Mustafa und bekräftigt seinerseits, dass er kein Recht hat, den Raum für sich zu reklamieren. Es erscheint, als ob Veith nicht wirklich versucht, sich durchzusetzen. Um nicht marginalisiert zu werden, muss er zwar seine Zugehörigkeit zum System hegemonialer Männlichkeiten unter Beweis stellen. Deswegen deutet er Widerstand an, denn nur so bedient er sich einer männlich kodierten Durchsetzungsstrategie. Da er aber vermuten kann, dass er sich nicht durchsetzen können wird, bleibt er machtlos. Seine Kapitalien reichen zwar zur symbolischen Markierung von Widerstand, nicht aber für die Durchsetzung. Denn wenn Helmut reagiert, könnte Veith eine weitergehende Entwertung drohen. Um dieser zu entgehen, muss er seinen Widerstand folgerichtig so gering halten, dass er Helmut nicht zur Reaktion provoziert. Dieses ist sein Anteil an der Aufrechterhaltung seiner Unterordnung. So wird er zwar als männlich anerkannt, nimmt aber eine untergeordnete Position ein. An diesem Punkt zeigt sich Subjektivation als Strategie zur selbstregulierenden Einnahme der subordinierten Position.

Zurück zur Passage:

„Sören malt mit dem Nike-Logo ein Zeichen, in dem steht: Sören Air. Er schreibt auch: Ich bin der beste von allen." (Ad80916n)

Nun greift auch Sören die Sportthematik auf, er malt das Symbol des populären Sportartikelherstellers Nike und schreibt die Worte „Sören Air" hinein. ‚Air' rekurriert in diesem Zusammenhang zuerst darauf, dass Nike eine Produktserie mit dem Namen ‚Air' verkauft. Sören nimmt also eine sprachliche Verknüpfung seines Namens mit einem prestigeträchtigen Produkt vor, die in seiner Fantasie eine Kapitaliensteigerung bedeutet. Denn das Markenbewusstsein garantiert Prestige, da die Nike-Produkte teuer sind. Als Statussymbol wirken sie distinktiv. Der Begriff ‚Air' ermöglicht allerdings noch eine zweite Lesart. Sören setzt sich hier schriftlich an die Stelle des populären Basketballspielers Michael Jordan, der den Spitznamen ‚Air' trägt (und damit Namensgeber und Werbeträger der Nike Produkte ist). Seine Fantasie stellt, als Begehren nach Suprematie, ein Muster hegemonialer Männlichkeit dar, welches sich darin äußert, Bester, Erster, Stärkster zu sein – überlegen eben.

Auch die darauf folgende Interaktion zwischen Helmut und Alexander bezieht sich auf Sport. Nicola Gast-von der Haar fragt Helmut nach der Bedeutung der Abkürzung eines Fußballvereins:

„Helmut und Alexander sind nun auch dazu übergegangen, Nike-Zeichen zu malen. Sie rufen sich gegenseitig und beurteilen ihre eigenen Zeichnungen. (Echt gut, gut gelungen etc.) Jemand schreibt wiederholt: BVB. Ich frage Helmut, was es heißt. Er sagt: ‚Behinderte verfolgen Ball.' Dann sagt er: ‚Nee, mal ehrlich, ich glaube Dortmund...ähm...Alexander?! Was heißt BVB ausgesprochen?'
Alexander: ‚Ballverein Borussia.'
Helmut sieht mich an und nickt, ob ich es verstanden habe. Ich nicke." (Ad80916n)

Wie ihr Mitschüler Sören malen auch Helmut und Alexander Nike-Zeichen. Sie befinden sich dabei nicht in einer konkurrenzhaften Auseinandersetzung, sondern suchen und gewähren gegenseitig Anerkennung zur Versicherung, dass ihre Zeichnung gelungen ist. Dieses ist als Handlungsmuster komplizenhafter Männlichkeit zu bezeichnen.

Auf die Frage, was die Abkürzung BVB bedeutet, die ein Schüler erwähnt hat, reagiert Helmut unwissend, aber souverän, indem er die Frage an Alexander weiter delegiert. Dieser gibt zwar die richtige Antwort, ist dann aber nicht gleichberechtigt an der Beantwortung beteiligt, denn die Kontrolle – und damit die Hegemonie – darüber, ob die Ethnographin richtig verstanden hat, verbleibt bei Helmut. Durch seine souveräne Erwiderung verhält er sich konform hegemonialer Männlichkeit, während Alexander ihm sozusagen assistiert und so als komplizenhafte Männlichkeit erscheint. Er erfüllt – umgangssprachlich ausgedrückt – die Position der ‚rechten Hand vom Chef'. Dementsprechend fällt Helmut der Hauptteil der patriarchalen Dividende zu, wogegen Alexander nicht protestiert.

Helmut wählt als ersten Vorschlag für die Bedeutung der Abkürzung BVB einen entwertenden Begriff. Vermutlich will er dadurch seine Meinung zu dem Fußballverein BVB (Borussia Dortmund) kundtun. Sein Vorschlag: „Behinderte verfolgen Ball" rekurriert auf eine Entwertung aufgrund körperlicher Beeinträchtigung. Dabei geht es nicht um die Unterstellung tatsächlicher Behinderung, sondern um eine Abweichung von der Norm des Systems hegemonialer Männlichkeiten. Wer behindert ist, erfülle nicht die Norm und umgekehrt. Dies ähnelt in der Herstellung von Norm und Abweichung strukturell dem Homosexualitätsverdacht. In der Deutschstunde beginnt nun eine Kissenschlacht:

„Es beginnt eine Kissenschlacht. Veith wirft mit aller Kraft auf Christof. [...] Christof wirft auf andere. Veith ruft auffordernd: ‚Hey, Christof. Ich hab Dich beworfen. Du musst mich jetzt auch bewerfen!'
Christof kümmert sich nicht drum, die Schlacht wird wilder. Veith greift erneut nach einem Kissen und wirft es auf Helmut, wobei er es mehr zuwirft, als Helmut zu treffen. Veith ruft zudem: ‚Hier Helmut!' Helmut reagiert ebenfalls nicht. Vielmehr ruft Helmut eine Weile später: ‚Alle außer Veith!'
Christof ruft: ‚Alle auf Veith!' Einige werfen los." (Ad80916n)

Im Fortgang der Deutschstunde zeigen sich unterschiedliche Facetten der Ausgestaltung der Binnenrelation von Männlichkeit, wobei insbesondere die Herstellung untergeordneter Männlichkeit und die Relation zwischen hegemonialer und komplizenhafter Männlichkeit von Interesse sind.

Veith beteiligt sich an der Kissenschlacht. Er bewirft Christof in der Hoffnung, eine Antwort zu erzielen und sich dadurch zu versichern, dass er legitimerweise mitspielt. Christof allerdings zeigt eine typische Reaktion auf Veiths Absicht, dazuzugehören. Er ignoriert ihn, obwohl sich Veith als Opfer anbietet, dadurch aber gleichzeitig nicht mehr als gleichberechtigter Mitspieler existiert. Der selbst angebotene Opferstatus lässt ihn den zugeschriebenen untergeordneten Platz einnehmen. Dieses ähnelt auf einer konkreten Ebene der Subjektivation, denn Veith ordnet sich dem machtvollen Zugriff der anderen unter, um überhaupt eine legitime geschlechtliche Subjektposition zu erhalten. In dieser Unterordnung hat Veith aber auch nicht viele Möglichkeiten, Reaktionen und damit Anerkennung auf sich zu ziehen. Er kann seine Absichten nicht gegen andere durchsetzen, denn seine Kapitalien reichen nicht aus.

Veith unterscheidet allerdings in seiner Interaktion zwischen hegemonialer und komplizenhafter Männlichkeit. Während er Christof „mit aller Kraft" beschmeißt, um ihn zu einer Reaktion zu provozieren, wirft er Helmut das Kissen zu, eine freundschaftliche Geste, die vom Ruf: „Hier Helmut!" noch unterstrichen wird. Der Wurf ist keine spielerische Provokation, sondern eine einschmeichelnde und ‚anbiedernde' Geste. Während Veith hoffen kann, mit Christof in eine gleichberechtigte Interaktion zu treten, da dieser zur Absicherung seines Status auf komplizenhafte Männlichkeit angewiesen ist, bleibt die Diskrepanz zu Helmut unüberbrückbar.

An dieser Stelle zeigen sich drei wesentliche Dimensionen der Binnenrelation von Männlichkeit, nämlich erstens die Konstruktion männersolidarischer Strukturen durch Exklusion. Der Ruf: „Alle außer Veith" schließt diesen aus dem Kreis der Spielenden explizit aus. Über die Konstruktion ‚des anderen' entsteht auf der Kehrseite das Gemeinsame, nämlich jene, die an der Kissenschlacht teilnehmen dürfen; jene, die dazugehören. Die patriarchale Dividende streicht ein, wer zweifelsfrei seinen symbolischen Platz besetzt. Der so konstruierte homosoziale Jungenbund ist zweitens durch die Konstruktion exkludierender Zonen eine wesentliche Stütze der Binnenrelation von Männlichkeit (vgl. Behnke 1997: 92ff.). Die in der Konkurrenz aufgerufene Aggressivität stellt drittens einen elementaren Bestandteil von Männerbünden dar (vgl. Blazek 1999: 14). Christofs anschließendes „Alle auf Veith" konstruiert dieselbe Trennlinie, allerdings verbleibt Veith hierbei in der Opferposition, die er gerade angeboten hat und bewahrt damit seine Zugehörigkeit zum System hegemonialer Männlichkeiten.

Im weiteren Verlauf wird dann wieder Sport zum Hauptgegenstand des Interesses:

„Mathias zu Sören: ‚Hey, es gibt ne Fußballschule in Hamburg, ne?!' Er ergänzt enttäuscht: ‚Aber ne Gesamtschule.' Sören unberührt: ‚Ich weiß'." (Ad80916n)

Die häufigen Aushandlungen von Sportkompetenz können als Beleg für die Bedeutung dieses Merkmals für hegemoniale und komplizenhafte Männlichkeit gelten. Insbesondere Fußball spielt in der Konstruktion von Männlichkeit eine bedeutende Rolle. Dieses wird an vielen Stellen deutlich:

„Frau Helfrich kündigt an, dass es möglich wäre, dass Mädchen an einem Kurs: ‚Selbstverteidigung für Mädchen' teilnehmen können. Petra: ‚Ich hab schon zwei Jahre Karate gemacht.' Detlef ruft: ‚Wieso nur für Mädchen?' Frau Helfrich geht nicht darauf ein. Oliver ruft: ‚Wir spielen dann Fußball'!" (Cb91203d)

Dieses ist ein Beispiel dafür, dass Jungen Fußball selbstverständlich mit Männlichkeit in Verbindung bringen. Auf das Angebot eigenständigen Mädchensports reagiert Oliver mit der für komplizenhafte Männlichkeit selbstverständlichen Reklamation eines speziellen Fußballangebots für Jungen. Er bewertet den Selbstverteidigungskurs für Mädchen vermutlich zu Recht als einen Angriff auf das System hegemonialer Männlichkeiten, dem er mit möglichst eindeutiger Jungensuprematie zu begegnen versucht. Die geschlechtliche Konnotierung stammt nicht von ihm, sondern fußt auf der Tatsache des jungenexkludierenden Karatekurses. Er antwortet auf den Mädchensportkurs mit einem Geschlechterstereotyp. Ob dieses erstgemeint ist oder eine ironische Replik, wird nicht deutlich, vorstellbar ist beides.

„Detlef meldet sich und sagt, er habe eine typische ,Jungenfrage'. Er will wissen, ob es möglich wäre ins Fußballstadion zu gehen, wenn sie nach England fahren. Frau Helfrich erwähnt, dass ja Herr Fehn mitkomme und dass der da vielleicht Lust zu hätte. Einige Mädchen rufen: ,Herr Fehn kommt mit – juhu'." (Ce01215j)

Detlef selber stellt einen expliziten Zusammenhang zwischen Fußball und Männlichkeit her, indem er seine Frage nach dem Besuch eines Fußballspiels während der Klassenfahrt als „typische Jungenfrage" tituliert. Damit entgeht er möglichen negativen Reaktionen für sein Fußballinteresse seitens der Lehrerin. Diese nimmt die Dramatisierung von Geschlecht auf und bestärkt die Zuschreibung von Sport als männliches Geschlechterrevier, indem sie auf den zur Klassenfahrt ebenfalls mitkommenden Lehrer zwecks Besuchs eines Fußballspiels verweist. Die Bedeutung von Sport für die Jungen zeigt sich auch in der B-Klasse. Olin äußert sich dort in einer Debatte über die Lieblingsfächer sehr eindeutig: Schwimmen, Sport und Mathematik.

In der Ausgangssequenz allerdings werden dann nicht mehr Sportkompetenzen, sondern Bildungsabschlüsse verhandelt. Die Fußballschule erregt zwar das Interesse von Mathias, da es sich aber ,nur' (dieses nur ist zwar nicht ausgesprochen, aber implizit durch die Enttäuschung präsent) um eine Gesamtschule handelt, stellt sie für ihn keine Alternative dar. Diese Enttäuschung wird von Sören geteilt, er ist unbeeindruckt von der Möglichkeit, eine Fußballschule zu besuchen, da diese als Gesamtschule nicht seinen Bildungsabsichten – oder denen seiner Eltern – entspricht. Der gymnasiale Habitus der beiden dient der Distinktion von weniger kapitalträchtigen Schulformen. Der Besuch des Gymnasiums und damit das Versprechen von symbolischem und kulturellem Kapital in Form von Bildung und Abitur ist an dieser Stelle wichtiger, als von den Bestandteilen hegemonialer Männlichkeit – nämlich Sportkompetenz im Bereich Fußball – zu profitieren.[44] Das Anforderungsprofil der

---

44 Vgl. dazu die Ergebnisse der Shellstudie 2002, die aufzeigt, dass höhere Bildungsabschlüsse zu einem immer bedeutenderen Ziel werden. So stieg generell die Anzahl der AbiturientInnen eines Jahrgangs von 40% 1991 auf 47% 2002. Dabei sind die Abschlusszahlen des Gymnasiums längst nicht mehr geschlechtlich privilegiert für Jungen verteilt. So streben 53% aller Schülerinnen, aber nur

Schule überlagert den geschlechtlichen Ausweisungszwang. Vom doing gender wird zugunsten von doing student abgesehen.

Hierbei ist allerdings zu berücksichtigen, dass SchülerIn-Sein in unterschiedlichen Schultypen unterschiedliche Konstruktionsleistungen verlangt. Der gymnasiale Habitus unterscheidet sich gravierend vom Haupt- oder Sonderschulhabitus, denn er dient der Distinktion, welche den Besuch der Gesamtschule als Abstieg begreift. Andere Schulformen liegen außerhalb der habituellen Vorstellung der Jugendlichen, wie auch das folgende Beispiel zeigt:

„Nun fragt Jens noch, was denn ein Berufsschüler ist. Torsten meldet sich: ‚Das ist so wenn man ne Lehre macht'." (Cd81127d)

Über die Berufsschule existieren bei diesen Jungen keine genauen Vorstellungen. Berufsschulen werden von Jugendlichen während der Ausbildung besucht, während viele Schüler des Gymnasiums annehmen, später die Universität zu besuchen.

Dabei dient die Distinktion mittels gymnasialen Habitus der Entwertung und wird auch in diesem Sinne verwandt:

„Einen Moment ist es recht still in der Klasse. Ich höre Olin rufen: ‚Bald hast du den Hauptschulabschluss Knut und dann 'nen Stammplatz auf dem sozialen Amt!'
Niemand reagiert. Plötzlich höre ich, wie Knut sich für etwas bei Herrn Bartoldi rechtfertigt. Er begründet: ‚Ja, wenn der zu mir Hauptschüler sagt und noch Schlimmeres'!!!" (Bb81007n)

Die sozial unterprivilegierte Position des Hauptschülers stellt im gymnasialen Feld eine Beleidigung dar, nur die Unterstellung, Sozialhilfe zu beziehen, wirkt scheinbar „noch schlimmer". Beides ist für Olin und Knut unvorstellbar, es passt schlicht nicht zu ihrer Welt, zu ihrem Habitus.

In der analysierten Sequenz geht die Kissenschlacht weiter:

„Sören wendet sich der Schlacht zu: ‚Ej, Ihr Penner, ej Ihr Wichser, das ist mein Kissen!'
Auch Alexander versucht, sein Kissen der allgemeinen Schlacht zu entziehen, obwohl er selber ständig mit Kissen wirft.
Alexander, entrüstet: ‚Das ist mein Kissen!'
Sören, Steffen und Alexander sitzen nun. Veith steht schräg hinter mir, Christof diagonal vorne.

46% aller Schüler das Abitur an. Bildung ist also kein männliches Privileg mehr (vgl. 14. Shell-Jugendstudie 2002: 67).

Helmut will das Zimmer verlassen.

Er ruft mit klarer und autoritärer Stimme: ‚Stopp. Stopp! (Er hebt drohend den Finger) Halt!' Er öffnet die Tür vorsichtig, die anderen Schüler zögern mit dem nächsten Wurf, um Helmut rauszulassen. Zwei Sekunden später ist Helmut wieder im Raum und nimmt wieder an der Schlacht teil.

[...]

Alle gehen dazu über, Veith zu beschießen. Der grinst und ruft trotzdem amüsiert: ‚Ich möchte nur darauf hinweisen, alle auf einen ist unfair!' Niemand nimmt ihn zur Kenntnis. Veith kämpft sich unter Beschuss zu seinem Platz. Er setzt sich und sagt mit lauter Stimme: ‚Ich steige aus. Vorläufig. Ich steige vorläufig aus!'

Christof wirft weiter auf ihn.

Veith wiederholt: ‚Ich steige aus, hab ich gesagt, Christof!'

Alexander ruft: ‚Hier kann man nicht aussteigen!'

Sören schmeißt weiter auf Veith, ein paar Sachen fallen vom Tisch. Veith ist sauer. Er schmeißt zurück mit dem Kissen. Christof zielt auf Veith und die Plastikwasserflasche von Veith wird ihm aus der Hand geschleudert. Der größte Teil der kürzlich aufgemachten Wasserflasche ergießt sich über Veiths Tisch. Veith sagt erneut: ‚Hey, ich hab gesagt ich steige aus!'

Alexander: ‚Hier kann man nicht aussteigen.'

Veiths Wasserflasche wird erneut getroffen von Christof. Nun nimmt Veith die Wasserflasche und schmeißt sie auf Christof. Der duckt sich rechtzeitig und brüllt mit unkontrollierter Stimme und mit Hohn: ‚Der hat nicht getroffen. Der hat an die Wand geworfen!'

Er beugt sich blitzschnell, greift die Flasche und wirft sie mit aller Wucht auf Veith. Ein Strahl von Wasser ergießt sich auf Veith, das Aufnahmegerät und Svens Jacke.

Helmut interveniert. Mit lauter, strenger Stimme sagt er: ‚Das reicht!'

Das Spiel ist abgeschlossen." (Ad80916n)

Die Kissenschlacht endet mit Helmuts Intervention, die bereits im Kapitel 3.2.4 als Beispiel für die Durchsetzung der Absichten hegemonialer Männlichkeit interpretiert wurde. Vorangegangen ist eine Kissenschlacht zwischen Sören, Helmut, Christof, Steffen, Alexander und Veith. Die Sequenz beginnt mit einer Beschimpfung durch Sören. Dabei benutzt er die Wörter „Penner" und „Wichser", um seiner Verärgerung Ausdruck zu verleihen, dass die anderen sein Kissen benützen, und versucht seine Absicht durch die entwertenden Begriffe zu untermauern. Diese sind nicht im wörtlichen Sinn zu verstehen, sondern als Markierung einer sozialen Distinktion. Der Penner gilt nicht als legitime Position im System hegemonialer Männlichkeiten, sondern markiert soziale Deklassierung. Das Wort Wichser funktioniert als Schimpfwort in der Verschränkung von Sexualisierung und Normalitätsdiskurs. Auch wenn Selbstbefriedigung für Jungen Normalität ist, gehört zum männlichen Selbstverständnis dazu, diese ‚nicht nötig' zu haben. Selbstbefriedigung gilt als illegitimer Ersatz für Heterosexualität und markiert dadurch eine symbolische Verweiblichung.

Beide Schimpfwörter dienen der Beleidigung und Entwertung und markieren performativ eine Differenz des Schimpfenden zum Beschimpften. Sie konstruieren sprachlich Entwertung und Hierarchie, indem Unterordnung oder Marginalisierung angedroht wird.

Inmitten der Schlacht will Helmut den Raum verlassen. Er benötigt keine Aushandlungsprozesse, sondern untermauert seinen Stoppruf durch eine drohende Geste, woraufhin die anderen ihre Schlacht unterbrechen. Während bei Sören und Alexander unklar bleibt, ob und wie sie ihre Absicht realisieren, ist dies bei Helmut eindeutig. Diese Souveränität markiert analytisch den Unterschied zwischen hegemonialer und komplizenhafter Männlichkeit.

Währenddessen haben alle anderen gemeinsam begonnen, Veith zu bewerfen. Sie stellen komplizenhafte Männlichkeit untereinander her und greifen nun sein Opferangebot auf. Interessant ist Veiths Reaktion: Zum einen grinst er und ist amüsiert, ihm gefällt es anscheinend, im Mittelpunkt des Interesses der anderen zu stehen, wenn auch nur in ablehnender Art. Die Anbiederung an diejenigen, welche die Hegemonie ausüben, ist ein wichtiges und häufig wiederkehrendes Muster für die Herstellung untergeordneter Männlichkeit. Da Veith des öfteren Zielscheibe von Unterordnungen ist, wird deutlich, dass er kaum eine andere Möglichkeit zur Teilhabe am System hegemonialer Männlichkeiten hat. Er kann seine Absichten nicht durchsetzten, verbleibt also in der subordinierten Position. Dies zeigt sich in seinem zweiten Reaktionsstrang. Da er nämlich gleichzeitig der Situation, von allen beworfen zu werden, entkommen möchte, mahnt er die allgemeingültige Regel: ‚Alle gegen einen ist unfair' an. Er weiß vermutlich, dass ein einfaches: ‚Ich will das nicht' nicht reichen würde, um seine Absicht durchzusetzen, deswegen bezieht er sich auf eine Regel, die gewöhnlicherweise wirksam ist. Seine Betonung, dass er nur vorläufig aussteige, bestärkt noch die unentschlossene und defensive Haltung.

Die Reaktion auf seine Absicht auszusteigen ist auch protokolliert: „Niemand nimmt ihn zur Kenntnis". Das Ignorieren der Absichten Untergeordneter wiederholt sich häufig, so das es als Bestandteil des männlichen Habitus gewertet werden kann. Veith behält hier die untergeordnete Position inne, seine Zugehörigkeit zum System hegemonialer Männlichkeiten wird zwar nicht infrage gestellt, seine Absicht kann er aber nicht nur nicht durchsetzten, sie spielt schlicht keine Rolle. Er existiert nicht als Gleichberechtigter, sondern als Zielscheibe, indem er, wie vorher angeboten, Opfer geworden ist. Weder die Anmahnung der Regel, dass ‚alle auf Einen' unfair sei, noch das Einfordern der Möglichkeit, aus der Kissenschlacht auszusteigen, reichen aus, damit seine Absicht beachtet wird. Lediglich Alexander stellt Veiths Regel ohne weitere Erklärung eine andere entgegen, nämlich, dass man nicht aussteigen könne, eine Regel, die – sollte sie Allgemeingültigkeit haben – Helmut gerade vorher durchbrochen hat; der Bewurf von Veith geht weiter. An diesem Punkt zeigt sich eine weitere Differenz zwischen komplizenhafter und hegemonialer Männlichkeit einerseits und untergeordneter Männlichkeit andererseits. Denn erstere Gruppe hat das legitime Recht, nicht nur Regeln für sich in Anspruch zu nehmen, sondern ebenfalls darüber, die gültigen Regeln festzulegen. Der Gruppe der untergeordneten Männlichkeit ist dies dementsprechend auf zweierlei Weise verwehrt. Denn zum einen ist ihre Position weniger kapitalträchtig, sie können und dürfen keine Regeln aufstellen. Zum anderen müssen sie sich an Regeln halten, an deren Definition sie nicht beteiligt sind.

Anschließend wiederholt sich die Szene auf einem etwas höheren Eskalationsniveau. Veith ist mittlerweile sauer, denn seine Wasserflasche ist umgeworfen worden und hat seine Unterlagen nass gemacht. Dies steigert zwar seine Wut, nicht aber die Möglichkeiten, seine Absicht durchzusetzen. Er kann auch auf dem höheren Eskalationsniveau nicht mehr erreichen. Alexander wiederholt noch einmal seine Regel, dass man nicht aussteigen könne. Dieses bleibt unwidersprochen, Resultat ist komplizenhafte Männlichkeit unter den werfenden Jungen.

Dann wird Veiths Flasche noch einmal getroffen. Nun fängt dieser an, sich nachdrücklicher zu wehren, indem er den Rahmen der Kissenschlacht verlässt und die Plastikflasche selber zurückwirft. Er greift auf diese gesteigerte Form des Gewalteinsatzes zurück, da ihm scheinbar keine anderen Möglichkeiten bleiben, seine Absicht durchzusetzen. Der Rückgriff auf Gewalt ist für die anderen Jungen offensichtlich ernstzunehmender. Christof kommentiert zwar schadenfroh, dass Veith nicht getroffen habe, aber nun ist er genötigt, auf Veith zu antworten – der Wurf der Flasche kann nicht mehr ignoriert oder bagatellisiert werden, denn dieser reklamiert hier, was untergeordneter Männlichkeit nicht zusteht: der Einsatz von Gewalt zur Durchsetzung der Absichten. Deswegen bleibt es nicht bei einer sprachlichen Reaktion, Christof wirft die Flasche zurück und versucht Veith ebenfalls durch den Einsatz von Gewalt in die untergeordnete Position zurückzudrängen. Sie agieren mit gleichen Mitteln als komplizenhafte Männlichkeit. Aufgrund der Wahl des Mittels zur Durchsetzung gilt Veith für einen Moment als gleichberechtigt. Christof hingegen zeigt, dass er situationsangemessen unterschiedliche Reaktionsmöglichkeiten aktivieren kann.

Gerade die Möglichkeit, Gewalt – zwar nicht immer legitimerweise – als Option einzusetzen, ist ein Kennzeichen des männlichen Habitus, wie auch das folgende Beispiel zeigt:

„Achmed fegt in der Pause den Klassenraum. Der Besen wird u.a. von ihm dazu benutzt, die Haare von Kurt damit ‚bürsten' zu wollen. Der stürzt sofort auf Achmed zu und rauft sich mit ihm um den Besen." (Am80915n)

Kurt rangelt mit Achmed, um diesen davon abzuhalten, ihm die Haare zu „bürsten". Dabei erfolgt seine Reaktion „sofort", Alternativen zur Beendigung werden nicht verwendet.

„Achmed sagt quasi zu sich selbst, ebenfalls mit tonloser, ungerichteter Stimme: ‚Eins aufs Maul...gleich eine reinhauen.' Nicole grinst, sieht zu den Jungen und sagt: ‚Kampfhunde'!" (Am80903n)

Achmed sieht körperliche Gewalt in dem Beispiel als eine legitime und bevorzugte Möglichkeit zur Durchsetzung seiner Absichten an. Auch hier wird eine unmittelbare zeitliche Nähe durch den Begriff „gleich" hergestellt. Nicole bestätigt diese Männlichkeitsinszenierung durch dem Begriff „Kampfhunde". Auch wenn sie dies nicht unbedingt anerkennend gemeint haben muss, so zeigt sie doch, dass sie Achmeds Handlungsoption für jungenangemessen hält und belegt, dass diese Zuschreibung nicht nur innerhalb der Jungengruppe, sondern auch durch Mädchen vorgenommen wird.

Zwar wurde in Kapitel 2.3.3 mit Connell beschrieben, dass im Zuge der Transformation von Männlichkeiten der individuelle Einsatz von Gewalt bei Männern nicht mehr als selbstverständlich, sondern als erklärungsbedürftig angesehen wird. Der Einsatz von körperlicher Gewalt bleibt aber eine Option, die nach wie vor situationsbezogen und spontan mobilisierbar und weiterhin für Männlichkeit vorgesehen ist.

„Nicht alle Männer wenden Gewalt gegen Frauen an, aber jene, die es tun, werden ihr Verhalten kaum als deviant betrachten. Ganz im Gegenteil, sie haben meistens das Gefühl, vollkommen im Recht zu sein. Sie fühlen sich von der Ideologie der Suprematie dazu ermächtigt. [...] In Gruppenkonflikten kann Gewalt dazu dienen, sich der eigenen Männlichkeit zu versichern oder diese zu demonstrieren" (Connell 1999a: 104).

Auf Gewalt als Option greifen in der Sequenz unterschiedliche Jungen wie Helmut, Alexander, aber auch Veith zurück. Es ist nicht das einzige Muster zur Durchsetzung im System hegemonialer Männlichkeiten und nicht einmal das häufigste, sicherlich aber ein erfolgreiches. Sogar Veith erhält plötzlich Reaktionen, durch den Einsatz von Gewalt gelingt es ihm, plötzlich als gleichberechtigt angesehen zu werden. Körperliche Gewalt erscheint nach wie vor als Möglichkeit zur Stabilisierung von Männlichkeit.[45]

Nach der Eskalation der Situation interveniert Helmut und beendet sie, ohne dass er seine Ordnungsfunktion legitimieren müsste. Dabei kommt sein-

---

45 Allerdings muss einschränkend hinzugefügt werden, dass sich die konkrete Anwendung von Gewalt am Edith Benderoth-Gymnasium nicht besonders häufig finden läßt

er Durchsetzung sicherlich zugute, dass Schaden nicht nur am Besitz von Mitschülern entstanden ist, sondern ebenfalls am Aufnahmegerät der Protokollantin.

In der analysierten Passage findet danach eine irritierende Männlichkeitsinszenierung statt, bei der Helmut die Ethnographin in das Geschehen mit ein-
bezieht.

„Sören zieht die Jacke von Helmuts Schultern. Er sagt dazu: ‚Wow, Strip...'
Helmut grinst, geht darauf ein (blickt mich kurz an) und imitiert ein oder zwei Sekunden einen Strip, indem er seine Hüften schwenkt und sich an die Brust greift. Er
dreht sich dabei ironisch grinsend zu Sören, sein Körper ist aber zu mir ausgerichtet." (Ad80916n)

Das Jacke-Ausziehen wird von Sören durch seine Anspielung „Wow, Strip"
in einen sexualisierten Kontext gestellt. Helmut ist diese Uminterpretation
recht, er grinst zustimmend und nimmt die Sexualisierung auf, indem er
‚striptypische' Bewegungen ausführt. Damit irritiert er den normativen Rahmen des Systems hegemonialer Männlichkeiten. Denn gewöhnlicherweise
strippen Frauen für Männer und werden so auf den Status eines sexualisierten
Objektes verwiesen, Männlichkeit bleibt als normativer Maßstab hingegen
unsichtbar.[46] Bemerkenswert ist, dass Helmut erst damit beginnt, nachdem er
sich der Zuschauerinnenschaft der Protokollantin versichert hat. Er benötigt
also ein weibliches Publikum. Möglicherweise dient ihm die Aufmerksamkeit
der Protokollantin dazu, die Inszenierung zu ironisieren. Da er nicht nur die
Geschlechterverhältnisse, sondern auch die erwartungsgemäßen Alters- und
Statusverhältnisse (er ist jugendlicher Schüler, sie erwachsene Wissenschaft-
lerin) umkehrt, versichert er sich der eigentlichen ‚Unmöglichkeit' seines
Tuns. So kann er den normativen Rahmen ungefährdet verlassen, verbleibt
aber in der heterosexuellen Ordnung. Damit verhindert Helmut den Eindruck,
er führe diese Stripimitation für Sören auf, weil er dann nämlich das Homo-
sexualitätabu verletzen würde. Gleichzeitig beinhaltet diese Szene aber auch
einen Rest von Verwirrung der hegemonialen Männlichkeit, da Helmut, wenn
auch spielerisch, in die symbolische Position der Frau schlüpft. Die selbst
vorgenommene symbolische Verweiblichung scheint nicht so bedrohlich wie
die Fremdzuschreibung, da er sich durch die aktive Rolle gemäß dem männlichen Habitus verhält.

„Währenddessen unterhalten sich Mustafa und Sandro über Frau Böttcher
(Deutschlehrerin). Mustafa: ‚Sie ist so scheiße! Sie nimmt immer Mädchen dran.'

---

46 Auch wenn es mittlerweile populäre Inszenierungen von menstrip gibt, so beispielsweise im Film „Ganz oder gar nicht".

Sandro hält dagegen: ‚Ach was, ich brauch mich nur zu melden und schon komme ich dran. Immer, wenn ich mich melde. Immer'!" (Ad80916n)

Auch Mustafa und Sandro verhandeln Geschlecht. Die beiden sind unzufrieden über ihre Deutschlehrerin, weil diese Mädchen bevorzuge. Möglicherweise entsteht dieser Eindruck dadurch, dass die Deutschlehrerin Frau Böttcher in Meldesituationen Geschlecht dramatisiert, wie diese Textpassage, die einige Wochen früher protokolliert wurde, zeigt:

„Die Lehrerin bestimmt zuerst drei Jungen zum Lesen, dann ein Mädchen. Dann sagt sie: ‚Ich möchte noch ein Mädchen' und nimmt noch ein Mädchen dran." (Ad80826d)

Aufgrund der großen zahlenmäßigen Dominanz der Jungen in der A-Klasse kann hier der Eindruck von Ungleichbehandlung entstehen, da sich die Lehrerin bemüht, ausgeglichen abwechselnd Jungen und Mädchen dranzunehmen. Mustafa entwertet die Lehrerin daraufhin, sie sei „scheiße". Er reagiert sehr sensibel auf eine vermeintliche Ungleichbehandlung zu ungunsten der Jungen. Zur Wahrung männlicher Suprematie konstruiert er die gemeinsame Absicht aller Jungen, im Unterricht oft dranzukommen. Dass eine Lehrerin, die Mädchen bevorzugt, deswegen ‚scheiße' sein muss, ist für ihn unmittelbar klar. Denn in der Schule gilt formell der Grundsatz der Gleichheit.

Auch Sandro teilt seine Ansicht, gibt allerdings an, dass er einen anderen Umgang gefunden habe, da Frau Böttcher ihn immer beachte. Hier stellt er seine persönliche Lösung über den Gender-Aspekt. Mustafa ist sozusagen selber schuld, weil er nicht wisse, wie man mit Frau Böttcher umzugehen habe. Anstatt auf die Stärkung von Jungensolidarität plädiert er auf einen individuellen Umgang. Allerdings scheint hier auch hegemoniale Männlichkeit durch. Er versucht, seine Überlegenheit sowohl gegenüber Mustafa als auch gegenüber Frau Böttcher herauszustreichen, da diese ihn „immer" drannimmt, also seine Absichten befolgt. Diese Selbstinszenierung dient der Abgrenzung und Hierarchisierung.

„Alexander sitzt nun mit Helmut, Sandro, Mustafa und Steffen an der Fensterbank.
Alexander: ‚Hey, Sandro, du hast keine Staatsangehörigkeit!'
Sandro: ‚Ich hab ein Visum.'
Alexander: ‚Ja, eben, aber keine Staatsangehörigkeit. Zugehörigkeit.'
Mustafa zu Alexander: ‚du doch auch nicht?!'
Alexander: ‚Doch. Und Russen kriegen das immer.'
Mustafa: ‚Aber nee, nicht gleich.'
Alexander zu Sandro: ‚Ja, aber du doch erst so nach sieben oder acht Jahren!'
Mustafa zu Alexander: ‚Du bist eh schon voll Kartoffel.'
Helmut zu Sandro: ‚Bist du voll Türke?'" (Ad80916n)

Zum Ende der Freistunde wird noch einmal die Frage nach Ethnizität bedeutsam. Wie am Beispiel der Übersetzung von BVB als „Behinderte verfolgen Ball" bereits dargestellt, gibt es unterschiedliche Argumentationsfiguren, auf welche die Schüler zwecks gegenseitiger Entwertung zurückgreifen. Wieder dient die Konstruktion der ethnischen Zugehörigkeit als – scherzhaft gemeintes – Abwertungskriterium. Die Begriffe „Kartoffel" und „voll Türke" konstruieren ethnische Zugehörigkeit. Spannend ist in dieser Sequenz weiterhin, dass Helmut, der sich vorher selber als Türke identifiziert hat, nun Sandro so tituliert. Denn im Gegensatz zur vorangegangenen Szene erfüllt das nicht-deutsch-sein keine Funktion (wie sich einer Aufgabe zu entziehen), sondern wird als Benachteiligung verstanden, von der Helmut nicht betroffen sein will; hier winkt ihm kein Distinktionsgewinn durch Sensationierung. Sandro wird durch Helmuts Bezeichnung marginalisiert.

Auch in anderen Stunden lassen sich zumeist in der A-Klasse Statusaushandlungen innerhalb der Jungengruppe feststellen. Im folgenden Beispiel, ebenfalls aus der ersten Feldphase, spielt dabei mit Gudrun auch die Anwesenheit eines Mädchens eine Rolle:

„Gudrun lehnt sich zu Helmut und sagt: ‚Kurt denkt, dass ich was von dir will.'
Siegfried ruft dazwischen: ‚Träumst du von ihm?'
Helmut und Gudrun sind sauer. Helmut beschwert sich scharf bei Siegfried: ‚...noch lauter!'
Siegfried ablenkend in den Raum hinein: ‚Ich hab von Veith geträumt, letzte Nacht'." (Ay80917n)

Ausgangspunkt ist der Kommentar von Gudrun zu Helmut, dass Kurt gesagt hätte, sie ‚wolle etwas' von Helmut. Siegfried greift den sexuellen Kontext auf und fragt Gudrun, ob sie von Helmut träume. In das Traummotiv sind durch den Kontext sexuelle Phantasien eingelassen. Helmut weist diesen Bedeutungszusammenhang scharf zurück, indem er Siegfried für die Veröffentlichung in der Klasse kritisiert. Zur Verteidigung verbleibt Siegfried innerhalb der Traumthematik, nimmt aber zwei wesentliche Verschiebungen vor: Zum einen setzt er sich selbst anstatt Gudrun an die Stelle des Träumenden, also der Person mit den sexuellen Phantasien. So kann er den konfrontativen Charakter seiner Äußerung entschärfen.

Erstaunlich ist die zweite Verschiebung. Er wählt mit Veith nicht nur einen Jungen als Objekt des Begehrens und verstößt so gegen das Homosexualitätstabu, sondern ebenfalls einen Klassenaußenseiter. Er führt eine homosexualisierende Selbstbezichtigung an, um die Situation weiter zu entschärfen und nimmt so einen Art Selbstunterordnung vor. Dies bedeutet aber gleichzeitig auch eine Marginalisierung von Veith, dessen geschlechtlicher Status häufig prekär erscheint, da er symbolischen Verweiblichungen unterworfen ist. Deswegen erscheinen Siegfrieds Träume auch weniger eindeutig homosexuell eingefärbt, denn er agiert überlegen. Denn wenn Veith als Frau erscheint, kann Siegfried seine Träume so re-heterosexualisieren. Aber gleichzeitig stellt die Marginalisierung von Veith für Siegfried kaum einen Beweis seiner Überlegenheit dar. Im Gegenteil, Siegfried gibt selber Auskunft über seine Position im Verhältnis zu Helmut, denn er kann nur Veith unterordnen. Die Konkurrenz innerhalb des Jungenbundes ermöglicht ihm als Verteidigungsstrategie die Homosexualisierung und damit Marginalisierung von Veith. Sein Verweis auf gleichgeschlechtliches Begehren scheint nicht dramatisch, sondern banal. Niemand bringt zum Ausdruck, dass diese Form der Verteidigung illegitim sein könnte. Dies ist ein Beleg für eine Entdramatisierung von Männlichkeit.

In diesem Kapitel wurde aufgezeigt, wie sich die Binnenrelation des Systems hegemonialer Männlichkeiten ausgestaltet. Die Spannungen innerhalb der A-Klasse verdeutlichen die immense Bedeutung der Zugehörigkeit zur komplizenhaften oder hegemonialen Männlichkeit. Ein zentrales Moment der Konstruktion ist das Zusammenspiel von Inklusion und Exklusion (vgl. Faulstich-Wieland/Weber/Willems 2004). Dabei existieren Unterschiede – mal diskret, mal handfest – bei der Aushandlung der Position. Ein wesentliches Mittel zur Herstellung von komplizenhafter Männlichkeit ist die Konstruktion einer ‚wir-die anderen' Konfiguration mittels Entwertung. Dadurch wird untergeordnete Männlichkeit hergestellt, die allerdings auch als Akt der Selbstidentifikation erscheint. Demgegenüber präsentiert sich hegemoniale Männlichkeit als souveränes Handlungsmuster.

4.1.2 Die Konstruktion marginalisierter Männlichkeit

Im Mittelpunkt der Analyse der folgenden Passage steht, wie Marginalisierung hergestellt wird. Neben den Interaktionen finden diese ihren Ausdruck auch in strukturell geronnenen Arrangements. Dazu gehört in Schule auch die Sitzordnung. Der Sitzplatz ist, sofern frei wählbar, ein Indikator für die Position innerhalb des Klassenverbandes. So sitzt Joachim als weiterer Klassenaußenseiter neben Veith in der dritten Feldphase im Klassenraum an isolierter Stelle.

Wie aus diesem Sitzplan (vgl. Abb.6) zu entnehmen, kann Joachim lediglich zu einer Seite Kontakt zu einem anderen Mitschüler aufnehmen. Sein Platz verbleibt zwar innerhalb der Jungengruppe, allerdings mit einer deutlichen Außenseiterposition. Diese wird noch dadurch verstärkt, dass er an seinem Tisch alleine sitzt, also keinen direkten Partner hat. Auch Claudia und

Sören, die beide einen isolierten Platz innehaben, verfügen ebenfalls über verhältnismäßig geringe Kapitalien.

Abbildung 6: Sitzplan der A-Klasse im neuen Raum im Schuljahr 2000/01

				Pult		
frei						Jennifer
Joachim				Claudia	frei	Sigrun
Sandro						Kurt
Magdy						Elisa
	Henning	Siegfried				Sylvia
Gustav						Natascha
Mustafa						Nathalie
Mathias	Sven	Helmut	Klaus	Sören	frei	Antje

Auch im Physikunterricht hat Joachim einen separierten Sitzplatz in der Nähe der Mädchengruppe (vgl. Abb.7). Die Anordnung von Veith und Joachim als Banknachbarn verdeutlicht, dass sich die Binnenrelation des Systems hegemonialer Männlichkeiten in Aushandlungsprozessen von Raumnutzung in Form von Sitzplätzen niederschlägt.

Abbildung 7: Sitzplan der A-Klasse Anfang des Schuljahres 1998/99 in Physik

			Pult			
	Alexander	Sven	Becken	Steffen	Sandro	Mustafa
Mathias		Siegfried	Becken	Helmut	Kurt	Achmed
	Gudrun	Nicole	Becken	Silvia	Nathalie	Susanne
Klaus	Christof		Becken	Joachim		Veith

Da die beiden wenig kapitalträchtigen Schüler nebeneinander sitzen, ergänzt sich die Unterordnung („zweimal zweite Wahl"[47]). Die Wahl des Banknachbarn ist für die soziale Positionierung ein wichtiges Indiz, wobei das Kriterium Freundschaft an erster Stelle steht. Als Rest verbleiben dann häufig die weniger beliebten Schüler und Schülerinnen, mit denen niemand zusammensitzen möchte und die sich deswegen notgedrungen zusammenfinden. Dieses Phänomen ist aus Mannschaftswahlsituationen im Sportunterricht hinlänglich bekannt.

Neben der Marginalisierung durch die Positionierung im Raum kommt den Interaktionen innerhalb der Jungengruppe eine herausragende Bedeutung bei der Konstruktion des Systems hegemonialer Männlichkeiten zu. Die folgende Sequenz aus der zweiten Feldphase, also dem 9. Jahrgang der A-Klasse, belegt eindrucksvoll, wie Marginalisierung hergestellt wird.

„Siegfried zieht Möcki auf und ruft herüber zu ihm: ‚Hey, Möcki, was ist denn mit deiner Stimme? Die ist so hell!' Siegfried macht eine hohe und quitschige Stimme nach. Er sagt etwas von: ‚So weibliche Formen, ein weiblicher Körper.' Siegfried ruft dann zu ihm: ‚Möcki, wann ist deine Operation?' Möcki zeigt keine Reaktion. Mathias ruft nun: ‚Er lässt sich operieren, dass er ein Mann wird!' Die anderen lachen." (Ad91015d)

Zuerst wird Joachim für seine Stimme kritisiert, sie sei „so hell". Seine Stimme passt also nicht zu der Erwartung des männlichen Habitus. Eine helle Stimme erweckt den Eindruck der Unnormalität. Daraus entsteht für Siegfried die Möglichkeit, dem Sprechen eine verletzende Dimension zu verleihen.

Die Körper, beziehungsweise die körperlichen Inszenierungen, unterliegen einem Ausweisungszwang innerhalb der Geschlechterdichotomie (vgl. Kap. 1.2.3). Die Abweichung von Joachim wird markiert und so dramatisiert. Die Kopplung von Körper und Geschlecht wird dann aber noch weiter getrieben. Nicht nur die Stimme, sondern der gesamte Körperbau von Möcki widerspreche den geschlechtlichen Erwartungen. Gleichzeitig wird diese Entwertung mit einer Sexualisierung versehen, was sich in dem Begriff „so weibliche Formen" andeutet. An diesem Punkt wird Möcki quasi zur Zielscheibe von Siegfrieds Begehren, er wird durch dieses Begehren zur Frau gemacht, da Siegfried eindeutig seine Position als überlegen und damit als männlich beibehält. Von hier ist es für Siegfried nur noch ein kleiner Schritt dahin, zu verkünden, Möcki solle die ihm zugeschriebene Weiblichkeit nachholen. „Wann ist deine Operation" fordert die operative Angleichung des Körpers an die scheinbar ungewöhnliche Inszenierung. Es fordert aber auch, die Sexualisierung aus dem vorangegangenen Satz auf biologische Tatsachen zu stellen.

---

47 So der Titel eines Liedes von Bernd Begemann

Hier offenbart sich, dass die Einteilung in zwei getrennte Sphären wirkungsmächtiger ist als die Biologie. Denn nach einer geschlechtsumwandelnden Operation kann von einem biologischen Geschlecht keine Rede mehr sein. Im Gegenteil, gerade hier wird deutlich, dass die Körper den gesellschaftlichen Vorstellungen über Geschlecht angepasst werden. Die Norm der Männlichkeit, eine tiefe Stimme zu besitzen, muss zur Not gegen die vermeintlichen naturgegebenen Tatsachen durchgesetzt werden (vgl. Reiter 1997). Es scheint erträglicher zu sein, die Natur zu unterwerfen und zu manipulieren – die ja gleichzeitig ein wesentlicher Begründungszusammenhang für Geschlecht ist –, als Abweichungen innerhalb der Geschlechterordnung zu dulden. Die biologische Definition der Geschlechterdichotomie, nämlich über die unterschiedlichen äußeren Geschlechtsmerkmale, wird irrelevant, bedeutsam ist die dichotome Konstruktion. Das sich selbst tragende System aus gegensätzlichen, aber ähnlichen Kategorien ist die eigentliche Begründung für Männlichkeit. Männlichkeit heißt tiefe Stimme, weil Weiblichkeit helle Stimme heißt – und umgekehrt.

Dieses selbstreferentielle System ist so mächtig, dass allen an der Interaktion beteiligten klar ist, dass es sich um eine geschlechtsangleichende Operation handeln muss. Auch wenn Siegfried dies nicht expliziert, wird durch den Kontext der Hinterfragung des Status Mann deutlich, dass es nur darum gehen kann. Es herrscht ein gemeinsames Einvernehmen, dass Joachim sich nicht innerhalb des Systems hegemonialer Männlichkeiten befindet. Die Eindeutigkeit des Kontextes, der ja nur mit zwei Sätzen hergestellt ist, belegt die Vertrautheit mit dem männlichen Habitus. Selbst bei Ablehnung des Vorschlags von Siegfried bleibt der Bezug auf die Aberkennung nötig. Dieses ist nur möglich, weil die heterosexuelle Matrix schon vor dieser Entwertung funktioniert. Möckis Stimme war schon öfter Gegenstand sprachlicher Erniedrigung. Das gemeinsam geteilte Wissen um die Bestandteile von Männlichkeit ermöglichen erst, dass Siegfried verstanden wird. Dieser Prozess ist jedoch nicht einseitig. Siegfrieds Kommentar kann wiederum als ein Beitrag zur Ordnung der Geschlechter gelesen werden. Er greift den Diskurs von Männlichkeit auf und erneuert ihn so. Dieses ermöglicht dann auch die Fortführung der Szene.

Denn die Auseinandersetzung erfährt durch Mathias eine weitere Steigerung. Der greift den Gedanken der Geschlechtsumwandlung auf, expliziert und verkehrt ihn. Möcki solle sich zum Mann umoperieren lassen. Er spricht aus, was Siegfried in seinem Kommentar über die weiblichen Formen nur andeutet und – das ist evident – definiert Möcki als Frau. Bei Siegfried hat Möcki den Status des mangelhaften Mannes, bei Mathias den der mangelhaften Frau, er gehört nicht zur gleichen Geschlechtsgruppe. Da er aber eine mangelhafte Frau ist, muss er sich auch hier der Gewalt einer biologischen Anpassung unterziehen, er wird marginalisiert.

Das Lachen der anderen kann als zustimmende Einigkeit gedeutet werden. Der Kontext der Aberkennung von Männlichkeit für Möcki wird verstanden und akzeptiert. An diesem Punkt offenbart sich komplizenhafte Männlichkeit, denn die gemeinsame Deutungsfolie wird geteilt. Des eigenen Status kann sich versichert werden, da die Ausgrenzung von Möcki erneut ein gemeinsames männliches ‚wir' konstruiert. ‚Wir, die wir den Witz verstanden haben', aber auch ‚wir, die wir von solchen Aberkennungen nicht betroffen sind', ‚wir, deren Männlichkeit normal ist, weil wir die Interpretationsfolie verstehen'. Dieses ‚wir' schützt Siegfried und Mathias davor, dass ihre Handlung als Ungerechtigkeit entlarvt wird. Die anderen beteiligen sich als Komplizen an der Ausgrenzung.

Bemerkenswert scheint weiterhin die Reaktion von Joachim auf diesen Angriff. Er „zeigt keine Reaktion". Butler beleuchtet in ihrem Buch „Hass spricht" (1998) wie Sprache verletzen kann. Sie führt aus, dass bestimmte performative Äußerungen die Macht haben, den anderen wie durch eine körperliche Handlung zu verletzen. Durch massive sprachliche Angriffe kann einem Individuum ‚die Sprache geraubt werden'. Dabei wird die Verletzung zwar auch über den Kontext der Äußerung bestimmt, aber nicht erschöpfend.

„Die Sprechsituation ist keine bloße Spielart des Kontextes, der einfach durch sprachliche und zeitliche Grenzen zu definieren wäre. Durch das Sprechen verletzt zu werden bedeutet, dass man den Kontext verliert, also buchstäblich nicht weiß, wo man ist. [...] Man kann durch dieses Sprechen ‚auf seinen Platz verwiesen' werden, der aber möglicherweise keiner ist" (Butler 1998: 12f.).

Die Aberkennung des Status Mann nimmt Möcki auch den Standpunkt, von dem aus er legitimerweise sprechen kann. Er verkörpert ein Handlungsmuster ausgegrenzter Männlichkeit, die kein Recht hat, als Mann zu gelten. Die sprachliche Verletzung entzieht ihm seinen geschlechtlichen Subjektstatus, er kann nicht mehr reden. Auch in anderen Situationen reagiert Möcki ähnlich. Was könnte er auch erwidern, um dieser Form von Ausgrenzung entgegenzutreten? Wie soll er seine Männlichkeit in dieser Szene unter Beweis stellen? Möglicherweise weiß er selbst, dass er mit seiner hellen Stimme gegen Männlichkeit verstößt. Diese ‚Tatsache' kann er nicht leugnen. Ob seine Stimme wirklich hell ist oder nicht, spielt dabei keine Rolle, denn die Mitschüler definieren sie unwidersprochen so. Er kann nicht reklamieren, dass es offensichtlich sei, dass er ein Mann ist, weil genau diese Offensichtlichkeit in Frage gestellt ist. Und deswegen müsste seine Verteidigung auf die Aberkennung Bezug nehmen, im Sinne einer pluralistischen Position, die lauten könnte: ‚Es gibt eben verschiedene Männlichkeiten.' Da er aber aus dem Kreis derer, die im Namen von Männlichkeit sprechen dürfen, herausdefiniert ist, muss er schweigen.

Zusätzlich fehlen ihm die Kapitalien, seiner Position Geltung zu verschaffen. Eine Reaktion im Sinne von ‚ist mir doch egal', ist für ihn nicht möglich, weil die Frage nach dem Geschlecht zentral für ihn ist. Sein prekärer Status verunmöglicht es ihm, sich außerhalb der Ordnung zu positionieren.

Möcki zeigt keine Reaktion, woraus nicht abgeleitet werden kann, dass er nicht reagiert. Er weiß um seinen Platz in der Klasse und auch, dass er an diesem Punkt zu schweigen hat. Deswegen begehrt er nicht auf, sondern versucht, unsichtbar zu werden. Wenn er nicht reagiert, bietet er weniger Fläche für weitere Angriffe. Damit ist das Problem allerdings nicht gelöst, denn auch so erhält er seinen Status als Mann nicht zurück. Er bleibt unmännlich.

Joachim ist wie Veith häufiger Zielscheibe von Marginalisierungsprozessen. Diese zielen immer darauf ab, ihm seinen Status innerhalb des Systems hegemonialer Männlichkeiten abzusprechen. Auch in der Erinnerung einer Protokollantin taucht dieses Motiv auf.

„Mir fällt ein, dass in einer Zeichnung aus der Klasse Joachim mit Zopf dargestellt worden war." (Ae80915d)

Auch in diesem Beispiel wird Joachim symbolisch verweiblicht, indem er mit einer nicht geschlechtsadäquaten Frisur gezeichnet wird. Er wird ‚zur Frau gemacht', damit die anderen Schüler ihre Absicht, sich selber ‚zu Männern zu machen', realisieren können. Auffällig ist, dass Frisurpraktiken häufig als Anlass für entwertende Zuschreibungen und symbolische Verweiblichungen genutzt werden. Die Frisur markiert eine Schnittstelle zwischen materiellen Körperkonzepten und kultureller Bedeutungsproduktion. Deswegen eignet sich dieser Bereich auch in besonderem Maße für die Konstruktion des Systems hegemonialer Männlichkeiten über die Mechanismen Exklusion und Inklusion. Durch die der symbolischen Verweiblichung innewohnenden Marginalisierung stabilisieren die Schüler ihre eigene legitime Zugehörigkeit. Es lässt sich häufiger beobachten, dass Veith Joachim Papierschnipsel in die Haare streut (vgl. Kap. 4.1.3). Innerhalb des Systems hegemonialer Männlichkeiten wird so gleichzeitig eine frisurliche Norm festgeschrieben.

Ebenfalls in der A-Klasse nutzt Helmut die Frisur von Achmed für eine Verknüpfung von Sexualisierung, Verweiblichung und Marginalisierung, indem er diese als „Perücke" bezeichnet und ihn danach als „Monica" anredet. Nun wird Achmed auf der Grundlage einer als abweichend markierten Frisur entwertet und marginalisiert. Durch den impliziten Verweis auf Monica Levinski findet eine Sexualisierung und gleichzeitig eine Uminterpretation der Geschlechtszugehörigkeit statt. Auf der anderen Seite bestärkt Helmut so seinen hegemonialen Status, denn seine Frisur kann nicht verweiblicht werden.

Der normierende Charakter offenbar sich dann einige Tage später, als Achmed mit kurz geschnittenen Haaren zu Schule erscheint, die Verweiblichung führt bei Achmed zu einer prompten Anpassung seiner Frisur an die Normvorstellung. Daraufhin nimmt ihn Helmut wieder in das System hegemonialer Männlichkeiten auf, indem sie gemeinsam berichten, dass sie jemanden getroffen hätten, der „genau wie Monica" aussähe. Helmut gewährt Achmed Inklusion in die Jungengruppe, die allerdings um den Preis einer neuerlichen Exklusion (dieses Mal einer unbezeichneten Person auf der Straße) zustande kommt.

Schüler mit abweichenden Frisuren, insbesondere längeren Haaren, werden entwertet. Resultat dieser Form der Ausgrenzung ist die Errichtung einer Grenze, welche der Konstruktion von Norm und Abweichung – von legitimer und illegitimer Frisur – dient. Dabei wird komplizenhafte Männlichkeit auf der einen Seite durch Exklusion Untergeordneter auf der anderen Seite hergestellt. Davon betroffen sind Schüler mit Haarpraktiken, die nicht in das System hegemonialer Männlichkeiten passen. Diese werden, getreu des Grundsatzes, dass alles, was nicht männlich ist, weiblich sein muss, symbolisch verweiblicht; Folge ist der Entzug der Zugehörigkeit zum System hegemonialer Männlichkeiten. Für die anderen Handlungsmuster ergibt sich aus der legitimen Zugehörigkeit die patriarchale Dividende (vgl. Budde 2004: 195ff.).

Nicht entwertet wird innerhalb der Gruppe der Mädchen, die in sozialen Austausch über ihre jeweiligen Frisuren treten und sich gegenseitig bestätigen, wie gut diese aussehen. Nicht entwertet werden auch Schüler mit auffälligen Frisuren wie Dreadlocks oder gefärbten Haaren. Denn diese markieren Auffälligkeit und bieten somit keinen Anlass für symbolische Verweiblichung.

Bei der Diskussion des Wahlfachs in der 8. Klasse allerdings wird eine positive Reaktion auf Joachim protokolliert.

„Bei Joachim fragt Frau Ferreira nach, ob er wirklich Musik gewählt hat. Joachim nickt. Siegfried fragt bei Joachim nach: ‚Echt, du hast Musik gewählt?', Joachim grinst ihn an und sagt ganz selbstbewusst: ‚Ja...'. Siegfried grinst zurück." (Ad00214k)

Sieben Jungen belegen mit Physik eine Naturwissenschaft als Wahlfach und bestätigen so das Fach als männliches Geschlechterrevier, nur fünf wählen anders (vgl. Kap. 4.5.3). Joachim entscheidet sich mit Musik für ein nicht eindeutig geschlechtlich konnotiertes Schulfach. Zwar sind Musikstars auch bei Jungen beliebte Idole und Musik somit nicht unbedingt ein eindeutiges Geschlechterrevier. Andererseits rekurriert der Musikunterricht in der Regel auf Kreativität und Emotionalität, Eigenschaften, die als weibliches Geschlechterrevier angesehen werden – insbesondere im direkten Vergleich mit

Physik. Die Reaktion, die er daraufhin erhält, ist allerdings erstaunlich, denn Siegfried fragt zuerst interessiert nach und stellt dann durch das Grinsen eine Gemeinsamkeit mit Joachim her. Aus der Wahl folgt keine symbolische Verweiblichung – die möglich gewesen wäre – sondern ein Moment der Anerkennung. Es zeigt sich, dass die marginalisierte Position für eine Person nicht festgeschrieben ist, sondern durch die Kapitalien geregelt wird, da es Joachim hier gelingt, die üblichen Interaktionsschemata zu durchbrechen.

Dieses liegt vermutlich auch darin begründet, dass die Außenseiterposition von Joachim während der drei Untersuchungsjahre nachlässt. Zum einen kommt er erst ein Jahr vor Beginn der Studie neu in die Klasse, er durchläuft also in der ersten Feldphase einen langsamen Prozess der Integration, ebenso wie Veith, der ebenfalls neu in die Klasse gekommen ist. Nach der ersten Feldphase verlässt Veith die Klasse wieder. Die Außenseiterrolle von Joachim nimmt dann erstaunlicherweise ab. Die intensive und widersprüchliche Beziehung zwischen den beiden, welche in den Entwertungen der anderen häufig aneinander gebunden werden, ist somit nicht mehr gegeben. Zum zweiten lassen spielerische Entwertungen im Laufe der Adoleszenz unter dem Fokus von doing adult nach.

Es zeigt sich, dass Marginalisierung über die Dramatisierung der Abweichung von der Norm hergestellt wird. Diese Dramatisierung geschieht in der Regel durch die Kopplung mit symbolischer Verweiblichung. Im Falle von Joachim funktioniert dies sehr direkt über eine weibliche Attribuierung.

4.1.3 Zwischen Unterordnung und Marginalisierung

Nicht nur zwischen einerseits hegemonialer/komplizenhafter und andererseits untergeordneter/marginalisierter Männlichkeit geschehen Akte der Aushandlung, sondern auch zwischen untergeordneten und marginalisierten Formen von Männlichkeit finden solche Prozesse statt. Die verschiedenen Handlungsmuster sind in unterschiedlicher Art an der Aufrechterhaltung hegemonialer Machtstrukturen beteiligt. So ändert Veith im nachfolgenden Beispiel seine Strategie im Bezug auf die Marginalisierung von Joachim, um selber als Teil des legitimen homosozialen Jungenbundes zu gelten.

Im Unterricht in der A-Klasse sollen kurze und anonyme Personenbeschreibungen der MitschülerInnen angefertigt werden. Bei der Vorstellung der einzelnen Beschreibungen kommt es zu einer Art Ratespiel bezüglich der Identität der Person.

„Die Lehrerin liest vor: ‚ist intelligent, hat zwei Meerschweinchen, Schildkröten... (weitere Tieraufzählung), ist mein bester Freund, zieht sich normal an, hat blaue Augen, mag Popmusik, hört ‚Radio Energy'.'

Als nächstes liest die Lehrerin vor: ‚Er hat eine Babystimme, lacht zu viel und hat zu lange Haare.' Alexander, Mathias und Steffen sagen: ‚Möcki, Möcki'! Veith sagt zu Joachim: ‚Haben wir beide, ich lache auch immer zu viel.'
Die SchülerInnen fangen an im Rhythmus zu schreien: ‚Möcki, Möcki.' Alle beteiligen sich inzwischen, außer der Lehrerin, Veith, Damaris und mir. Sie klopfen zudem noch rhythmisch, so dass Möcki wie ein Schlachtruf klingt.
Möcki ruft zu Anfang: ‚Siegfried! Siegfried ist das!' Als aber alle rufen, sagt Joachim nichts mehr und grinst. Veith grinst jetzt auch. Als das nächste Portrait verlesen wird, wendet sich Veith an Joachim und äfft nach. Er sagt: ‚Babystimme... Möcki!' Joachim ignoriert die Provokation von Veith, er grinst weiter in die Klasse."
(Au80910n)

Am Anfang steht eine Beschreibung von Joachim, die – wie auch schon in der vorhergegangenen Sequenz – auf eine symbolische Verweiblichung abzielt. Ihm wird hier wieder eine babyhafte, also unmännliche, Stimme zugeschrieben, desweiteren, dass er zu viel lache und eine weibliche Frisur habe. Joachims Abweichungen von der männlichen Inszenierungsnorm bieten Anlass für eine kollektive Dramatisierung. Zuerst rufen nur einige seinen Spitznamen, dann beteiligt sich die ganze Klasse an dem „Schlachtruf: ‚Möcki'". Jungen und Mädchen stellen so eine gemeinsame geschlechterübergreifende Marginalisierung her. Der Eindruck des Schlachtrufes, die Lautstärke des Rufens, sowie die Beteiligung aller Schülerinnen und Schüler außer Veith verleihen der Situation eine aggressive Komponente. Die in jeder Entwertung enthaltene Gewalt findet hier ihren offensichtlichen Ausdruck. Anfänglich versucht Joachim, die Reaktion auf Siegfried umzuleiten und diesen als portraitierte Person zu identifizieren. Sein Widerstand erkennt den Mechanismus der Entwertung an, da er nicht versucht, die Entwertung selber in Frage zu stellen, sondern lediglich die Zielscheibe zu ändern. Vermutlich würde er, gelänge es ihm, die Beschreibung auf Siegfried umzudefinieren, selber in den Schlachtruf einstimmen. Aber weder reichen seine Kapitalien dafür aus, seine Absicht auf Umwidmung durchzusetzen, noch um den Mechanismus des entwertenden Schlachtrufes generell außer Kraft zu setzten. Das kollektive Ignorieren von Joachims Absicht unterstreicht seine Unterordnung.

Nachdem es Joachim nicht gelingt, die Zuschreibung auf Siegfried umzuwidmen, bleibt ihm wiederum nur die vertraute Reaktion des Grinsens als inkorporierter Ausdruck der Unmöglichkeit, dieser Dramatisierung zu entgehen (vgl. Kap. 4.2.1).

Spannend ist der Wechsel im Verhalten von Veith. Am Anfang solidarisiert er sich noch mit Joachim. Er äußert, dass auch er zu viel lache, also ebenfalls gegen das Männlichkeitsgebot verstoße und bietet sich somit als alternatives Opfer an. Indem er dies Joachim mitteilt, versichert er ihm Unterstützung, eine Art komplizenhafte Geste gegen den Rest der Klasse. Dies ist in Anbetracht des kollektiven Schlachtrufes nicht risikolos. Die radikale Exponierung Joachims könnte dann ihn treffen, da auch er sich schon öfter als Opfer angeboten hat, beziehungsweise gewählt wurde. Während allerdings die Opferposition in der Sequenz mit der Kissenschlacht zumindest auf eine subordinierte Teilhabe spekulieren ließ, bleibt die Hoffnung auf patriarchale Dividende hier aus. So ist sein Verhalten nur als Solidarisierung mit Joachim zu verstehen, möglicherweise vor dem Hintergrund der gemeinsam geteilten Erfahrung der Sensationierung und Entwertung innerhalb des Klassenverbandes.

Nach Beendigung des kollektiven Rufens verändert er jedoch sein Verhalten, indem er die Situation weiterführt. Er wiederholt nun den Ruf „Möcki" und kombiniert ihn mit der Zuschreibung „Babystimme". Dadurch aktualisiert er die vorangegangene Exponierung und bricht mit der Solidarisierung. Veith versucht so, an der Unterordnung teilzuhaben, indem er nun Joachim symbolisch verweiblicht und hofft, von der kontrastiv wirkenden Konstruktion ‚richtiger' Männlichkeit zu profitieren. Durch die Aktualisierung der Entwertung präsentiert er sich als anschlussfähig an komplizenhafte Männlichkeit. Allerdings kann er die Absicht, die Exponierung wieder zu popularisieren, nicht realisieren. Seine Bemühungen verhallen folgenlos und er kann keinen Distinktionsgewinn einstreichen. Veith kann zwar Joachim unterordnen, aber dadurch sein symbolische Kapital, also sein ‚Vermögen' nicht vermehren und verbleibt im Bezug zu den anderen Schülern selber im Handlungsmuster untergeordneter Männlichkeit.

Die Relation zwischen untergeordneter und marginalisierter Männlichkeit zeigt sich somit ambivalent. Während Veith einerseits Solidarität zeigt, ohne Hoffnung, dafür von der Klasse Anerkennung zu erhalten, ändert er andererseits sein Verhalten in Richtung Teilhabe an der Entwertung. Auch eine Tandemprotokollantin hat diese Passage beobachtet:

„Die Lehrerin liest: ‚Er ist groß, hat zu langes Haar, hat Babystimme, lacht zu viel, regt sich manchmal zu schnell auf.' Jemand sagt: ‚Möcki!' Bis plötzlich viele Stimmen gleichzeitig rhythmisch im Chor brüllen: ‚Möcki, Möcki, Möcki, Möcki!'" (Au80910d)

Ihr Protokoll unterscheidet sich nur an einem Punkt. Neben der gleichen verweiblichenden Beschreibungen notiert sie als Personenbeschreibung, dass Joachim sich manchmal zu schnell aufrege. Dadurch wird ein weiterer Aspekt der Konstruktion der Binnenrelation offensichtlich. Die anklagende Zuschreibung bedeutet, dass Joachim in den Augen der Mitschüler nicht unaufgeregt genug mit den Entwertungen umgeht. Offenbar existiert eine Erwartungshaltung, dass sich die männlichen Opfer von Entwertungen gemäß des männlichen Habitus zu verhalten haben, nämlich mit Abwehr, Ironie oder ähnlichem. Da sich Joachim aber zu schnell aufrege ist er eine Art Spaßverderber, weil er die Deutungsfolie der anderen, ,es ist ja eigentlich nur Spaß', nicht teilt, sondern vereitelt.

Das konfliktreiche Verhältnis zwischen Veith und Joachim zeigt sich nicht nur in der oben dargestellten Sequenz. Häufiger treten zwischen den beiden Auseinandersetzungen auf:

„Veith legt Joachim die ganze Zeit kleine zusammengeknüllte Papierschnipsel ins Haar, die dort hängen bleiben. Als dieser es nach langer Zeit endlich bemerkt, macht sich Veith über ihn lustig, dass er es die ganze Zeit nicht gemerkt hat. Veith versucht auch, seinem Vordermann Schnipsel ins Haar zu legen, der es jedoch ziemlich schnell abblockt und Veith etwas angewidert letztlich ignoriert." (Ap80702d)

Veith ärgert Joachim während des Unterrichts, indem er ihm Papierschnipsel in die Haare legt. Nachdem Joachim dies endlich bemerkt, setzt er sich aber nicht zur Wehr oder äußert Unmut. Er scheint die Situation über sich ergehen zu lassen, eine Reaktion ist nicht protokolliert, im Gegensatz zu einem anderen Mitschüler, dem Veith ebenfalls Schnipsel in die Haare zu legen versucht. Dieser wehrt schnell ab und reagiert „etwas angewidert", ignoriert Veith aber ansonsten. Damit wird Veith nach der Unterordnung von Joachim selber untergeordnet. Er kann seine Absicht zwar gegen Joachim realisieren, gegenüber seinem Mitschüler reicht sein soziales Kapital allerdings nicht aus, um als gleichberechtigte Männlichkeit anerkannt zu werden.

Die Möglichkeit einer Marginalisierung anderer bietet dabei auch kapitalienärmeren Schülern wie Veith die Chance, durch Normerfüllung und entwertende Interaktionen seine Zugehörigkeit abzusichern. Auch er greift dafür auf die Haarpraktiken seiner Mitschüler zurück. Im Gegensatz zu Helmut im vorherigen Kapitel kann er zwar Joachim entwerten, scheitert aber an dem Versuch, die Frisur seines Vordermannes ebenfalls zu manipulieren.

4.1.4 Gleichheit und Prestige: komplizenhafte Männlichkeit

Wie schon ausgeführt, ist die komplizenhafte Männlichkeit eine der Hauptstützen des Systems hegemonialer Männlichkeiten. Connell betont, dass nicht alle Männer dem hegemonialen Modell entsprechen, die komplizenhafte Männlichkeit stellt für viele Jungen ein realistischeres Handlungsmuster von Männlichkeit dar. Im Zusammenschluss unter Gleichen konstruieren Jungen eine gemeinsame Gruppenzugehörigkeit, die sich auf den männlichen Habitus als kollektives Orientierungsmuster stützen kann. Im folgenden Kapitel werden einzelne, kurze Passagen dargestellt, welche dies beleuchten. Ein wesentliches Moment ist dabei die Exklusion von Mädchen, wie das folgende Beispiel – aus der A-Klasse – belegt:

„Sören meint zu Siegfried und Sven: ‚Wir machen ne Jungs-Fete. Meine Eltern sind weg.' Sören: ‚Da können wir in Ruhe Fußball gucken, Chips essen, Rauchen und so.'
Siegfried will aber nicht kommen und meint auf Rückfrage, dass er keine Zeit habe." (Ae80701d)

Inmitten einer turbulenten Englischstunde bei Frau Westholz erläutert Sören seinen Mitschülern, was er unter einer „Jungs-Fete" versteht. Die Abwesenheit der Eltern, und damit von Kontrolle, ist in diesem Alter eine positiv konnotierte Situation. Zu einer Jungs-Fete gehören für Sören Fußball gucken, Chips essen und Rauchen. Über die Bedeutung von Fußball für hegemoniale Männlichkeit wurde bereits in Kapitel 4.1.1 geschrieben. Rauchen wird den Jungen aufgrund ihres Alters für gewöhnlich verboten sein. Sie wollen den unbeobachteten Raum zur Realisierung ihrer Absichten nutzen. Durch die Betonung, dass es sich um eine Jungenparty handele, markiert Sören, dass er diese Themen als reine Jungeninteressen ansieht. Bei einer derartigen Party könnten Mädchen nur stören. Er konstruiert komplizenhafte Männlichkeit, da er auf die Unterstützung seiner Absichten durch die anderen Schüler hofft. Fußball, Chips essen und rauchen sind also – sollen sie Spaß machen – mädchenexkludierende Felder. Dabei kann Chips essen als partytypische Beschäftigung angesehen werden, der Vorschlag Rauchen verweist auf doing adult-Prozesse, während Fußball gucken der Herstellung von Männlichkeit dient. Sämtliche Betätigungen auf dieser Jungs-Fete zielen durch passiv-konsumierende Elemente auf Externalisierung und Distanzierung.[48]
Erstaunlich ist die Tatsache, dass er dies überhaupt als Jungs-Fete tituliert. Inwieweit sich diese Betätigungen von einem Fußballfernsehabend ohne Eltern unterscheidet, wird nicht deutlich. Gewöhnlicherweise beinhaltet eine Party andere Aktivitäten, beispielsweise den Kontakt mit dem anderen Geschlecht. Der Begriff Jungs-Fete zeigt, dass der gemischtgeschlechtliche Rahmen mit den Vorstellungen von Sören nicht zu vereinbaren sind. Diese Party ist keine Party, sondern ein sensationierter Fernsehabend, der vor dem Hintergrund der geschlechtlichen Stereotype mädchenexkludierend ist.

Ein weiterer wichtiger Bestandteil von komplizenhafter Männlichkeit ist die Distinktion mittels prestigeträchtiger Gegenstände. Dabei spielt der jeweilige Preis eine wichtige Rolle, um die eigene Suprematie zu markieren:

„Alexander mischt sich in die Interaktion zwischen Veith und Mustafa ein. Er sagt auf die Frage von Veith belehrend: erst kauft man sich 'nen PC und dann ne playstation. Mustafa ergänzt (diesmal sieht er Veith an): ‚mit 'nem gameboy spielt

---

48 Die Vorschläge tragen zu einer Behinderung des Kontaktes mit der Außenwelt bei.

doch niemand mehr. gameboy ist echt out. Jetzt hat man ne playstation!' Veith beeilt sich, noch bevor Mustafa richtig fertig gesprochen hat zu sagen: ‚hab ich doch! Mein Bruder hat ne playstation gekauft. Voll geil...für 200 Mark und ist echt original verpackt.' Veith wiederholt diese Aussagen immer wieder und betont insbesondere den guten deal (bis zu einem Drittel des Originalpreises, aber original verpackt). Mustafa hört ihm zu, sieht zu ihm rüber und sagt dann einmal etwas gelangweilt: ‚ja?!" (Au80903n)

Innerhalb der Jungengruppe verhandeln Veith, Mustafa und Alexander das Prestige elektronischer Spielkonsolen. Dabei wird Veith von Mustafa und Alexander entwertet, da er die allgemeingültige Deutungsfolie bezügliche prestigeträchtiger Computerspiele nicht zu teilen scheint. Die beiden Jungen stellen ohne weitere Argumente die These auf, dass niemand mehr gameboys benutze, denn diese seien „echt out", weil sie veraltet seien. Damit wird Veith zum wiederholten Male auf den sprachlich Stand eines ‚Niemand' gestellt, da er dieses vermeintlich allgemeingültige Wissen nicht zu teilen scheint. Auch seine vielfältigen Beteuerungen genügen nicht, um ihn zu rehabilitieren. Durch die Betonung des Zustandes seiner playstation als „original verpackt" bemüht sich Veith, den Eindruck von Kompetenz zu erwecken. Allerdings misslingt ihm dies, Mustafa reagiert nicht auf ihn. Er scheitert nicht, weil er nicht die richtige Konsole hat – denn diese besitzt er ja –, sondern vielmehr, weil er gegen das Gebot des selbstverständlichen Wissens von Prestige verstoßen hat.

Wie nebenbei konstruieren Mustafa und Alexander normative Maßstäbe darüber, was zu besitzen notwendigerweise zu legitimer Männlichkeit dazugehört. Der Ausspruch: „jetzt hat man ne Playstation" reklamiert sowohl Playstations als männliches Geschlechterrevier, wie im Gegenzug all diejenigen, die keine solche Spielekonsolen besitzen nicht männlich sind, da sie sich nicht mit dieser Art symbolischem Kapital ausstatten können.

Auch in der B-Klasse existiert eine Verknüpfung zwischen Prestige und Entwertung. Joe hat eine neue Hose:

„Kurz darauf meint Knut zu Inga und Jolanda: ‚Joe hat eine Billighose an!' (Joe hat eine extrem weite Jeans im Skaterstil an.)" (Be90907k)

Knut stellt sich durch seine fachmännische Etikettierung als kompetent in Modefragen dar. Joes Hose wird von ihm als vermeintliche „Billighose" bezeichnet. Die Distinktion dient der Markierung und Aufrechterhaltung der verschiedenen Kapitalien. Allerdings wird das Prestige von Joes neuer Hose nicht nur über den Preis, sondern auch über andere Faktoren hergestellt, wie die Debatte belegt, welche in der nächsten Unterrichtsstunde stattfindet:

„Joe, Mark und Erik vergleichen ihre weiten Hosen und behaupten jeweils, dass ihre die ‚coolste' oder ‚viel geiler' sei." (Be90907k)

An diesem Punkt verhandeln die Jungen, wer von ihnen die „coolere" beziehungsweise „geilere" Hose besitzt. Dabei ist das Prestige der jeweiligen Hose in erster Linie daran gebunden, wie modisch sie ist. Der scheinbar neutrale Modegeschmack funktioniert „als Sinn für Distinktionen [...], mit dessen Hilfe die soziale Ungleichheit aufrechterhalten wird" (Gebauer/Wulf 1993: 8). Die gegenseitige Entwertung der Hosen der Mitschüler soll dem eigenen Distinktionsgewinn dienen. Das Aushandeln und Zur-Schau-Stellen von Prestige erweist sich als habitueller Bestandteil von Männlichkeit.

In der folgenden Sequenz verhandeln Frederik, Joe und Knut, was sie täten, wenn sie Lords wären und verhandeln dabei gleichzeitig wesentliche Bestandteile komplizenhafter Männlichkeit.

„Die SchülerInnen sollen fünf Beispiele für Gesetze aufschreiben, die sie erlassen würden, wenn sie ‚Lord' seien. Die Lehrerin Frau Haller ermahnt: ‚Write sensible laws. Don't write stupid laws like: All the women sleep in my bed!'
Frederik dreht sich nach hinten, grinst und sagt: ‚Oh ja, das mach ich!' Joe und Frederik flachsen weiter, was sie noch schreiben könnten, ich kann aber nichts davon verstehen. Die Konversation endet mit Frederiks lauterem Kommentar: ‚Das Gesetz bin ich.'
Joe variiert: ‚Ich bin das Gesetz.' Knut sagt laut vernehmbar: ‚Ich hab jeden Tag Geburtstag und krieg jeden Tag Geschenke'." (Bg81105d)

Die Aufgabenstellung, Gesetze auf Englisch zu formulieren, beginnt mit einer Einschränkung seitens der Lehrerin. Sie fordert „sensible laws", nicht etwa sexistische Gesetze wie: „all the women sleep in my bed." Davon ausgehend, dass diese Einschränkung auf dem Hintergrund der heterosexuellen Matrix gestellt wird, richtet sich dieser Hinweis an die Jungen in der B-Klasse, denn nur sie könnten auf die Idee dieses Gesetzes kommen.[49] Die Jungen fungieren somit als heimlicher Bewertungs- und Orientierungsrahmen ihrer Unterrichtsgestaltung. Sie spricht ein Verbot aus, welches im Kontext jedoch gerade als Sexualisierung wirkt. Wenn sie beabsichtigte, genau solche Gesetze zu unterbinden, dann misslingt ihr Vorhaben gründlich. Denn Frederik greift dies auf, indem er provokant formuliert, dass er genau dieses Gesetz aufschreiben werde. Er kann diese Ansicht zwar nicht durchsetzen, Joe und Frederik tauschen sich jedoch weiter aus.

---

49 Es könnten auch Mädchen, ob mit oder ohne homosexueller Orientierung, auf die Idee kommen, mit Frauen in einem Bett zu übernachten, da sich aber keinerlei Hinweise auf die Thematisierung von weiblicher Homosexualität, sehr wohl aber auf die heterosexuelle Matrix finden, ist dieser Zusammenhang auszuschließen.

Als nächstes Gesetzt formuliert Frederik dann: „Das Gesetz bin ich". Dieses umgewandelte Zitat von Ludwig XIV. („L'etat, c'est moi") verlässt die sexistische Ebene zugunsten einer allgemeinen Machtfantasie. Damit erfüllt er teilweise die einschränkende Arbeitsanweisung der Lehrerin, die sich nicht nur gegen „stupid laws", sondern insbesondere gegen sexistische Gesetze gewandt hat. Allerdings ist das alternative Gesetz nicht sinnvoller im Bezug auf die Aufgabenstellung.

Die Machtfantasie greift Joe auf, in dem er die Formulierung umdrehend wiederholt. Nun ruft mit Knut ein dritter Junge dazwischen, der als Gesetz vorschlägt, er habe jeden Tag Geburtstag und bekomme Geschenke. Im Gegensatz zu den erstgenannten scheint dieser Vorschlag wesentlich kindlicher und erstaunt auch im Hinblick auf Knuts sonstige Inszenierung als möglichst reif und erwachsen. Sinnvoll im Sinne der Lehrerin ist aber auch dieser Gesetzesvorschlag nicht. Der Versuch der von Frau Haller, die Klasse davon abzuhalten, ihren Unterricht mit unliebsamen Kommentaren zu beeinträchtigen, ist also bezüglich der Jungen nicht gelungen. Die Dramatisierung von Geschlecht durch die Lehrerin führt zu einer Ironisierung des Unterrichts durch die beteiligten Schüler. Das Thema Geschlecht wird allerdings von keinem der Schüler aufgegriffen.

Knuts Vorschlag ähnelt den Gesetzen von Joe und Frederik in der vollständigen Ich-Bezogenheit und dem machtfantasmatischen Gehalt. Alle drei Jungen setzten sich in eine hegemoniale Position, andere Personen tauchen nur als untergeordnete Objekte zur Befriedigung ihrer Wünsche auf. Keiner der drei Jungen kann sich mit seinem Vorschlag durchsetzen, jede Absicht muss ausgehandelt werden. Weder Joe noch Frederik oder Knut können sich souverän das Definitionsrecht darüber aneignen, was als Lord zu tun wäre. In dem Falle wäre aber auch der Spaß für die Jungen vorbei. Denn möglicherweise provoziert die Lehrerin durch ihre anfängliche Einschränkung genau diese Reaktionen. Die spaßhafte Aushandlung dient so der Distinktion gegenüber Frau Haller und konstruiert komplizenhafte Männlichkeit.

4.2 Der Kontakt zu den Mädchen

Die Schule stellt aufgrund der Koedukation und der Schulpflicht einen Ort des institutionalisierten Zusammentreffens von Jungen und Mädchen dar. Während beide Gruppen ihre Freizeit weitestgehend geschlechtshomogen gestalten können, bestehen in der Schule zumindest auf formaler Ebene unterschiedliche Möglichkeiten zum gemischtgeschlechtlichen Kontakt, wobei sich dies in der alltäglichen Praxis allerdings nicht zwingend widerspiegelt. Nachdem im letzten Kapitel die Interaktionen innerhalb der Jungengruppe im Vordergrund standen, wird nun der gemischtgeschlechtliche Bereich fokussiert.

4.2.1 Separierung der Geschlechter

Viele Studien, die sich mit Geschlecht in der Schule beschäftigen, weisen auf die Existenz von stabiler Geschlechterseparierung zwischen den Schülerinnen und Schülern hin. Thorne führt hierfür den Begriff des „borderwork" (Thorne 1993: 65) ein, also der Arbeit, die geleistet wird, um Grenzen zwischen den Geschlechtern zu errichten beziehungsweise zu dramatisieren. Breidenstein und Kelle weisen darauf hin, dass die Variable Geschlecht ein wichtiges und für die Schülerinnen und Schüler einfach zu aktualisierendes Kriterium sozialer Unterscheidung darstellt (Breidenstein/Kelle 1998: 37ff.).

Die Trennung der Geschlechter stellt sich als regelhafte Anordnung auch in der vorliegenden Studie dar, auch wenn sich die sehr strikte Trennung aus der Grundschulzeit bereits lockert. Dabei gerinnt die Separierung zum einen in strukturellen Arrangements. So schlägt sich die selbstregulierende Einteilung in Jungen- und Mädchengruppe in den Sitzordnungen nieder. Sitzordnungen bestimmen für die einzelnen Schülerinnen und Schüler die Verortung im Sozialgefüge der Klasse. Darüber regulieren sie die Interaktionsmöglichkeiten zwischen Lehrkräften und Schülerinnen und Schülern sowie die Interaktionschancen der Schülerinnen und Schüler untereinander. Geschlecht und insbesondere Geschlechterseparierung spielt bei der Platzwahl eine zentrale Rolle. Das Phänomen der scheinbar zufälligen, aber nichtsdestotrotz hochwirksamen Einteilung in zwei getrennt-geschlechtliche Gruppen lässt sich verschiedentlich finden, überaus häufig allerdings in der C-Klasse.

Abbildung 8: Sitzplan in der C-Klasse November 1999

			Pult			
Detlef	Michelle	Serpil		Judith	Michaela	Rowena
Dominic						Tamara
Dennis						Petra
Joshua	Koray	Sascha		Mariam	Luisa	Christine
Oliver						Lilli
Normen						Wanja
Dominic	Jens	Torsten	Karin	Monja	Naemi	Catrin

Im Klassenraum der C-Klasse sitzen alle Jungen auf der linken Seite, auf der Rechten das Gros der Mädchen. Lediglich der Tisch von Serpil und Michelle steht ‚auf der Jungenseite', allerdings haben sie einen eigenen Tisch, der am

Rand der Jungentische platziert ist.[50] Auch in der A-Klasse existiert über die drei Jahre hinweg immer eine eindeutige Einteilung in Jungen- und Mädchensitzplätze:

Abbildung 9: Sitzplan der A-Klasse im Klassenraum im Schuljahr 1998/99

Frei		Pult			
Susanne	Sandro Steffen		Mathias Mustafa		Christof
Nathalie					Klaus
Silvia			Achmed frei		Sören
Nicole	Veith Joachim				Alexander
Gudrun			Siegfried Sven		
	Kurt Helmut				

Abweichungen von der strikten Trennung werden bemerkt und kommentiert, wie die folgende Passage aus der letzten Feldphase zeigt:

„Dann ruft die Lehrerin Klaus auf. Sie kann ihn nicht sofort entdecken. Er sitzt ganz am Ende der linken Tischreihe neben Nathalie. Frau Ferreira in etwa: ‚Klaus – wo ist er! Ach er versteckt sich bei den Mädchen.' Auch in dieser Klasse ist die Sitzordnung weitgehend nach Geschlechtern getrennt. Klaus und Kurt sind die einzigen Ausnahmen." (Ad00214j)

Klaus' Platzwahl wird durch die Lehrerin im Zusammenhang mit seinem Geschlecht dramatisiert und als Verstecken – und damit falsches Verhalten – interpretiert. Dadurch baut sie einen normierenden Konformitätsdruck auf und unterstützt und fordert indirekt eine geschlechtsgetrennte Sitzordnung.

Lediglich in der B-Klasse beeinflussen die Lehrkräfte aus pädagogischen Erwägungen die Wahl des Sitzplatzes, so dass es hier zu gemischtgeschlechtlichen Tischen kommt (vgl. Abb. 10). Aber auch hier gibt es Hinweise, dass sich die Schülerinnen und Schüler nach Geschlecht sortieren, sobald die Platzeinteilung nicht mehr vom Lehrer vorgenommen wird. Generell lässt sich eine erhebliche Beharrungstendenz der Geschlechtertrennung verzeichnen.[51]

---

50 Innerhalb der Mädchengruppe sind Michelle und Serpil von Ausgrenzung betroffen, gerade weil sie als zu ‚jungenorientiert' angesehen werden

51 Die einzige Ausnahme davon ist Kurt aus der A-Klasse. Dieser hat in allen drei Feldphasen viel Kontakt mit verschiedenen Mädchen, konkreter mit jeweils ei-

Abbildung 10: Sitzplan der Klasse B im Klassenraum bis Oktober 1998

			Pult		
Joke	Erik	Stefanie	Dirk	Sabine	Knut

Nina	Marianne		Melanie	Mark		Lara	Ariane

Joe	Frederik		Sieghart	Melinda		Kerstin	Mareika

Olin	Almut		Juliana	Sonja		Jolanda	frei

Aber auch in unterrichtsfernen Situationen kommt es zu einer Separierung der Geschlechter, wie sich im folgenden Beispiel aus der Pause in der C-Klasse zeigt:

„Pause. Alle Jungen sind auf einem Pulk in der hinteren Ecke, sowohl die von der neuen als auch die von der alten Klasse. Alle Mädchen auf der Seite, auf der ausschließlich Mädchen sitzen, sitzen auf ihrem Sitzplatz mit Ausnahme von Mariam, die bei der Sitzreihe hinter ihr steht." (Cm91214d)

In den Pausen findet eine freiwillige und exkludierende Separierung der beiden Geschlechter statt. Es existieren zwar ebenfalls Beispiele der gemeinsamen Interaktion, diese stellen jedoch nicht die Regel dar (vgl. Kap. 4.3.2).

Die Dichotomie kommt nicht nur scheinbar zufällig zustande, sondern wird auch von den Schülern bewußt hergestellt, wie beispielsweise Sieghards Forderung gegenüber Herrn Bartoldi verdeutlicht:

„Schließlich kommt Sieghard dran. ‚Sie haben versprochen, dass alle Jungen zusammen in der Reihe hinten sitzen können'." (Bb81007n)

Der von Sieghard eingeforderten letzten Bank kommt dabei strategisch eine herausragende Bedeutung, insbesondere beim Frontalunterricht, zu. Diese Reihe bietet die größtmögliche Uneinsehbarkeit durch die Lehrkräfte, hier kann dementsprechend am unauffälligsten unterrichtsalternativen Beschäfti-

---

nem Mädchen, welches hauptsächlich mit ihm interagiert, ansonsten wenige Kontakte zur Mädchengruppe hält und dort dementsprechend eine Außenseiterinnenposition innehat. Dieses wechselt aber in den drei Jahren, weil das jeweilige Mädchen die Klasse verlässt

gungen nachgegangen werden. Die letzte Bank stellt deswegen einen besonders codierten Raum innerhalb des Klasse dar. Als Disziplinierung gegen störende Schüler wird dementsprechend häufig die Drohung vorgetragen, der betroffene Schüler müsse sich in die erste – und damit am intensivsten zu kontrollierende – Bank setzen. Insbesondere in der jungendominierten A-Klasse ist der Anspruch der Jungen auf diese Bank umfassend, in der B-Klasse regulieren die Lehrkräfte die Wahl des Sitzplatzes, deswegen gilt die Regelhaftigkeit hier nicht. Auch in der C-Klasse belegen die Jungen häufiger die letzte Reihe. Die letzte Bank wird also, wo möglich, als Geschlechterrevier von den Jungen reklamiert.

Die institutionelle und die interaktionelle Ebene sind, wie am Beispiel der Sitzordnung dokumentiert, miteinander verwoben, wobei in der Regel ein getrenntgeschlechtliches Setting vorherrscht. So ist der Kontakt mit einem Mädchen etwas außergewöhnliches und muss erst eingeübt werden. Fehlt diese Übung, so die folgende These von Jens, bleibt die Geschlechterdichotomie unüberwindbar:

„Jens: ‚Man traut sich überhaupt nicht mit Mädchen zu reden, weil dann ist das praktisch so voll das Alien. So, häh – was ist das denn! Das kennt man dann höchstens von der Schwester, aber sonst überhaupt nicht'.“ (Cd01205j)

Wie „Aliens“ – Außerirdische – erscheinen Jens Mädchen, ein deutlicheres Wort zur Markierung des Befremdens und der Differenz ist kaum vorstellbar.

Die strikte Einteilung des Raumes in Zonen für Mädchen und Zonen für Jungen sowie die Inbesitznahmen der als privilegiert geltenden Plätze konstruiert die Dichotomie der Geschlechter und dient der Durchsetzung der männlichen Absichten nach zum einen Unterscheidung von und zum anderen Hierarchisierung gegenüber Weiblichkeiten und anderen Männlichkeiten. Es macht keinen Unterschied, ob diese Separierung in der Unterrichtsstunde oder in Pausensituationen hergestellt wird.

Dem Zusammenhang der Gleichzeitigkeit von Dichotomie und Hierarchie kommt bei der Konstruktion von Männlichkeit ein besonderer Stellenwert zu (vgl. Kap. 3.2.4). Dies drückt sich insbesondere im Verhältnis zu den Mädchen aus. Das folgende Beispiel beleuchtet dies eindrucksvoll:

„Die Toiletten im Flur haben wieder eine neue Beschriftung: Statt Jungen steht dort mit Edding geschrieben: Managerraum, darunter eine Hand die zur nächsten Tür zeigt (die Mädchentoilette) dem Hinweis: Vergnügungscenter. An der Mädchentoilette steht dann Vergnügungscenter.“ (Cb91129s)

Die Dichotomie der Geschlechter erfährt an dieser Stelle eine offensichtliche Markierung, indem ein Ort expliziter geschlechtlicher Zuweisung mit symbolischem Gehalt belegt wird. Irgendjemand hat das Wort: „Managerraum" an die Tür der Jungentoilette geschrieben. Damit werden die Jungen in die Position von Managern erhoben, da sie – und nur sie – diese Toilette nutzen. Die transnational business masculinity (der Manager) ist nach Connell eine neue Variante des Handlungsmusters hegemonialer Männlichkeit, welches sich durch Globalisierung und Entsolidarisierung auszeichnet und dementsprechend eine Transformation darstellt (vgl. Kap. 2.3.3; auch Connell 1999b).

Da die Mädchen keinen Zugang zur Jungentoilette haben, sind sie auch von dieser Zuschreibung ausgenommen, der Platz der Manager ist für die Jungen vorgesehen und kann von den Mädchen nur durch ein außerordentliches Unterlaufen der Dichotomie der Geschlechter eingenommen werden. Sie müssten schon die Jungentoilette benützen, um ebenfalls die Zuschreibung Manager zu erhalten. Aber für sie existiert ein anderer Begriff an ihrer Tür: „Vergnügungscenter". Die Mädchen sind – so die Konstruktion – zum Vergnügen da, allerdings nicht zu ihrem eigenen, sondern zum Vergnügen der Manager. Sie werden zum einen sexualisiert, da der Begriff gewöhnlicherweise Bordelle benennt, also Orte, an denen Männer Sex, ergo Vergnügen von Frauen kaufen. Zum anderen werden die Mädchen zu Objekten gemacht. Sie sollen dem Vergnügen anderer dienen. Der Begriff Vergnügen stellt in diesem Zusammenhang eine Art sprachliche Inbesitznahme dar. Die männliche Sicht auf Bordelle wird als Deutungsfolie den Frauen zugeschrieben. Die Definitionsmacht darüber, was Vergnügen bereitet, bleibt der hegemonialen Männlichkeit vorbehalten. So wird durch die Beschriftung an den Toiletten eine sexualisierende Zuschreibung für Mädchen vorgenommen.

In der transnational business masculinity sind wesentliche Aspekte hegemonialer Männlichkeit versammelt. Die Männer sind übergeordnet, sexuell einfordernd, aktiv, ökonomisch privilegiert, die Frauen sind passiv, sexualisiert, abhängig, ökonomisch subordiniert. Die direkte Gegenüberstellung der beiden Begriffe verschärft noch die Dichotomie. Analog zu der Einteilung in genau zwei Geschlechter, für die genau zwei verschiedene Toiletten existieren, gibt es auch zwei unterschiedliche Positionen – der Manager und die ‚sexuell-zur-Verfügung-stehende-Frau' – als Widerspiegelung der geschlechtlichen Arbeitsteilung; dazwischen existiert hier nichts.

Die Differenz wird in diesem Beispiel durch die Architektur geregelt, die Zuschreibung entlarvt die Differenz als nicht zufällig, sondern hierarchisch. Architektur und Geschlecht stehen dabei in einem sich gegenseitig bedingenden Wechselverhältnis. Die unterschiedlichen Positionen im Geschlechtersystem benötigen unterschiedliche Räume, um die Differenz zu markieren. Das goffmansche Beispiel der ‚toilet segregation' zeigt, dass es weniger um die reale Anatomie geht – an keiner Toilette wird wirklich geprüft, ob die Be-

nutzenden die anatomischen Anforderungen erfüllen –, sondern ob ihre Inszenierung in den Rahmen des jeweiligen Geschlechtes passt (vgl. Goffman
1994: 128ff.). Geschlechtlich codierte Strukturen und subjektive Zuordnungs-
praktiken ergänzen sich im bourdieuschen Sinne.

Gewöhnlicherweise gehen Sexualisierungen von Jungen aus und zielen auf
Mädchen.[52] Sie dienen dazu, Situationen mit einer sexuellen Bedeutung zu
konnotieren und werden in der Regel von Jungen eingesetzt. Mit einer solchen Strategie stellen diese sich als souverän und überlegen dar, sie erfüllen
das Handlungsmuster hegemonialer Männlichkeit. Sexualisierungen bewegen
sich in einem Spannungsfeld zwischen jugendlichem, flirtendem Kontakt und
kindlichen Jungenwitzen, zwischen ‚Frauen erobern' und ‚Mädchen ärgern':
das erste gilt als erwachsener Beweis von Männlichkeit, das zweite als kindlich. Die Sexualisierungen mit flirtendem Hintergrund werden häufig von kapitalträchtigen Jungen vorgebracht, die in der Regel mehr mit Mädchen interagieren. Jede Sexualisierung, die an Mädchen adressiert ist, verstößt gegen
die in der Altersstufe noch sehr strikte Trennung der Geschlechter. Deswegen
ist es zwar einerseits riskant, gegen dieses Tabu zu verstoßen, andererseits
können so neue Kapitalien für den ‚kompetenten' Umgang mit Mädchen gewonnen werden. Die ‚kindlichen' Sexualisierungen dienen eher der Neckerei
oder der Entwertung. Sie werden von Schülern angebracht, welche recht wenig Kontakt zu Mädchen haben. Hier können sie als ein – unangemessen wir-
kender – Versuch der Überwindung des kindlichen Kontakttabus zwischen
Mädchen und Jungen gesehen werden. Viele der Sexualisierungen wirken
eher harmlos, in ihnen schwingt eine starke ironisch-scherzhafte Komponente
mit, sie dienen der Erprobung erster Liebschaften.
    Sexualisierungen finden sich an unterschiedlicher Stelle der Studie. Im
folgenden Exkurs wird der Zusammenhang zwischen Männlichkeitskonstruktionen und Sexualisierungen noch näher expliziert.

„Nina hat heute rote Strähnchen in den Haaren. Knut ist das aufgefallen und fragt sie
auch danach. Nina antwortet nicht und Knut sagt: ‚Oh, wie sexy'. Er spricht das S
von Sexy ganz weich aus. Er grinst Nina anzüglich an, diese aber reagiert nicht."
(Bm01124a)

In dieser Passage nutzt Knut die körperliche Inszenierung von Nina, um sie
durch sexualisierende Anspielungen als Objekt seiner Zuschreibung zu markieren. Diese gelingt ihm aber nur zum Teil, denn er ruft bei Nina keine Reaktion hervor.

---

52 Auch wenn sich nicht rekonstruieren lässt, ob die Beschriftung tatsächlich von
    Jungen stammt, so bestärkt sie unabhängig vom Autor die heterosexuelle Matrix.

Auch das folgende Beispiel verdeutlicht, wie Sexualisierungen von Jungen vorgebracht werden:

„Zu einer Szene sagt Ilka: ‚Dort kann sie sich dann sechs Bilder aussuchen...', dann wird sie von dem Gelächter einiger Schüler unterbrochen, Dirk wiederholt laut: ‚Sexbilder!!' Nina und Marianne stöhnen genervt im Chor: ‚Oh, man...'. Ilka lächelt nur verlegen. Als einige Jungen sich immer noch über den selbst gefundenen Witz belustigen, unterbricht die Lehrerin und sagt: ‚Kann den Witz noch einmal jemand wiederholen? Gut, dann weiter...', die Unruhe hält noch einen Moment an, Ilka macht aber weiter." (Bd00122k)

Ilkas Unterrichtsbeteiligung wird von Dirk sexualisiert. Anlass ist die phonetische Nähe der Worte Sechs und Sex. Nina und Marianne reagieren genervt und ablehnend. Sie betrachten diese Sexualisierung als unangemessen. Ob sich die Unangemessenheit auf die Sexualisierung an sich oder auf die kindliche Inszenierungsform bezieht, kann allerdings nicht ermittelt werden. Ilka, die Zielscheibe der Sexualisierung, reagiert verlegen, ihr scheint die Zuschreibung unangenehm. Sie findet aber keine Möglichkeit, diese zurückzuweisen. Möglicherweise hängt ihre Reaktion mit ihrem Außenseiterinnenstatus in der Klasse und den geringen Kontakten zu den Jungen zusammen. Dirk gewinnt bei den Mädchen kein Prestige durch diese Form der Thematisierung von Sexualität, wohl aber bei den Jungen. Sie teilen den Bedeutungsgehalt seines Wortspiels. Ihr einvernehmliches Lachen signalisiert, dass sie es als legitim und angemessen betrachten, Sexualisierungen vorzubringen. Die Gemeinsamkeit stellt komplizenhafte Männlichkeit her, nur so kann die Sexualisierung funktionieren.

Auch wenn Mädchen diese Zuschreibung möglicherweise begrüßen oder unterstützen, sind Sexualisierungen in ihrem Kern frauenexkludierend und benötigen die Absicherung durch Mitschüler. Sie stellen einen wesentlichen Stützpfeiler zur Absicherung komplizenhafter Männlichkeit dar. Sexualisierungen richten sich als Interaktionsangebot somit eher an die Mitschüler, auch wenn sie auf Mädchen zielen, und dienen so nicht dem Abbau der Geschlechterseparierung. Die Schülerinnen hingegen verstehen Sexualisierungen in der Regel nicht als gemischtgeschlechtliche Interaktion.

Sexualisierungen bieten für Schüler eine (einseitige) Kontakt- und Experimentiermöglichkeit und finden sich hauptsächlich in der A- und B-Klasse, insbesondere in der Jahrgangsstufe 7, später nimmt die Häufigkeit ab. Da Jungen in den höheren Klassen beginnen, auf anderen Ebenen Beziehungen zu Mädchen zu knüpfen, können Sexualisierungen auch einen ersten Schritt auf dem Übergang vom Kontakttabu zwischen Jungen und Mädchen in der späten Kindheit und frühen Adoleszenz zu den Flirts und Liebesbeziehungen der Erwachsenen darstellen.

Auch in der Studie von Krappmann und Oswald findet sich eine ähnliche Tendenz. Während die Mehrzahl der Schüler und Schülerinnen der 1. und 4. Klasse geschlechtshomogen agieren – außer einigen, die einen pragmatischen Umgang mit dem anderen Geschlecht pflegen –, finden sich in den höheren Jahrgängen häufiger gemischtgeschlechtliche Interaktionen mit offensichtlich neckendem Charakter. Die beiden berichten von einer vom 4. bis zum 6. Jahrgang deutlich zunehmenden Anzahl von Mädchen und Jungen, bei denen ein Umgang mit dem anderen Geschlecht bewusst aufgrund der Geschlechtszugehörigkeit gesucht wird. In den Interaktionen schien es oft weniger um die Sache als um die Beziehung über die Geschlechtsgrenze hinweg zu gehen (vgl. Krappmann/Oswald: 201f.). Deswegen wird im folgenden zwischen Flirts und Sexualisierungen getrennt. Denn während flirten geschlechterübergreifende Kontakte herstellt und durch gegenseitige Kommunikation gekennzeichnet ist, stellen sich Sexualisierungen häufig als ‚one-way' Kommunikation dar.

An einer Stelle allerdings gibt es bei einer Schullautsprecherdurchsage eine Umkehrung der geschlechtlichen Konnotierung:

„Eine Schülerin kündigt den ‚sexy Schulsprecher Helmut' an. Dieser übernimmt und gibt ohne Randbemerkung den Namen der Schülerin an und spricht dann kurz Themen des Schülerrates an." (Am00914a)

Diese Durchsage stellt eine außerordentliche Besonderung dar, denn die Nutzung der Schullautsprecher ist ein seltener Vorgang im Schulalltag. Die Sexualisierung von Helmut findet so ein breites Publikum. Helmut reagiert souverän und unaufgeregt und somit als hegemoniale Männlichkeit. Durch die Nennung des Namens der Schülerin deanonymisiert er die Urheberin der Äußerung und markiert so die Zuschreibung als persönlichen Kommentar. Das Fehlen jeder weiteren Reaktion behält die für Helmut positive Zuschreibung bei, ohne dass er sie noch einmal verstärkt. Die Beschreibung von Helmut als „sexy" beleuchtet, dass inzwischen auch Männlichkeiten einem gesteigerten Zwang zu ästhetischer Selbstinszenierung unterliegen (vgl. Budde 2003a: 81ff.).

Auch in einer anderen Passage gibt es ein herausragendes Beispiel für die Herstellung von Dichotomie und Hierarchie auf der Grundlage der Geschlechterseparierung. In der A-Klasse stehen in der Pause noch die Namen aller Schülerinnen und Schüler an der Tafel angeschrieben, da vorher Arbeitsgruppen eingeteilt worden sind. Dies veranlasst Christof zu einer Intervention in die symbolische Ordnung:

„Christof geht vor zur Tafel und streicht in aller Ruhe die Namen Nathalie, Gudrun, Nicole, Silvia, Susanne, Joachim und Veith durch. Die Namen Klaus und Alexander werden besonders dick unterstrichen. Seinen eigenen Namen und den Namen von Siegfried wischt er weg." (Ad80901n)

Christof streicht die Namen sämtlicher Mädchen der A-Klasse ebenso durch, wie die von Joachim und Veith. Im Interaktionsnetz (vgl. Kap. 4.1.1) zeigt sich, dass Christof relativ wenig mit Mädchen interagiert und ihn mit Veith ein gespanntes Verhältnis verbindet. Zu Klaus und Alexander hingegen pflegt er ein freundschaftliches Verhältnis. Durch seine Intervention stellt er gleichzeitig Dichotomie und Hierarchie her, denn die Mädchen und die beiden häufig als weiblich geltenden Schüler Joachim und Veith verlieren ihren legitimen Platz an der Tafel. Ihre Position wird buchstäblich weggestrichen, die Entwertung bleibt aber gleichzeitig an der Tafel präsent. Er konstruiert hegemoniale Männlichkeit, indem er die Mädchen unterordnet und Joachim und Veith marginalisiert. Durch das Wegwischen seines eigenen Namens entzieht er sich der Urheberschaft dieser symbolischen Unterordnung. Seine Absicht ist es nicht, den eigenen Status aufzuwerten, sondern Mädchen und durch das Wegstreichen zu Mädchen gemachte Jungen offensichtlich zu entwerten. Wenn ihm dies gelingt, kann er nicht auf die patriarchale Dividende im Sinne von einem Zugewinn an Kapitalien hoffen, denn er selber verschwindet.

Wieso er den Name von Siegfried ebenfalls wegwischt, bleibt unklar, es ergeben sich weder in der vorangegangenen Stunde, noch aus den sehr spärlichen Interaktionen zwischen den beiden Hinweise darauf, wieso er hier komplizenhafte Männlichkeit herstellt. Vielleicht möchte er so die Urheberschaft weiter verschleiern.

4.2.2 Männlichkeit in gemischtgeschlechtlichen Interaktionen

Allerdings gibt es auch Situationen, in denen es zu gemischtgeschlechtlicher Interaktion kommt und so einzelne Jungen das Tabu unterlaufen. Im Folgenden werden die Bedingungen analysiert, unter denen das gemischtgeschlechtliche Kontakttabu außer Kraft gesetzt werden kann. Dem Flirten kommt dabei eine besondere Bedeutung zu:

„In der Zwischenzeit hat Michelle von Sascha den Text abgeschrieben. Um sich nicht mehr so zu verrenken, nimmt sie ihren Stuhl und setzt sich mit an den Tisch zu Sascha und Detlef. Da auf der anderen Seite mehr Platz ist, sitzt sie nun neben Detlef. Schnell beginnt sie die beiden in Gespräche zu verwickeln. Dabei bestimmt sie, über was geredet werden soll. Ob über die Aufgaben oder anderes. Detlef und Sascha sind dabei ziemlich ruhig, lassen es sich gefallen und ziehen mit." (Cp01031m)

In der Physikstunde arbeiten Michelle, Sascha und Detlef in einer Klein-gruppe. Dabei bestimmt Michelle den kommunikativen Verlauf. Das zwi-schengeschlechtliche Kontakttabu scheint außer Kraft gesetzt zu sein. Denn neben dem Interaktionstabu mit Mädchen bildet sich im Laufe der Adoleszenz auch das Interesse an Flirten, Sexualität und Liebesbeziehungen heraus, wel-ches sich für den Großteil der Jungen als heterosexuelles Begehren ausdrückt. Der souveräne Kontakt mit Mädchen ist in diesem Sinne ein Ausdruck des Er-wachsen-Seins. Ein Junge, der mit Mädchen interagiert, kann möglicherweise soziales Kapital für seine Inszenierung gewinnen. So lassen sich die meisten gemischtgeschlechtlichen Interaktionen bei jenen Jungen beobachten, welche sich in hegemonialen Positionen befinden.

Gerade zwischen Michelle und Detlef werden solche Interaktionsformen häufiger protokolliert. Die beiden bewegen sich zumeist in einem Spannungs-feld aus neckendem und flirtendem Kontakt. Doing gender verbindet sich mit doing adult, welches die Kapitalien von Detlef vermehrt (vgl. auch Krapp-mann/Oswald 1995 und Breitenstein/ Kelle 1998, die zu einem ähnlichen Er-gebnis kommen). Doing adult ist eine weitere Spielart des doing difference (vgl. Kap.1.2.3). Die Abgrenzung in der Adoleszenz wird hergestellt über Aushandlungen von möglichst erwachsen wirkenden Inszenierungen.

Die folgende Passage zeigt, wie der flirtende Umgang zu einem Kapital-gewinn für Detlef führt:

„Michelle geht wieder zu den Jungen. Sie nimmt die Baseballkappe von Dennis und will, dass Detlef sie aufsetzt. Als er sie aufsetzt, sagt sie, er würde aussehen wie Axel Schulz (der Boxer).
Sie ruft Luisa, damit sie auch mal guckt. Immer wieder sagt sie zu den Umstehen-den, dass er doch wirklich aussehe wie Axel S.. Es stimmt ihr jedoch keiner zu, aber es sagt auch niemand, dass es nicht so ist." (Cd00109g)

Detlef setzt auf Drängen von Michelle Dennis Baseballkappe auf, woraufhin sie sein Aussehen mit Axel Schulz, einem Boxer, vergleicht. Er erhält also eine im System hegemonialer Männlichkeiten gewinnbringende Zuschrei-bung, nämlich auszusehen wie ein populärer Sportler in einer sehr männlich konnotierten Sportart. Die beiden etablieren eine gemeinsame Deutungs-ebene, auf welche die Mitschülerinnen und Mitschüler allerdings nicht reagie-ren (vgl. Budde 2004).

Dabei ist es durchaus legitim, die eigene hegemoniale Position – zumindest scheinbar – zu verlassen:

„Michelle bleibt sitzen und spielt mit einem der Gewichte, mit denen eigentlich der Kraftaufwand gemessen werden soll. Dann haut sie es genervt auf den Tisch, so dass es einen Knall gibt. Detlef: ‚Alter, Chefin, was willst du?' Dabei spricht er ein biss-chen breit." (Cp10110j)

142

Mit dem Begriff „Chefin" ordnet Detlef Michelle die überlegene Position zu. Dieses ist umso bemerkenswerter, da die kurze Passage aus dem Physikunterricht stammt, in dem die beiden in einer Arbeitsgruppe zusammenarbeiten. Die Art, wie Detlef den Satz ausspricht, deutet jedoch auf einen ironisch-flirtenden Gebrauch hin. Er betrachtet Michelle nicht wirklich als Chefin, sondern möchte möglicherweise lediglich vom Physikunterricht ablenken. So stellt das Flirten einen Anlass dar, der es legitimiert, das Interaktionstabu mit Mädchen zu unterlaufen.

Auch der Anforderungskontext des Unterrichts ermöglicht gemischtgeschlechtliche Kontakte. Dabei profitieren sowohl Schülerinnen als auch Schüler von den gemischtgeschlechtlichen Interaktionen, wie das folgende Beispiel zeigt:

„Am Anfang der Stunde gibt die Lehrerin einige Erklärungen zu dem Unterrichtsversuch, der in dieser Stunde durchgeführt werden soll. Sie hat ihre Ausführungen sehr schnell beendet. Die Versuchsmaterialien liegen bereits alle bei ihr auf dem Pult. Die SchülerInnen kommen nach vorne und holen sich die Materialien. Ich sehe, dass sich nur eine gemischt geschlechtliche Gruppe gebildet hat, und zwar, Frederik, Yutaka und Inga. [...]
Yutaka rechnet konzentriert. Dann sagt er zu Inga: ‚Hol' mal Wasser.' Sie läuft los. Frederik, das dritte Mitglied der Gruppe, rechnet ebenfalls. Yutaka sagt zu Inga: ‚Das Wasser immer zuletzt. So steht das da.' Er meint offensichtlich den Arbeitszettel, auf dem die Versuchsbeschreibung steht. Inga spielt nun mit dem Thermometer rum." (Bp00214j)

In der Physikstunde wird in Kleingruppen gearbeitet, die sich freiwillig und geschlechtshomogen zusammensetzen. Yutaka, Frederik und Inga bilden die einzige gemischtgeschlechtliche Arbeitsgruppe, jedoch mit geschlechterstereotyp übernommener Aufgabenverteilung. Yutaka erteilt Anweisungen an Inga, „rechnet konzentriert" und scheint die fachliche und organisatorische Leitung der Gruppe innezuhaben. Frederik rechnet ebenfalls, tritt aber weiter nicht in Erscheinung, auch er ist sozusagen ‚die rechte Hand vom Chef'. Er führt zwar ähnliche Tätigkeiten aus wie Yutaka, das Geschehen bestimmt er allerdings zu keinem Zeitpunkt mit. Inga dient als ‚Befehlsempfängerin'. Sie leistet Hilfsdienste wie Wasser holen und interessiert sich am Ende nicht mehr für das weitere Geschehen in der Arbeitsgruppe. Diese Verteilung ist nicht weiter erstaunlich. Physik wird von Schülerinnen und Schülern sowie Lehrkräften gleichermaßen als männliches Geschlechterrevier betrachtet. Die institutionelle Reflexivität trägt dazu bei, diesen Zusammenhang dauerhaft als vermeintliche Normalität zu etablieren. Auch wenn der Unterricht hier in Englisch abgehalten wird, welches – weil Fremdsprache – als weibliches Geschlechterrevier gilt, wirken die tradierten fachkulturellen Zuschreibungen weiter fort (vgl. Willems 2005).

Soweit ist alles in bester Geschlechterordnung. Allerdings muss ebenfalls berücksichtigt werden, dass Yutaka kein besonders kapitalienreicher Schüler in der Klasse ist. Im Gegenteil, er wird des öfteren von seinen Mitschülern geärgert. Diese werfen ihm Papierschnipsel in die Haare oder bezeichnen ihn als „Penisgesicht" (vgl. Protokoll: Bm01124j). In einem Interview benennen einige Schülerinnen neben ihm nur noch Melinda und Joe als „den Rest" der B-Klasse, die keiner Clique zugehörig und dementsprechend auch nicht besonders gut integriert sind. Yutaka interagiert hauptsächlich innerhalb der Jungengruppe. Häufig wird er von den anderen Jungen im Zusammenhang mit Hilfsleistungen angesprochen, beispielsweise zum Hausaufgabenabschreiben.

Im Gegensatz dazu nimmt Inga im Klassenverband eine deutlich wichtigere Position ein. Sie interagiert viel über die Geschlechtergrenze hinweg, hat aber auch innerhalb der Mädchengruppe eine gesicherte Position. Wenn Yutaka und Inga miteinander in Kontakt treten, geht der Impuls in der Regel von Inga aus.

Trotz der unterschiedlichen Kapitalien ist es in dieser Sequenz offensichtlich, dass Yutaka die Arbeitsweise vorgibt, Frederik mitarbeitet und Inga den Anweisungen Folge leistet. Die beiden Jungen streichen also die patriarchale Dividende ein. Indem Yutaka die Macht innehat, Anweisungen zu geben, erscheint er als hegemoniale und Frederik als komplizenhafte Männlichkeit, denn auch er profitiert von der Geschlechterordnung, weil er als legitimer ‚Mitrechner' akzeptiert wird, obwohl nicht weiter protokolliert ist, inwieweit seine Arbeit zum Gesamtergebnis der Kleingruppe beiträgt.

Aber auch Inga profitiert von diesem Arrangement. Während sie im Klassenraum neben unterschiedlichen Mädchen sitzt, hat sie ausschließlich in Physik ihren Platz beständig neben Yutaka. Ihre Interaktionen drehen sich in der Regel um unterrichtsbezogene Themen, genauer um Nachfragen nach Hilfestellungen. So schreibt sie bei ihm Aufgaben ab und fragt nach Papier oder den richtigen Ergebnissen. Ein zweites Interaktionsmuster zwischen den beiden sind vielfältige Neckereien von Inga an Yutaka, indem sie ihm leise Lieder vorsingt oder versucht, ihn in ein Gespräch zu verwickeln. Meist reagiert Yutaka gar nicht oder genervt. Inga wirkt, als ob sie keinerlei Interesse am Physikunterricht hätte. Da sie häufig mit Yutaka in einer Gruppe arbeitet, kann sie von dessen Fachwissen profitieren und muss sich im Unterricht nicht besonders engagieren, Yutaka erledigt die Arbeiten und unterstützt sie, während sie sich mit anderen Dingen beschäftigt. Dies verdeutlicht, dass auch Mädchen von dem System hegemonialer Männlichkeiten profitieren können, da sich in der Sequenz alle Beteiligten entlang tradierter Geschlechtererwartungen verhalten.

Allgemein gelten körperliche Auseinandersetzungen als integraler Bestandteil des Inszenierungspotentials von Jungen, dieses lässt sich an vielen Stellen des Materials aufzeigen. Neben der körperlichen Gewalt zur Herstellung untergeordneter Männlichkeit (vgl. Kap. 4.1.1) existiert dabei häufig Schlagen im Spaß zum Abreagieren und als gesellschaftlich anerkannte Form des Körperkontaktes zwischen Jungen. Im folgenden Exkurs soll diese Interaktionsform dargestellt werden, um anschließend eine Auseinandersetzung zwischen Yutaka und Joe zu erläutern. In allen drei Klassen und in allen drei Feldphasen existieren Protokollstellen, in denen Jungen in unterrichtsfernen Situationen, wie beispielsweise in den Pausen, miteinander aus Spaß rangeln:

„Alexander und Klaus rangeln miteinander." (Ad90921d)

„Dirk haut Jörg mit einer Papierrolle leicht auf den Kopf. Dieser haut mit der Hand zurück und sagt lachend: ,Oh, lass das!'" (Bd00122v)

Rangeleien werden aber auch eingesetzt, um hegemoniale Männlichkeit herzustellen.

„Knut haut einem dieser Jungen recht heftig mit der flachen Hand auf den Kopf und schmeißt wiederum die Tür für einen Augenblick zu. Als er sie wieder aufmacht, ist dieser Junge weg." (Bd01030a)

In diesem Beispiel setzt Knut Gewalt ein, um einen Jungen aus einer anderen Klasse davon abzuhalten, den Klassenraum der B-Klasse zu betreten. Seine Absicht hat Erfolg: nachdem er die Tür wieder öffnet, ist der Junge verschwunden.

Die Grenzen des körperlichen Ausagierens zwischen Spaß und Ernst sind nicht immer eindeutig, wie das folgende Beispiel aus der B-Klasse zeigt:

„Die Jungen werden immer lauter, steigen über die Tische, gehen raus. Ich beobachte wie sie wieder in Yutakas Haaren ,rumwühlen'. Dann fangen sie an ihn zu hauen." (Be01111j)

Am Anfang der Interaktion toben die Jungen im Spaß durch die Klasse. Irgendwann verliert die Situation ihren scherzhaften Charakter und die Jungen beginnen, in Yutakas Haaren „rumzuwühlen". Das anschließende Schlagen verdeutlicht, wie en passant aus einer scherzhaften Situation ein Angriff gegen einen Jungen entsteht. Beide Handlungsoptionen gehören zum Interaktionspotential des Systems hegemonialer Männlichkeiten. Interessant ist ein Aspekt, der sich nebenbei offenbart: Wie bei Joachim werden die Haare von Yutaka häufig für spaßhaft-entwertende Übergriffe genutzt. Scheinbar bietet auch hier die Frisur einen legitimen Ansatzpunkt für solche Interaktionen.

In der B-Klasse lässt sich allerdings des öfteren beobachten, dass die Aggression von den Mädchen ausgeht.

„Dirk und Kerstin rangeln sich unter ihren Tischen. Kerstin tritt heftig zu und erwischt Dirk, der vor ihr sitzt, in der Seite. Dirk brüllt und lacht gleichzeitig. Kerstin holt nun aus und schlägt Dirk mit voller Wucht auf den Kopf." (Bb81029n)

Dirk und Kerstin rangeln miteinander. Aus dieser scherzhaften Interaktion entwickelt sich ein schmerzhafter Tritt von Kerstin gegen Dirk. Dieser reagiert ambivalent und uneindeutig, er „brüllt und lacht" zugleich. Offensichtlich weiß er nicht, wie er reagieren soll. Anschließend schlägt ihm Kerstin noch einmal schmerzhaft auf den Kopf.

„Nina boxt Olin, der seitlich in Richtung der Klasse und von Nina weggedreht sitzt, auf den Rücken. Olin dreht sich überrascht zu ihr und sagt laut und mit etwas schmerzverzerrtem Gesicht: ‚Was sollte das denn?' Nina erklärt, halblaut an ihn gerichtet: ‚Du hast mich angestoßen, ohne Dich zu entschuldigen'." (Bb90910d)

Nina schlägt Olin heftig und unvermittelt, weil dieser sie angestoßen habe, ohne sich zu entschuldigen. Dieses ist eine deutliche und provokative Demütigung von Olin, die in ihrer Choreographie eher an männliche Streitverläufe erinnert. Ihre Reaktion auf ein Versehen von Olin ist nicht angemessen, sondern wirkt, als ob sie einen Anlass gesucht hätte (vgl. Faulstich-Wieland/Weber/Willems 2004: 160ff.).

Aber auch untereinander schlagen sich die Mädchen in der B-Klasse häufiger:

„Almut und Ilka treten sich derweil immer noch. Nun fangen sie an, sich gegenseitig zu boxen. Dabei hauen sie sich nicht sehr kräftig gegen die Beine und Oberarme. Wirklich schmerzhaft können die Schläge nicht sein. Die Mädchen scheinen sich zu langweilen." (Be01111j)

Dieses Phänomen ist auf mehreren Ebenen interessant. Außer einem einzigen Beispiel aus der A-Klasse lassen sich sonst an keiner Stelle in den Protokollen Hinweise auf Gewalthandeln von Mädchen finden. Dieses bedeutet, dass es sich um eine Form der ‚Klassenkultur' handelt. Die spezifischen Bedingungen einer Klasse führen zur Herausbildung einer eigenen Kultur mit legitimen Interaktionsformen. Die B-Klasse ist stark mädchendominiert. Möglicherweise trägt dieses dazu bei, dass sich eine Art Jungenkultur unter Mädchen etabliert. Sie erfüllen nicht stereotype Weiblichkeit, sondern nutzen ihre Überlegenheit für körperliche Übergriffe aus. Hier findet auf Mädchenseite eine Umwidmung und Aneignung einiger Bestandteile von Männlichkeit statt, sie ‚werden zu Jungen'.

146

Auf Jungenseite hingegen herrscht Ratlosigkeit. Dirk „brüllt und lacht" zugleich, Olin ist „überrascht" und hat ein schmerzverzerrtes Gesicht. Diese Ratlosigkeit ist eine vorläufige Antwort auf die Verunsicherungen, denen Männlichkeiten aufgrund der Veränderungen im Geschlechterverhältnis ausgesetzt sind. Denn durch die Aneignung männlich codierter Interaktionsformen werden die herkömmlichen Bestandteile hegemonialer und komplizenhafter Männlichkeit hinterfragt. Die Jungen verhalten sich ähnlich, wie es in den vorangegangenen Kapiteln als Reaktion auf Unterordnung im System hegemonialer Männlichkeiten beschrieben wurde. Ihnen stehen, außer einem inkorporierten Ausdruck von Fixierung keine Verhaltensweisen für eine adäquate Entgegnung zur Verfügung. Gegen ein körperliches ‚zur-Wehr-setzen' steht der Ethos: ‚Mädchen schlägt man nicht'. Sie können aber aufgrund ihres männlichen Habitus auch nicht protestieren, dass es ihnen weh getan habe, da negative Gefühle abgewehrt werden müssen, zumal wenn sie von Mädchen – also vermeintlich Unterlegenen – verursacht werden.[53]

Möglicherweise hängt die häufige Beobachtung der Interaktion ‚Mädchen schlägt Junge' aber auch noch damit zusammen, dass sie der geschlechtlichen Erwartungshaltung widerspricht und dementsprechend auffälliger ist. Beispielsweise werden die Mädchen der B-Klasse von ihrer Klassenlehrerin Frau Hollstein in einem Interview nach dem Abschluss der Feldphase als „verwahrlost" beschrieben, ein Eindruck, der sich aus den Beobachtungen der Ethnographinnen nicht ableiten lässt. Denn der Bruch mit der impliziten Erwartung, dass Mädchen mehr auf Äußeres achten, scheint Frau Hollenstein direkt zu einer drastischen Beschreibung zu animieren. In der Tat haben einige Mädchen der B-Klasse tendenziell weniger aufgestylte Frisuren und tragen eher alternative Bekleidung, von Verwahrlosung kann aber keine Rede sein, es sei denn, ein Bruch mit den geschlechtlichen Stereotypen wird von Frau Hollenstein als Verwahrlosung aufgefasst.

Auch an anderer Stelle mehren sich die Hinweise, dass Gewalt zunehmend von Mädchen ausgeübt wird. Ulrike Popp (2002) weist hingegen darauf hin, dass Mädchen stärker an schulischen Gewalthandlungen beteiligt seien als bislang angenommen, allerdings weniger auffallen.

Der Zusammenhang zwischen körperlicher Gewalt und spaßhaften Auseinandersetzungen steht im Zentrum der folgenden Passage. Sie stammt aus einer Pausensituation der zweiten Feldphase in der B-Klasse:

„In der Pause schlagen sich Yutaka und Joe im Spaß. Sie nehmen dabei sehr viel Raum ein und drängeln Almut von ihrem Tisch weg. Yutaka kommentiert, als Joe fast bei Almut auf dem Schoß landet: ‚Joe, was machst du denn da mit Almut?',

---

53 Vgl. dafür die Reaktionen der Schüler auf schlechte Noten in Kapitel 5.2.2.

Almut lacht kurz, schlägt Joe dann im Spaß. Und schiebt ihn ruhig, aber energisch weg. Yutaka zu Joe: ‚Du bist so schwul, Mann!'" (Bb90906k)

Joe und Yutaka verhalten sich in einer typischen Weise für komplizenhafte Männlichkeit. Ihre Interaktion ist gestützt auf raumintensive Aktivität und Einsatz körperlicher Stärke, sie rangeln – im Spaß, weswegen es hier nicht um Konkurrenz, sondern um die Herstellung von komplizenhafter Männlichkeit geht. Auch wenn sie in dieser Szene Gewalt nicht zur Durchsetzung eigener Absichten einsetzen, ist die Szene geschlechtlich konnotiert.

Die Wahl der Interaktion von Yutaka und Joe – Schlagen im Spaß – ist nicht zufällig oder durch die spaßhafte Ebene entgeschlechtlicht, sondern die Verlängerung männlichen Verhaltens auf einer scherzhaften Ebene. Auch die Tatsache, dass die Protokollantin anmerkt, die beiden Jungen benötigen viel Raum, deutet auf einen männlich konnotierten Subtext der Interaktion hin. Die selbstverständliche Inanspruchnahme von Raum ist grundsätzlich ein Privileg hegemonialer und komplizenhafter Männlichkeit (vgl. Kap. 4.2.1), die gegen ‚unberechtigte' Personen – wie untergeordnete oder marginalisierte Männlichkeit oder eben Mädchen – durchgesetzt wird. Auch Hilgers attestiert: „dass Jungen häufiger als Mädchen in der Gruppe wie in der Klasse eine offene, Raum einnehmende Körpersprache zeigen" (Hilgers 1994: 109).

Joe und Yutaka drängeln Almut von ihrem Tisch weg, ihre raumintensive Aktivität lässt keinen Platz für Almuts Interessen. Im Gegenteil, Joe landet fast bei Almut auf dem Schoß, ihre körperliche Integrität wird nicht gewahrt, sondern verletzt. Yutaka kommentiert dieses mit einer sexualisierenden Anspielung: „Joe, was machst du denn da?" Durch diese sprachliche Verknüpfung assoziiert Yutaka einen Zusammenhang zwischen Körperkontakt mit Mädchen und Sexualisierungen. Wie oben gezeigt, gilt in der Adoleszenz für Männlichkeiten nicht nur das gleichgeschlechtliche Berührungstabu, sondern auch eine rigide Reglementierung der legitimen Körperkontakte zwischen Jungen und Mädchen. Das männlich-funktionale Körperverhältnis sexualisiert den zwischengeschlechtlichen Körperkontakt, da alternative Formen der Berührung innerhalb der heterosexuellen Matrix sanktioniert sind. Das Gebot der Heterosexualität setzt Mädchen – wie bei dem Beispiel mit der Beschriftung der Toiletten – auf den Platz des zu begehrenden Objektes. Deswegen kann Yutaka Joe einen sexuellen Annäherungsversuch unterstellen. Er ruft die Trennung von männlich als aktiv und weiblich als passiv konnotiert wieder auf, indem er fragt, was Joe ‚denn mit Almut mache'.

In einer weitergehenden Interpretation lässt sich, neben der Kopplung von Körperkontakt und Sexualisierung, ein Zusammenhang von Sexualisierung und Integritätsverletzung postulieren. Anlass der Sexualisierung ist, dass Joe den Rahmen des üblichen Kommunikationsabstandes zu Almut körperlich verletzt. Möglicherweise ist genau die Übertretung ein wichtiger Faktor für

148

die darauf folgende Interpretation als männlich-sexuelle Geste, denn die Aneignung von Raum und die Einschränkung der Absichten anderer gilt als männliches Privileg. Desweiteren ist es durch die strenge Reglementierung des Körperkontaktes sehr schwierig, mit Mädchen zu interagieren, so dass Jungen des öfteren scheinbar zufällige Situationen benutzen, um die Sanktionen des Kontaktes zwischen den Geschlechtern zu überwinden.

Als Reaktion lacht Almut und schiebt Joe weg. Dadurch betont sie den spaßhaften Charakter der ungewollten Annäherung, setzt aber ihre körperlichen Grenzen souverän durch. Sie verbleibt im Rahmen der Interaktion, indem sie auf die spaßhafte Rauferei einsteigt und ihrerseits Joe schlägt und so die ihr zugeschriebene Objektposition verlässt. Dadurch weist sie auch die Sexualisierung zurück.

Yutaka fährt mit der ironischen Kommentierung von Joe fort: „Du bist ja so schwul, Mann" behält die sexualisierende Konnotation bei und verschiebt sie in den Bereich der Homosexualität. Entweder will Yutaka Joe dadurch weiter spaßhaft provozieren, um die Auseinandersetzung fortzuführen. Oder aber er begreift Joes Verhalten tatsächlich als Versagen innerhalb des Systems hegemonialer Männlichkeiten. Denn Joe hat die Chance der Sexualisierung nicht genutzt, sich also nicht als Mann verhalten. Er hat trotz der Möglichkeit ‚nichts mit Almut gemacht'. Die Verwendung des Begriffes schwul markiert Versagen. Jemand, der aus einer Heterosexualisierung keinen Profit zu schlagen weiß, muss schwul sein. Dass bedeutet eben nicht, dass Yutaka ihm unterstellt, Männer zu begehren und deshalb die Situation mit Almut nicht ausnutzt, sondern anders herum, dass Joe, da er die Situation nicht ausgenutzt hat, nicht als legitimer Mann im Sinne des Systems hegemonialer Männlichkeiten gilt: er wird marginalisiert. In beiden Fällen dient die Bezeichnung als motivierende Provokation, die eine Reaktion zur Tilgung des Verdachts zwingt.

„Joe jagt ihn daraufhin durch die Klasse. Die beiden sind ziemlich laut. Ilka, die als einzige neben Almut in der Klasse geblieben ist, wird auch von ihrem Platz weggedrängt. Ihre Federtasche fällt runter. Sie sagt zweimal genervt, aber ziemlich leise: ‚Oh, kannst du nicht mal abhauen?' Die Jungen kümmern sich überhaupt nicht um sie." (Bb90906k)

Joe nimmt die Provokation von Yutaka auf und jagt ihn durch die Klasse, die spaßhafte Auseinandersetzung zwischen ihnen geht weiter. Nun wird auch Ilka, die als zweites Mädchen in der Klasse geblieben ist, von der Auseinandersetzung betroffen, indem sie von ihrem Platz weggedrängt wird und ihre Federtasche herunter fällt. Das Spiel der Jungen nimmt keine Rücksicht auf andere Schülerinnen und Schüler, die ruhigeren Tätigkeiten nachgehen. Beeinträchtig werden insbesondere die einzigen beiden Mädchen, die in der Pause im Klassenraum geblieben sind. Während Almut auf die spaßhafte Ebene eingeht, reagiert Ilka genervt. Da sie aber zu leise spricht, beachten Yutaka und Joe sie nicht. Aufgrund ihrer turbulenten Tätigkeit berücksichtigen die beiden die Absichten anderer nicht. Dies haben sie auch gar nicht nötig. Der Widerspruch von Ilka ist nicht machtvoll genug und kann die Jungen deswegen nicht beeinflussen. Almut reagiert jungenstereotyp: körperlich, schlagend und wegschiebend, Ilka hingegen mädchenstereotyp: leise und auf der sprachlichen Ebene. Joes und Yutakas komplizenhafte Männlichkeit setzt sich gegen Absichten Untergeordneter durch.

„Almut drängt Joe in eine Ecke, ohne ihn zu berühren. Er weicht vor ihr zurück, um sie nicht berühren zu müssen. Einige Minuten hält sie ihn dort so fest und nutzt ihre ‚Macht', triumphierend aus. Sie setzt sich einfach vor ihm auf einen Stuhl, er käme nur vorbei, wenn er sie berühren würde. Dirk kommt dazu und stellt sich neben Joe in die Ecke. Joe meint zu ihm: ‚Gut, dass du kommst. Die Einmeterfrau lässt mich nicht raus.' Almut zeigt keine Reaktion. Yutaka kichert etwas unbeholfen und steht hinter den Dreien. Als Joe weg will, tritt Almut ihm offenbar mehr aus Versehen in die Eier. Sie erschreckt sich selbst, hält kichernd die Hand vor den Mund und rennt aus der Klasse. Joe lacht auch und verzieht halb scherzhaft, halb im Schmerz das Gesicht." (Bb90906k)

Jetzt beteiligt sich auch Almut an der Interaktion. Dabei verbindet sie weiblich und männlich konnotierte Interaktionselemente miteinander. Sie drängt Joe in eine Ecke, die er nicht verlassen kann, ohne sie zu berühren. Dies ist ihm aber aufgrund der starken Reglementierung des Körperkontaktes zwischen Jungen und Mädchen nicht möglich. Die Reglementierungen sind in dieser Situation aktualisiert, da der Körperkontakt zwischen den beiden vorher durch Yutaka sexuell codiert wurde. Almut nutzt diese Aktualisierung des Berührungstabus aus. Joe scheint die Situation unangenehm, er weiß nicht, wie er sich befreien soll. Er traut sich nicht, einfach an Almut vorbeizugehen, und so das Berührungstabu zu verletzen.

Als Dirk sich zu ihm gesellt, nutzt er die Gelegenheit zur Herstellung komplizenhafter Männlichkeit. Er tituliert sie als „Einmeterfrau", eine scherzhafte Beleidigung, welche auf ihre Körpergröße abzielt. Durch die Herstellung einer gemeinsamen komplizenhaften Ebene mit Dirk hofft er, seine Position zu stärken. Die Kumpanei bringt aber nicht den erhofften Gewinn, denn Almut reagiert nicht. Ihre Position ist immer noch mächtiger als die der beiden Jungen. Als Joe dann doch die Ecke verlässt, tritt ihm Almut „in die Eier". Dies scheint zwar eher aus Versehen zu geschehen, bemerkenswert ist trotzdem, dass sie hier zum zweiten Mal körperlich gegen Joe agiert. Sie maßt sich ein Recht an, welches legitimerweise hegemonialer Männlichkeit vorbehalten ist. Almut verhält sich deswegen im oben bereits dargestellten Kontext der Klassenkultur der B-Klasse, in welcher körperliche Attacken durch Mädchen häufiger stattfinden; sie sind enttabuisiert.

„Dirk greift kurze Zeit später, als Almut und Stefanie vor ihm stehen, Joes Spruch noch einmal auf und kommentiert: ‚Zusammen sind sie über zwei Meter...'. Die beiden Mädchen grinsen ihn an und legen demonstrativ den Arm um die Schulter der jeweils anderen. Almut: ‚Zusammen sind wir stark!', sie prügelt sich danach scherzhaft weiter mit Joe." (Bb90906k)

Die Passage verbleibt auf der spaßhaften Ebene, jetzt allerdings als gemischtgeschlechtliche Aktion. Dadurch bekommt sie einen neckenden und flirtenderen Charakter. Dirk adressiert noch einmal an Almut und Stefanie, die inzwischen dazugekommen ist, einen Kommentar bezüglich der Körpergröße. Diese nehmen die beiden zum Anlass für eine verschwesternde Geste. Durch den Spruch: „Zusammen sind wir stark" unterstreicht Almut unter Rekurs auf feministisch codiertes Vokabular die gemeinsame Stärke in der spaßhaften Auseinandersetzung mit den Jungen.

Die Jungen agieren raumintensiv, weil es ihnen Spaß zu machen scheint, sich körperlich auszuagieren. Hilgers stellt zwar fest, dass Jungen raumintensiv agieren, ihrer Meinung nach liegt diesem Agieren aber der Wunsch nach Kaschieren von Unsicherheit zugrunde. Die Sequenz hingegen zeigt, dass diese Annahme nicht bestätigt werden kann, sondern möglicherweise auf eine defizitorientierte Sichtweise von Jungen rekurriert. Es lassen sich im Gegensatz zu Hilgers These keine Hinweise finden, dass die spaßhafte Rangelei eine übertriebene und ablenkende Reaktion auf Unsicherheit darstellt (vgl. Hilgers 1998: 112).

5. Schüler und Schule

Für die Konstruktion von Männlichkeiten im Rahmen dieser Studie ist neben den Interaktionen innerhalb der Jungengruppe und den gemischtgeschlechtlichen Kontakten, wie im letzten Kapitel dargestellt, auch das Wechselspiel zwischen schulimmanenten Vorgaben und männlicher Inszenierung von besonderer Bedeutung. Die Institution Schule steht in unterschiedlichen Facetten in einem spannungsreichen Verhältnis zur Konstruktion von Männlichkeit, die im folgenden Kapitel beleuchtet werden. Dabei findet sich am Anfang die Frage danach, ob es nicht im Zusammenhang mit dem Erwartungskontext der Schule zu Praktiken der Entdramatisierung von Geschlecht kommen kann. Anschließend wird das Verhältnis zu den Lehrkräften und die Positionierung der Schüler im Unterricht analysiert. Zum Abschluss richtet sich der Fokus auf die Beteiligung der Lehrkräfte an der Konstruktion von Geschlechterstereotypen.

5.1 Undoing gender

Wie unter 2.3.1 dargestellt, ist Schule ein privilegierter Ort der Aushandlung von Geschlechterbeziehungen und damit auch ein Ort der Produktion von Männlichkeit. Geschlecht als eine relevante Strukturkategorie erhält seine Bedeutungen sowohl institutionell als auch in den gleich- und gemischtgeschlechtlichen Interaktionen sowie den singulären Inszenierungspraktiken. Folgt aus der hohen Relevanz aber auch gleichzeitig eine permanente Aktualität von Geschlecht? Oder kann Männlichkeit nicht auch den Status einer ruhenden Ressource annehmen?

Denn in vielen Beispielen wird die Herstellung von Männlichkeit ausgesetzt oder bagatellisiert. Es ist also von erheblicher Bedeutung, auch jene Praktiken systematisch zu berücksichtigen, welche im weitesten Sinne als ein undoing gender verstanden werden können. Soll der Rückfall in geschlechtsblinde Zeiten der Pädagogik vermieden werden, benötigt es allerdings ein genaues theoretisches Verständnis davon, wie die Unterbrechung der Herstellung von Männlichkeit funktioniert. Denn weder handelt es sich in erster Linie um ein einfaches Verschwinden, noch um die seitens der kritischen Männerforschung favorisierte Ersetzung durch alternative Männlichkeiten oder um einen von Butler vorgeschlagenen subversiven Enteignungsakt (vgl. Butler 1995: 163ff.), sondern viel eher um eine routinierte Entdramatisierung von Geschlecht und Männlichkeit. Es bereitet einige Schwierigkeiten, diese Stellen im Material analytisch nachvollziehbar zu machen, denn Geschlecht stützt sich ja in besonderer Weise auf Sichtbarkeit. Hirschauer ist zustimmen, wenn er formuliert:

„Die Geschlechtsneutralität ist insofern der blinde Fleck jeder wissenschaftlichen Thematisierung der Geschlechterdifferenz, als Umstände, in denen Geschlecht langweilig, nichts sagend, nebensächlich und uninteressant ist, sich systematisch der Fragestellung entziehen, die es zuallererst einmal interessant finden müssen" (Hirschauer 2001: 212).

Da die Analyse der Differenzen in der Geschlechterordnung regelhaft dazu führt, genau diese Differenzen vorzufinden und so Stereotype zu rekonstruieren, richtet sich das Augenmerk der Studie nun insbesondere auf die Stellen, in denen die Produktion von Geschlecht aussetzt. Die Geschlechtsneutralität ist allerdings nicht vorstellbar im Sinne einer Nicht-Existenz der Differenz, denn nur weil die Geschlechterordnung bereits vorgängig gültig ist, kann es zu einem undoing gender kommen: „Man kann nur etwas ungeschehen machen, das geschehen ist; nur von etwas absehen, das man gesehen hat" (Hirschauer 2001: 216).

5.1.1 Unterricht und diskrete Kommunikation

Die folgende Passage aus dem Biologieunterricht der C-Klasse illustriert, wie die geschlechtlichen Inszenierungsanforderungen durch die schulischen überlagert werden:

„Als die Lehrerin bei Luisa steht, wendet sie sich wieder an die ganze Klasse: ‚Ihr müsst von dem Öl draufmachen, sonst fließt es weg! Die Luisa macht das ganz wunderbar!' Jens und Normen stehen auf und gehen zu Luisas Tisch und schauen auch einmal durch das Mikroskop. Die Lehrerin steht dann bei Petra und Michaela.

Später weist sie darauf hin, dass Oliver Glockentierchen hat, die wurden bisher noch nicht im Unterricht besprochen. Monja und Luisa eilen zu ihm und schauen auch durch sein Mikroskop.
Als die Lehrerin gerade bei Lilli steht, ruft Monja: ‚Ich würd' mal dringend hierher kommen!' Schließlich geht die Lehrerin dann zu ihr und schaut sich das an, worauf Monja hinweist.
Oliver steht ein bisschen orientierungslos und alleine herum, er steht in der Nähe seines Platzes vor dem Tisch von Monja. Niemand tauscht sich im Moment mit ihm aus, vorher waren mal kurz Anne bei ihm, aber das scheint wohl von kurzer Dauer gewesen zu sein, Oliver war auch zwischendurch mal bei Michaela und Tamara. Jetzt steht er wieder alleine da, und nun spricht er die Lehrerin an: ‚Was soll ich machen?'" (Cb81130d)

Durch die Lehrerin wird in der Biologiestunde der Auftrag zum Mikroskopieren gestellt, der von verschiedenen Schülerinnen und Schülern unterschiedlich ausgeführt wird. Sie erfüllen die Anforderung interessiert und interagieren über die Geschlechtergrenzen hinweg. Die Lehrerin gibt sowohl bei Luisa als auch bei Oliver unterrichtsbezogene Hinweise. Der Erfolg bei der Auftragserfüllung verteilt sich auf beide Geschlechter, ebenso wie die gegenseitige und durch die Lehrerin erfahrene Anerkennung. Es dominiert die Erfüllung des Arbeitsauftrags, welcher eingelassen ist in ein Geflecht institutionalisierter Anforderungskontexte wie der Lernende-Lehrkraft-Relation, der Benotung und der Leistungsanforderung. Sequenzen wie diese lassen sich häufig finden, die Aktualisierung und Veroffensichtlichung von Männlichkeit ist also keine permanente Notwendigkeit, sondern – zumindest zum Teil – situationsabhängig.

In jenen schulischen Situationen, in denen andere Erwartungskontexte dominant werden, tritt Geschlecht in den Hintergrund. Es kann zwar immer wieder auf Geschlecht rekurriert werden – die Variable ist nicht vergessen –, dies scheint aber nicht permanent notwendig. In den untersuchten Sequenzen wird dieses Muster des öfteren wieder auftauchen, die Häufigkeit belegt, dass an diesem Punkt ein entdramatisierter Umgang mit Männlichkeit stattfindet. Die Interaktionsteilnehmenden der Passage aktualisieren die Geschlechterdifferenz nicht in auffälligem Maße. Mit Barrie Thorne könnte diese Interaktion auch als eine „relaxed cross-sex interaction in daily school's routine" (Thorne 1993: 172) begriffen werden.

Nicht doing gender, sondern doing student steht im Vordergrund der Handlungsmotivation. Der Begriff doing student beschreibt die in der Schule geltenden Erwartungskontexte als eine Konstruktion, welche sich in einer ähnlichen Weise auf die institutionalisierten Anforderungen der Schule bezieht, wie doing gender auf Geschlecht (vgl. Kampshoff 2000: 195ff.). Doing student bedeutet, dass nicht nur geschlechtsbezogenes Verhalten relevant ist, sondern auch die soziale Position des Schülers, respektive der Schülerin, ausgefüllt werden muss, da es sich um einen zentralen Anforderungskontext innerhalb des Feldes Schule handelt (vgl. ebd.: 203). Dieses stellt auch einen Gewinn für die kritische Männerforschung dar, denn „wenn das Geschlecht nicht isoliert betrachtet wird, sondern im Zusammenhang mit den Interaktionen und Handlungen einer Person als SchülerIn, wird die Gefahr gemildert, dass die Geschlechtszugehörigkeit überbewertet wird" (ebd.). Es existiert ein Wechselspiel zwischen Struktur und Individuum ähnlich wie bei Gendering-Prozessen.

Als weiteres Beispiel kann auf die Videomitschnitte verwiesen werden. Nach der Sichtung von drei Physikstunden in der A-Klasse zeigt sich folgende Art des Unterrichtsverlaufs: Der Lehrer hält in der Regel einen Vortrag, die Schülerinnen und Schüler zeigen kein Interesse. Die einzigen Interaktionen zwischen dem Lehrer und den Schülerinnen und Schülern beziehen sich auf die kurzen, unterrichtsbezogenen Fragen oder Aufforderungen zur Präsentation von Ergebnissen an der Tafel. Dies findet je Stunde zwei- bis dreimal statt. Zusätzlich kommentiert der Lehrer in einer Stunde das Zu-spät-Kommen eines Schülers und einer Schülerin. Auch untereinander interagieren die Schülerinnen und Schüler wenig.

Die Atmosphäre der Stunde ist geprägt von einem ‚unengagierten Erdulden' des Unterrichts. Dabei zeigen Jungen und Mädchen zum Teil ähnliche Strategien: jeweils zwei Jungen und zwei Mädchen stützen den Kopf auf die Hand, einige Schülerinnen und Schüler blicken nach vorne, andere reden leise mit dem/der NachbarIn, eigenständige Beteiligung am Unterricht findet nicht statt. Eine Dramatisierung von Männlichkeit tritt also in den Hintergrund gegenüber der Notwendigkeit, sich als SchülerIn zu einem als langweilig erlebten Unterricht zu positionieren. Diese Strategie lässt sich auch mit dem Begriff des „defensiven Bewältigungslernens" (Holzkamp 1993: 19) von Klaus Holzkamp beschreiben, welches eine wesentliche Form von doing student darstellt.

Auch die Kommunikationsformen im Hintergrund verdeutlichen die Verschränkung von doing gender und doing student (vgl. Budde 2003b). In der B-Klasse insbesondere in der ersten Feldphase, als auch generell in der A-Klasse schreiben sich die Schülerinnen und Schüler untereinander kleine Zettelchen.

„Erik schmeißt ein Briefchen. Es landet vor Ariane. Eine Weile später hebt es Olin oder Joe auf. Erik sagt kurz darauf zu Ariane: ‚Ariane, gib das weiter, das ist wichtig!'" (Bg81105d)

Die Praxis des Zettelchen-Schreibens wirkt in diesem Beispiel wie eine Interaktionskette. An dem Geschehen auf der Hinterbühne sind mehrere Schülerinnen und Schüler beteiligt. So entwickelt sich dabei Kommunikation über die Geschlechtsgrenzen hinweg, wie auch die beiden folgenden Beispiele belegen:

„Helmut und Gudrun schreiben sich seit Beginn der Stunde Briefe." (Ad80902n)

„Dirk schreibt Almut ein Zettelchen und schiebt es ihr rüber. Diese blickt nur ganz kurz darauf, zeigt jedoch keine weitere Reaktion. Inga und Almut verfolgen Frederiks Vortrag, zumindest gucken sie in seine Richtung." (Bd00122v)

Auch Zeichensprache mit den Fingern wird sowohl zwischen Jungen als auch zwischen Mädchen als nonverbale Kommunikation benutzt, in der B-Klasse im 8. und 9. Jahrgang zum Teil als Ersatz für die Zettelchen.

„Kurz darauf kommt Joe hinzu und Joe und Mark unterhalten sich nun in ‚Zeichensprache'." (Bd91117d)

Auch diese Kommunikationsform, die von beiden Geschlechtern und über die Geschlechtergrenzen hinweg eingesetzt wird, kann als weiteres Beispiel von doing student-Prozessen gewertet werden. Die Interaktionen auf der Hinterbühne dienen zur diskreten Ablenkung vom Unterricht, wobei es den Schülerinnen und Schülern wichtiger ist, Strategien zum unauffälligen Verweigern des Anforderungskontextes einzusetzen, als erwartungsgemäß innerhalb der gleichgeschlechtlichen Gruppe zu interagieren: doing student statt doing gender.

5.1.2 Abschreiben

Auch beim Abschreiben lässt sich ein ähnliches Muster finden. Üblicherweise wird die Wahl des Sitzplatzes von den Schülerinnen und Schülern nach den Kriterien Gleichgeschlechtlichkeit und Freundschaft entschieden. Bei Klassenarbeiten allerdings gewinnt ein anderes Kriterium plötzlich an Gewicht, nämlich die Möglichkeit, erfolgreich abzuschreiben. Dies wird in einem Interview deutlich, welches zwei Protokollantinnen Silke Ebsen und Damaris Güting mit einigen Schülerinnen und Schülern aus der C-Klasse führen.

„Es geht um das Thema Abgucken von anderen.
Damaris fragt: ‚Ihr habt jetzt gesagt, es hat etwas mit dem Sitzen zu tun, womit hat es noch zu tun, von wem man abschreibt.'
Wanja: ‚Es kommt auch drauf an, wie gut derjenige ist. Ich würde auch nicht von jedem abschreiben.'
Silke: ‚Warum?'
Wanja: ‚Weil das kann ja sein, dass es dann schlechter wird.'
Silke: ‚Und ihr würdet jeden abschreiben lassen?'

Wanja und Michaela: ‚Ja.' [...]
Ich weiß nicht mehr den genauen Hergang, aber es ging darum, dass Emil und Normen oder Jens Wanja abgucken lassen, aber nicht Michaela.
Michaela zu Wanja: ‚Ja, Dich lassen sie abgucken.'
Michaela erzählt: ‚Der Emil hat mich nicht abgucken lassen. Er hat dann eine Mauer aufgebaut mit Mäppchen, sodass ich nichts sehen konnte.' [...]
Damaris: ‚Habt ihr darüber gesprochen?'
Michaela: ‚Nein.'
Wanja: ‚Dann muss man halt trotzdem versuchen, es zu sehen'." (Cp00112dVideo)

Die Mädchen benennen – neben der grundsätzlichen Haltung, jeden abschreiben zu lassen – die Leistung der Schülerin oder des Schülers, von der oder dem abgeschrieben wird, als wichtigstes Kriterium. Sollte allerdings die Solidarität verweigert werden, dann muss man – so schlägt Wanja vor – trotzdem versuchen, abzugucken, unabhängig vom Geschlecht. Auch wenn das angeführte Beispiel gerade eine Verweigerung der Solidarität entlang der Geschlechtergrenze markiert, scheint dieses für die Beteiligten nicht von Bedeutung zu sein. Der Anspruch an die grundsätzliche Solidarität wird über die Separierung der Geschlechter gestellt, auch wenn anhand des Beispiels von Wanja genau das Gegenteil stattfindet. Wichtiger als das ‚richtige' – also gleiche – Geschlecht ist die Frage danach, ob die andere Person abschreiben lässt, ob die Größe und Qualität der Handschrift zum Abschreiben taugt und ob sie zusätzlich gut genug ist, um von ihrem Wissen zu profitieren, wie die SchülerInnen in einem anderen Interview verlauten lassen. Dabei existieren zwar Aushandlungsprozesse von Sympathie und Antipathie (wer lässt wen abschreiben oder nicht), die sowohl innerhalb des eigenen Geschlechts verhandelt werden als auch über die Grenzen hinweg. Geschlecht spielt aber in den Selbstaussagen der Schülerinnen und Schüler keine Rolle, sondern wird entdramatisiert. Diesbezügliche Nachfragen seitens der Forschenden weisen sie zurück, da das ‚Recht auf Abschreiben' für alle gleichermaßen gilt.

Auch einige Jungen machen sich Gedanken zu den Kriterien gelingenden Abschreibens.

„Torsten: ‚Ich schreib total bei dir ab Jens und du merkst das nicht.'
Jens: ‚Ich merk das sehr gut!'
Torsten: ‚Ja...'
Normen: ‚Ich, ich muss immer...'
Jens: ‚Ich hab dir das die ganz Zeit hingehalten...'
Normen: ‚Ich muss immer in der Mitte sitzen – damit sie abschreiben kann'."
(Cx90126jInterview)

In dem Interview äußert Normen, dass er bei Klassenarbeiten immer so sitzt, dass eine namentlich nicht genannte „sie", eine Mitschülerin, abschreiben kann. Abschreiben geschieht also explizit nicht nur innerhalb der Geschlechtergruppe, sondern auch zwischen Jungen und Mädchen. Dabei schreiben sowohl Mädchen von Jungen ab als auch umgekehrt. Im Sinne von doing student überlagert hier der institutionalisierte Erwartungskontext der Schule die geschlechtsgetrennte Sitzplatzwahl. Beim Abschreiben ist es allen wichtiger, neben einer Person zu sitzen, bei der das Abschreiben Erfolg versprechend scheint, als neben Personen des gleichen Geschlechts.

Dabei kommt es wider Erwarten auch nicht zu einer Eindeutigkeit in der Fächerverteilung. So ist Antje aus der A-Klasse eine beliebte Adresse bei Physikarbeiten, während die Deutscharbeiten von Knut geschätzt werden. Die, dem Feld Schule innewohnende Konkurrenz durch Leistungsanforderung und die dem entgegengesetzte Solidarisierung auf Seite der Lernenden wirken stärker als die Notwendigkeit einer geschlechtlich eindeutigen Inszenierung. Männliche Inszenierungen können dabei sogar hinderlich sein, indem sie beispielsweise die Konkurrenz noch verstärken, zumindest wirken sie nicht als Vorteil.

Allerdings gibt es ebenfalls Situationen, in denen sich die Erwartungskontexte von doing gender und doing student gegenseitig ergänzen. In der folgenden, schultypischen Sequenz wird Sieghard aufgerufen, um vorne in der Klasse etwas vorzustellen:

„Im Anschluss an Melanie wird Sieghard aufgerufen. Er kommt nach vorne, auf seinem Weg ruft Linda: ‚Buuh!' in die Klasse, Sieghard reagiert darauf nicht, Dirk dreht sich jedoch schnell zu Linda um und ruft demonstrativ: ‚Yeah!', um Sieghard zu unterstützen. Irgendjemand in der Klasse sagt noch mit scherzhaftem Unterton: ‚Langweilig!' Die Lehrerin reagiert jetzt darauf und kommentiert: ‚Na, das ist ja nett, was ihr zu ihm sagt!'. Linda sagt dazu: ‚Nee, das weiß er aber, dass das ein Scherz ist!', die Lehrerin wiederholt: ‚Ja, trotzdem...'. Sieghard selbst reagiert nicht auf die Diskussion." (Bd00118k)

Die Buuh-Rufe von Linda gegen Sieghard werden von Dirk aufgenommen. In Bestärkung der Jungengruppe solidarisiert er sich mit Sieghard. Die Entwertung geschieht gegen- die Unterstützung gleichgeschlechtlich. Somit ergänzen und verstärken sich an dieser Stelle doing gender und doing student. Treibende Kraft ist die spaßhafte Konkurrenz um gute Benotung für die eigene Geschlechtergruppe bei der Präsentation an der Tafel.

„Ariane steht jetzt auf und geht nach vorne, auf dem Weg dorthin ruft Inga ihr ‚Bravo' zu, daraufhin pfeifen einige Jungen, eher negativ gemeint, wohl als Gegenpol zu Ingas Solidarität." (Bd00122k)

Auch in dieser Sequenz wird Geschlecht aktualisiert. Die geschlechtshomogene Solidarisierung mittels ‚Bravo-Rufen' beantworten die Jungen durch ebenfalls geschlechtshomogenes Pfeifen. So entwickelt sich die Frage von Solidarisierungen und Entsolidarisierungen entlang der Geschlechtergrenzen. Die gleichgeschlechtlichen Solidarisierungen präsentieren sich in der letzten Feldphase als eine Art Klassenkultur in der B-Klasse, aus den anderen Klassen existieren keine ähnlichen Aufzeichnungen. Bemerkenswert ist, dass in beiden Fällen die Konkurrenzsituation durch das Dazwischenrufen von jeweils einem Mädchen eingeleitet wird. Dies steht im Gegensatz zum Befund von Hilgers, die feststellt, dass Dazwischenrufen, ebenso wie raumoffensives Verhalten, als männlich codierte Praktik in der Schule gilt (vgl. Hilgers 1994: 112 ff.). Möglicherweise hängt dies mit der ausgeprägten Mädchendominanz in der B-Klasse zusammen, die schon im Kapitel 4.2.2 detailliert beschrieben wurde.

Zusammenfassend lässt sich Hirschauer zustimmen: „Geschlechter werden nur dann unterschieden, wenn dies einen Unterschied macht" (Hirschauer 2001: 235). Denn bei den diskreten Kommunikationsformen wirkt die Dramatisierung von Geschlecht kontraproduktiv, da auffällig. Es dienen also nicht alle Handlungen von Jungen automatisch der Herstellung von Männlichkeit, sondern – wie in 3.2.4 ausgeführt – nur jene Praktiken, die zugleich auf Hierarchie und Dichotomie abzielen, welche nur dann eingesetzt werden, wenn sie einen Zugewinn von symbolischem Kapital erwarten lassen.

5.2 Männlichkeiten im schulischen Alltag

Neben Formen der Entdramatisierung von Geschlecht lassen sich jedoch auch weitere Hinweise für ein Zusammenspiel von schulischer Rahmenbedingungen und Männlichkeitskonstruktionen nachweisen. Die unterschiedlichen Ebenen dieses Zusammenspiels ist das Thema des folgenden Kapitels.

5.2.1 Zwischen Verweigerung und Konkurrenz

In der folgenden Sequenz wird formal ein schulorganisatorischer Vorgang behandelt, nämlich die Verteilung verschiedener Klassenämter.

„Nun werden die Ämter vergeben. Als erstes der Schlüsseldienst. Torsten meldet sich sofort und als einziger freiwillig und wird von Frau Helfrich genommen. Als Vertreter meldet sich niemand. Frau Helfrich fragt Jens, aber der lehnt ab, dann fragt sie Oliver, der genommen wird, da er antwortet, dass es ihm egal ist.
Den Klassenbuchdienst will zunächst niemand machen, dann meldet sich Karin zögerlich und sagt: ‚Von mir aus'. Frau Helfrich spricht dann Judith direkt an, ob sie mitmachen würde, die mit einem unbegeisterten ‚o.k.' antwortet." (Cy00831s)

Da sich nur Torsten für den Schlüsseldienst meldet, fragt die Lehrerin Jens, ob dieser die Stellvertretung übernehmen würde. Als der ablehnt, fragt sie mit Oliver einen weiteren Jungen, dem es egal ist, ob er das Amt ausführt. Ähnlich verfährt sie beim Klassenbuchdienst. Nachdem Karin eingewilligt hat, richtet sich die Lehrerin bezüglich der Vertretung an Judith.

Frau Helfrich organisiert so gleichgeschlechtliche Paare und bestärkt dadurch die dichotome Zweiteilung der Geschlechter. Weiterhin skizziert sie diese Dichotomie als Normalität, da sie sich scheinbar keine gemischtgeschlechtlichen Paare vorstellen kann. Kein Unterschied hingegen lässt sich bei den Schülerinnen und Schülern in der Bereitschaft zur Übernahme der Ämter feststellen. Nur Torsten möchte gerne einen Dienst übernehmen, die anderen vier zeigen wenig bis kein Interesse. Dabei fällt von niemandem ein Hinweis auf eine mögliche geschlechtliche Codierung verschiedener Klassendienste.

Die unterschiedlichen Aufgaben sind also nicht im Sinn von Geschlechterrevieren ‚für Mädchen' oder ‚für Jungen' reserviert. Der Unwille ist bei allen gleich verbreitet und bezieht sich eher darauf, dass viele generell kein Interesse haben, Verantwortung für die Klassenämter zu übernehmen. Es gibt zwar unterschiedliche Konnotationen, Jens lehnt ab, Oliver weicht aus, während beide Mädchen zögerlich zustimmen. Dies sind aber lediglich unterschiedliche Strategien der gleichen Vermeidungshaltung. Offensichtlich handelt es sich hierbei um eine wichtige Form des doing student, nämlich um eine Art ‚Weg des geringsten Widerstandes', ein formales Anpassen an die institutionellen Anforderungen der Schule bei gleichzeitigem Unterlaufen der dort geltenden Regeln zu eigenem Vorteil. Die Schülerinnen und Schüler lassen den Formalismus der Schule über sich ergehen und benutzen unterschiedliche Strategien, um unauffällig zu bleiben und sich möglichst wenig zu beteiligen.

Dies doing student bewirkt undoing gender, da die Ablehnung der Verantwortung von beiden Geschlechtern gleichermaßen vorgetragen wird – ganz im Gegensatz zur Lehrerin, die Geschlecht dramatisiert. Das Verhaltensrepertoire zwischen Anpassung und Opposition betrifft Jungen wie Mädchen. Man könnte vermuten, dass das Interesse geschlechtsspezifisch variiert. Während sich nämlich mit Torsten ein Junge für den Schlüsseldienst meldet, übernehmen zwei Schülerinnen den Buchdienst. Schlüsselbesitz könnte eine offensichtliche, wenn auch schwache, Markierung von Macht bedeuten. Die Buchschülerinnen hingegen müssen dafür sorgen, dass das Klassenbuch geführt wird. Dies bedeutet zwar in der Regel mehr Kontakt mit den Lehrkräfte, aber nicht automatisch Kapitaliengewinn. Die Aufgabe erfordert sowohl Kontrolle über die Lehrkräfte, ob diese das Klassenbuch führen als auch Unterordnung. Allerdings wird das Schlüsselamt in allen Klassen eher von kapitalienärmeren Schülerinnen und Schülern ausgefüllt, diese Lesart gründet also auf eigene stereotype Vorannahmen, beide Ämter gewähren kein Prestige.

„Für den Tafeldienst und Fegedienst werden Paare gebildet, die abwechselnd zusammen die Dienste übernehmen.
Wanja/Judith
Karin/Monja
Michaela/Naemi
Tamara/Mariam
Sascha/Dennis
Dominic/Detlef
Petra/Christine
Michelle/Luisa
Normen/Oliver
Jens/Torsten (diese Kombination macht Frau Helfrich, kriegt aber ein o.k. von ihnen)." (Cy00831s)

Bei der freiwilligen Einteilung von Paaren, die den Tafeldienst übernehmen, zeigt sich, dass die Schülerinnen und Schüler, ähnlich wie die Lehrerin, die Geschlechterseparierung für Normalität halten. Es bildet sich kein einziges gemischtgeschlechtliches Paar. Die Schülerinnen und Schüler der Paare sitzen auch jeweils nebeneinander und sind befreundet. Das heißt, der Tafeldienst wird nicht nur innerhalb des gleichen Geschlechts, sondern auch exkludierend unter Freundinnen oder Freunden übernommen. Bei den Jungen lässt sich weiterhin festhalten, dass sie meistens einen ähnlichen Status innerhalb des Klassenverbandes haben.[54] Hier findet sich die unter 4.3.1 aufgezeigte Separierung der Geschlechter wieder.

„Dann ist die Klassensprecherwahl an der Reihe. Frau Helfrich weist darauf hin, dass sie nicht will, dass es nur Jungen oder nur Mädchen machen, damit die Belange und Interessen beider Geschlechter berücksichtigt werden. Außerdem will sie, dass auch mal andere die Möglichkeit haben, in die verschiedenen Gremien reinzuschauen." (Cy00831s)

Formal insistiert Frau Helfrich auf eine ritualisierte Gleichbehandlung der Geschlechter. Je ein Jungen und ein Mädchen sollen als KlassensprecherInnenteam gewählt werden, um Gleichberechtigung herzustellen.[55]

---

54 Allerdings ist das Interaktionsgefüge in der C-Klasse generell ausgeglichener als in den Parallelklassen.
55 Formalisierende Lösungsversuche zur Verhinderung der Ungleichbehandlung der Geschlechter finden sich auch in der A-Klasse im Bezug auf die Unterrichtsbeteiligung: „Gudrun nimmt im Matheunterricht Susanne dran (gegenseitiges Aufrufen). Nadine sagt zu ihr: ‚Du musst einen Jungen'. Gudrun fragt die

Die C-Klasse wird zu diesem Zeitpunkt von 15 Schülerinnen und neun Schülern besucht, so dass Gleichbehandlung der Geschlechter durch diese Lösung nur auf einer formalen Ebene hergestellt werden kann.

„Es wird ein Klassensprecherteam und ein Vertreterteam gewählt. Dafür werden zunächst Vorschläge gesammelt.
Sascha schlägt Jens vor.
Oliver: Detlef
Michaela: Mariam
Normen: Luisa
Jens: Torsten
Es wird über den Wahlmodus diskutiert und sich schließlich darauf geeinigt, dass es zwei Wahlgänge gibt– einen für die Klassensprecher, einen für die Vertreter. Luisa und Mariam wollen zunächst ihre Kandidatur zurückziehen. Mariam bleibt durch Zureden von Frau Helfrich dabei und Luisa lässt sich darauf ein, nur als Vertreterin gewählt werden zu können. Frau Helfrich sagt etwas von: ‚Es sind eh so wenige Mädchen aufgestellt, ist doch schade, wenn ihr auch noch zurückzieht.' Normen bekräftigt das und sagt: ‚Wir haben 13 Mädchen in der Klasse!' Frau Helfrich teilt dann Zettel aus und sammelt sie wieder ein. Michaela und Michelle fungieren als Wahlhelferinnen. Die Stimmenverteilung sieht so aus:
Jens: 7
Detlef: 15
Mariam: 10
Wanja: 7
Torsten: 0
Damit sind Detlef und Mariam das Klassensprecherteam. Torsten zeigt keine Regung zu diesem Ergebnis.
Luisa fragt während der Auszählung: ‚Muss es immer ein Mädchen und ein Junge sein?' Frau Helfrich erklärt, dass sie es besser fände, wenn es so ist. Daraufhin sagen Luisa und Christine, dass sie es auch besser finden.
Bei der Wahl der VertreterInnen zeigt Detlef Normen seinen Wahlzettel und grinst. Ich kann nicht sehen, was drauf steht und Normen verzieht keine Miene. Zwischendurch fällt Frau Helfrich ein, dass sie die ‚Bücherschüler' vergessen hat festzulegen. Petra und Christine melden sich sofort und begeistert und werden genommen.
Die Ergebnisse der Vertreterwahl:
Jens: 15
Wanja: 9
Luisa: 9
Torsten: 2
Als Torsten seine zweite Stimme bekommt geht ein Lachen durch die Klasse: ‚Wow 2 Stimmen' u.ä..

Lehrerin: ‚Muß ich einen Jungen?' Lehrerin: ‚Immer Junge, Mädchen abwechselnd'." (Am80825d)

Das Ende der Wahl geht im Ende der Stunde unter. Die Stichwahl wird dann am Montag gemacht." (Cy00831s)

Auch hier zeigt sich, wie bei dem Schlüssel- und Klassenbuchdienst, wieder die geringe Bereitschaft zur Übernahme von Verantwortung für Klassenangelegenheiten, dieses Mal allerdings mit deutlich geschlechtsbezogen Aspekten. Während die vorgeschlagenen Jungen selbstverständlich das Klassensprecheramt übernehmen wollen, müssen Luisa und Mariam erst überredet werden.

Andererseits melden sich zwei Mädchen für das Amt der Wahlhelferinnen. An diesem Punkt tritt die Trennung der Sphären öffentlich und privat wieder auf. Während Männlichkeit mit öffentlich, ‚wichtig' und außerhäusig in Verbindung gebracht wird, steht Weiblichkeit für das Private und ‚unwichtige'. Die geschlechtliche Arbeitsteilung der bürgerlich-kapitalistischen Gesellschaft in Familienernährer und Hausfrau spiegelt diese Trennung deutlich wieder. Das Amt des Klassensprechers stellt eine offizielle Tätigkeit dar und wird somit eher den Jungen zugeordnet, es verspricht symbolischen Kapitalgewinn. Die Mädchen bieten sich im Gegensatz als Helferinnen an. Dies wird dadurch noch unterstrichen, dass drei Jungen, aber nur zwei Mädchen kandidieren und zusätzlich vier der fünf KandidatInnenvorschläge von Jungen gemacht werden. So wird das Amt des Klassensprechers als männliches Geschlechterrevier markiert.

Während die Jungen bei der Vergabe anderer Klassenämter eher unmotiviert sind, ist das prestigereiche Amt des Klassensprechers bei ihnen also offensichtlich deutlich beliebter. Sie sind sich scheinbar sicher, dass die öffentliche Ebene für sie vorgesehen ist. Bei den „BuchschülerInnen" verhält es sich wiederum anders. Sofort melden sich Petra und Christine.

Auffällig ist darüber hinaus, dass sich niemand für mehrere Ämter meldet oder sich erst auf ein, dann auf ein anderes Amt bewirbt. Die Schülerinnen und Schüler scheinen sehr genau auszusuchen, welches Amt sie haben möchten und welches nicht. Christine und Petra wollen Buchschülerinnen sein, Torsten möchte den Schlüsseldienst machen. Andere Dienste ziehen sie nicht in Erwägung. Es existieren also zwei unterschiedliche Haltungen zu den Klassenämtern. Entweder wird die Verantwortung generell abgelehnt, oder es existiert ein spezifisches Interesse an einem bestimmten Amt. Die Schülerinnen und Schüler wollen die Ämter nicht deswegen übernehmen, weil sie sich davon einen Statuszuwachs versprechen, oder weil sie es wichtig finden, dass allgemein Verantwortung übernommen wird.

Interessant ist weiterhin, dass mit Normen ein Junge bekräftigend darauf hinweist, dass es wichtig sei, das Klassensprecheramt geschlechterparitätisch zu besetzen, und weiterhin genaue Informationen über die Anzahl der Mädchen in der Klasse besitzt.

Darüber hinaus wird in dieser Sequenz ein wesentlicher Konstruktionsmechanismus des Systems hegemonialer Männlichkeiten sichtbar. Da das Klassensprecheramt in der Regel Zuwachs an symbolischem Kapital bedeutet, werden meist nur die statushöchsten Jungen Klassensprecher, was ihre Position wiederum steigert. Dass gilt für fast alle Klassen und Jahrgänge. Bei den Mädchen verhält es sich hingegen häufiger etwas anders:

Abbildung 11: KlassensprecherInnen in den jeweiligen Klassen

Klasse	1998	1999	2000
A	Helmut/Silvia	–?–	Helmut/Natascha
B	–?–	Joe/Marianne	Knut/Marianne
C	Jens/Monja	–?–	Detlef/Mariam

Sowohl Helmut als auch Knut, Joe und Detlef zählen häufig zu den zentralen Figuren in ihrer jeweiligen Klasse, nur auf Jens trifft dieses genauso wenig zu wie auf Monja und Mariam. Möglicherweise wird der Klassensprecher aufgrund der Prestigefrage gewählt. Für Helmut aus der jungendominierten A-Klasse trifft das sicherlich zu. Er ist zumindest im ersten und im dritten Jahr der Studie Klassensprecher und gleichzeitig eine zentrale Figur, Silvia und Natascha hingegen haben keine herausragende Stellung. Auffällig ist, dass diese beiden Mädchen jeweils ziemlich viel mit den Jungen interagieren, ihre Wahl aufgrund der Jungendominanz also auch damit zusammenhängt, ob sie von den Jungen akzeptiert werden. Auch Knut aus der B-Klasse ist ein sehr beliebter Schüler. Marianne war zwar in den ersten beiden Jahren der Studie noch eine zentralere Figur innerhalb der Klasse, im dritten Jahr ist ihre Stellung allerdings nicht mehr sehr exponiert.

Bei der Klassensprecherwahl wird Jens von Sascha vorgeschlagen, er selbst nennt dann Torsten. Damit ist er der einzige Kandidat, der selber einen Mitbewerber verschlägt. Denn Jens kann sich nicht sicher sein, gegen Detlef gut abzuschneiden. Torsten hingegen verfügt nicht über soviel Prestige und Kapitalien, er ist in viele Auseinandersetzungen verwickelt. Des öfteren fällt er in der Rolle des Klassenclowns auf, wie das folgende Beispiel aus dem Physikunterricht zeigt:

„Herr Ricken: ‚Der Mond ist ja aus demselben Material wie die Erde. Nämlich aus was?' Torsten sagt: ‚Kacke.' Viele lachen. Herr Ricken schaut Torsten böse an." (Cp90929d)

Torsten hat auch von sich selber das Bild, witzig zu sein:

„Normen: ‚Torsten – du bist nicht witzig.'
Torsten: ‚Doch ich bin total witzig'." (Cp90126sVideo)

Etwas später im gleichen Interview liefert er eine selbstironische Beschreibung, die Normen zum Lachen bringt.

„Normen: ‚Bei jedem aus der B-Klasse finde ich, dann sind sie einen Tag mal nett und einmal nicht.'
Torsten: ‚jaa, und manchmal haben sie total die Probleme. Ich mein, ich kenne das ja auch, ich bin ja schon seit der 5. Klasse der kleine Prügeljunge.' Alle lachen.
Torsten: ‚...so (macht jemanden nach) scheiße, 5! Torsten du dickes Schwein!'
Normen lacht." (Cp90126sVideo)

Das Statement, dass die „aus der B-Klasse ... total die Probleme" haben, wird von Torsten durch das selbstironische Argument belegt, dass er von diesen als „Prügeljunge" bei schlechten Arbeiten genutzt wird. Der Scherz funktioniert nur auf seine eigenen Kosten, er animiert die anderen dazu, über ihn zu lachen.

Torstens Position ist allerdings nicht prestigeträchtig genug, so dass Jens berechtigterweise hoffen kann, seine Position zu wahren. Dies zeigt sich in Abbildung 12. Das Image des Klassenclowns stellt in der 8. Klasse nur noch eine begrenzt legitime Inszenierungsmöglichkeit dar. Während in niedrigeren Klassen diese Figur für Jungen noch eine Inszenierungsalternative sein kann, so gewinnt in der Mittelstufe die Anforderung, erwachsen zu wirken, deutlich an Gewicht. Während die Rolle des Klassenclowns bei Kindern durchaus einen Kapitalgewinn auf der symbolischen Ebene verspricht[56] – möglicherweise sogar eine der wenigen Inszenierungsmöglichkeiten für weniger kapitalträchtige Männlichkeiten – wirkt diese Figur unter Jugendlichen eher kindisch und damit weniger prestigeträchtig. Hier wird das Spannungsfeld zwischen den unterschiedlichen Männlichkeiten in der Adoleszenz noch einmal offenbar. Die Adoleszenz präsentiert sich so als eine Übergangsphase von Männlichkeiten, doing adult wird als Bestandteil einer gelungenen männlichen Inszenierung zunehmend wichtig.

Entsprechend seiner Position in der C-Klasse wird Torsten dann auch gewählt, nämlich gar nicht. Jens Kalkül geht auf, er bewahrt seinen komplizenhaften Status aufgrund der Unterordnung von Torsten. Er kann zwar nicht gegen Detlef konkurrieren, der doppelt so viele Stimmen erhält, er ist aber auch nicht der Verlierer, an die Position hat er geschickterweise Torsten gesetzt. Jens macht sich das Prinzip der Konkurrenz zunutze, um seine eigene Position zu festigen und seine Absichten durchzusetzen. Torsten akzeptiert die Unter-

---

56 Nach der Studie von Zimmermann (1998) identifiziert sich ca. die Hälfte aller Jungen mit der Rolle des Clowns.

Abbildung 12: Interaktionsnetz der C-Klasse in der letzten Feldphase

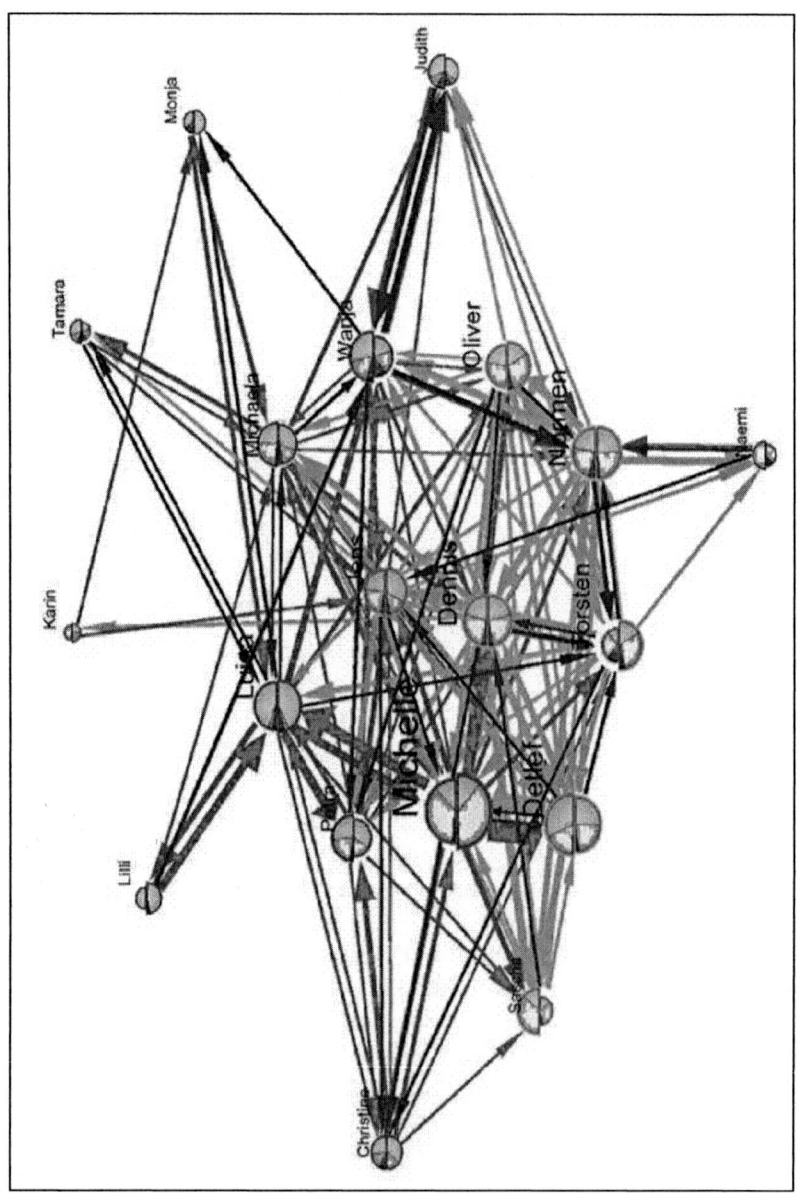

ordnung, er reagiert ähnlich wie Veith aus der A-Klasse, er „zeigt keine Regung". Aus der defensiven Position und mit zu wenig sozialem Kapital versehen, um mehr Stimmen zu erhalten, hat er keine andere Möglichkeit. Jede Reaktion seinerseits würde sein vernichtendes Abschneiden noch weiter sensationieren. Er könnte lediglich von der Stellvertreterwahl zurücktreten, dieses tut er aber nicht. Denn auch in diesem Fall wäre er als Verlierer markiert.

Bei der Wahl des Stellvertreters geht Jens Kalkulation noch einmal auf. Torsten erhält zwei, er selber 15 Stimmen. Hätte er Torsten nicht vorgeschlagen, wäre er konkurrenzlos gewählt worden. Er demonstriert seine Überlegenheit und setzt seine Absicht auf Anerkennung durch. Jens sichert so auch seinen geschlechtlichen Status, da Konkurrenz und Suprematie zu den Grundprinzipien von Männlichkeit gehören. Die MitschülerInnen gehen auf Jens Trick als komplizenhafte Männlichkeit ein, sie nehmen die strukturelle Entwertung auf und kommentieren das Wahlergebnis ironisch anerkennend. Dadurch wird die Entwertung aktualisiert und veroffensichtlicht.

Die MitschülerInnen geben durch die Kommentare zum Ausdruck, dass sie verstanden haben, dass Torsten kein ernst zu nehmender Kandidat für das Amt des Klassensprechers ist. Die Ironie der MitschülerInnen erkennt den formalen Rahmen der Unterrichtsituation an, erweitert ihn aber gleichzeitig, Ironie erscheint als besonders funktionabel. Die Klasse reagiert erwartungsgemäß mit allgemeinem Lachen, welches die Unterordnung von Torsten noch einmal aktualisiert und zudem von den Mädchen mitgetragen wird, sie nehmen an der Konstruktion untergeordneter Männlichkeit teil. Gleichzeitig wiederholt sich die Erwartungshaltung an den Untergeordneten, die Unterordnung als Spaß zu begreifen und nicht als Entwertung.

Es bietet sich noch eine zweite Möglichkeit zur Interpretation von Torstens Interesse vom Anfang der Stunde, das Schlüsselamt zu übernehmen. Er versucht, sich einen Platz als Funktionsträger zu sichern. Allerdings ist das Schlüsselamt dazu nur unzureichend geeignet. Auch wenn man argumentieren könnte, dass der Schlüssel symbolische Macht bedeutet, zeigt sich empirisch die Lage etwas anders. Das Amt des Schlüsselschülers ist im Vergleich zum Klassensprecheramt weniger prestigeträchtig und es wird häufiger von kapitalienärmeren Schülern übernommen, es scheint also eher als unattraktiver Hilfsdienst zu gelten.

Die Notwendigkeit der Übernahme von Klassenämtern führt teilweise zu einer generellen geschlechterübergreifenden Ablehnung. Andererseits legen die verschiedenen Ämter eine Privilegierung der dichotomen Geschlechterinszenierung nahe, wie zum Beispiel der Unterschied zwischen Schlüsseldienst und Klassenbuchführung. Das kapitalträchtige Klassensprecheramt wird von den Jungen als männliches Geschlechterrevier reklamiert. Die in der Klassensprecherwahl innewohnende Konkurrenz wird für eine Inszenierung von Männlichkeit genutzt. Es wird deutlich, dass sich die Gleichzeitigkeit der Anforderungen Schule und Geschlecht sowohl verstärken als auch miteinander in Konkurrenz treten können. Dabei ist es eine Frage des Kontextes und der Auseinandersetzungen, welche Strukturierungsfolie im Feld ‚oben auf liegt'.

5.2.2 Konstruktion von Männlichkeit im Unterrichtssetting

Die Bewertung der schulischen Leistung nimmt eine herausragende Stellung im Schulalltag ein. Allerdings ruft der Vorgang häufig weitere Effekte auf. So kann es für Jungen einen Prestigegewinn darstellen, sich oppositionell zum Benotungssystem zu positionieren. Andererseits lassen gute Noten auf ein höheres symbolisches Kapital hoffen. Auch in der folgenden Biologiestunde überlagern sich doing gender- und doing student-Prozessen unter Beteiligung der Lehrkräfte. Bei der Rückgabe von Klassenarbeiten werden unterschiedliche Konstruktionsprozesse innerhalb des Systems hegemonialer Männlichkeiten deutlich.

„Der Lehrer erklärt zur Bioarbeit, dass er die Noten noch eintragen müsse, deshalb solle jeder einzeln nach vorne kommen und seine Arbeit abholen. Als erster ist Erik vorne. Schon auf dem Weg zu seinem Platz zurück sagt er: ‚3+!'
Erik war gerade bei Dirk vorbeigekommen, der fragt: ‚2+?' Erik korrigiert: ‚3+', während er weiterläuft. Als Erik auf seinem Platz ist, interessieren sich Mareika und Melanie für seine Arbeit. Eine fragt: ‚Darf ich mal gucken.' Erik hat nichts dagegen und so schauen sie sich gemeinsam seine Arbeit an und stehen dabei um Eriks Platz herum." (Bb81029d)

Die Passage beginnt mit einem weiteren Beispiel für die Konstruktion von undoing gender. Erik reagiert sowohl auf die Nachfragen seiner Mitschüler wie auch seiner Mitschülerinnen, ein eindeutiger Unterschied lässt sich nicht feststellen. Auch an diesem Punkt wird offensichtlich, dass nicht alles, was Jungen tun, notwendigerweise Herstellung von Männlichkeit ist. Erik geht nicht darauf ein, dass seine Note schlechter ist, als Dirk angenommen hat. Möglicherweise behandelt er sein Ergebnis deswegen so öffentlich, um es nicht zu sensationieren und damit bedeutsamer zu machen.

„Dirk ruft: ‚Ey, der Olin hat zu Juliana: Nutte gesagt.' Jetzt ist Dirk dran mit seiner Arbeit. Dirk geht zurück zu seinem Platz und hat seine Arbeit in der Hand, wobei er die ganze Zeit steht. Er hält das Papier so zusammengefaltet, dass die Arbeit nicht zu sehen ist, ich finde er hält sie ziemlich verkrampft. Er ruft: ‚Ey, Erik, der hat zu Juliana Nutte gesagt!' Erik geht nicht darauf ein. Kerstin schaut ihn an und fragt ihn, was er denn hat. Er: ‚Ich weiß es noch nicht'. Er stiert auf den oberen Teil des ersten Blattes, das er nun auseinandergefaltet hat. Schließlich gibt er Kerstin eine Antwort, er sagt mit ironischem Unterton: ‚Ich habe eine wunderbare Fünf!' Dirk läuft hinter zu Erik, Erik fragt: ‚Was hast du?' Erst gibt Dirk Erik keine Antwort, dann sagt er

168

kurz und abgehackt: ‚Vier plus eins.' Er dreht sich um seine Achse und sagt: ‚Sechs minus eins.' Dann wendet er sich ab und geht auf seinen Platz zurück." (Bb81029d)

Die Situation der Rückgabe von Klassenarbeiten ist generell mit Konkurrenz und Versagensängsten belegt. Die hier gewählte Form der Rückgabe verstärkt diese Anspannung noch, da alle einzeln vorgeführt werden. Der Lehrer stellt die ihm zugeschriebene Macht zur Schau und unterstreicht dadurch indirekt seine zentrale Stellung in der Klasse. Dirk weiß bereits darum, dass er eine schlechte Arbeit geschrieben hat. Er versucht unterschiedliche Strategien, um von den dadurch ausgelösten Emotionen abzulenken und seinen Status innerhalb des Systems hegemonialer Männlichkeiten zu wahren. Männliche Sozialisation zielt konventioneller Weise auf die Externalisierung und Verdrängung von (insbesondere negativen) Emotionen wie Angst, Versagen und Ohnmacht. „Bei den Jungen wird mit dem Alter die Selbsterfahrung von und die Selbstbestätigung über Gefühle gehemmt und externalisiert, also nach außen gelenkt" (Böhnisch/Winter 1994: 22). Die Externalisierung geschieht über Rationalisierung, Bagatellisierung oder Kompensation. Aber auch positive Gefühle werden häufig verdrängt. Dieses führt zu Außenorientierung, permanenter (Selbst-)Kontrolle und starker Rationalität (vgl. Budde 2003c: 7ff).

Zuerst stellt Dirk eine sexualisierende Erniedrigung gegen Juliana her, als deren Urheber er dann allerdings Olin angibt. Mit der Sexualisierung knüpft er an den Kontext der Klassenarbeit an, die in Scxualkunde geschrieben wurde. Sie dient der Aufwertung seiner Person und damit der Kompensierung negativer Gefühle im Bezug auf seine Note. Der Begriff „Nutte" beinhaltet gleichzeitig eine Sexualisierung und Entwertung. Dirk dramatisiert Julianas Geschlechtszugehörigkeit und macht sie zum Ansatzpunkt der Entwertung. Er adressiert sie nicht, weder an Juliana noch an andere Mitschülerinnen oder Mitschüler, sie wirkt ohne Zusammenhang in den Raum gestellt. Aufgrund der hilflosen Situation, ausweglos auf eine schlechte Note zu warten, steht er unter enormer Anspannung. Deswegen dient seine Sexualisierung auch nicht in erster Linie der Erniedrigung von Juliana, sondern eher dazu, die Anspannung weiterzugeben. Dafür greift er geschlechtsbezogene Inszenierungsmöglichkeiten zurück, da die Entwertung und Sexualisierung von Frauen legitime Interaktionsformen komplizenhafter Männlichkeit darstellen. Dirk will so davon ablenken, dass nun er dran ist, um seine Klassenarbeit abzuholen. Die Darstellung der Äußerung als ein Zitat von Olin nimmt ihr die Schärfe. Sein Vorhaben misslingt allerdings, niemand geht auf seinen Kommentar ein.

Männlichkeit garantiert also nicht in jedem Falle den legitimen Erhalt der Hegemonie, tradierte Machtelemente können zwar als Option eingesetzt werden, aber ihr Erfolg ist nicht sicher, sondern kontextbezogen und von den Kapitalien und den Feldbedingungen der Jungen und Mädchen abhängig, denn die

Entwertung von Juliana wirkt deplaziert. In der formalisierten Situation der Notenvergabe ist es Dirk nicht möglich, durch die Wahl dieses massiven Schimpfwortes den Kontext zu verändern. Nachdem er seine Arbeit bekommen hat, adressiert er die Entwertung noch einmal direkt an Erik, auch hier erhält er keine Reaktion. Dirk bleibt mit der Absicht, von seiner schlechten Note abzulenken, erfolglos.

Aber die Anspannung drückt sich nicht nur in der Entwertung von Juliana aus, sie ist inkorporiert. Dirk ist verkrampft, er „stiert auf sein Blatt" und faltet es nicht auseinander. Sein Körper drückt das Unbehagen aus, welches er in der Situation nicht anders äußern kann. Er macht den Eindruck, dass er sich sehr zusammenreißen müsse, um die Enttäuschung nicht körperlich manifest werden zu lassen. Sein Verhalten gleicht der körperlichen Reaktion auf Unterordnungen. Und in der Tat, es handelt sich um eine ähnliche Situation. Die Unterordnung wird allerdings nicht von Mitschülern vorgenommen, sondern liegt in der schlechten Note begründet, markiert ihn aber ebenfalls als Versager, insbesondere weil es um das Thema Sexualität geht. Dirk hat die Situation nicht unter Kotrolle, sondern scheitert an der männlichen Erwartungshaltung und bekommt so das Handlungsmuster untergeordneter Männlichkeit zugewiesen. Die schlechte Note stellt eine symbolische Repräsentanz der hierarchischen Institution Schule dar, welche somit in direktem Zusammenhang mit Gender-Konstruktionen steht.

Die Ironie seiner Antwort an Kerstin, er habe „eine wunderbare Fünf" dient ebenfalls der Schaffung von Distanz zu den negativen Emotionen. Bemerkenswert sind auch weitere Strategien, welche die Schüler einsetzen, um der Frage nach ihrer Note auszuweichen. Neben Entwertung und Ironisierung benutzt Dirk noch eine andere Strategie:

„Später fragt Olin Dirk: ‚Was hast du?' Gleich darauf guckt Olin schon wieder weg. Knut schaut jedoch noch hin, ich sehe, dass Dirk ihm stumm seine fünf Finger zeigt. Dirk fragt nach: ‚Du auch?' Knut nickt fast unmerklich." (Bb81029d)

Aber auch in der A-Klasse findet sich dieses Verhalten:

„Sandro dreht sich zu Joachim um und fragt ihn: ‚Was hast du?' Joachim tippt daraufhin auf seinem Taschenrechner die von ihm vermutete Note ein, da er seinen Test noch gar nicht zurückerhalten hat. Ich kann nicht erkennen, was er eingibt, Sandro wirkt jedoch erstaunt und fragt nach: ‚Echt?'. Joachim nickt und zuckt mit den Schultern." (Ap01219k)

Joachim benutzt einen Taschenrechner und Schulterzucken, um Distanz zu seiner vermuteten schlechten Note herzustellen.

Knut wendet eine andere inkorporierte Strategie an:

„Mareika fragt Knut nun noch mal persönlich, was er denn hat. Er sagt: ‚Vier minus'
und macht dabei eine kurze und coole Rapperbewegung mit Armen und Hüfte."
(Bb81029n)

Hier nennt Knut zwar seine schlechte Note, versucht aber durch eine körperliche Geste, Distanz herzustellen, vermutlich um den Eindruck zu erwecken,
er stehe schlechten Schulnoten gleichgültig bis verächtlich gegenüber. Ähnliches will Joachim im vorherigen Beispiel durch sein Schulterzucken demonstrieren. Die Ausweichstrategien verweigern häufig das Nennen der eigenen
Note. Möglicherweise wirkt hier eine Angst vor der performativen Materiali-
sierung der Note durch den Ausspruch. Wenn man das linguistische Konzept
der Performativität zugrunde legt, dann kann hinter der Weigerung des Aus-
sprechens die Vorstellung stehen, dass erst der sprachliche Akt die Note mate-
rialisiert. Auch wenn dieses unsinnig und altersunangemessen erscheint, offenbart sich ein bewusster Widerspruch. Denn die Schüler haben sehr wohl
verstanden, dass ihre Noten schlecht sind, weigern sich aber, dies selber
sprachlich zu ihrer eigenen Äußerung zu machen. Mit Butler könnte man
weiterfolgern, dass die Zitierung bewußt manipuliert wird, um einer entwertenden Benotung zu entgehen.

„Michaela, Judith und Wanja fragen spöttisch bis abfällig: ‚Und du, ne Zwei!?'
Normen schüttelt den Kopf und sagt: ‚Denkste!' In gleicher Tonlage, leicht abfällig
und auf eine Bestätigung wartend, fragt Michaela nun: ‚Ne Drei!?' Normen schüttelt
wieder den Kopf, sagt dann schnell: ‚Kein Kommentar'." (Cm81125n)

Dieses Verhalten lässt sich nur bei Jungen finden – zwar nicht immer gepaart
mit real schlechten Noten – aber immer im Zusammenhang mit Noten, die
schlechter sind als erwartet. Gegen diese Beobachtung steht die Selbstaussage
von Erik, der im folgenden Interviewausschnitt den formalen Rahmen der
Notengebung betont.

„Auf die Frage [einer Ethnographin, J.B.] hin, wenn jemand Fremdes in die Klasse
kommen würde, und ihm erklärt werden solle, worauf es ankommt bei den Noten-
aushandlungen, sagte Erik sinngemäß: ‚Es kommt auf gar nichts an. Man bekommt
halt seine Arbeit.'
Ich frage: ‚Würdet Ihr das nicht gut finden, wenn jemand das nicht sagt.' Erik:
‚Wenn man mich fragt, dann sage ich halt, dass ich 'ne Fünf habe.' Ich: ‚Das ist
dann OK.' Erik: ‚Die Mädchen trösten sich halt gegenseitig, aber wir Jungs sagen
dann: Ich hab ne Fünf und lachen dann. Wir lachen einfach darüber'." (Bx81008d)

Erik ist ein konstant guter Schüler, der in der Regel keine Ablenkungsstrategien einsetzt. Nach seiner Aussage gehören Noten einfach dazu, deswegen sei
jedes situationsunangemessene Verhalten deplaziert. Sehr deutlich betont er

171

hingegen den geschlechtsspezifisch unterschiedlichen Charakter des Umgangs. Die Mädchen trösten sich, die Jungen lachen einfach darüber. Während seine Beobachtung für die Mädchen zum Teil zutrifft, ist sie für die Jungen falsch, beziehungsweise beschönigend. Dirk ironisiert zwar seine „wunderbare Fünf", er wirkt aber gar nicht belustigt. Das Statement, dass Jungen lachend reagieren, verweist eher auf sein stereotypes Bild von Jungen, die auf negative Erlebnisse lustig reagieren sollen, um zu zeigen, dass ihnen die schlechte Note und die damit zusammenhängenden Gefühle, wie Enttäuschung, Versagen etc., nichts anhaben können. Zugrunde liegt seiner Aussage, dass Jungen in emotionalen Situationen zu Strategien der Externalisierung greifen und so zu einer Wiederherstellung von Männlichkeit beitragen. Im Allgemeinen zielen die Ablenkungsstrategien darauf, einen offensiven Umgang zu vermeiden.

Die Schüler versuchen mit diesen unterschiedlichen Ablenkungsstrategien, die Enttäuschung über schlechte Noten abzuwehren. Negativ belegte Emotionen stehen der souveränen Konstitution von Männlichkeit grundsätzlich entgegen. Sie können nicht integriert werden, sondern müssen durch unterschiedliche Strategien der Distanzierung ‚ungeschehen' gemacht werden. Dieses Verhalten erinnert an Kleinkinder, die denken, dass ein Gegenstand in dem Moment aufhört zu existieren, in dem er verschwindet. Es steht im Gegensatz zu der sehr coolen und distanzierten Präsentation der Noten. Vielleicht würde ein Aussprechen der Note das schulische ‚Versagen' zur Schau stellen. Da es im System hegemonialer Männlichkeiten kaum Möglichkeit gibt, Schwäche legitimerweise ausdrücken zu können, muss auf eine Hilfskonstruktion zurückgegriffen werden, denn kleineren Kindern ist es noch erlaubt, Emotionen zu zeigen. Das männliche Gebot der Externalisierung ist nicht vollständig installiert. Durch den Rückgriff auf ein altersunangemessenes Verhalten eröffnet sich eine Handlungsalternative für das erlebte Versagen. Vielleicht ist die Verwendung kleinkindlicher Elemente sogar eine der wenigen, den Jungen bekannte Möglichkeit, mit (negativen) Emotionen umzugehen, da Kleinkinder aus der Definition von Männlichkeit ausgenommen sind. Wie West/Zimmerman belegen, wird bei Kindern die Aufforderung, „sei ein Junge" kontrastiv gegen „du benimmst dich wie ein Baby" (West/Zimmerman 1991: 23) gestellt. In der Flucht in kindliches Verhalten liegt so eine Möglichkeit, mit Emotionen umzugehen, ohne die geschlechtliche Ebene zu thematisieren.

In der B-Klasse dauert derweil die Notenaushandlung an.

„Joe kommt zurück an seinen Platz, Knut fragt, was er denn hat. Joe: ‚Fünf Plus...' Auch Dirk ist kurz da, er schlägt sich mit Joe in die Hände. Sie schauen sich die Arbeit an und reden über Aufgaben daraus." (Bb81029d)

Auch Joe hat eine schlechte Arbeit geschrieben, zum Zeichen der Gemeinsamkeit schlägt er sich mit Dirk in die Hände. Dies stellt eine Form der symbolischen Komplizenhaftigkeit her. Auch sie tauschen sich nicht verbal über ihre schlechten Noten aus, sie klatschen sich ab, als verkürzte tröstende Geste. Da unter Jungen Berührungen weitestgehend tabuisiert sind, kommt ‚in den Arm nehmen' nicht in Frage. Es bleibt eine kurze, körperferne Geste, die aus dem betont ‚coolen' Kulturstil HipHop übernommen ist. Trotzdem unterstützen sich die beiden einander und gewähren so Trost.

„Dirk springt auf und jubelt über seine Drei. Er ist in Joe's Nähe, Joe fragt ihn, was er hat. Beide schlagen sich gegenseitig ihre beiden Hände mit der flachen Hand gegeneinander als Pose des Erfolgs." (Bm81007d)

Insbesondere Dirk aus der B-Klasse setzt gern das Handabklatschen in Verbindung mit Notenvergabe ein. Auch in der C-Klasse lässt sich das Muster öfter wieder finden, ebenfalls im Zusammenhang mit Notenvergabe.

„Dennis und Detlef vergleichen ihre Arbeiten (Dennis hat wohl eine ähnliche, ziemlich gute Note). Dennis sagt zu Detlef: ‚Ey Kumpel!' Beide schlagen sich verbrüdernd die Hände." (Cd91102d)

„Dann bekommt Dominic seine Arbeit. Er sagt: ‚... Plus' (Ich kann die Note nicht sicher verstehen, ich glaube eine Drei Plus). Dominic und Oliver klatschen sich mit den Händen gegenseitig ab." (Cp91207d)

Seltener wird die Geste auch in anderen Kontexten benutzt, um Gemeinsamkeit und Komplizenhaftigkeit zwischen Jungen herzustellen.

„Joe: ‚Du hast mich nicht gesehen, o.k.?' Mark und Joe schlagen sich die Hände und besiegeln die Abmachung." (Bm90917d)

Ein einziges Mal lässt sich im Material das Handabklatschen als zwischengeschlechtliche Interaktion finden.

„Knut ‚schlägt Nina ab', als sie an seinem Platz vorbeikommt und sich setzt. Es scheint ein leichtes Zeichen der Anerkennung zu sein oder soll einfach zeigen, wie ‚cool' beide sind." (Bp01013j)

Gerade die Darstellung von ‚Coolness' ist ein wichtiges Merkmal bei der körperlichen Inszenierung von Männlichkeit. Nach Karl-Heinrich Bette gehört eine wohldosierte Kombination von überlegener Distanziertheit und zur Schau gestellter Körperbeherrschung zu einer „Sozialfigur der Körperdistanzierung" (Bette 1989: 132). ‚Coolness' bedeutet für Jungen den Versuch, eine hoch diffizile Konstruktion als quasi natürlich darzustellen. Bette bindet die Tradition der Körperdistanzierung rück an klassenspezifische Distinktionsprozesse (vgl. ebd.: 133). Der Körper steht durch bewusst inszenierte Unauffälligkeit im Mittelpunkt, in Abgrenzung zu einer aufdringlichen Darstellung muskulöser Körper gewinnt hier die Distinktion an Bedeutung und verleiht dieser Inszenierung ihren hegemonialen männlichen Charakter. Häufig gerinnt die ,Coolness' in ritualisierten Posen. Diese Geste wiederholen die Jungen zu so vielen Gelegenheiten, dass hier von einem generalisierbaren Muster männlicher Körperinszenierung gesprochen werden kann. Zum einen ist es eine in allen Schulklassen und Altersstufen verbreitete Inszenierungsform, zum zweiten fallen an diesem Punkt genau die Balance aus Distanz, Nähe und Körperlichkeit ineinander. Ein minimierter körperlicher Kontakt produziert Zugehörigkeit für die korrekte symbolische Inszenierung. Mädchen benutzen dieses Muster kaum.

In der Passage aus der B-Klasse beteiligen sich mittlerweile auch die Mädchen an dem Austausch über die Zensuren.

„Jolanda steht auf, geht in Richtung des Tisches von Joe und guckt über die Schultern auf den Tisch, wo wohl die Arbeit liegt. Dann geht sie wieder zurück auf ihren Platz neben Joke. Sie dreht sich nach hinten und sagt zu Marianne: ,Ey, weißt du was der Joe hat?' Marianne: ,Ne.' Jolanda: ,Ne Fünf plus!' Marianne: ,Oh, geil!' Marianne steht gleich auf und guckt auf Joes Tisch, wo immer noch zwei Jungen um Joe herum stehen." (Bb81029d)

Die Fünf von Joe zieht das Interesse von Jolanda und Marianne auf sich. In der Regel ist er ein durchschnittlicher Schüler, von dem diese Note nicht zu erwarten gewesen wäre. Auch im weiteren Verlauf der Stunde bleibt das Erstaunen über seine Note präsent. So freut sich Marianne beispielsweise über sein schlechtes Abschneiden. Dieses gewinnt vor dem Hintergrund des Umgangs in der B-Klasse eine besondere Dimension.

Während im 7. Jahrgang der A-Klasse die Auseinandersetzungen hauptsächlich in der Jungengruppe ablaufen und es in der C-Klasse wenig Konflikte gibt, kommt es in der B-Klasse zu vielen Auseinandersetzungen zwischen den Jungen, aber auch zwischen Jungen und Mädchen, wie Abbildung 13 zeigt.

Dieses steigert sich sogar noch im 8. Jahrgang, der in der B-Klasse sehr konfliktreich ist, während bei der A- und C-Klasse die Konflikte nachlassen. Die offensive Konkurrenz von Mädchen gegen Jungen lässt sich in der B-Klasse häufiger vorfinden, in den anderen Klassen ist diese Form geschlechterübergreifenden Verhaltens wesentlich weniger ausgeprägt. Möglicherweise hängt dieses mit der zahlenmäßigen Überlegenheit der Mädchen zusammen. Dadurch können die Jungen nicht in dem sonst üblichen Rahmen dominieren.

Die Rückgabe der Biologiearbeiten in der Sequenz ist mittlerweile beendet.

„Der Lehrer Herr Bartoldi hat alle Arbeiten ausgegeben, er sagt laut für alle: ‚Ich möchte mich bei den beiden entschuldigen, bei denen ich mich vertan habe.' Knut ruft: ‚Entschuldigung nicht angenommen!' (Ich glaube, jemand fragt, wer das denn war). Der Lehrer: ‚Knut und Frederik.' Gemurmel, jemand sagt etwas mit Jungen. Herr Bartoldi: ‚Ja, zwei Jungen.' Lehrer lachend und ironisch: ‚Ich benachteilige Jungen!'" (Bb81029d)

Hier rekurriert der Lehrer ironisch auf feministisches Vokabular, um Fehler zu rechtfertigen und dramatisiert damit Geschlecht. Dieses Muster findet sich an mehreren Stellen und wird im Kapitel 6.1 ausführlich aufgegriffen. Auch wenn nicht mehr zuzuordnen ist, wer den Gender-Aspekt aufgeworfen hat, kommt es zu einer Fortführung. Aus zwei Schülern, bei denen sich Herr Bartoldi geirrt hat, wird von einem Schüler die Jungengruppe als homogen und benachteiligt konstruiert. Durch die Verwendung ursprünglich feministischen Vokabulars unterstreicht der Lehrer noch einmal den Geschlechterbezug. Knut kann sich mit dem Ablehnen der Entschuldigung als hegemoniale Männlichkeit profilieren, da er sich gegen einen Lehrer stellt.

Geschlecht bleibt dann als Hintergrundvariable in den folgenden Interaktionen präsent. Nachdem die Irrtümer des Lehrers in einen geschlechtlichen Hintergrund eingeordnet sind, rekurriert auch die nachfolgende Passage auf Gender-Aspekte:

„Zu Almut sagt Herr Bartoldi: ‚Du warst gut. Du hast gut mitgearbeitet in Sexualkunde.' Die Klasse lacht schallend, Almut lacht auch. Ich sehe, dass sie nun – die anderen achten schon nicht mehr so auf sie – knallrot anläuft." (Bb81029d)

Diese unfreiwillige Sexualisierung durch den Lehrer stößt auf breite Anerkennung. Das gemeinsame Lachen drückt aus, dass die Verschiebung des Kontextes von der Klasse verstanden und befürwortet wird. Die Reaktion von Almut schwankt zwischen zustimmendem Lachen und Peinlichkeit.

„Nun fragt jemand nach der besten Note. Dirk ruft: ‚Sonja.' Der Lehrer fragt nun zu Sonja hin: ‚Darf ich das sagen, die beste Note?' Sonja: ‚Weiß doch eh jeder.' Der Lehrer: ‚Offensichtlich nicht. Beste Arbeit, Sonja!' Mark fragt nun: ‚Und der beste Junge?' Jemand ruft den Namen.
Herr Bartoldi spricht über Joes Note, auch eine Zwei oder Zwei Minus. Er sagt: ‚Aber nicht so gut wie Mareika.' Dirk ruft: ‚Jungendiskriminierung'." (Bb81029d)

In der Stunde bleibt auch das Thema der Übernahme ursprünglich feministischen Vokabulars in den Diskurs um Männlichkeit präsent. Die Klasse beschäftigt nun die Frage danach, wer die beste Biologienote habe. Die Feststel-

Abbildung 13: Interaktionsnetz der B-Klasse aus der ersten Feldphase

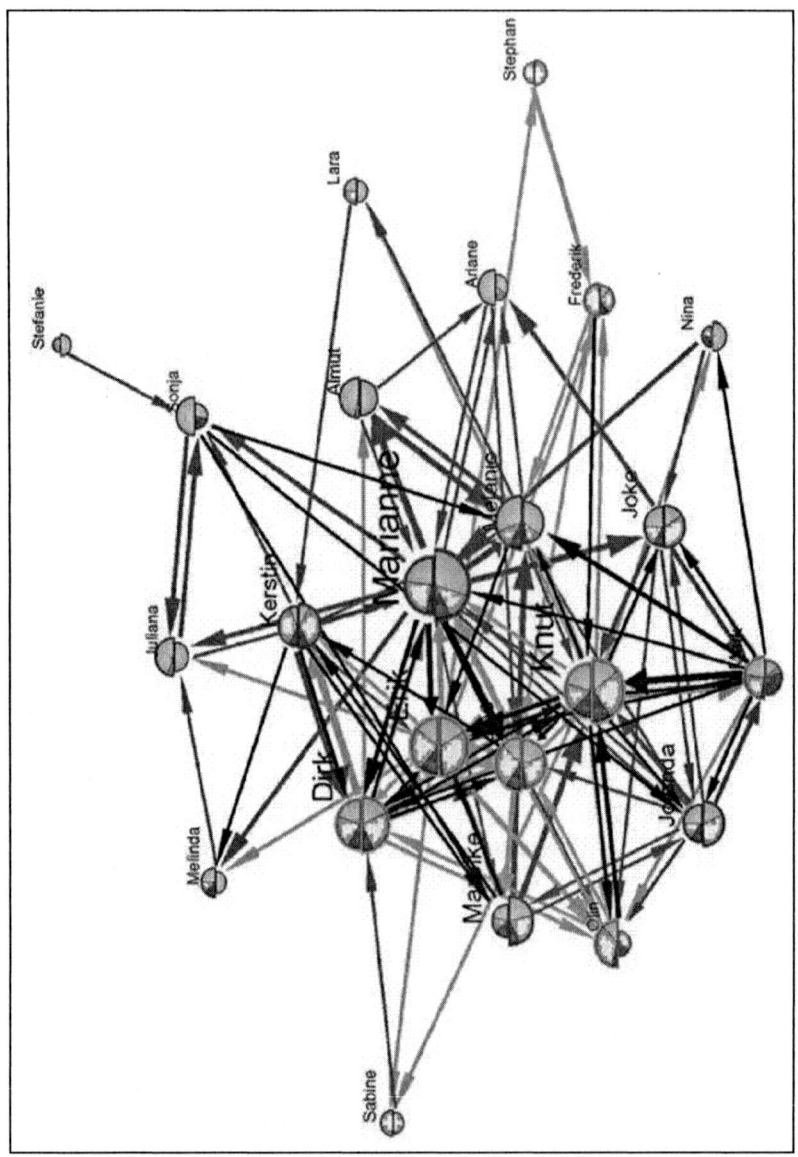

lung, dass die beste Arbeit von Sonja geschrieben wurde, veranlasst Mark zu einer Dramatisierung von Männlichkeit. Die Frage: „Und der beste Junge?" versucht, das Prestige der Jungen zu retten, indem wenigstens ein Jungenname mit dem Attribut ‚Bester' versehen wird. Sonja ist übrigens von der Zur-Schau-Stellung ihrer Leistung nicht besonders begeistert. Sie darf sich nicht freuen, weil sie sonst als Streberin angesehen werden könnte.

Der Lehrer vergleicht die Note von Joe und Mareika, ohne allerdings auf die Geschlechterdifferenz einzugehen. Sein Vergleich zielt auf die schultypische Situation der Notenkonkurrenz ab. Dirk allerdings verleiht der Aussage eine geschlechtsbezogene Komponente und unterlegt sie mit einem Machtmodell, nach dem Jungen diskriminiert werden. Möglicherweise liegt dieser Aussage die reale Erfahrung zugrunde, dass Mädchen in Biologie bessere Noten erzielen (vgl. Baumert 2000).

Wenn man die Noten von zwei Klassenarbeiten in Biologie vergleicht, ergibt sich nach Geschlechtern getrennt folgendes Bild:

Abbildung 14: Notenverteilung von zwei Biologieklausuren der B-Klasse

Note/ Geschlecht	Jungen	Mädchen
1	5	5
2	2	11
3	4	6
4	3	5
5	1	4
6	3	1
∅	3,1	2,7

Aus den Klausurnoten wird deutlich, dass die Mädchen etwas besser abschneiden als die Jungen. Allerdings sieht dieses hinterher bei der Endnotenvergabe anders aus, wie Abbildung 15 verdeutlicht. Obwohl die Jungen durchschnittlich bei den Klausuren schlechter abschneiden als die Mädchen, erhalten sie am Ende des Jahres bessere Zeugnisnoten. Dieses kann daran liegen, dass sie sich im mündlichen Bereich mehr beteiligen. Vielleicht hängt dies aber auch mit den Begabungszuschreibungen seitens der Lehrkräfte zusammen. Dabei werden den Schülerinnen und Schülern je nach Geschlecht unterschiedliche Begabungen zugeschrieben. Auf jeden Fall scheint der Wissensvorsprung der Mädchen in den Klausuren nicht auszureichen, um auch bessere Zeugnisnoten zu erhalten. Es kann also von einer ‚Benachteiligung von Jungen' nicht die Rede sein, wie sie der Lehrer scherzhaft postuliert. Möglicherweise aber reagieren die Jungen sehr sensibel auf hegemoniale Stellung ist nicht mehr gesichert, obwohl Biologie als Naturwissenschaft auch als

177

männliches Geschlechterrevier gelten kann (vgl. Krebs 2002: 28). So kann der gegenderte Hinweis auf die Notenirrtümer des Lehrers bei zwei Jungen als eine Reaktion auf den Verlust der Hegemonie gewertet werden.

Abbildung 15: Zeugnisnoten in Biologie in der B-Klasse

Endnote/ Geschlecht	Jungen	Mädchen
1	–	1
2	5	5
3	2	7
4	1	3
5	–	–
6	–	–
∅	2,5	2,75

In dieser Sequenz ist deutlich geworden, wie die institutionellen Anforderungen der Schule bei der Notenvergabe mit geschlechtlich konnotierten Inszenierungspraktiken einhergehen. Dabei sind Elemente wie Externalisierung von negativen Emotionen und ein technisiertes Körperverständnis fundamentale Strukturierungsfolien für das System hegemonialer Männlichkeiten.

Konkurrenz als wesentlicher Mechanismus bei der Aufrechterhaltung des Systems hegemonialer Männlichkeiten in der Schule tritt aber nicht nur bei der Benotung von Klassenarbeiten auf, sondern ebenfalls im alltäglichen Unterrichtsgeschehen. Konkurrenz um gute Noten und Konkurrenz um symbolisches Kapital ergänzen einander in der folgenden Passage aus dem Deutschunterricht in der C-Klasse. Die Schülerinnen und Schüler sollen ihre Hausaufgaben vortragen und diese dann hinterher gegenseitig bewerten:

„Koray ist fertig. Nun sollen die SchülerInnen seinen Vortrag kritisieren. Er darf die jeweiligen Schüler und Schülerinnen selbst aufrufen.
Christine: ‚Du hast viel gelesen, mehr als selber erzählt, aber gut gelesen'.
Wanja: ‚Du hast zu oft ‚die Herren' gesagt, sonst gut'.
Normen: ‚Für einen geübten Text hast du ziemlich schlecht vorgelesen'.
Oliver: ‚Der erzählte Text war abgelesen, es waren keine Stichworte'." (Cd91109s)

Koray stellt seine Hausaufgaben vor. Christine und Wanja kommen zuerst dran, sie kritisieren jeweils einen konkreten Sachverhalt und betonen danach Aspekte, die ihnen gut gefallen haben. Normen und Oliver hingegen äußern ausschließlich Kritik und formulieren wesentlich schärfer als die beiden Mädchen. Koray habe „ziemlich schlecht vorgelesen" und nichts frei erzählt. Hier bestärkt der Anlass der gegenseitigen Kritik eine konkurrenzreiche Interaktion. Durch die negative Einseitigkeit erhält die Beurteilung von Normen und Oliver einen entwertenden Beigeschmack. Es bleibt unklar, ob sie seine Hausaufgabe kommentieren oder Koray selber abwerten.

In beiden Fällen allerdings versuchen sie, seine Leistung als schlecht zu etablieren. Normen und Oliver stellen sich in Konkurrenz zu Koray und präsentieren sich selber durch diese einseitige Kritik als überlegen, die institutionelle Konkurrenz und der männliche Habitus greifen ineinander.

5.2.3 Eine Frage der Position: Interaktion mit den Lehrkräften

Die Interaktion mit den Lehrkräften unterliegt einem besonderen Spannungsverhältnis. Sie haben sozusagen feldimmanent eine supremative Position inne. Sie besitzen die Autorität, Noten zu verteilen, den Unterricht zu gestalten oder Strafmaßnahmen zu verhängen. Dementsprechend wird in der Schule ein konfliktfreies Verhalten honoriert, da dieses den reibungslosen Ablauf des Unterrichtsgeschehens sichert. Aber auch rebellisches Verhalten kann Kapitaliengewinn versprechen. Jungen, die sich rebellisch verhalten, verstoßen dadurch zwar in gewisser Weise gegen die Anforderung des Unterrichts und auch gegen den Erwartungskontext des doing student, andererseits können sie so Prestige und damit soziales Kapital gewinnen. Connell spricht in diesem Zusammenhang von „protestierender Männlichkeit" (Connell 1999a: 132). Paul Willis untersuchte in einer Studie, wie die Protestkultur von Jungen aus dem Arbeitermilieu, so genannte lads, verschiedene Formen des Widerstandes und der Rebellion zur Abgrenzung entwickelt. Allerdings weist Willis nach, dass dieser Protest selber zur Reproduktion sozialer Ungleichheit beiträgt, da die Jungen aus Protest die Schule früh verlassen und in ungelernte Arbeitsverhältnisse wechseln (vgl. Willis 1979).

Diese ,Aufmüpfigkeit' kann allerdings ebenfalls in kulturelles Kapital im Sinne von besserer Benotung umgesetzt werden, wenn den Schülern qua Begabungskonzept ,Genialität' zugeschrieben wird, während die Mädchen als fleißig gelten. Auch in den Selbstaussagen der Lehrkräfte in einem Interview spiegelt sich diese Einstellung wieder:

„Frau Helfrich erklärt uns, dass die Mädchen in Biologie diejenigen sind, die fleißig sind und die guten Noten schreiben, wohingegen die Jungen die logischen Zusammenhänge herstellen würden und die ,neuen' Zusammenhänge erarbeiten würden. Das sei in Englisch anders, da wären die Mädchen vorne dran. Aber hier sei es einfach so." (Cy90108n)

Das Beispiel verdeutlicht, dass die Lehrerin geschlechtsspezifische Unterschiede wahrnimmt und genau in das Schema Fleiß versus Genialität einordnet. Zugrunde liegt wiederum ein Set an geschlechtsbezogenen Vorannahmen, das sich aus der Dichotomie der Geschlechter speist. So entsteht ein selbstreferentielles System, da die Schülerinnen und Schüler lediglich die Stereotype bestärken können, indem sie sich der Erwartung der Lehrkräfte gemäß verhalten, oder sie durchkreuzen. Die Schülerinnen und Schüler sind sozusagen selber schuld, wenn sie den stillschweigenden Zuschreibungen nicht genüge tun. So wird die Dichotomie der Geschlechter fortgeschrieben und als ein diskretes handlungsleitendes Motiv erklärt. Dass diese Annahmen nicht nur ideologische Zuschreibungen sind, sondern ebenfalls einen materiellen Ausdruck finden, offenbart sich in der Verteilung der Biologienoten im letzen Kapitel.

Es zeigt sich ebenfalls, dass Formen des Protestes und der Aushandlung zwischen Schülern und Lehrkräften stattfinden. Das folgende Beispiel zeigt, wie Knut seine Englischlehrerin bei der Rückgabe von Klassenarbeiten provozierend herausfordert:

„Knut geht vor zur Lehrerin und ruft bereits vor seiner ‚Ankunft': ‚Eins plus!' Frau Langer erwidert unsicher: ‚Nein.' Knut: ‚Nicht ganz.' Er steht frontal zur Lehrerin und hält die Hände gefaltet hinter dem Rücken. Er senkt die Augenlieder, argumentiert dann aber über seine Beteiligung usw.. Die Lehrerin begründet die Note u.a. dadurch, dass Knut andere SchülerInnen vom Lernen abhält und stört. Er akzeptiert diese Begründung nicht und verzieht sauer das Gesicht. Er signalisiert, dass er kein weiteres Interesse hat und sagt ein paar Mal pseudo-einsichtig: ‚Hm. Ja'.
Sie sucht nun einen Konsens und erklärt immer ausführlicher, worauf es ankommt, auf das Verbessern und Dazulernen. Als er sie endlich angrinst (erlösend), sagt sie abschließend: ‚o.k'. Dann geht er." (Be81106n)

Schon zu Beginn der Szene geht Knut direkt auf die Lehrerin zu und ruft laut „Eins plus": Er fordert mit einer Eins die bestmögliche Note für seine Arbeit ein, obwohl klar zu sein scheint, dass seine Arbeit nicht so gut ist. Frau Langer hingegen wirkt unsicher und versucht, Knut zu erklären, warum er eine nicht so gute Note erhalten habe. Er störe nämlich im Unterricht die anderen Mitschüler und Mitschülerinnen. Die Begründung rekurriert damit auf die Kritik an einem für Jungen typischen Unterrichtsverhalten. Diese Ansicht teilt Knut allerdings nicht. Seine Rebellion wirkt auf der Geschlechterebene sehr wohl als konformes Verhalten. Denn nicht nur seitens der Mitschüler kann er so verstärkte Aufmerksamkeit einstreichen, sondern auch bei Frau Langer, die sich anschließend verhandlungsbereit zeigt und in eine defensive Position gerät.

Berücksichtigt werden muss in diesem Zusammenhang ebenfalls, dass häufig Knut auf diese Art sowohl Lehrerinnen als auch Lehrer herausfordert. Auch im nächsten Beispiel ist Knut beteiligt, der Widerspruch wird aber von Sieghard vorgetragen:

„Frau Jahns sagt zu Sieghard und Knut, dass sie die Hüte abnehmen sollen. Sieghard antwortet etwas wie: ‚Das haben wir doch schon einmal gesagt, dass das kein Hut ist, sondern eine Mütze. Und der andere Hut war auch eine Mütze'.“ (Bm01102j)

In Herstellung komplizenhafter Einvernehmlichkeit widerspricht Sieghard der Lehrerin, indem er sich das Definitionsrecht über die Bezeichnung seiner Kopfbedeckung aneignet, um nicht von der Lehrerin sanktioniert zu werden.

Kurze Passagen des Widerspruchs mit variierenden Interaktionen lassen sich des öfteren finden. Selten sind an dieser Interaktionsform auch Mädchen beteiligt. Im Gegenteil, insbesondere in der C-Klasse finden sich Formen der bewussten Unsicherheitsinszenierung von Mädchen. Vor den Antworten auf Unterrichtsfragen inszenieren sich die Schülerinnen als unsicher und unwissend, obwohl die Antworten in aller Regel richtig sind. Es könnte sich hier um ein selbstschützendes Verhalten auf der Ebene des doing student handeln. Dabei bedienen sich die Mädchen bestimmter Geschlechterstereotype, die so einen legitimen Rahmen für die Selbstdarstellung bieten. Aus dieser Perspektive könnte die unsichere Inszenierung von Mädchen der Absicherung dienen, wenn ein Redebeitrag falsch sein sollte.

Michaela Tzankoff postuliert: „Die Problemlösungs- und Anpassungsstrategien, die entwickelt werden, um trotz institutioneller Verhaltenserwartung und Kontrolle eine individuelle Präsentation […] zu ermöglichen, sind bei Jungen nicht die gleichen wie bei Mädchen“ (Tzankoff 1992: 128). Ihre folgende Hypothese, dass sich „die Balance zwischen Konformität und kalkuliertem Widerstand geschlechtsspezifisch unterscheiden dürften“ (ebd.), ist für den Bereich der Interaktionen mit den Lehrkräften somit bestätigt.

5.3 Gendering durch Lehrkräfte und Unterricht

Die Institution Schule stellt neben dem Auftrag der Wissensvermittlung zunehmend einen Ort der pädagogischen Ausgestaltungs- und Interventionsmöglichkeiten dar, in dem die Lehrkräfte selbstverständlich an Gendering-Prozessen mit beteiligt sind. Dabei spielen unterschiedliche Faktoren eine Rolle.

In diesem Kapitel sollen die Interaktionen seitens der Lehrkräfte analysiert werden, die durch die Thematisierung von Geschlecht zu einer Dramatisierung von Stereotypen beitragen. Unberücksichtigt bleiben in dieser Studie jene Lehrkräfte, die Geschlecht als sozialer Kategorie kaum Beachtung schenken; weniger, weil dort ein geschlechtergerechterer Unterricht stattfände, sondern weil die Konstruktionsprozesse in den folgenden Beispielen besonders zum tragen kommen. Desweiteren wird aus der Beschäftigung mit den Dramatisierungen im Schlusskapitel ein Fazit für die pädagogische Dimension gezogen, die Nichtthematisierung bietet dafür keine Perspektive. Im zweiten Teil des Kapitels wird mit der Präsentation der Deutschhausaufgabe eine Unterrichtsstunde analysiert, in der explizit Geschlecht als Thema des Unterrichts dramatisiert wird.

5.3.1 Zwischen Ironie und Entwertung: der Lehrer als Kumpel

Innerhalb der Institution Schule existiert ein erwartbarer Rahmen für die Relation zwischen Lehrkräften und Schülerinnen und Schülern. Dieser ist auf Seiten der Lehrkräfte beispielsweise gekennzeichnet von Wissensvermittlung und formaler Gleichbehandlung. Verschiedene pädagogische Studien der letzten zwei Jahrzehnte haben gezeigt, dass dies häufig eher ein Ideal als Realität ist. Ob durch die geschlechterstereotype Verteilung von Lob, unterschiedliche Erwartungen an die geschlechtliche Inszenierung der Schülerinnen beziehungsweise Schüler oder die gegenderte Inszenierung von Selbstvertrauen, die Lehrkräfte haben einen – häufig diskreten – Anteil an der Konstruktion von Geschlecht (vgl. zusammenfassend Faulstich-Wieland 1991: 57; auch Thies/Röhner 2000). Allerdings besteht nichtsdestotrotz ein verlässlicher und erwartbarer Rahmen, bei den Lehrkräften dominiert in der Regel doing teacher als Pendant zum doing student. Dieser gilt für Lehrerinnen wie Lehrer gleichermaßen.

Jedoch existiert bei einigen männlichen Lehrern ein Handlungsmuster, welches mit Witzen und ironischen Kommentaren zwischen einer komplizenhaften und einer entwertenden Ebene hin- und herlaviert. Auch wenn diese Lehrer oft aufgrund der ‚Kumpelattitüde' bei den Schülerinnen und Schülern recht beliebt sind, zeichnet sich ihr Auftreten im Unterricht durch Grenzübertretung, zum Teil mit sexualisierender Konnotation, gegenüber Schülern und Schülerinnen aus. Die Dramatisierung von Geschlecht führt zu geschlechterstereotypem Verhalten,

„Die Stunde geht dem Ende zu und Knut erkundigt sich, ob es eine Pause zwischen der 6. und 7. Stunde geben wird. Der Lehrer: ‚Nein.' Knut fragt noch mal nach und Herr Bartoldi sagt: ‚Schon, aber nicht zur offiziellen Pausenzeit.' Knut ist unzufrieden und mault. Nun fragt/sagt der Lehrer belustigt /argwöhnisch: ‚Wieso? Nur weil du 'ne kleine Süße von nebenan treffen willst, soll die ganze Klasse warten?'
Knut schweigt, die ganze Klasse schweigt, bevor viele SchülerInnen (bis auf Knut und Mark und einige andere) anfangen zu lachen und Knut necken. Knut bewegt sich nicht, Mark rückt sichtbar ein Stück näher an Knut ran und sieht ihn nicht an. Knut errötet. […] Jemand ruft: ‚Klein? Die ist größer als er.' Der Lehrer belustigt und extrem ironisch: ‚Auch das noch. Eine größere?'
Herr Bartoldi grinst und sagt entschuldigend: ‚Nein...' Er geht hinten herum an Knut vorbei, greift ihm kameradschaftlich an die Schulter und geht wortlos wieder nach

vorne. Knut sagt noch immer nichts, inzwischen wird jedoch nach dem Namen gefragt. Jemand sagt: ‚Ilka' Der Lehrer lacht und fragt nach: ‚Ilka?' Olin wird nun von Herrn Bartoldi gefragt, als er zu ‚vorlaut' wird: ‚Olin, wie heißt denn deine Freundin?'

Olin sagt nur kurz, dass er keine habe und die Frage von Herrn Bartoldi, die wohl als Sanktion verstanden werden sollte, verhallt im Zuge allgemeiner Aufregung über diesen, nun von mir als Tabu-Bruch wahrgenommenen ‚Schlag' gegen Knut. Erik ruft, dass sie gar nicht Ilka heißt und viele unterhalten sich nun untereinander über Knut und seine Freundin. Als es klingelt, ist Knut erlöst." (By81111n)

Die Frage nach der Pause von Knut wird vom Lehrer für einen ironischen Kommentar genutzt, indem er ihm unterstellt, er wolle sich mit einer Freundin treffen. Die Protokollantin Nicola Gast-von der Haar zitiert den Lehrer mit der zugleich entwertenden und sexualisierenden Beschreibung der vermeintlichen Freundin von Knut als „'ne kleine Süße". Durch die Ironie behält sein Kommentar zwar formal eine spaßhafte Ebene bei, gegen die sich Knut allerdings nur als ‚Spaßverderber' positionieren kann. Dies würde einen Bruch mit der komplizenhaften Frauenabwertung von Herrn Bartoldi und damit ein Ausscheren aus dem System hegemonialer Männlichkeiten und einen Protest gegen den Lehrer bedeuten. Die Klasse greift dies begeistert auf und setzt es neckend fort. Bei der Diskussion über die Körpergröße der Freundin führt der Lehrer die Ironie durch die Kommentierung einer vermeintlichen ‚Unnormalität' fort: Wenn man als Junge mit einem Mädchen geht, dann muss dieses natürlich kleiner sein.

Möglicherweise merkt der Lehrer, dass er mit seinem Kommentar den schulüblichen Rahmen verlassen hat, denn später „greift er ihm kameradschaftlich an die Schulter", als eine Art entschuldigende Geste. Er rekurriert damit auf tradierte männliche Interaktionsformen. Die kumpelhafte Geste ist allerdings im Rahmen der Schule und der Hierarchie zwischen den beiden unangebracht. Wenige Augenblicke später wiederholt er bei Olin die gleiche Interaktion. Er konstruiert durch männersolidarisches Verhalten eine komplizenhafte Übereinstimmung auf der Grundlage sexualisierender Entwertungen. Die komplizenhafte Männlichkeit wird durch die Geste bestärkt und nicht etwa entlarvt.

In den vorherigen Kapiteln ist bereits häufiger beleuchtet worden, wie durch Sexualisierungen, Ironisierungen und hierarchische Solidarität Elemente des männlichen Habitus innerhalb der Jungengruppe offensiv etabliert werden, die einer Enthierarchisierung von Männlichkeit im Wege stehen. An dieser Stelle wird deutlich, dass die Deutungsfolie von einigen Lehrkräften nicht nur mitgetragen, sondern etabliert wird. Auch die folgende Passage aus dem Biologieunterricht beleuchtet die Verzahnung von schülerInnennahem Image und Betonung des Hierarchiegefälles.

„In einem Zusammenhang sagt Herr Bartoldi etwas künstlich und überbetont:
‚Geil!' Olin ruft schnippisch: ‚Das dürfen Sie gar nicht sagen. Das dürfen Lehrer gar
nicht sagen.' Der Lehrer wieder amüsiert und sehr ironisch: ‚Ach, du weißt gar
nicht, was wir alles sagen dürfen! Und außerdem, das ist schülernah!'" (Bb81027n)

Herr Bartoldi verwendet mit dem Begriff „geil" ein Wort, welches aus dem
für Lehrer erwartbaren und legitimierten Rahmen herausfällt. Olins Zurechtweisung verdeutlicht diese Übertretung und stellt gleichzeitig auf der Ebene
der Konstruktion von Männlichkeit ein Konkurrenzverhältnis über das legitime Recht, bestimmte Wörter zu benutzen, her. Auf diese Zurechtweisung
reagiert der Lehrer, indem er die Hierarchieebene zwischen Lehrern und
Schülerinnen und Schülern betont. Er reklamiert nicht nur das Recht für sich,
das umstrittene Wort „geil" zu verwenden, sondern stellt klar, dass für ihn begriffliche Einschränkungen nicht existieren.

In einem Zusatz expliziert er dann, dass sein Verhalten durchaus „schülernah" sei. Die hier angewandte Ironie dient der Aufrechterhaltung der Distanz, wahrt aber die scheinbare SchülerInnennähe. Gleichzeitig etabliert der
Lehrer so unterschwellige Konkurrenz zwischen ihm und den Schülerinnen
und Schülern. Über die Markierung der Differenz konstruiert er hegemoniale
Strukturen, meistens in Interaktionen mit Jungen. Dies wird auch in der
nächsten Sequenz deutlich:

„Herr Bartoldi geht an die Tafel und sagt: ‚Das macht man so...' Er schreibt den
Anfang einer schriftlichen Division an $150 : 63 = ?$. Jemand ruft: ‚Das kann man
kürzen.' Marianne sagt: ‚Das ist doch total umständlich!' Herr Bartoldi sagt zu Marianne: ‚Mecker nicht!' Marianne entgegnet: ‚Klar meckere ich, das ist doch total
umständlich.' Herr Bartoldi: ‚OK, dann kürzen wir eben.'
Nach der Kürzung durch drei bleibt noch übrig: ‚$50 : 21 = ?$'. Mark soll die Aufgabe
rechnen. Als es um eine Differenz geht sagt er: ‚Und dann hole ich die 8 runter.'
Viele grinsen und lachen, auch Herr Bartoldi. Bei der nächsten Differenz sagt Knut
nachmachend und süffisant: ‚Hol ich die Null runter!' Nun geht Herr Bartoldi einen
Schritt auf Knut zu und sagt mit erhobener Stimme: ‚Deine Null hol ich gleich runter!' Als sich Herr Bartoldi wieder abwendet, sagt Knut halblaut: ‚Er holt mir einen
runter'." (Bb91119d)

Auch in dieser Passage verlässt Herr Bartoldi den erwartbaren Rahmen der
Entdramatisierung von Geschlecht, indem er die von Mark eingeführte Sexualisierung zusammen mit der entwertenden Zuschreibung „Deine Null..." als
Maßregelung gegen Knut wendet. Die Interaktion gleicht dem vorangegangenen Beispiel. In der Verschränkung von kumpelhaften Elementen, Sexualisierungen und Entwertungen richtet sich Herr Bartoldi mit Knut an den dominierenden Schüler.

Auch Herr Blümer, der in der A- und B-Klasse Physik und Mathematik unterrichtet, bedient sich eines ähnlichen Handlungsmusters, wenn auch nicht so offensichtlich:

„Herr Blümer wendet sich nun wieder seinem Versuchsaufbau zu und sagt, nächste Stunde würden sie das machen, was er jetzt kurz vorführt. In der einen Hand hält er eine Kugel, die an einem Stab, durch die eine Leitung geht, befestigt ist. Er hält diese in einen gefäßartigen Metallgegenstand, der ähnlich wie ein Becher nach oben hin geöffnet ist. Dabei entstehen surrende Geräusche.
Er kommentiert: ‚Ich sage: Guten Tag, Madame'. Immer wieder, wenn die beiden Gegenstände sich berühren, wiederholt er seinen Gag und sagt: ‚Guten Tag, Madame.' Christof äfft mit melodischer Stimme nach: ‚Guten Tag, Madame!' Von weiter vorne höre ich die Bemerkung eines Schülers: ‚Und was ist mit Kondom?' Dieser erntet Lachen." (Ap80910d)

Mitten in einem Versuchsaufbau sexualisiert Herr Blümer ohne erkennbaren Anlass die Situation. Christof wiederholt den Kommentar des Lehrers. Anschließend greift ein weiterer Schüler durch die Frage, „Und was ist mit Kondom?" die Sexualisierung auf und stellt komplizenhafte Männlichkeit her, denn erst die Bestätigung durch die Schüler markiert Herrn Blümers Kommentar als legitim.

Der Unterrichtsstil von Herrn Blümer ist von einer schnellen Folge des Aufrufens unterschiedlicher Schüler geprägt. Helmut wird dabei häufiger drangenommen als seine Mitschüler. Manchmal entsteht der Eindruck, dass Herr Blümer Helmut regelrecht ‚auf dem Kieker' hat. In einer Physikstunde beispielsweise betont der Lehrer mehrere Male, dass von Helmut besonders intensive radioaktive Strahlung ausgehe. Anschließend bittet er Helmut dann nach vorn, um ihm bei einem Versuch zu assistieren. Dass diesem die Aufmerksamkeit nicht recht ist, wird deutlich, als Herr Blümer ihn wenige Minuten später noch einmal nach vorne bittet:

„Der Lehrer Herr Blümer bereitet einen weiteren Versuch mit einer Abschirmung vor. Er sagt: ‚Helmut, du möchtest doch bestimmt noch mal!' Der sagt dazu genervt höflich: ‚Ach, Herr Blümer...' und deutet damit an, dass er eigentlich überhaupt nicht will. Henning lehnt sich plötzlich weit nach vorne über seinen Tisch und hält die linke Hand vor Helmuts Körper, als wolle er ihn abschirmen bzw. aufhalten. Er ruft: ‚Ich mach' das!'
Helmut verweist darauf: ‚Henning möchte!' Der Lehrer sagt dazu: ‚Ach nee, der hat so einen weiten Weg.' (Die beiden sitzen ja direkt nebeneinander), er versucht weiter, Helmut nach vorne zu bewegen. Der wiederholt etwas verächtlich den Satz: ‚Ach, der hat so einen weiten Weg...'. Henning ist jetzt genervt: ‚Oh, wieso darf ich

nicht mal?' Helmut unterstützt ihn: ‚Er möchte, lassen Sie ihn doch'. Der Lehrer willigt ein: ‚Na gut'." (Ap01201k)

Helmut versucht sich dem Interesse des Lehrers zu entziehen. Erst nach einigem Argumentieren gelingt es Henning und Helmut gemeinsam ihre Absicht durchzusetzen, dass Henning nach vorne geht. Auch an dieser Stelle entsteht komplizenhafte Männlichkeit, denn weder Herr Blümer noch die beiden Schüler erreichen souverän ihr Ziel, sondern benötigen gegenseitige Aushandlungsprozesse.

Manchmal schwingen entwertende Komponenten mit:

„Es geht um die Klärung des Begriffes Leistung in Beziehung zur Arbeit. Der Lehrer schreibt Leistung an die Tafel. Er sagt: ‚Das ist ein Begriff aus der Schule. Das ist aber nicht wie in der Schule; in der Physik ist die Leistung genau definiert und genau messbar. Was hat Leistung mit Arbeit zu tun?' Es wird verschiedenes reingerufen, z.B. ruft Siegfried: ‚Wenn ich Physik lerne, ist das eine Leistung.'
Herr Blümer setzt an: ‚Helmut, entschuldige, dass ich dieses Beispiel nehme, weil du hast das gerade gesagt. Also: Helmut rechnet 10 Matheaufgaben und er braucht dafür ein Jahr.' Die Klasse lacht schallend. Herr Blümer fährt fort: ‚Ich mache 9 Aufgaben und brauche dafür einen Tag.' Einer der Schüler erklärt, dass Herr Blümer dann insgesamt eine höhere Leistung erbracht hat. Herr Blümer: ‚Also ist Arbeit nicht gleichzusetzen mit Leistung.'
Er fährt dann fort: ‚Also noch mal das Beispiel: Helmut und ich machen in einer Stunde Aufgaben. Helmut macht 200 und ich 20. Worauf muss ich also achten, wenn die Zeit gleich ist?' Einer gibt die Antwort." (Ap91103d)

Herr Blümer wählt einen ‚spaßhaften' Vergleich zwischen sich und Helmut, um zu erklären, wie der Begriff Leistung physikalisch definiert ist. Dabei setzt er sich selber zunächst an eine übergeordnete Stelle, Helmut hingegen wird entwertet. Erst im zweiten Beispiel dreht er die Positionen um.

Die sich wiederholenden Beispiele belegen, dass es sich um ein – zwar nicht häufiges, aber durchaus generalisierbares – Handlungsmuster handelt. Hinter der Kumpelattitüde verbirgt sich eine Mischung aus Entwertung und Komplizenschaft mit den Schülern der Klasse, welche sich gegen den jeweils dominanten Jungen aus der Klasse richten. Auch in der B-Klasse wiederholt Herr Blümer dieses Muster. Nachdem Knut laut „Aua" gerufen hat, weil Jolanda ihm am Ohr gezogen hat, kommentiert der Lehrer: „Is' doch schön" (vgl. Protokoll Bm90907d).

Möglicherweise hat die Handlung der Lehrer ihren Ursprung in dem legitimen Versuch, den Schulunterricht humorvoll zu gestalten. Dafür wählen sie dann extra Jungen, bei denen sie davon ausgehen können, dass sie genügend Kapitalien besitzen, um auf die Ironie zu reagieren, im Gegensatz zu Schülern wie Joachim. Andererseits etablieren die Lehrer so ein Klima von Konkurrenz und Ironie, dem sich Knut und Helmut nicht entziehen können. Die beiden sind nicht zufrieden mit ihrem Sonderstatus, da sie ihre Absichten weder auf der Ebene der Hierarchie, noch auf der Ebene von Männlichkeitskonstruktionen durchsetzen können. Die beiden Lehrer behaupten so ihre supremative Stellung.

5.3.2 Mädchenprotektion und Technikkompetenz

Allerdings dramatisieren nicht nur einige Lehrer durch subtile Konstruktionsprozesse Männlichkeit, sondern auch einige Lehrerinnen. Auch in der folgenden Passage kommt es zu unvermittelten Dramatisierungen von Geschlecht im Deutschunterricht:

„Frau Ferreira: ‚Was sagst du als Mann dazu, geht das: Engelsgesicht und starrer Blick?'
Schüler: ‚Sicherlich.'
Frau Ferreira: ‚Wenn du so ne Frau anguckst, gibt's das?'
Schüler: ‚Ist mir noch nicht aufgefallen!?'" (Ad00220mInterview)

Frau Ferreira fordert hier eine schulische Leistung eines Schülers, indem sie seine Geschlechtszugehörigkeit anspricht. „Du als Mann" dramatisiert Geschlecht durch das explizite Herausheben der geschlechtlichen Zugehörigkeit. Dem Schüler scheint die Thematisierung nicht recht zu sein, da er nur kurz angebunden und widersprüchlich antwortet.

Des öfteren lässt sich ein mädchenprotegierender Fokus feststellen. Dies zeigt das nächste Beispiel aus dem Englischunterricht in der mädchendominanten Klasse im 8. Jahrgang, indem die Schülerinnen und Schüler eine von der Lehrerin vorgegebene sprachliche Übung dazu, sich gegenseitig wegen ihrer Frisuren zu necken. Die Lehrerin stellte den SchülerInnen die Aufgabe, sich zur Unterscheidung der Begriffe ‚since' und ‚for' gegenseitig aufzurufen und Fragen zu stellen.

„Nun ist Marianne dran. Sie sagt: ‚Knut.' Sie erntet Gelächter. Sie fragt: ‚How long do you have...' Zuerst fragt sie die Lehrerin, was schreckliche Frisur auf Englisch heißt. Lehrerin: ‚Horrible hairdress.' Sie stellt nun an Knut die Frage: ‚How long do you have this horrible hairdress?' Wieder großes Gelächter. Knut ironisch: ‚I have this horrible hairstyle...' Er setzt an, seine Nachbarin kommt ihm noch zuvor und sagt: ‚Halbes Jahr.' Knut nickt zustimmend und sagt: ‚For three months.'
Er sagt: ‚Marianne.' Die Kids lachen und neugierige Spannung entsteht, was seine Rückfrage ist. Er sagt: ‚Ich weiß nicht ob das jetzt richtig ist: Since when do you

have look like a horse?' Marianne, die einen langen Pferdeschwanz trägt, zuckt mit den Achseln, bevor sie jedoch irgendwie weiter reagieren kann, interveniert die Lehrerin. Sie schaut wieder zu Knut und sagt: ,We don't want insulting questions!' Knut sagt, leicht ironisch: ,Sie hat mich hier vorgeführt, so dass ich mich morgen nicht mehr in die Schule traue, und...' Lehrerin ironisch: ,Yes, I know, because you are so shy'!"(Be80928d)

Knut wird von Marianne ironisch provoziert, indem sie seine Frisur als „horrible hairdress" darstellt. Frau Langer unterstützt Marianne dabei, indem sie ihr sogar die nötige Vokabel vorgibt. Marianne erweitert so den Rahmen des Unterrichts, um eine Pointe gegen Knut anzubringen. Dieser reagiert souverän, indem er die Frage ernsthaft beantwortet und anschließend in gleicher Weise kontert. Er unterstellt Marianne durch seine Gegenfrage, sie sähe aus ,wie ein Pferd'. Nun interveniert die Lehrerin und weist Knut auf die sachbezogene Ebene des Unterrichts hin. Sie reagiert somit gegensätzlich: Marianne wird in ihrem Bemühen um eine Pointe gegen Knut unterstützt, Knut hingegen wird für sein Bemühen, dass gleiche zu tun, kritisiert. Auch als er auf die Ungerechtigkeit hinweist, sieht die Lehrerin ihre Ungleichbehandlung nicht ein, sondern ironisiert seine Entgegnung. In dem Moment, wo Knut gegen die stereotype Männlichkeitserwartung der Lehrerin verstößt, weil er eine, durch ein Mädchen erlittene, Ungerechtigkeit anprangert, nimmt sie ihn nicht mehr ernst. Entweder verhält er sich offensiv, dann wird er von der Lehrerin gemahnt, sich unterrichtskonform zu verhalten, oder er verhält sich unmännlich, dann wird er von der Lehrerin ironisiert. Er erfüllt dann nicht ihr geschlechtliches Stereotyp über das zu erwartende Verhalten von Jungen.

Am Ende ironisiert die Lehrerin Knuts Protest und unterstellt ihm, dass er nicht schüchtern sein könne und greift damit noch einmal auf Geschlechterstereotye zurück. Dahinter nämlich steht die Vorstellung, Mädchen müssten vor Jungen beschützt werden, weil Jungen aggressiv und nicht schüchtern sind.

Auch andere Lehrerinnen zeigen mädchenprotegierendes Verhalten, welches ebenfalls Rückwirkungen auf die Geschlechterinzenierungen der Jungen hat

„Bevor der Deutschunterricht beginnt, kommt Frau Danker auf einen Computerkurs zu sprechen. Sie ist von mehreren aus der Klasse darauf angesprochen, dass diese ein Interesse an einem Kurs über C++ (eine Programmiersprache) hätten. Sie bietet nun einen Termin für den Kurs an und fragt, wer Interesse hätte. Es melden sich Normen, Torsten, Sascha, Dennis und Wanja. Bei der Überzahl von Mädchen in der Klasse ist dies ein sehr ungleiches Zahlenverhältnis.
Schließlich spricht Frau Danker die Auffälligkeit der Mädchenabstinenz an. Sie sagt: ,Eigentlich hätte ich ja gerne ein paar mehr Mädchen gesehen.' Es ist etwas betroffene Stille. Daraufhin meldet sich Christine: ,Wozu kann man das denn gebrauchen?' Frau Danker: ,Na ja, die Frage ist nicht ganz unberechtigt. Ich habe

einmal einen Computerkurs gemacht, und ich fand es schrecklich (betont). Da mussten wir so etwas ausrechnen mit Versicherungen..., und das hat mir dann nichts gebracht.' Christine: ‚Und wenn man nicht Informatiker werden will?' Frau Danker: ‚Das kann man für viele Berufe gebrauchen, z.B. für Werbung, Graphik-Design, Architektur...'." (Cd01128d)

Am von Frau Dankert vorgestellten Computerkurs möchten vier Jungen, aber nur ein Mädchen teilnehmen, die ungleiche Interessensverteilung wird durch die höhere Anzahl von Mädchen in der Klasse noch verschärft. Die Jungen etablieren hegemoniale Männlichkeit, weil sie ihren Anspruch auf den Computerkurs als männliches Geschlechterrevier realisieren können, ohne darüber in einen Aushandlungsprozess treten zu müssen. Das Stereotyp, dass Jungen an diesem Thema mehr Interesse entwickeln, geringere Hemmschwellen und ein höheres Selbstbewusstsein im Umgang mit Computern haben, gründet auf einer realen Entsprechung. Die geringere Hemmschwelle zeigt sich zum Beispiel in einer Informatikstunde in der A-Klasse (vgl. Protokoll Ai80916d). In jener Stunde verändern einige Jungen entgegen den Anweisungen des Lehrers die Einstellung der Rechner oder sie beanspruchen einen Computer für sich alleine. Auch in einer Studie an weiterführenden Schulen von Andreas Krebs wird informationstechnische Bildung als das interessanteste und viertbeliebteste Schulfach der Schüler genannt (vgl. Krebs 2002: 32). Diese Studie wurde unter anderem ebenfalls am Edith Benderoth-Gymnasium durchgeführt. Von daher sind die Aussagen im hohen Maße auf die hier vorliegende Arbeit anwendbar. Es lässt sich Helga Bilden zustimmen, dass Technikkompetenz ein wichtiger Bestandteil des Systems hegemonialer Männlichkeiten bildet (vgl. Bilden 1998: 283). Dazu gehört auch die Beanspruchung höherer Kompetenz im Umgang mit Computern.

Die Lehrerin Frau Danker greift hier das Interesse für den Computerkurs auf und stellt es in einen geschlechtlichen Kontext, indem sie die Mädchenabstinenz thematisiert und damit Geschlecht dramatisiert. Sie drückt dadurch implizit ihre enttäuschte Hoffnung aus, dass auch Mädchen Computerkurse belegen. Ihr Anliegen ist es, Mädchen mit Technik und Computern vertraut zu machen, obwohl diese sich dafür offensichtlich nicht interessieren.

Die einsetzende „betroffene Stille" kann als Verunsicherung gedeutet werden. Christine reagiert auf den impliziten Vorwurf des Desinteresses, indem sie nach der Nützlichkeit von Computerkursen fragt. Es reicht ihr nicht aus, mit Computern an sich umgehen zu können, sondern sie fordert einen praxisrelevanten Bezug. Dies gilt geschlechterstereotyp als weiblicher Zugang zu Technik. Allerdings kann ihr Einwand auch als Rechtfertigungsstrategie gesehen werden. Sie fühlt sich möglicherweise in ihrer Technikablehnung ‚ertappt', da sie vermutlich weiß, dass Computerkompetenz wichtig ist. Christine rekurriert mit ihrer Frage deswegen auf einen Allgemeinplatz, sie signalisiert jedoch mit dem Einwand zugleich, dass sie zu dem Thema etwas zu sagen habe.

Frau Danker antwortet ernsthaft auf Christines Beitrag, indem sie ihre Frage als berechtigt aufwertet. In ihrer weiteren Antwort geht sie dann aber nicht auf deren Frage ein, sondern berichtet von ihren eigenen Erfahrungen in einem Computerkurs. Durch ihre Erzählung, wie „schrecklich" sie ihren Kurs gefunden habe, fügt sie eine persönliche und emotional eingefärbte Ebene ein. Ihr eigenes Beispiel signalisiert den Mädchen, dass deren Vorbehalte ernstzunehmend sind. Erstaunlich ist, dass sie ein Negativbeispiel wählt. Ihr Kurs war „schrecklich", also wäre die Lehre doch viel eher, keinen Computerkurs zu belegen. Vermutlich hofft sie, bei den Mädchen auf Verständnis zu stoßen, indem sie ihnen signalisiert, dass sie deren Ängste teilt. Allerdings – und das ist wichtig – hat weder Christine noch irgendeine andere geäußert, dass sie befürchten, der Kurs wäre zu langweilig oder zu schrecklich. Christines Frage bezog sich auf eine sachliche Ebene, welche die Lehrerin dann erst im zweiten Teil ihrer Begründung wieder aufgreift. Allerdings ist die Schilderung ihrer persönlichen Erfahrung „das hat mir dann nichts gebracht" eigentlich eine weitere Verstärkung von Christines Bedenken, denn einen solchen Computerkurs kann sie in der Tat nicht brauchen.

Frau Danker hat eine eigene Vorstellung davon, warum die Mädchen kein Interesse an dem Computerkurs haben. Mit diesem Deutungsmuster überzieht sie die Frage von Christine, da sie ihr auf einer persönlichen und emotionalen Ebene antwortet. Ihr eigentliches Ziel, Mädchen für Computer zu interessieren, erreicht sie so nicht. Sie dramatisiert Weiblichkeit, indem sie auf die sachliche Ebene mit einer Emotionalisierung antwortet. Dieses rekurriert auf die Vorstellung, dass Mädchen qua Geschlecht einen gefühls- und subjektbezogenen Zugang zu Technik und eine höhere Hemmschwelle haben. Mit ihrer Vorstellung von Weiblichkeit (und damit auch von Männlichkeit) konfrontiert sie implizit die Klasse.

Nun reagiert Christine, indem sie ihre Frage präzisiert und wissen möchte, wofür Computerkurse nützlich seien, wenn sie nicht „Informatiker" werden will. Nun antwortet Frau Danker ihr und zählt unterschiedliche Berufssparten auf. Anschließend meldet Torsten sich und kommt dran:

„Torsten: ‚Mit HTML kann man Webseiten machen. Mit Informatik kann man sich z.B. mal selbst ein kleines Programm schreiben, das einem z.B. hilft, wenn man etwas häufig machen muss, dass man es dann viel einfacher und praktischer machen kann.' Frau Danker: ‚Ich glaube man kann sogar auch etwas für den Haushalt damit machen.' Jens: ‚Man kann das auch einfach als Hintergrundwissen gebrauchen.' Auch Torsten argumentiert noch einmal für den Sinn des ganzen und sagt etwas zu HTML.

Frau Danker: ‚Es gibt ja hier auch einen reinen Mädchen-Kurs. Die waren ganz begeistert und haben ganz tolle Sachen gemacht. So Animationen, haben sich eine eigene Homepage gemacht. Ich war schon überrascht, wozu man das alles einsetzen kann.' Torsten kritisiert nun, dass eigentlich sowieso zu wenig mit dem Computer gemacht würde. Die Schule würde groß Werbung mit dem Computerraum machen, aber genutzt werde er kaum. Sie würde ja auch nichts damit machen. Ein Mädchen ruft: ‚Frau Helfrich meint, der sei kaputt.' Jens sagt mit sarkastischer Stimme: ‚Die kann damit nicht umgehen, das ist alles'." (Cd01128d)

Torsten erklärt mit technischen Begriffen, wofür der Computerkurs geeignet ist. Er beschreibt abstrakt die Möglichkeiten des Programms, ohne Beispiele zu geben, und liefert ein eindrucksvolles Bild seiner Computerkompetenz. Er bestätigt das Bild der Lehrerin, dass Mädchen einen emotional-persönlichen und Jungen einen rational-abstrakten Zugang bevorzugen. Frau Danker erwähnt, dass der Kurs auch für den Haushalt zu gebrauchen sei. Damit will sie wieder an der von ihr angenommenen Lebenswelt der Mädchen anknüpfen. Wenn diese sich nicht für Computer interessieren, dann muss der Zugang möglichst mädchengerecht sein, so ihr Gedankengang. Zu ihrem Mädchenbild gehört nicht nur die Angst vor Computern, sondern auch der notwendigerweise größere Praxisbezug. Zu ihrem Mädchenbild gehört ebenfalls – trotz ihres Engagements, Mädchen für Technik zu interessieren – der Bereich der Hausarbeit. So (re-)konstruiert sie ein tradiertes Bild von Weiblichkeit.

Dann argumentieren Jens und Torsten wiederholend für den Sinn des Kurses und bestätigen dadurch den generellen männlichen Anspruch auf Technikkompetenz, bevor Frau Danker noch einmal versucht, den Mädchen Technik und Computer nahe zu bringen. Jetzt verweist sie mit positiven Beschreibungen auf einen ehemals existierenden reinen Mädchenkurs, der „ganz tolle Sachen gemacht" habe. Allerdings weiß sie scheinbar nicht, dass mit der in dem von ihr vorgeschlagenen Kurs erlernbaren Programmiersprache C++, keine Animationen, sondern genau die von Torsten erklärten Programme geschrieben werden können. Somit sind die Ausführungen von Torsten inhaltlich richtig. Seine hegemoniale Männlichkeit stützt sich also nicht nur auf die Reklamation höherer Technikkompetenz, sondern auf seine realen technischen Fähigkeiten.

Zum Ende der Passage ordnet Jens Technikkompetenz noch einmal geschlechtlich ein. Nach Torstens Kommentar, dass die Schulcomputer zu wenig genutzt werden, führt ein Mädchen ins Feld, dass Frau Helfrich geäußert hätte, die Rechner seien kaputt. Jens Erwiderung, dass die Lehrerin nicht mit den Computern umgehen könne, spricht ihr – und der Schülerin, die ihr glaubt – die Technikkompetenz ab. Durch den Zusatz: „das ist alles" betont und verstärkt er die Aussage, seiner Meinung nach gibt es keine andere Möglichkeit. So verteidigt er die männliche Technikkompetenz gegen – aus seiner Sicht –

unberechtigte und unfachliche weibliche Inanspruchnahme. Ob die Computer kaputt sind oder nicht, wird nicht geklärt.

In dieser Szene stellen Torsten und Jens hegemoniale Männlichkeit her, da sie sich ohne Aushandlungsprozesse oder Widersprüche im technischen Feld als Experten präsentieren und damit ein suprematives Handlungsmuster einnehmen. Durch das parteiliche Eingreifen der Lehrerin erhält die Szene eine offensichtlich genderbezogene Konnotierung. Hier die hegemoniale Männlichkeit mit Computerwissen, dort die Mädchen, die sich nicht trauen. Die Konnotierung ruft eine Einteilung in die Sphären rational und emotional auf. Das eigentliche Ansinnen der Lehrerin, die Mädchen zu stärken, verdreht sich hier aufgrund der Stereotype ins Gegenteil. Die bewusste Dramatisierung führt nicht zu der erhofften größeren Geschlechergerechtigkeit.

5.3.3 Koedukation: Zwischen Angriff und Abwehr

In der folgenden Sequenz wird, nach der Vorstellung des Computerkurses im Deutschunterricht, als Unterrichtsthema Argumentation am Beispiel Koedukation behandelt. Damit wird Geschlecht explizit zum Inhalt gemacht. Hintergrund ist das geschlechterdemokratische Anliegen der Lehrerin. Während in der Analyse der anderen Sequenzen die Interaktionen der Jungen im Vordergrund stehen, die sich häufig auf eine vorreflexive Ebene beziehen, geht es nun direkt um die Dramatisierung des Themas Geschlecht. Die Stunde behandelt das Thema Argumentationen, Gegenstand ist die Frage nach Vor- und Nachteilen von Koedukation. Diese Sequenz fällt in so fern aus dem Rahmen der bisherigen Untersuchung, da hier durch das schulische Thema Koedukation Geschlecht bewußt thematisiert und somit dramatisiert wird. Die Analyse der Stunde gilt insofern ebenfalls explizit der Frage, ob die pädagogisch angelegte Dramatisierung von Geschlecht im Unterricht zu Enthierarchisierung und Geschlechtergerechtigkeit führt. Gleichzeitig verhandeln die Schülerinnen und Schüler in der Stunde unterschiedliche Positionierungen zum geschlechtlichen Machtverhältnis. Deswegen ist es wichtig, den Bruch zu den anderen Sequenzen zu berücksichtigen. Hier wird Geschlecht bewusst von Mädchen wie Jungen hergestellt, eingefordert und gleichzeitig zensiert – in beiderlei Wortsinn. Die Unterrichtssituation führt dabei sowohl zu institutionellen, wie auch zu internen Zensurmaßnahmen, da das Bewusstsein wie ein Filter funktioniert.

Der Unterrichtsverlauf ist nicht sehr stringent, insgesamt macht die Stunde einen sehr ungeordneten Eindruck. Möglicherweise drückt das Durcheinander eine Art Protesthaltung gegen diese Art der thematischen Einengung aus. Auffällig ist in dieser Stunde weiterhin die geschlechtsbezogen unterschiedlich auftauchende Verknüpfung der spezifischen geschlechtlichen Interessen mit Fragen der Machtverteilung. Ebenfalls deutlich wird, inwieweit der adoleszente Entwicklungsstand der Jungen Einfluss auf ihre Männlichkeitsinszenierungen im Sinne eines doing adult haben.

„Es geht nun um die Besprechung der Hausaufgabe. Eine Person soll die Pro und Contra Argumente an die Tafel schreiben. Luisa sagt: ‚Ich kann nicht so schnell schreiben.' Jens verkündet lauthals zur Qualität seiner Schrift: ‚Selbst wenn ich schnell schreiben könnte, könnte das keiner lesen!' Luisa ist dran um an die Tafel zu schreiben. Sie sagt abwehrend: ‚Aber ich habe keine Sachen in Kopf!' (Sie meint Argumente für die Hausaufgabe). Frau Danker beschwichtigt sie und sagt, dass sie das auch nicht bräuchte, sie solle lediglich anschreiben, was von der Klasse genannt werde." (Cd01128d)

Diese Passage wurde bereits in Kapitel 3.2.3 als Beispiel für die Schwierigkeiten bei der Arbeit mit fremderhobenem Material angeführt. Gegenstand der Reflexion war Luisas Weigerung, an die Tafel zu kommen. Nun wird insbesondere das Verhalten von Jens fokussiert.

Es wird eine Person gesucht, um Argumente an die Tafel zu schreiben. Dazu kommentiert zuerst Luisa, dass sie nicht schnell genug schreiben könne. Sie entwirft das Kriterium Geschwindigkeit, um nicht an die Tafel zu müssen. Jens argumentiert inhaltlich ähnlich. Er betont ebenfalls ein Defizit, sein Kriterium ist allerdings nicht nur Geschwindigkeit, sondern auch Leserlichkeit. Die Argumentation wird erklärbar durch die Situierung im Kontext der Leistungsaufforderung in der Schule. Nur durch den Verweis auf ein Defizit scheint es möglich, dem als unangenehm wahrgenommenen ‚an-die-Tafel-Kommen' zu entgehen. Der institutionelle Rahmen der Schule lässt andere Argumentationsmöglichkeiten nicht zu. Weder ein ‚ich habe keine Lust; ich möchte nicht' gilt hier, da die Schülerinnen und Schüler aufgrund der Schulpflicht nicht wählen können, noch die Selbsteinschätzung ‚ich kann das nicht', denn die Beurteilung der Fähigkeiten obliegt in der Regel den Lehrkräften.[57] Der Verweis auf scheinbar nicht selbstverschuldete Defizite hingegen ermöglicht es, Aufgaben zu verweigern, ohne dass die Verweigerung auffällt. Die Botschaft: 'Ich würde ja gern, aber ich bin zu langsam; schreibe zu unleserlich' erscheint als situationsangemessene Strategie und wird von beiden Geschlechtern gleichermaßen eingesetzt.

Der Unterschied liegt im Präsentationsmodus. Jens beteiligt sich unvermittelt und „lauthals", er will also sein Defizit herausheben. Dieses erscheint paradox, da er ebenso wie Luisa gar nicht aufgefordert wird, an die Tafel zu kommen, sich aber bewusst auffällig inszeniert. Er scheint sich ‚im Recht' zu wähnen und gibt sich ein Image, indem er sich als protestierende Männlich-

---

57 Dabei hängt die Frage der Partizipationsmöglichkeiten nicht nur von dem guten Willen der jeweiligen Lehrkräfte ab, sondern wird durch die institutionellen Rahmenbedingungen der Schule generell erschwert.

keit bewusst gegen die Leistungsanforderung der Schule stellt. Dieses rebellische Verhalten sichert ihm zwar keine Anerkennung für Unterrichtsbeteiligung, wohl aber für die Inszenierung von Distanz. Distanz und Distanzierungen – cool sein eben – sind wesentliche Strategien innerhalb des Systems hegemonialer Männlichkeiten. Je größer die dargestellte Distanzierung zum Unterricht, umso größer ist das symbolische Kapital und damit der Statusgewinn, den ein Junge erreichen kann.[58] Jens Kommentar dient also weniger dazu, nicht an die Tafel zu müssen, als vielmehr der eigenen Profilierung durch die Zuhilfenahme legitimer Bestandteile von Männlichkeit. Möglicherweise betrachtet er seine unleserliche Schrift auch gar nicht wirklich als Defizit, sondern als angemessen, denn bei Jungen gilt eine schlechtere Handschrift unter Umständen als prestigeträchtig. Durch eine unleserliche Schrift kann Distanz und Flüchtigkeit zum Aufgeschriebenen – also den Unterrichtsinhalten – symbolisiert werden, denn der Autor drückt so aus, dass ihm der Unterricht derart unwichtig ist, dass er sich nicht bemühen muss, leserlich zu schreiben. Da Jens seine Absicht unangefochten durchsetzt, erscheint er hier als Handlungsmuster hegemonialer Männlichkeit.

Seine Inszenierung hegemonialer Männlichkeit bleibt widerspruchsfrei. Dazwischenreden und eine unleserliche Schrift sind mit Männlichkeit verknüpft, sodass Geschlechtszugehörigkeit ohne eine direkte Aushandlung entsteht. Der Kontrast zu Luisa, die ihre Langsamkeit nicht als Profilierung nutzen kann, unterstreicht die Geschlechterdichotomie.

Als Luisa an die Tafel kommen soll, versucht sie eine zweite Rechtfertigungsstrategie, indem sie anführt, die gestellte Aufgabe nicht erfüllen zu können. Erst als ihr klar wird, dass sie lediglich die Hausaufgaben anderer Schülerinnen und Schüler anschreiben soll, willigt sie ein.

„Das Thema der Hausaufgabe ist, wie sich herausstellt, die Frage nach Pro- und Contra-Argumenten für Koedukation. Detlef meldet sich und nennt als Pro-Argument den Umgang mit dem anderen Geschlecht. Normen nennt als Argument ‚verschiedenen Unterricht', weil ‚Jungs' was anderes interessiert. Frau Danker: ‚Denkst du da an Fächer?'
Normen: ‚Zum Beispiel Sport.'
Torsten: ‚Ich finde das besser wenn der Unterricht auf Geschlecht angepasst ist'."
(Cd01128d)

Nun werden die Hausaufgaben besprochen. Die Aufgabenstellung führt dabei Geschlecht als explizites Unterrichtsthema ein. Detlef plädiert eingangs für Koedukation, da es so zu einem „Umgang mit dem anderen Geschlecht" komme. Er nimmt die dichotome Zweiteilung der Ordnung der Geschlechter auf und favorisiert eine egalitäre Lösung. Normen geht mit seinem Beitrag

---

58 Zum Distinktionsgewinn durch protestierende Männlichkeit: vgl. Kap. 4.4.3.

ebenfalls von einem Unterschied zwischen den Geschlechtern aus, der sich an verschiedenen Interessen manifestiere. Am deutlichsten wird dies seiner Meinung nach anhand des Sportunterrichts (vgl. zu Sport als männliches Geschlechterrevier Kap. 4.1.1). Aus der Konstruktion eines gemeinsamen Jungeninteresses, welches klar gegen Mädcheninteressen abzugrenzen ist, ergibt sich für Normen ein Argument gegen gemischtgeschlechtlichen Unterricht. Er rechnet mit Vorteilen für die Jungen, da diese in komplizenhafter Männlichkeit ihre Absichten besser realisieren könnten.

Torsten greift die dichotome Konstruktion von Geschlecht auf und plädiert für einen an das Geschlecht angepassten Unterricht. In einer ersten Lesart erscheint es, als ob er Normens Argumentation zustimme. Aufgrund der unterschiedlichen Interessen fordert er als Einwand gegen Koedukation einen Unterricht, der Geschlecht berücksichtigt. Im zweiten Gedankengang eröffnet sich aber noch eine andere Möglichkeit. Torsten könnte ebenfalls vorschlagen, dass der reale koedukative Unterricht an Geschlecht angepasst sein soll. Inwieweit er für getrennten oder für differenzierten Unterricht plädiert, ist nicht zu beantworten. In beiden Fällen bezieht er sich auf die Vorteile für beide Geschlechter und reklamiert nicht nur Profit im Namen von Männlichkeit. An seinen Beitrag anknüpfend nennt er noch ein Argument für koedukativen Unterricht:

„Torsten nennt als Pro-Argument: ‚Soziale Kontakte sind leichter zu knüpfen.' Jens nennt als Argument dagegen: ‚Interessensunterschiede.' Ein Junge sagt: ‚Verschiedene psychische und physische Bedingungen.' Als Beispiel nennt er Sport." (Cd01128d)

Torsten verweist auf die soziale Ebene der Schule, die neben der Wissensvermittlung auch einen wichtigen sozialen Raum für die Gleichaltrigengruppe darstellt. Koedukation ermöglicht gemischtgeschlechtliche Kontakte, die in der häufig getrenntgeschlechtlich ausdifferenzierten Freizeitgestaltung wesentlich schwieriger sind. Dies wird auch in der Bezeichnung von Mädchen als „Alien" in einem vorangegangenen Beispiel deutlich. Das gleiche Argument wird im Verlauf der Passage des öfteren wieder auftauchen. Nachdem Jens noch einmal auf die geschlechtsbezogenen Interessensunterschiede eingeht, verschiebt ein namentlich nicht genannter Junge die Argumentation. Nicht mehr Interesse, welches ja durchaus individuell variieren kann, sondern „verschiedene psychische und physische Bedingungen" sollen die Differenz der Geschlechter konstituieren. Dadurch entsteht eine Naturalisierung der Geschlechter und gleichzeitig eine Fixierung. Dabei erscheint die postulierte anatomische Differenz zuerst als einfache Beschreibung scheinbar ‚objektiver' Tatsachen. Weil sie offensichtlich sind, bieten die Körper einen sicheren Stützpunkt für die Begründung von Männlichkeit. Als Beispiel wählt auch dieser Junge den Sportunterricht, bei dem die Aufmerksamkeit am eindeutigsten auf den Körper gerichtet ist. Da Gender in die Körper eingeschrieben ist und durch die körperliche Inszenierung symbolisiert wird, liegt die Argumentation des Schülers nahe.

„Wanja nennt als Argument gegen getrennten Unterricht: ‚Vorurteile', die man da entwickeln könnte.
Tamara meint zum koedukativen Unterricht: ‚Manche sind der Meinung, dass Mädchen unterdrückt werden in Physik und Informatik, dass Mädchen sich da nicht so trauen. Das ist jetzt nicht so meine Meinung, aber es gibt solche Forschungen.'
Frau Danker ruft nun Jens beim Namen. Der muss gestehen: ‚Da hab ich nicht zugehört.'
Tamara: ‚Es gibt solche psychologischen Untersuchungen, die sagen dass getrennter Unterricht für Mädchen besser ist.'
Jens widerspricht Tamara und auch sonst war beim Nennen ihrer Argumente eher ein ablehnendes Raunen durch die Klasse gegangen. Jens meint: ‚Aber wenn sie sich dafür interessieren (es geht noch um die Fächer wie Physik und Informatik), dann können sie das doch machen.' Dennis ruft unaufgefordert dazwischen: ‚Aber vielleicht trauen die sich dann nicht' (Sich im gemeinsamen Unterricht mit den Jungen zu beteiligen). Jens meint: ‚Ich finde, dass es ein Vorurteil ist, dass Mädchen da schlechter sind.'
Frau Danker wiederholt noch einmal das Argument mit dem Vorurteil." (Cd01128d)

Nun melden sich auch einige Mädchen zu Wort. Wanja argumentiert ebenfalls hauptsächlich auf einer individualisierten Ebene. Bei getrenntgeschlechtlichem Unterricht könne man vielleicht Vorurteile entwickeln. Allerdings führt sie nicht weiter aus, wie die Vorurteile entstehen sollten. Parallel zielt sie auf eine Entdramatisierung von Geschlecht ab, denn eigentlich – so lässt sich aus ihrer Aussage folgern – beruht die Differenz lediglich auf Vorurteilen, die erst durch die Trennung in zwei verschiedene Gruppen entstehen.

Tamara ist dann die Erste, die aus Mädchensicht Argumente gegen Koedukation anführt. Dabei konstruiert sie ebenfalls eine Differenz der Geschlechter, die sich allerdings entlang von Unterdrückung manifestiere. Während die Jungen unterschiedliche Interessen und unterschiedliche körperliche Bedingungen erwähnen, benennt sie ein geschlechtsbezogenes Machtmodell, welches dazu führe, dass Mädchen „unterdrückt werden in Physik und Informatik". Dieses Argument untermauert sie mit dem Hinweis, dass Untersuchungen – also als objektiv geltende Orte der Wahrheitsproduktion – existieren, die ihr Argument belegen. Hierbei spielt sie vermutlich auf Studien an, die nachweisen, dass Physik in der Tat als männliches Geschlechterrevier wirkt (vgl. dafür: Faulstich-Wieland 1991: 95ff.; Letts 2001; Faulstich-Wieland/Willems 2002; auch Horstkemper 1987).

196

Aus den während des Forschungsprojektes ebenfalls erhobenen Fragebögen lässt sich ersehen, dass Jungen in der Tat durchweg Physik als interessantes Fach oder Lieblingsfach angeben. Bei den unbeliebtesten Fächern rangiert Physik bei den Mädchen auf dem ersten Rang, während bei den Jungen der Rangplatz zwischen erstem und sechstem variiert – je nach Jahrgangsstufe. Jungen interessieren sich also stärker für Physik, was wiederum damit in Zusammenhang gebracht werden kann, dass diese Fächer auf die Interessen der Jungen ausgerichtet sind. Auch in der Studie von Krebs wird Physik als ein für Jungen interessantes Fach genannt (vgl. Krebs 2002: 28f.). Er weist allerdings darauf hin, dass die Haltung durchgehend eher von dem Fach als vom Geschlecht abhängig ist: Die Diskrepanz der Beliebtheit zwischen beispielsweise Deutsch und Physik ist größer, als die der Beurteilung von Deutsch oder Physik durch Jungen und Mädchen (ebd.: 27). Trotzdem kann bestätigt werden, dass Physik als männliches Geschlechterrevier gilt.

Tamara betont weiterhin, dass – laut „Untersuchungen" – Mädchen sich nicht trauen würden, sich zu beteiligen. Sie wiederholt ihr Argument, indem sie präzisiert, dass es psychologische Untersuchungen seien, nach denen getrennter Unterricht besser für Mädchen sei. Damit beschreibt sie einen positiven Gewinn, welchen Mädchen aus der Geschlechtertrennung ziehen könnten.

Tamara legt allerdings Wert darauf, dass dies nicht ihre Ansicht sei, sondern „manche der Meinung sind". Sie redet auf einer abstrakten Ebene über Mädchen, gerade so, als gehöre sie selber nicht dazu. Am Ende ihres Beitrages wiederholt sie noch einmal explizit, dass sie nicht ihre Meinung dargestellt hat. Diese Distanzierung scheint auch vonnöten, denn sie erntet ablehnendes Geraune für ihre Ausführung. An diesem Punkt manifestiert sich eine geschlechtsbezogene Differenz. Das System hegemonialer Männlichkeiten beinhaltet die rechtmäßig erscheinende Reklamation von Vorteilen für Männer, indem durch das Verhältnis zwischen Solidarität und Konkurrenz eine homogene Gruppe etabliert wird, welche die Suprematie innerhalb der Geschlechterordnung beansprucht und verteidigt. Für Frauen oder hier Mädchen ist dies nicht vorgesehen. Sie können zwar individuell gute Noten erzielen, aber einen Anspruch auf getrennten Unterricht zu erheben, weil sie dann als Mädchen bessere Chancen haben, ist jedoch nicht legitim. Bildung ist zwar längst kein männliches Privileg mehr, der hegemoniale Anspruch darauf existiert allerdings zum Teil weiterhin.

Gleichzeit distanziert sich Tamara damit von der Meinung der Lehrerin. Sie führt zwar Argumente im Sinne von Frau Danker an, macht sie aber nicht zu ihren eigenen. So kann sie vor der Klasse den Eindruck der Streberin und des Anbiederns vermeiden.

Tamaras Argument, welches die Normalität männlicher Hegemonie entlarvt und kritisiert, wird allgemein zurückgewiesen. Möglicherweise geschieht dies aber auch, weil bessere Noten für Mädchen gegen das formale Gleichheits- und Gerechtigkeitspostulat der Schule verstoßen. Auch deswegen distanziert sie sich in dieser auffälligen Form von ihrem Statement. Den Rest der Stunde beteiligt sie sich nicht an der Diskussion, so dass offen bleibt, ob sie ihre eigene Meinung vorgetragen, oder nur im Sinne der Hausaufgabenstellung ein Contra-Argument aufgeführt hat.

Detlef kommt wieder auf das Thema Jungen und Sport zurück:

„Detlef sagt: ‚Also manchmal muss ja sowieso getrennt werden. Auf Klassenreisen sind die Jungen und Mädchen in getrennten Zimmern. Beim Sport wird getrennt, z.B. bei körperbetontem Sport.' Frau Danker: ‚Was soll das heißen? Ist das jetzt contra?' Detlef erläutert, dass es ein Contra-Argument ist, nämlich in sofern, dass man sowieso schon in manchen Bereichen trennen muss, was gegen die Koedukation spricht. Monja nennt das Argument, dass durch gemeinsamen Unterricht Vorurteile aus dem Weg geräumt werden." (Cd01128d)

Detlef und auch Monja wiederholen die schon einmal genannten Argumente, nämlich die körperlichen Unterschiede zwischen Jungen und Mädchen beim Sport als Contra– und das Ausräumen von Vorurteilen als Pro-Argument für Koedukation. Detlef unterstreicht die besondere Bedeutung von Sport als Jungendomäne noch durch die Attribuierung als „körperbetont". Frau Danker fragt bei Detlefs Argument noch einmal nach und äußert dadurch implizit eine Kritik, da sie seine Meinung hinterfragt und ihn auffordert, diese genauer zu erklären.

Das häufige Nennen der gleichen Argumente hat weniger etwas mit geschlechtsspezifischen Gründen zu tun, als vielmehr damit, dass in der Pause vor der Stunde fast alle Mädchen ihre Hausaufgabe bei Detlef abgeschrieben haben.

„Frau Danker fordert nun explizit ‚die Mädchen' auf, auch etwas beizusteuern; ‚einige hatten doch viel stehen.' Was sie nicht weiß ist, dass die meisten Mädchen von Detlef abgeschrieben haben und sie vermutlich auch deshalb nun nicht mit dessen Argumenten hausieren gehen. Wieder einmal eine Konstellation, wo man auf den ersten Blick meint, dass Mädchen vielleicht schüchtern oder zurückhaltend seinen, was aber faktisch ganz andere Hintergründe hat.
Jedenfalls meldet sich jetzt nach dieser Aufforderung von Frau Danker Wanja. Sie meint, als Argument für Koedukation: ‚Lockerere Atmosphäre'. Detlef kommt dran und sagt: ‚Es werden Freundschaften zwischen Jungen und Mädchen geschlossen.' Jens sagt: ‚Ein normaleres soziales Zusammenleben.' An der Tafel steht dann ‚normaler Umgang'." (Cd01128d)

Nun appelliert Frau Danker an die Mädchen, sich im Unterricht zu engagieren und dramatisiert durch ihre Aufforderung Geschlecht, gleichzeitig veröffentlicht sie die bisherige Unterrichtsbeteiligung. In der Tat war die Stunde bisher sehr jungendominiert. Da die meisten Mädchen ihre Hausaufgaben bei Detlef abgeschrieben haben, melden sie sich dementsprechend wenig zu Wort, um nicht aufzufallen. Dieses Verhalten ist im Kontext Schule sinnvoll, denn so können die Hausaufgaben als gemacht präsentiert werden. Hier entsteht zwar der Eindruck, dass Mädchen im Unterricht zurückhaltender sind, der Hintergrund ist allerdings nicht gegendert. Ihre Nichtbeteiligung resultiert aus einem sehr üblichen, nichtsdestotrotz formal regelwidrigem, Verhalten.

Wanja nennt dann als Pro-Argument „lockerere Atmosphäre", Detlef erwähnt entstehende Freundschaften. Jens wählt einen eigenen Begriff für den Umgang zwischen Jungen und Mädchen, nämlich Normalität. Der Umgang zwischen Jungen und Mädchen ist das sozial Normale, weil es die heterosexuelle Matrix der Geschlechter bestärkt. Dieses Argument deckt sich nicht mit der Wirklichkeit, da die Klassen zwar koedukativ unterrichtet werden, wie aber an anderer Stelle gezeigt durchaus strikte Separierungslinien zwischen den Geschlechtern vorherrschen (vgl. Kap. 4.2.1). Jens bezieht sich also nicht auf die konkrete Situation, sondern auf die Ideologie, die den Bezug der Geschlechter als Normalität begreift.

„Christine plädiert dafür, dass die Mädchen Erfahrungen für ihren Beruf sammeln: ‚Frauen müssen sich ja da auch mit Männern durchkämpfen.' Frau Danker paraphrasiert als erste Formulierung für die Tafel: ‚Mädchen lernen sich in einer Männer-Welt zu behaupten.' Jens widerspricht: ‚Das ist doch auch ein Vorurteil'." (Cd01128d)

Christine kommt wieder auf den Machtaspekt zu sprechen. Da koedukativer Unterricht hilft, sich gegen Männer „durchzukämpfen", bezieht sich ihr Argument auf die Benachteiligung der Mädchen. Während Frau Danker bei Detlef durch genauere Nachfragen sein Argument in Zweifel zieht, fasst sie Christines Äußerung in eigenen Worten zusammen. An diesem Punkt wiederholt sie das mädchenprotegierende Muster, welches schon bei der Frage des Computerkurses deutlich geworden ist. Sie paraphrasiert Christines Beitrag und lässt ihr so Unterstützung zukommen, um die diese nicht gebeten hat. Vermutlich möchte Frau Danker ihr Argument bestärken, weil sie selber es für richtig hält. Jens widerspricht, dass die Männer-Welt, gegen die sich Frauen durchzusetzen haben, doch nur ein Vorurteil sei. Damit beschuldigt er neben Christine implizit auch die Lehrerin, Vorurteile zu besitzen, da sie die These der Benachteiligung vertritt.

Wenn machtkritische Fragen von den Mädchen oder der Lehrerin angesprochen werden, fühlen sich verschiedene Jungen aufgefordert, deren Argumente zu entkräften, die als Delegitimierungen verstanden und beantwortet werden. Das System hegemonialer Männlichkeiten erfordert die Verteidigung

der Hegemonie gegen die Aufforderung zur Rechtfertigung. Jens reagiert, indem er sich nicht inhaltlich mit der Frage auseinandersetzt, sondern Christines These als Vorurteil zurückweist und mit einer Gegenunterstellung antwortet.
Das Thema Beruf bleibt nun virulent:

„Torsten: ‚Die Emanzipation kommt durch, Mädchen können sich durchschlagen.'
Er kommt auf Handwerksberufe zu sprechen, in denen zur Zeit noch mehr Männer als Frauen seien. Richtige Gleichberechtigung wäre es aber erst, wenn Frauen es machen dürfen und es auch anerkannt ist. Frau Danker: ‚Ja, und was ist deine Meinung dazu?'
Torsten: ‚Mir ist das egal. Sie können auch Dienst an der Waffe schieben. Von mir aus können sie auch Automechanikerin werden. Es wird halt nicht von allen akzeptiert.' Oliver und Detlef tuscheln verschwörerisch etwas Geheimes, dass sie scheinbar nicht öffentlich diskutieren wollen. Torsten wird gefragt, ob Frauen das denn überhaupt können. Jedenfalls antwortet er: ‚Natürlich können sie das, wenn sie sich anstrengen.'
Frau Danker fragt, ob Frauen sich denn mehr anstrengen müssten als Männer. Torsten bejaht das. Jens fragt mit kritisch-distanziertem Ton: ‚Aus welchem Grund denn?!' Torsten: ‚Man hat manchmal das Gefühl, dass manche nicht akzeptiert werden, z.B. als Manager.' Frau Danker: ‚Ist das ein Vorurteil oder müssen sie sich mehr anstrengen, weil sie es erst lernen müssen?' Torsten kommt irgendwie auf Mädchenschulen zu sprechen: ‚Wenn ich auch auf einer reinen Mädchen-Schule bin, kann ich das nicht so mitnehmen.' (Das Lernen von Durchsetzungsvermögen).
Detlef wendet nun ein: ‚Frauen werden ja auch in anderen Berufen bevorteiligt. Zum Beispiel bei der Erziehung von Kindern oder bei der Prostitution.' Detlef nennt seine Argumente mit ernster Stimme. Bei den Jungen führt das Argument Prostitution allerdings erst mal zu weit verbreiteten Lachern. Die Mädchen wirken eher betreten und schweigen. Jens ruft rein: ‚Chance kann man da nicht sagen!'" (Cd01128d)

Torsten greift als einziger Junge den Machtaspekt auf. Im Gegensatz zu der Klassensprecherwahl erscheint er nun nicht als Klassenclown, sondern er beteiligt sich ernsthaft und engagiert am Unterricht. Es zeigt sich, dass in unterschiedlichen Kontexten die Schüler verschiedene Handlungsmuster des Systems hegemonialer Männlichkeiten einnehmen können.
   In schwer verständlichen Worten bestärkt er Christines Ansicht, dass Mädchen sich durchsetzten müssen. Er vertritt eine egalitäre Position inklusive weiblicher Sprachregelung, da „von ihm aus" Frauen auch Automechanikerin oder Soldatin werden können und benennt damit zwei der am stärksten männlich konnotierten Berufe. Er reflektiert weiterhin, dass diese Meinung aber noch nicht allgemein anerkannt sei und führt zusätzlich aus, dass Frauen sich in der Berufswelt mehr anstrengen müssen als Männer, um die gleichen Erfolge zu erzielen. Seine Position resultiert aus einem pragmatischen Absehen von Geschlecht und beinhaltet einen Vorschlag zur praktischen Entdra-

matisierung. Eigentlich könnte jede und jeder alle Arbeiten erledigen, wenn es nicht die gesellschaftliche Barriere der Akzeptanz gäbe. Zum Ende seines Beitrags nimmt Torsten im sprachlichen Bereich einen Geschlechterwechsel vor. Er wählt erstaunlicherweise keine distanzierte Formulierungen wie: ‚wenn ich auf einer Mädchenschule wäre' oder ‚wenn ich ein Mädchen wäre', sondern konstruiert sich direkt als Mädchen: „wenn ich auf einer reinen Mädchen-Schule bin" signalisiert ein hohes Maß an Identifikation. Diese Identifikation wird nicht kommentiert.

Torsten nimmt hier den Status alternativer Männlichkeit ein, die sich Connells System hegemonialer Männlichkeiten tendenziell entzieht (vgl. Connell 1999a; auch Meuser 1998; Pech 2002[59]). Er verwendet zwar die Kategorien Mann und Frau, plädiert aber für eine Gleichbehandlung. Gegen diese alternative ‚geschlechteregalitäre' Position protestiert Detlef durch den Verweis auf Erziehung und Prostitution, er kann sich aber nicht durchsetzen, obwohl er über größeres soziales Kapital verfügt. Im Gegenteil, auch Jens widerspricht seiner Absicht der Retraditionalisierung der Geschlechterordnung, indem er proklamiert, dass Prostitution nicht als Berufschance zu bewerten sei. Keiner der drei Jungen kann seine Meinung unwidersprochen durchsetzen. Sie müssen ihre Absichten untereinander als komplizenhafte Männlichkeit aushandeln.

Allerdings zeigt sich dabei ein Bruch mit komplizenhafter Männlichkeit. Torsten entlarvt Männlichkeit als hegemoniales Machtsystem und verweigert die komplizenhafte Mitarbeit, weil er einen entscheidenden Stützpunkt, nämlich den Herrschaftsanspruch und die Suprematie gegenüber Weiblichkeit, kritisiert. Es deutet sich eine Enthierarchisierung von Geschlecht auf praktischer Ebene an. Detlef widerspricht Torsten sachlich und erkennt damit die prinzipielle Berechtigung von Torstens Argumentation als legitimen Beitrag zur Debatte faktisch an. Während es für Jungen legitim scheint, das System hegemonialer Männlichkeiten selber zu hinterfragen, gilt dies für Mädchen keineswegs. Allerdings kann Torsten vermutlich davon profitiert, dass er mit der Lehrerin ähnlicher Meinung ist und dies seine Position stützt. Er durchkreuzt das System hegemonialer Männlichkeiten mit dem Gewinn der ‚richtigen Meinung'. Inwieweit er seine eigene Position vertritt, oder sich an die Lehrerin anbiedern möchte, ist nicht nachweisbar. Möglicherweise äußert er

---

59 Connell untersucht unter dem Begriff der alternativen Männlichkeit insbesondere Männer aus dem Umweltschutzmilieu, bei denen sich gesellschaftlicher Protest auch in einer kritischen Thematisierung der Geschlechterordnung ausdrückt. Diesen Begriff verwendet er allerdings nicht stringent. Auch Pech und Meuser untersuchen alternative Formen von Männlichkeit. Während Connell hier Tendenzen zu Geschlechteregalität und Enthierarchisierung beschreibt, betonen Pech und Meuser stärker die Schwierigkeiten, die sich der alternativen Männlichkeit bei den Veränderungen stellen.

sich gar nicht so souverän, wie es auf den ersten Blick erscheint, sondern sucht die Komplizenhaftigkeit zur Lehrerin, die ihm in der Gruppe der Jungen häufiger versagt ist. Dagegen spricht, dass er sehr engagiert und sprachlich differenziert argumentiert und somit die vertretene Position keinem rein strategischen Kalkül entspringen kann, sondern ihm ein alternatives Handlungsmuster zur Verfügung steht.

Um den weiteren Verlauf der Stunde besser nachvollziehen zu können, wird das Ende der letzten Passage noch einmal wiederholt:

„Detlef wendet nun ein: ‚Frauen werden ja auch in anderen Berufen bevorteiligt. Zum Beispiel bei der Erziehung von Kindern oder bei der Prostitution.' Detlef nennt seine Argumente mit ernster Stimme. Bei den Jungen führt das Argument Prostitution allerdings erst mal zu weit verbreiteten Lachern. Die Mädchen wirken eher betreten und schweigen. Jens ruft rein: ‚Chance kann man da nicht sagen!'
Seit dem Thema Prostitution scheinen die Emotionen ziemlich hoch zu kochen und alles geht z.T. ein bisschen durcheinander, auch die verschiedenen Äußerungen und Argumente. Michelle kommt zu diesem Thema dran und verteidigt die Prostitution: ‚Da gehen halt Männer hin, die im Kopf krank sind, da holen sie es sich halt da. Aber nicht mit Gewalt, was sie sonst vielleicht mit Kindern machen würden oder Vergewaltigung.'
Frau Danker sagt, eher distanziert: ‚Das ist deine Meinung.' Sie fragt dann: ‚Warum machen denn die Frauen das?' Detlef: ‚Um Geld zu verdienen.' Detlef sagt weiter: ‚Das machen mehr Frauen als Männer.' Es wird eingeworfen: ‚Schwul' bzw. ‚Männer-Strich'. Frau Danker fragt, ob es das denn gibt, also Männer in der Prostitution. Sie sagt selbst: ‚In der Morgenpost, da stehen auch männliche Models, die von Frauen angerufen werden können.' Jens widerspricht und wirft ein, dass so was vor allem in BILD stehen würde. Frau Danker spricht auch noch den Homosexuellenstrich an. Normen wendet noch zu den weiblichen, vielleicht auch zu allen Prostituierten ein: ‚Ich glaub nicht, dass sie es gerne sind'." (Cd01128d)

Gegen Torstens Argumente setzt Detlef eine Retraditionalisierung hegemonialer Männlichkeit, indem er Berufe anführt, in denen Frauen „bevorteiligt" werden. Die Berufe Erzieherin und Prostituierte haben gesellschaftlich allerdings ein wesentlich geringeres Prestige als Handwerker oder Manager. Er versucht durch seine Gegenüberstellung die Aussage von Torsten in dem Sinne zu relativieren, dass verschiedene Berufe für beide Geschlechter vorgesehen sind. Aufgrund des unterschiedlichen Prestiges, des unterschiedlichen Einkommens und der unterschiedlichen Karrieremöglichkeiten existiert jedoch kein egalitäres Nebeneinander der verschiedenen Berufe, sondern eine Hierarchie. Connell beschreibt den Zugang zu privilegierten Jobs als ein wesentliches Kennzeichen hegemonialer Männlichkeit (vgl. Connell 1999a: 103). Die übergeordneten Männerberufe bringen notwendigerweise die untergeordneten Frauenberufe mit sich. Dabei funktioniert die Verknüpfung der

202

geschlechtlichen Konnotation mit dem Prestige in beide Richtungen. Ein Beruf ist prestigeträchtiger, weil er männlich konnotiert ist und er ist männlich konnotiert, weil er prestigeträchtiger ist. Insofern untermauert Detlefs Argument eigentlich Torstens These der Hierarchie. Bemerkenswerterweise zeichnet er die tradierte Kategorisierung von Frauen in ‚Heilige' und ‚Hure' quasi berufsbezogen nach. Der Bereich der Erziehung (selbstlos) und der Prostitution (sexualisiert) decken weniger Bereiche ab, in den Frauen „bevorteiligt" werden, wohl aber zwei bedeutende weibliche Geschlechterreviere der Erwerbsarbeit.

Das Thema Prostitution wird – auch wenn scheinbar nicht beabsichtigt – als Sexualisierung aufgegriffen und verstanden. Die Jungen lachen mit Detlef über die Beschreibung und stellen so komplizenhafte Männlichkeit her. Im Gegensatz dazu wirken die Mädchen auf die Ethnographin betreten und schweigen. Sie begreifen die immanente Entwertung, können sie allerdings nicht entkräften. Jens entgegnet – wie oben bereits analysiert –, dass die beiden Berufe nicht als Beispiel für eine Bevorzugung von Frauen gesehen werden können. In dem allgemeinen Trubel, der auf die Sexualisierung folgt, verteidigt Michelle Prostitution, weil hier die Männer Sex haben können, die andernfalls vergewaltigen und Kinder misshandeln würden. Sie beschreibt das Bild des ‚krankhaften Triebtäters', der „nicht ganz richtig im Kopf ist". Diese Figur ist allerdings eher eine ideologische Konstruktion denn gesellschaftliche Realität, sie dient als Projektionsfläche zur Normierung von Sexualität. Foucault beschreibt in „Der Wille zum Wissen", wie die dichotome und heterosexuelle Norm im Laufe der vergangenen Jahrhunderte installiert wurde (vgl. Foucault 1992: 125ff.). Dabei ist ‚der Perverse' eine Strategie, die dazu dient, über die Negativfolie des Kranken den gesunden – also heterosexuellen – Mann zu entwerfen. Da die meisten sexuellen Übergriffe eben nicht von ‚krankhaften Triebtätern', sondern von Männern aus dem sozialen Nahbereich der Opfer begangen werden, handelt es sich um einen Rechtfertigungsdiskurs (vgl. Enders 1995: 86ff.).

Erst Michelles Argumentation nötigt Frau Danker zum Intervenieren, während sie Detlefs Spruch vorher kommentarlos hinnimmt. Der Unterschied liegt darin begründet, dass Detlef sich gemäß ihrer geschlechterstereotypen Erwartungen verhält, Michelle aber nicht. Frau Danker versucht anschließend, das Thema zurück auf die betroffenen Frauen zu lenken, indem sie nach deren Motivation fragt, als Prostituierte zu arbeiten. Nun entspannt sich zwischen der Lehrerin und einigen Jungen eine Auseinandersetzung über männliche Prostitution. Detlef selber leitet zu diesem Thema über, indem er einwirft, es gäbe mehr weibliche als männliche Prostituierte. Frau Danker greift seine Aussage auf. Die darauf folgenden Beiträge von Jens und Normen versuchen dann, das Thema zu bagatellisieren.

Jens widerspricht der Lehrerin, er versucht durch größere Kompetenz seinen Status zu sichern und lenkt gleichzeitig vom Thema ab. Er verschiebt den Diskurs auf eine Auseinandersetzung über die verschiedenen Werbungen für Prostitution in unterschiedlichen Zeitungen. Normen hingegen verallgemeinert das Thema und versucht dadurch, ihm die geschlechtliche Konnotation zu nehmen. Die Jungen reagieren also auf ein unliebsames Thema durch Ablenken und Ausweichen, sie stellen offensichtlich komplizenhafte Männlichkeit her. Aber diese Interpretation greift zu kurz, denn männliche Prostitution widerspricht dem System hegemonialer Männlichkeiten und ist insofern einem Tabu unterworfen. Hegemoniale Männlichkeit bedeutet Aktivität, Prostitution hingegen widerspricht dem Aktivitätsprinzip, denn Prostituierte sind mit den Wünschen der KundInnen konfrontiert. Deswegen ist die Assoziation eines namentlich nicht genannten Schülers mit dem Begriff „schwul" beinah zwangsläufig. Ein Mann, welcher der sexuellen Norm widerspricht, wird als ‚unnormal' marginalisiert. Wichtig ist weniger, mit welchen Argumenten männliche Prostitution verhandelt wird, als vielmehr, dass sie überhaupt thematisiert wird. Das Sprechen über ein Tabu männlicher Sexualität kann als Indiz für die Veränderung von Männlichkeit gesehen werden. Gemildert wird der Tabubruch dadurch, dass die Lehrerin selber das Thema aufgreift und es somit zum Unterrichtsgegenstand macht. Eine Beteiligung zum Thema stellt demnach auch einen Gewinn in Form von Unterrichtsbeteiligung dar.

Möglicherweise versuchen die Schüler aber auch, dass Thema der geschlechtlichen Benachteiligung von Frauen abzuschwächen, indem sie argumentieren, dass nicht nur weibliche, sondern auch männliche Prostituierte existieren und Prostitution somit kein Indikator für eine geschlechtsbezogene Ungerechtigkeit darstellen kann.

„Monja: ‚Wo Frauen angesehen sind, sind untergestellte Berufe, z.B. Stewardess.'
Frau Danker erläutert, dass es auch viel mehr Frauen im Bereich der Grundschule gäbe und im Service-Bereich. ‚Haben sie denn da mehr Chancen?' Detlef: ‚Das machen mehr, weil sie es mögen. Michelle: ‚In Boutiquen arbeiten auch mehr Frauen. Man fühlt sich auch wohler, wenn Frauen das machen. Also wenn da ein Mann wäre (spielt als Aussage von diesem): Diese Unterwäsche steht Ihnen sehr gut...' Michelle erhält natürlich eine Menge Lacher aus der Klasse.
Torsten: ‚Frauen sieht man öfter im Fernsehen, z.B. bei Talkshows.' Insbesondere was die Talkshows betrifft, erntet er viel gebrummelten Widerspruch, einige zählen die verschiedensten weiblichen und männlichen ModeratorInnen einzeln auf. Torsten meint: ‚Männer machen mehr Nachrichten.' Auch hier widerspricht jemand und nennt eine Nachrichtensprecherin, wobei dann debattiert wird, ob das eher selten ist oder nicht.
Petra: ‚In der Werbung sieht man immer Frauen, die kochen und putzen, z.B. bei Maggi.' Oliver ruft rein: ‚Meister Proper! Da macht's immer der Mann.' Judith meint: ‚Wenn beide zusammen Nachrichten sprechen, dann macht der Mann den

Sportteil. Die Frau was anderes.' Wanja: ‚Bei Elektronik sind es nur Männer, die einen beraten. Ich finde das einfach schade.' Michelle: ‚Ist halt so.'
Jens: ‚Frauen machen meistens bestimmte Berufe. Da ist immer noch das Klischee: Frauen kümmern sich um Leute, deshalb auch Service. Leitende Positionen: Das machen die Männer, die harte Arbeit. Immer das alte Klischee.' Frau Danker fragt, warum Mädchen/Frauen technische Sachen denn nicht machen. Jens: ‚Weil sie sagen, wozu brauchen wir das'." (Cd01128d)

Im Verlauf der Stunde verhandeln die Schülerinnen und Schüler weiter, welche Berufe als männliches beziehungsweise weibliches Geschlechterrevier angesehen werden können. Dabei werden folgende Zuordnungen vorgenommen: Frauen ergreifen den Beruf der Stewardess, der Verkäuferin in Boutiquen oder der Talkshowmasterin, Männer werden Nachrichtensprecher oder Verkäufer im Elektrobereich. Jens bringt die „Klischees" der Geschlechter auf den Punkt: Frauen sind für Service zuständig, Männer für „die harte Arbeit". Bei der Frage nach der Darstellung von Werbung im Fernsehen findet sich das hinlänglich bekannte Argumentationsmuster. Petra kritisiert die ungerechte Zuschreibung, während Oliver versucht, anhand des Einzelfalls „Meister Proper" gegen das Stereotyp zu argumentieren. Von Jungen wie Mädchen wird geteilt, dass diese Ordnung Normalität ist. Michelles Persiflage bezüglich männlicher Unterwäscheverkäufer wird deswegen allgemein als eine unterhaltsame Normabweichung begriffen.

„Irgendwie geht es noch mal um die Frage, ob Frauen oder Männer kochen, insbesondere in Fernsehwerbungen. Michaela: ‚Sieht ja auch komisch aus, wenn da ein Mann mit einer Schürze ist.'
Frau Danker fragt (rhetorisch), wer denn die drei bis vier Sterne-Köche seien. Dennis: ‚Da geht es wieder um die Ehre.' Oliver: ‚Bei den Döner-Ständen sind es auch immer Männer.' Michelle fragt, widersprechend: ‚Hast du noch nie 'ne Frau an einem Döner-Stand gesehen?' Sie erntet keine Zustimmung, fügt dann selbst noch hinzu: ‚Ich schon.'
Monja: ‚Frauen machen die niedrigeren Arbeiten. Und Männer heimsen den Ruhm ein'." (Cd01128d)

Nun wird über Köche geredet. Auf die These, dass in der Werbung hauptsächlich Frauen kochen, reagiert Michaela mit einem dichotomieverstärkenden Argument, welches auf die Normalität der zweigeschlechtlichen Ordnung zurückgreift und diese gleichzeitig bestärkt. Das Accessoire Schürze passe einfach nicht zu einem Mann, das sähe komisch aus. Hier dient nicht der Körper, sondern die geschlechtsbezogene Inszenierung als Stütze von Geschlecht. Auch wenn bei naturalisierenden Begründungen häufig mit biologischen Unterschieden argumentiert wird, zielt die Beurteilung von Gender zumeist auf die Inszenierung. Weniger der tatsächliche Körper, als vielmehr die Übereinstimmung der Inszenierung mit der angenommenen biologischen Geschlechtszugehörigkeit, wird bewertet. Diese Verzahnung von erwartetem Körper und Inszenierung lässt sich beispielsweise bei Kleidung, Haarpraktiken oder der Farbe der Babykleidung[60] wieder finden. Wichtig ist, dass dem Prinzip der „accountability" gefolgt wird (Fenstermaker/West 2001: 244; vgl. Kap. 1.2.3).

Die Zuschreibungen stützen sich auf die dichotome und naturalisierende Teilung der Welt und erwecken den Anschein einer natürlichen Ordnung. Dabei gerät aus dem Blickfeld, dass es sich um eine soziale Zuschreibung handelt, welche die Schürze erst als weibliches Kleidungsstück definiert und keineswegs um eine anatomische Bedingtheit. Der Bruch mit tradierten Inszenierungserwartungen wird als Abweichung betrachtet, welchem mit Normalisierung begegnet wird. So argumentiert Michaela auch nicht, dass einem Mann die Schürze nicht passe, sondern dass es komisch aussähe. Die Verwirrung ist im dichotomen System nicht vorgesehen. Butler schlägt deswegen die Strategie der Geschlechterverwirrung durch queere – querliegende, sperrige, unflätige – Praktiken wie Crossdressing vor (vgl. Butler 1991: 203 ff.). Der Bruch mit der herrschenden Normalität eröffnet nach Butler die Möglichkeit subversiver Aneignungsstrategien. Diese sind allerdings bisher Ausnahmen, wie sich in diesem Forschungsprojekt zeigt, und dienen eher dazu, die scheinbar natürliche Ordnung der Geschlechter zu entlarven, denn als kollektive als habituelle Strategie zur Enthierarchisierung.

So bleibt denn auch Michaelas Hinweis auf die Unmöglichkeit schürzentragender Männer unwidersprochen, die Selbstverständlichkeit ihrer Aussage wird nicht in Frage gestellt. Beispielhaft wird an diesem Punkt erneut deutlich, dass auch Mädchen das System hegemonialer Männlichkeiten mitkonstruieren.

Frau Danker versucht daraufhin, wieder den geschlechtsbezogenen Machtaspekt einzuführen, indem sie auf die Prestigeunterschiede beim Kochen zwischen Männern und Frauen hinweist. Wie auch in dem vorherigen Beispiel, rekonstruiert sie so aber gleichzeitig die stereotype Ordnung der Geschlechter. In ihrer Thematisierung von Geschlecht wird die Hierarchie reproduziert; Abweichungen, beispielsweise durch Statements der Lernenden, werden kommentierend bewertet. Die Lehrerin vermischt so Unterricht, persönliches Anliegen und die Strategien der Schülerinnen und Schüler.

---

60 Rosa für Mädchen, blau für Jungen. Für den Fall, dass eine Bekleidung auswählende Person über das Geschlecht des Babys nicht informiert ist, wählt sie gelb und wird damit richtig liegen, denn gelb verheißt Neutralität, die geschlechtliche Zuordnung kann so nicht unterlaufen werden. Unterstützt wird die Zuschreibung durch die Namensgebung, die, gesetzlich geregelt, eines der beiden legitimen Geschlechter zweifelsfrei erkennen lassen muss.

Auf Frau Dankers Frage: „wer denn die drei bis vier Sterne-Köche seien?", antwortet Dennis, dass es hierbei um die Ehre ginge. Es ist nicht nötig, auf Frau Dankers Frage zu antworten, da es klar zu sein scheint, dass die angesehenen Köche Männer sind, Männer mit Ehre. Die Ehre als Prestigegewinn ist eine Form sozialen Kapitals, die der hegemonialen Männlichkeit vorbehalten ist. Bourdieu zeigt in seiner Kabyleistudie, dass der Platz von Männern innerhalb der symbolischen Ordnung der Geschlechter wesentlich davon abhängig ist, welches Prestige, welches Ansehen ein Mann genießt (vgl. Bourdieu 1997). Auf der Grundlage des Gabe-Gegengabe-Tauschverhältnisses wird angezeigt, wie viel sich ein Mann leisten kann. Das Prestige und damit die soziale Stellung reguliert, was in den „ernsten Spielen" (ebd.: 188f.) zur Erlangung geschlechtlicher Sicherheit als symbolisches Kapital gewährt wird.

Dann ruft Oliver dazwischen. Er benutzt diese Taktik häufig, um sich am Unterricht zu beteiligen. Olivers Beiträge zum Unterricht erscheinen als komplizenhafte Männlichkeit. Er muss seine Absicht nicht verhandeln, denn seine Einwürfe sind zu kurz, als dass daran eine Reaktion angeknüpft werden könnte. Er verhält sich in dem Sinne taktisch, dass er sich nicht mit seiner eigenen Position vorwagt, sich also nicht Anfechtungen aussetzen muss. Dies deckt sich mit Hilgers Befund, dass sich Jungen aufgrund des höheren Selbstvertrauens häufiger dazwischenrufend beteiligen (vgl. Hilgers 1994: 112). Sein Widerspruch garantiert ihm Aufmerksamkeit, seine Absicht auf Beteiligung am Unterricht ist ohne einen eigenständigen Beitrag realisiert.

Oliver verknüpft nun den Diskurs um Gender mit dem Diskurs um Ethnizität. Möglicherweise möchte er damit Dennis (und Frau Danker) widersprechen. Männer seien nicht immer vier Sterne-Köche, sondern arbeiten auch im Dönerimbiss, sie befinden sich also nicht zwangsläufig in prestigeträchtigen Positionen. Der Zusammenhang mit Ethnizität wird über den Begriff der Ehre hergestellt. Dönerstände sind ethnisch eindeutig türkisch codiert. Wäre sein Einspruch lediglich eine Entkräftung von Dennis Argument, so könnte sich sein Hinweis auf alle möglichen Imbisse beziehen. Nicht nur bei vier Sterne-Köchen geht es um Ehre, sondern auch beim türkischen Verkäufer am Dönerstand. Die Verknüpfung funktioniert von Prestige über Ehre zu Dönerstand und ‚Türkisch-Sein', welche die Verknüpfung von Ehre und ‚türkischem Mann'[61] aufnimmt und bestärkt.

---

61 Der Begriff ‚türkischer Mann' wird in Anführungszeichen verwendet, da es sich um eine Konstruktion handelt und nicht um eine tatsächliche, konkrete Person. ‚Der türkische Mann' stellt eine symbolische Position dar, die sich nicht auf Geburtsort, Pass, Sprachkompetenz oder kulturelles Kapital bezieht, sondern als eine ethnisch begründete Figur durch die Dominanzkultur etabliert wird.

In der Männerforschung wird ein enger Zusammenhang zwischen Männlichkeit und Ehre postuliert, demnach gründet Männlichkeit auf die Anerkennung von Ehre – oder eben symbolischem Kapital – durch andere ‚ehrenhafte Männer' (vgl. Roper 1992; Frevert 1995; Bourdieu 1997). So gesehen müsste der Koch am Döner-Stand souverän hegemoniale Männlichkeit verkörpern. Das dies nicht so ist, hängt damit zusammen, dass „dieses Ehrverständnis im heutigen Deutschland gründlich abhanden gekommen ist" – wie Brandes formuliert (2002: 169). Denn hierzulande wird Männlichkeit insbesondere als vernünftig, rational, technisch, sprich: modern definiert. Die Ehre des ‚türkischen Mannes' hingegen resultiert aus der ihm zugeordneten Familienbindung, sie gilt als veraltet, emotional, ursprünglich und damit unmodern, eine Position, die im dichotomen Weltbild für Frauen vorgesehen ist und bei Männern auf einen unmodern-unmännlichen Habitus verweist (vgl. Terlitt 1996; Bohnsack 2001: 49ff.). Dies zeigt sich auch darin, dass Oliver vier Sterne-Köche und Dönerstand-Besitzer nicht auf gleicher Ebene behandelt.

Zusätzlich zu der Verknüpfung von Ethnie und Gender wird von Oliver auch Ethnie und Schichtzugehörigkeit in einen Zusammenhang gebracht. Denn der ‚türkische Mann' arbeitet in einem Imbiss, er verfügt über weniger – insbesondere ökonomische – Kapitalien als die vier Sterne-Köche. Die Betonung der ethnischen Zugehörigkeit dramatisiert dessen Staus und stellt ihn damit gegen die Nobelköche, deren Nationalität unkommentiert bleibt. Sie haben keine ethnische Zugehörigkeit, dadurch werden sie zum normativen Maßstab erhoben.

Die Figur des ‚türkischen Mannes' wird marginalisiert. Der unterstellte vormoderne Ehrenbegriff impliziert eine symbolische Verweiblichung, denn sie ist nicht rational und damit unmännlich. Die ethnisch motivierte Dramatisierung der Schichtzugehörigkeit delegitimiert deswegen die Zugehörigkeit zum System hegemonialer Männlichkeiten. Nicht ausschließlich die Schichtzugehörigkeit, sondern die Betonung der Verknüpfung von Schicht, Ethnie und Geschlecht schafft aufgrund der Dramatisierung eine Position außerhalb der hegemonialen Ordnung (vgl. Connell 1999a: 98ff.). Oliver markiert durch die Abgrenzung von ‚türkischen Mann' seine Zugehörigkeit zur Dominanzkultur.

Michelle widerspricht nun Olivers Position, ohne die Ethnisierung weiterzuführen. Sie findet aber für ihre Ansicht, dass auch Frauen in Döner-Ständen arbeiten, keine Zustimmung. Zur Bestärkung wiederholt sie ihre Meinung. Monja fasst die Debatte ums Kochen aus ihrer Sicht heraus zusammen: „Die Frauen erledigen die niedrigeren Arbeiten und die Männer heimsen den Ruhm ein". Auch sie verknüpft die Frage nach Geschlecht mit der Frage nach Hierarchie, da Frauen untergeordnet sind und Männer die patriarchale Dividende einstreichen.

„Michelle beschwert sich: ‚Ich melde mich schon die ganze Zeit.'
Dennoch kommt erst Detlef dran: ‚Wenn Frauen was mit Computer machen, dann kriegen sie ihre Kinder und danach sind sie entstellt und wenn sie 40 sind, dann will sie keiner mehr haben.'
Dennis unterstreicht nun auch seine Meldung: ‚Ich wollt endlich!' Dennis kommt dran: ‚Im Fernsehen, bei den Glücksshows, sind die Frauen immer die kleinen Dummchen.' Dennis macht schauspielerisch eine kleine Persiflage dazu. ‚Und dann kommen sie mit ihren engen Kleidchen und drehen einen Buchstaben um.' Er fügt hinzu: ‚Oder sie stehen neben dem tollen Auto.' Frau Danker: ‚Richtig. Leider'.“
(Cd01128d)

Während die Schülerinnen Gender und Macht miteinander verknüpfen, versuchen einige Schüler Rechtfertigungs- und Legitimierungsdiskurse zu initiieren. Monjas – als Provokation wahrgenommene – Äußerung, dass Frauen die niedrigeren Arbeiten machen und Männer den Ruhm einheimsen, bringt Detlef zu einer weiteren frauenabwertenden Antwort. Er entwirft ein schablonenhaftes Bild und greift dafür auf ein ganzes Ensemble von Klischees und sexistischen Zuschreibungen zurück. Er definiert Frauen über ihre körperliche Erscheinung, die Geburt führe zu „Entstellung", denn die rigide Norm des Schönheitsideals könne nicht mehr erfüllt werden. Kinderkriegen erscheint bei ihm als alleinige Angelegenheit der Frauen: „dann kriegen sie ihre Kinder" funktioniert auf der sprachlichen Ebene ohne jegliches Zutun von Männern. Durch den Begriff „ihre" wird diese Einstellung noch unterstrichen. Die Kinder gehören zu den Frauen – und damit nicht zu den Männern. Wenn eine Frau über 40 ist, „dann will sie keiner mehr haben", sie existiert nicht eigenständig, sondern in Detlefs Argumentation nur durch den Bezug zu dem jeweiligen Mann (vgl. Bourdieu 1997: 221). Die heterosexuelle Ordnung steht für ihn außer Frage. Eine Frau, die kein Mann mehr ‚haben will' ist für ihn überflüssig. Dabei ist das ‚Haben Wollen' wieder an Äußerlichkeiten rückgebunden, denn die von ihm postulierte schwindende Attraktivität macht das mangelnde Interesse der Männer aus. Im Hintergrund ist die heterosexuelle Matrix wirksam.

An Detlefs Aneinanderreihung ist auffällig – neben dem scheinbaren Automatismus – dass er die Aufzählung mit Erwerbsarbeit von Frauen verbindet. Frauen, die Erwerbsarbeit leisten, insbesondere mit Computern, nehmen zwangsläufig diese Entwicklung. Hintergrundfolie dieser Annahme ist die Ideologie der geschlechtlichen Arbeitsteilung, die für Frauen Hausarbeit vorsieht. Frauen, die mit Computern arbeiten und beruflich erfolgreich sind, verstoßen gegen das ihnen zugewiesene Geschlechterrevier. Detlef hat weiter oben bereits geäußert, welche Berufe für ihn weiblich konnotiert sind: Erziehung und Prostitution, aber keinesfalls computergestützte Arbeitsplätze, da diese zum Bereich männlicher Hegemonie gehören.

Auffällig ist weiterhin, dass er extrem aggressive Wörter benutzt.[62] Vielleicht hat er aber auch keine Lust mehr, im Rahmen des Schulunterrichts zu einem Thema zu sprechen, von dem er weiß, dass er eine andere Meinung hat als seine Lehrerin. Zusätzlich reagiert er generell ablehnend auf das mädchenprotegierende Verhalten Frau Dankers. Den institutionalisierten Erwartungs- und Bewertungskontext des Unterrichts kann er nicht verweigern, sondern nur unterlaufen. In diesem Fall stellt seine Aussage eine Provokation dar. Formal verbleibt er im geforderten Rahmen, informell allerdings erweitert er seinen Spielraum durch die Markierung von Protest. Dieses bestärkt seine Zugehörigkeit zum Handlungsmuster hegemonialer Männlichkeit.

Nun beteiligt sich Dennis wieder am Unterricht. Er führt aus, dass im Fernsehen die Frauen oft in sexualisierten und untergeordneten Positionen dargestellt werden. Durch seine schauspielerische Persiflage ironisiert er diese Darstellung und macht sie lächerlich. Er erkennt zwar den inszenierten Charakter und kritisiert das dahinter stehende Stereotyp, konstruiert daraus aber selber eine Entwertung, die den frauenabwertenden Aspekt der Fernsehinszenierung verdoppelt. So stellt er komplizenhafte Männlichkeit her, denn seine Absicht ist es, das der Inszenierung innewohnende Stereotyp zu ironisieren. Wenn Frauen so „kleine Dummchen" sind, wie er sie persifliert, dann sind sie wohl selber schuld.

Frau Danker kommentiert seine Aussage mit einem: „Richtig. Leider", welches ihr Bedauern darüber ausdrückt, dass das Stereotyp noch so wirksam ist. So ordnet sie die Persiflage in einen geschlechtlichen Zusammenhang ein, entlarvt die Hierarchie des Geschlechterverhältnisses und bringt ihre persönliche Abneigung zum Ausdruck.

„Zum Schluss entschließt sich Michelle, sich dennoch zu melden und sagt dazu halblaut: ‚Jetzt sag ich es halt doch noch'. Michelle wendet sich dagegen, wieso das nicht so bleiben kann, wie es ist: ‚Frauen und Männer sind halt so, warum soll sich das denn ändern?' Sie erntet von der Klasse, insbesondere von Frau Danker, ziemliche Skepsis auf ihr Argument (eher unausgesprochen). Michelle ereifert sich und führt nun als Ausmalung dessen, wohin das führen könnte, aus: ‚Wenn jetzt Männer

---

62 Entgegen dem Gerede von der Gewalt an Schulen lässt sich für die Schülerinnen und Schüler des Edith Benderoth-Gymnasiums ein sehr gewaltarmer Umgang konstatieren. In dem Material lassen sich zwar verbale Angriffe und körperliche Übergriffe von mehreren Jungen gegen diverse Mitschüler und von einigen Mädchen gegen Jungen finden, generell ist das Eskalationsniveau bei Konflikten sehr gering. Deswegen soll an dieser Stelle auch nicht der These, dass die Jugend immer gewalttätiger werde, das Wort geredet werden. Im Kontext des Materials und in Anbetracht der Unterrichtssituation erscheint Detlefs Wortwahl als aggressiv. Der gymnasiale Habitus impliziert Auseinandersetzungen durch andere Kapitalien.

sich schminken würden!' Monja ruft rein: ‚Ist doch gut.' ‚Wenn Männer das in der Werbung machen würden, dann wäre das auch nicht so berauschend'." (Cd01128d)

Michelle plädiert dafür, die Geschlechterunterschiede anzuerkennen: „Frauen und Männer sind halt so." Im Verlauf der Passage hat sie sich schon öfter ähnlich intendiert geäußert. Sie argumentiert naturalisierend und weist so Männlichkeit und Weiblichkeit unterschiedliche Sphären zu. Um zu illustrieren, dass die Ordnung ihre Richtigkeit hat, wählt sie das Beispiel sich schminkender Männer. Sie will damit verdeutlichen, dass es ‚natürlicherweise' unterschiedliche Bereiche gibt. Schminken ist eindeutig weiblich konnotiert, so dass Michelle die vermeintliche Natürlichkeit der Differenz reinstalliert. Damit widerspricht sie den geschlechterpolitischen Implikationen von Frau Dankert. Möglicherweise ist ihre Aussage von dem Gefühl beeinflusst, im Unterricht nicht dranzukommen. Denn sie beteiligt sich zwar mehr als andere Schülerinnen, allerdings mit einer oppositionellen Meinung. Allerdings kommt sie auch bei Monja nicht an, diese dekonstruiert Michelles Stereotype, indem sie postuliert, dass es gut wäre, wenn sich Männer schminken würden.

Die Jungen in der Klasse begreifen die gegenderte Dichotomie als Zustand des hierarchiefreien Nebeneinanders, die meisten Mädchen und Torsten hingegen als Machtverhältnis. Bei den Jungen, die sich an der Stunde beteiligt haben, existieren unterschiedlichen Strategien der Abwehr, beispielsweise durch Ethnisierungsprozesse oder Frauenentwertung. Generell muss das System hegemonialer Männlichkeiten verteidigt werden, es erscheint erklärungs- und legitimationsbedürftig. Gerade die massiven Zurückweisungen zeigen an, dass die Sicht der Mädchen nicht ausgeräumt werden kann.

Die Differenz der Geschlechter wird allgemein als gegebene Tatsache akzeptiert, nur Monja weicht davon ab. Sport ist für die Jungen das zentrale Argument der Differenz. Allerdings legt die Aufgabenstellung auch genau diese Stereotypisierung nahe. Eine der Benotung unterliegende Aufgabenstellung zum Thema Koedukation dramatisiert von Beginn an die Differenz der Geschlechter und zementiert dadurch diese Sichtweise.

Während die meisten Beiträge der Schüler versuchen, den Zusammenhang zwischen Gender und Macht zu vertuschen oder zu bagatellisieren, insistieren die Beiträge der Schülerinnen häufig genau darauf. Torstens Statement stellt ein deutliches Ausscheren aus der komplizenhaften Männlichkeit dar. Die ernsthaften Reaktionen der Mitschüler belegen, dass er nicht als ‚Nestbeschmutzer des Systems hegemonialer Männlichkeiten' gesehen wird. Ihm wird zugestanden, den Zusammenhang von Macht und Geschlecht zu thematisieren, ganz im Gegensatz zu den Mädchen, bei denen die gleiche Thematisierung auf Bagatellisierung, Ablenkung oder Aggression trifft. Das ist umso erstaunlicher, da Torsten sonst häufiger Zielscheibe von Unterordnungen ist (vgl. Kap. 5.2.1). Obwohl er durch sein Argument die komplizenhafte Männlichkeit entlarvt und damit durchkreuzt, wird er dafür nicht mit Marginalisierung bedroht. Innerhalb der Jungengruppe gilt dieser Bruch offenbar als legitim. Auch das Reden über männliche Prostitution erstaunt, da dies gewöhnlicherweise tabuisiert ist.

Die Dramatisierung von Geschlecht durch die Lehrerin soll zwar zu einer größeren Geschlechtergerechtigkeit beitragen, ruft aber bei Schülerinnen wie Schülern Strategien der subversiven Verweigerung hervor. Aber auch ihren eigenen Ansprüchen wird sie nicht gerecht, da sie die Jungen unter einen geschlechtlichen Pauschalverdacht stellt. Den Mädchen hingegen stülpt sie ihr eigenes Anliegen über und protegiert diese, teilweise entgegen deren eigenem Willen. Es bleibt allerdings zu bedenken, dass der Horizont der Veränderungsmöglichkeiten für Lehrkräfte begrenzt ist, selbst wenn die Unterrichtseinheit in eine geschlechtssensible Schulkultur wie am Edith Benderoth-Gymnasium eingebunden ist. Zum einen existieren institutionelle Anforderungen, zum anderen sind die Einflussmöglichkeiten auf die Schüler und Schülerinnen, auch im Hinblick auf die Altersstufe, begrenzt. Aber auch durch die hartnäckige, geschlechtliche Dramatisierung wird diese Unterrichtseinheit nicht zum Erfolg.

6. Transformationen

Das System hegemonialer Männlichkeiten ist nicht statisch, sondern – wie gezeigt – ein dynamisches Produkt von Aushandlungsprozessen sowohl innerhalb der geschlechtshomogenen wie -heterogenen Gruppe als auch im Bezug auf die Institution Schule und die Lehrkräfte. Es lassen sich auf verschiedenen Ebenen Anzeichen für Transformationen von Männlichkeiten im gymnasialen Alltag finden. Im folgenden Kapitel wird untersucht, welche Reaktionsstrategien die Schüler auf die zunehmenden Delegitimierungen entwickeln. Desweiteren wird die Dimension der Brüche und Irritationen in der heterosexuellen Matrix des Systems hegemonialer Männlichkeiten noch einmal genauer betrachtet.

6.1 Legitimierungsstrategien

Die momentanen Transformationen, mit denen die unterschiedlichen Männlichkeiten konfrontiert sind, bringen eine erhöhte Legitimierungsanforderung für männliche Hegemonie mit sich. In der Regel werden von Mädchen oder Lehrkräften Interaktionen oder Inszenierungen der Jungen in einen geschlechtlichen und zugleich machtkritischen Hintergrund eingeordnet. Dies wirkt in der Entlarvung des stillschweigenden Kontexts der männlichen Suprematie für die Jungen als ein Angriff. Im letzten Kapitel wurde gezeigt, dass die Wiederherstellung männlicher Hegemonie eine der wesentlichen Antwortstrategien der Schüler darstellt. Die kritische Thematisierung von Geschlecht kann nicht ignoriert werden, weil sie zu machtvoll und kapitalienreich vorgetragen wird. Sie kann aber auch nicht als legitim akzeptiert werden, denn sonst würde die Grundlage männlicher Hegemonie untergraben. In diesem Kapitel wird die Frage nach der Transformation weiter vertieft.

Die folgende Passage aus der zahlenmäßig mädchendominierten B-Klasse verdeutlicht, wie diese Legitimierungsanforderungen hergestellt werden.

„Mareika geht zu den Jungen, die etwas weiter hinter ihr sitzen und erklärt soweit ich es erkennen kann Sieghard etwas. Als sie sich wieder an ihren Tisch setzt, fährt sie Dirk laut an: ‚Jetzt machst du einfach weiter, während ich den anderen etwas erkläre! Du bist richtig asozial!' Alle in der Klasse konnten diese Bemerkung hören. Dirk ist etwas hilflos, er entgegnet nichts.
Eines der Mädchen ruft von hinten: ‚Er ist ein Junge – was erwartest du?' Von den Jungen ist daraufhin ein leicht empörtes ‚Hehehe!' und ‚Nananana!' zu hören." (Bm01102j)

Mareika erklärt einigen Mitschülerinnen und Mitschülern Mathematikaufgaben. Währenddessen verhält sich Dirk in dieser Situation ihrer Meinung nach „asozial", da er nicht auf die anderen wartet, sondern seinen eigenen Vorteil ausnutzen will. Mareikas bloßstellende Bemerkung vor der ganzen Klasse wird dann von einer Mitschülerin aufgenommen und mit geschlechtsbezogenen Aspekten verknüpft. „Er ist ein Junge – was erwartest du?" greift Dirks Verhalten auf und ordnet es als ‚typisch männlich' geschlechtlich ein. Von Jungen sei nichts anderes zu erwarten als unsolidarisches Verhalten. Die ironische Veroffensichtlichung typischen Verhaltens dient der Demaskierung, auf welche die Jungen mit dem Versuch der Delegitimierung des Anliegens der zwei Mädchen reagieren. Andererseits sprechen die ‚Fakten' für ihre Sicht. Dirk hat sich unsolidarisch und damit kritikwürdig verhalten. Deswegen reagieren die Schüler auch nicht mit offensichtlichem Protest, sondern mit einer verhaltenen Zurückweisung der Unterstellung.

Die Jungen können weder den geschlechtlichen Gehalt abwehren, noch die Behauptung als unwahr markieren. In beiden Fällen nämlich müssten sie Männlichkeit und egoistisches Verhalten voneinander ablösen, ein unmögliches Unterfangen. Mareika und die zweite Schülerin fordern durch die Thematisierung von Männlichkeit eine Antwort auf der gleichen Ebene. Im Sinne des Systems hegemonialer Männlichkeiten gilt Kritik als Angriff, der abgewehrt und erwidert werden muss. Dirk selber kann den Vorwurf von Mareika nicht entkräften. Im Scheitern drückt sich die Antwortlosigkeit auf die Delegitimierungen aus. Die Jungen haben weder die Möglichkeit, alternative Männlichkeit zu etablieren, noch tradierte Männlichkeit als legitimerweise egoistisch zu verteidigen.

Neben dieser Form der Zurückweisung existieren auch andere Legitimierungsstrategien, die ebenfalls häufig mit der versuchten Wiederherstellung männlicher Hegemonie einhergehen. Die folgende Sequenz stammt aus der A-Klasse aus der ersten Feldphase. Nach einer anfänglichen Entdramatisierung von Geschlecht durch Nina kommt es im weiteren Verlauf der Stunde zu Auseinandersetzungen um komplizenhafte Männlichkeit.

„Die eine Gruppe soll für zwei Stunden in der Woche ein Vierteljahr lang informationstechnische Grundbildung haben und die andere Deutsch im Wechsel. Achmed fragt, wie die Gruppen eingeteilt werden. Nathalie wirft ein: ‚Nach Alphabet'. Sven meint: ‚Jungen und Mädchen getrennt.' Frau Böttcher geht nicht darauf ein und führt aus: ‚Das haben wir schon beschlossen' (Sie meint, sie und die Klassenlehrerin Frau Storm hätten die Zusammensetzung schon festgelegt). Sie erläutert dann ausführlich den Wechselmodus etc., ohne auf die Gruppenzusammensetzung einzugehen. Sie sagt, es ginge um das Thema Sexualität. Siegfried signalisiert Begeisterung. Sie sagt: ‚Moment! Es geht um sexuellen Missbrauch.'
Eine Weile später fragt Achmed noch mal danach, wie die Gruppenaufteilung aussieht. Die Lehrerin sagt: ‚Die Mädchen wollen zusammenbleiben und das werden sie auch.' Sven meint süffisant: ‚Die Jungen auch.' Die Lehrerin sagt entschieden: ‚Ne' und stützt sich wohl darauf, dass dies bei der hohen Anzahl der Jungen nicht möglich sei." (Ad80902d)

Zuerst schlägt Nathalie vor, die Gruppe dem Alphabet nach zu teilen. Dieser Vorschlag sieht von Geschlecht ab, da der Einteilungsmodus willkürlich und personenunabhängig ist, der Anfangsbuchstabe entscheidet. Sven führt dagegen das Argument ins Feld, dass nach Geschlechtern getrennt werden soll. Möglicherweise rekurriert er aber auch lediglich auf seine Erfahrung mit Gruppentrennung an der Schule, die häufig anhand des Geschlechts vorgenommen wird. Seine Äußerung wäre dann im Sinne eines: ‚Jaja, wir wissen es schon, wie immer', zu verstehen. Erst durch Svens Gegenvorschlag wird deutlich, dass Nathalies Idee eine Form von undoing gender ist, welches erst dann sichtbar wird, wenn es von Dramatisierungen wie bei Svens Vorschlag durchkreuzt wird.
    Die Lehrerin geht vorerst nicht auf die Diskussion ein, sondern erwähnt, dass in den Gruppen Sexualität behandelt wird. Dies weckt nun Siegfrieds Begeisterung, er will damit Kompetenz im Bereich Sexualität demonstrieren und symbolisches Kapital erwerben. Gleichzeitig wirkt seine Darstellung von Begeisterung als eine sehr intensive emotionale Beteiligung, die sonst im Unterricht kaum vorzufinden ist. Siegfried spielt im Unterricht noch häufiger auf Sexualität an, so zum Beispiel im Englischunterricht:

„Siegfried kommentiert die Zeichnungen auf dem Arbeitsblatt: ‚Die tragen alle einen Penis als Nase'."

Und wenig später in der gleichen Stunde:

„Der Lehrer fragt nach der Bedeutung von ‚polite'. Steffen sagt: ‚Impolite.' Siegfried ruft rein: ‚Nicht impotent!'" (Ae80701d)

Siegfried wird in vielen Protokollen als kindlich geschildert. Ein wesentliches Kennzeichen gelingender Adoleszenz ist der Übergang von der Kinder- in die Erwachsenenwelt. Dementsprechend unterliegen auch die Anforderungen und Erwartungen, die an Jungen gestellt werden, einem Wandel (vgl. King 2002). Während die sexualisierenden Witze von Siegfried für einen (kindlichen) Jungen durchaus als Statusgewinn wirken können, sind sie für einen (jugendlichen) Heranwachsenden im Kontext Schule eher unangebracht. Zu einer hegemonialen Position zählt der kompetente – der coole – Umgang mit Sexualität. Die Aushandlung darüber, welches Deutungsmuster höhere Gültigkeit hat, ist Teil der Spannungen in der Adoleszenz. Möglicherweise sind Siegfrieds Anspielungen deswegen in einem leicht albernen, kindlichen Sinn zu verstehen.

Es wird ebenfalls deutlich, dass nicht alle Interaktionsformen von allen Jungen gleichermaßen eingesetzt werden. Beispielweise wenden nicht alle Jungen so häufig Sexualisierungen an wie Siegfried. Deswegen ist es nötig, zwischen generalisierbaren Mustern und spektakulären Einzelinszenierungen zu unterscheiden. Gerade die spektakulären Einzelinszenierungen, gelten sie als hegemoniale Männlichkeit, besitzen häufig Vorbildfunktion. So werden beispielsweise bestimmte Frisuren wie gegelte Haare zuerst von den Opinionleadern in der Jungengruppe getragen und etablieren sich anschließend bei den übrigen Mitschülern.

Nun verweist die Lehrerin – quasi als Bremse – darauf, dass es nicht um Sexualität, sondern um sexuelle Gewalt gehen wird. Es ist erstaunlich, dass sie in dieser Art interveniert, vermutlich möchte sie dem Thema so den nötigen Ernst verleihen. Allerdings verlässt sie mit ihrer Ergänzung das Thema Sexualität. Deswegen kann der Nachsatz, dass es um sexuelle Gewalt geht, auch nicht als Präzisierung gesehen werden, sondern als eindeutige Reaktion auf Siegfrieds Begeisterung. Möglicherweise will sie ihn bremsen, da Siegfried ja häufiger sexuelle Anspielungen vornimmt und ihr dieses Verhalten themen- und unterrichtsunangemessen erscheint.

Da die Lehrerin nicht auf die Frage nach der Gruppeneinteilung eingeht, fragt Achmed noch einmal nach. Statt einer direkten Antwort auf seine Frage rückt sie die vermeintlichen Wünsche der Mädchen in den Vordergrund. Sie stellt so geschlechtliche Zuschreibungen her und konstruiert die Gruppe der Mädchen als homogen. Im Gegensatz zu deren Wünschen übrigens, denn Nathalie hat wenige Zeilen vorher explizit einen anderen Vorschlag gemacht, nämlich gerade nicht nach Jungen und Mädchen, sondern nach Alphabet zu teilen. Hier stülpt die Lehrerin also den Mädchen ein gemeinsames Interesse über, von dem zumindest vermutet werden kann, dass es eher ihr eigenes ist.

216

Sie nimmt diese damit in eine Art protegierenden Schutz. So stellt sie Sexualität und sexuelle Gewalt in einen Zusammenhang. Themen, für die sich Jungen wie Siegfried nicht zu begeistern haben und bei denen die Mädchen zusammen einen geschützten Raum brauchen. Dies mag pädagogisch sinnvollen Erwägungen entspringen[63], zumindest Nathalies Wille ist es nicht. Die Dramatisierung von Geschlecht seitens der Lehrerin führt zur Etablierung komplizenhafter Männlichkeit.

Sven beantwortet diese dichotome Konstruktion. Sie – die Mädchen – bleiben zusammen, wir – die Jungen – dann auch. Er unterlegt seine Stimme mit einem süffisanten Tonfall und versucht somit durch eine Ironisierung einen Statusgewinn für die Jungen zu erreichen, indem er durch die Konstituierung einer männersolidarischen Struktur ein Gegengewicht gegen die Mädchen schafft. Der homosoziale Jungenbund dient der Konstruktion von Dichotomie und Hierarchie. Auf die Verkündung einer Bevorzugung der Mädchen – deren vermeintliche Wünsche von der Lehrerin hervorgehoben werden – reagiert Sven mit der Wiederherstellung männlicher Hegemonie. Die als Anfechtung angesehene Gruppenteilung kann zwar nicht verhindert werden, innerhalb des Vorschlags der Lehrerin allerdings versucht Sven, komplizenhafte Männlichkeit zu installieren, die der Sicherung der Hegemonie dienen soll.

Sven hat aber nicht genug Kapitalien, seine Absicht gegen die Lehrerin durchzusetzen, denn sie antwortet, dass es nicht möglich sei, dass alle in eine Gruppe kommen. Hier führt sie ein formales Argument ins Feld. Allgemein protegiert sie die Interessen der Mädchen gegenüber den Jungen und konstruiert so immer wieder die Dichotomie der Geschlechter mit. Deswegen kann sich Nathalie mit ihrem undoing gender Vorschlag ebenfalls nicht durchsetzten, denn die Lehrerin verfolgt eine Strategie der Dramatisierung von Geschlecht. Die Ironisierungen von Sven und Siegfried können allerdings auch als Reaktion auf Frau Böttcher und ihre Unterrichtsgestaltung angesehen werden. Sie wissen um ihren mädchenprotegierenden Anspruch und reagieren mit Ironie, um Widerstand und Protesthaltung zu markieren.

Pädagogisch ist die Reaktion der Lehrerin auch noch in einer weiteren Weise problematisch. Wenn sie im Unterricht sexuelle Gewalt thematisieren möchte, bietet es sich in der Tat an, dies getrenntgeschlechtlich zu tun. Die Auseinandersetzung mit diesem Thema ist eine komplizierte Angelegenheit, die in geschlechtshomogenen Gruppen vertrauensvoller bearbeitet werden kann. Mit ihrer unklaren Gruppeneinteilung wird sie weder den Mädchen gerecht, noch den Jungen, die der Mädchengruppe zugeordnet werden sollen.

---

63 Zur Bedeutung geschlechtshomogener pädagogischer Arbeit: vgl. Glücks/Ottemeier-Glücks 1994; Jantz/Grote 2003)

Nach dieser Aushandlung um die Gruppenbildung versuchen Sören und Sven nun, die Hegemonie wiederherzustellen:

„Sören: ‚Veith und Joachim kommen noch zu den Mädchen.' Sven sagt schimpfend etwas vor sich hin, von dem ich ‚Männerfeindlichkeit' und ‚Rassismus' aufschnappen kann." (Ad80902d)

Sören schlägt vor, dass Veith und Joachim zu den Mädchen kommen. Dies scheint weniger ein Vorschlag zu sein, sondern annähernd eine Tatsache. Die beiden haben häufig eine Außenseiterposition in der Klasse inne und werden öfter im System hegemonialer Männlichkeiten marginalisiert. Im Kapitel 3.2.4 wurde dieser Ausspruch bereits als Beispiel für die Konstruktion marginalisierter Männlichkeit durch die implizite symbolische Verweiblichung angeführt. In Sörens Äußerung tut sich kein Widerspruch, keine Ironie auf, es ist, als ob er Veith und Joachim mit der Formulierung zu Mädchen macht und sie so im System hegemonialer Männlichkeiten durch Exklusion marginalisiert. Dabei will Sören gar nicht in erster Linie Joachim und Veith entwerten, seine Absicht ist vielmehr, gegen die Ungleichbehandlung der Lehrerin als Antwort eine männersolidarische Struktur durchzusetzen, wenn nötig durch die Marginalisierung der beiden Mitschüler.

Eine andere Form von Unmut gegenüber der Gruppeneinteilung äußert Sven mit den Begriffen Männerfeindlichkeit und Rassismus. Männerfeindlichkeit kopiert die ursprüngliche Parole ‚frauenfeindlich'. Sven dreht also die Parole ihrem Sinn nach vollständig um, er eignet sich feministisches Vokabular an, um die Rechte der Jungen anzumahnen. Dies findet sich auch im Physikunterricht in der B-Klasse:

„Von hinten höre ich ‚Männer an die Macht! Männerpower!' Es war ein Ausruf von Sieghard, der ganz rechts in der hintersten Reihe sitzt. Leider habe ich den Kontext nicht mitbekommen. Inga lacht." (Bp01115j)

Sieghard eignet sich ursprünglich feministisches Vokabular an. Und auch Herr Bartoldi äußerte sich im obigen Beispiel bei der Vergabe der Biologienoten ähnlich, als er scherzhaft postulierte, dass er Jungen benachteilige. Es findet eine Verknüpfung von Ungleichbehandlung, geschlechtlicher Konnotierung und umgedrehtem feministischen Vokabular statt. Dadurch wird in der Regel auf eine vorangegangene Delegitimierung geantwortet. Der Begriff „Männerpower" geht sogar noch einen Schritt weiter, da er neben den ebenfalls vorhandenen spaßhaften Elementen auch eine offensive Einforderung männlicher Suprematie anzeigt.

Denn während Herr Bartoldi sich mit seinem Beitrag noch auf das lehrerInnentypische Ironisieren zurückziehen kann, geht es für Sven bei der Gruppeneinteilung ebenso wie Sieghard mit dem Ruf „Männerpower" darum, die Absichten der Jungen, beziehungsweise das, was er als solche benennt, durchzusetzen. Interessant ist die Aneignung feministischer Forderungen bis hin zur wortgetreuen Übertragung als eine Antwort auf die erhöhten Legitimierungsanforderungen, denen Männlichkeiten ausgesetzt ist. Dies erscheint aufgrund des irritierenden Charakters ambivalent. Denn zum einen kann diese Figur als eine Erweiterung der Macht des Systems hegemonialer Männlichkeiten betrachtet werden. In einer solchen Lesart kann sich Männlichkeit Forderungen und Formulierungen aneignen, welche ehedem genau gegen hegemoniale Männlichkeit gerichtet waren. Die Vervielfältigung von Männlichkeiten dient der Erweiterung der Machtbasis, da den, gegen hegemoniale Männlichkeit gerichteten, Argumenten nicht nur die Schärfe oder Kraft geraubt wird, sondern sie enteignet und umgedreht werden. Die Bandbreite der Legitimierungsstrategien nimmt zu, nicht aber die Akzeptanz des Feminismus. Dieser bleibt ein Schimpfwort für die Jungen, wie das folgende Beispiel belegt:

„Sven ruft: ‚Powerfrau, das kann doch nur eine sein.' Frau Sprick fragt: ‚Wer ist es?' Die Schüler und Schülerinnen deuten auf Silvia. Sven ruft: ‚Ja, die Feministin! Buh!' Silvia grinst." (Ad91102d)

Die Zuschreibung als „Feministin" zieht nach der möglicherweise anerkennenden Zuschreibung „Powerfrau" direkt Buh-Rufe von Sven nach sich. Die Strategie, durch die Betonung von Gender-Aspekten auf soziale Ungerechtigkeit und Chancenungleichheit hinzuweisen, wird von den Schülern übernommen, indem sie von der zugrunde liegenden Machtanalyse getrennt wird.

In einer anderen Lesart hingegen kann argumentiert werden, dass die Berufung auf ursprünglich feministische Forderungen als ein Indiz für den Machtverlust von hegemonialer Männlichkeit gewertet werden kann. Denn das System hegemonialer Männlichkeiten besitzt keine selbstverständliche Basis mehr, sondern benötigt Rechtfertigungsdiskurse (vgl. Behnke/Meuser/ Loos 1998: 241). Die Macht muss über ihre Grundlagen sprechen. Sie ist gefordert, Zeugnis über ihre Legitimität abzulegen. Hirschauer stellt fest, dass „die Thematisierung [von Geschlecht, J.B.] nur jener Fall von Aktivierung einer Unterscheidung [ist,] der die Krise ihres selbstverständlichen Gebrauchs anzeigt" (Hirschauer 2001: 211). So wird das Sprechen über Männlichkeit zu einem Indiz für die Phase erhöhten Legitimationsbedarfes. Aber die männliche Hegemonie muss nicht nur legitimiert werden, sondern dazu muss auf Argumentationsmuster zurückgegriffen werden, die ursprünglich gegen sie gerichtet waren. Vereinfacht formuliert fehlen den Jungen die eigenen Argumente. Feministische Argumentationsfiguren, so der Gedankengang weiter, sind inzwischen derart mächtig, dass Diskurse um Macht und Geschlecht nicht nur nicht an ihnen vorbeikommen, sondern sich sogar auf sie beziehen müssen.

Die Umkehrung, die Sven vornimmt, verweist deswegen auf einen Machtverlust von Männlichkeit, da sie die Rechtmäßigkeit der Parole „frauenfeindlich" schon anerkannt hat. Die feministische Analyse könnte – zugespitzt – die genaueste Beschreibung des Zusammenhangs von Macht und Geschlecht sein, sie ist damit eine Art Grundlagenwissen. Da mit Foucault auch die Widerrede gegen einen Diskurs als ein Beitrag zu demselben zu verstehen ist, stellt der Versuch, sich die Sprache des Feminismus anzueignen (auch) eine Verstärkung dar (vgl. Foucault 1992: 40ff.).

An diesem Punkt zeigen sich sehr deutlich die unterschiedlichen Entwicklungen, denen Männlichkeiten momentan unterworfen sind. Es bedeutet einen Verlust der eindeutigen Macht, dass die Jungen feministische Begrifflichkeiten zur Reklamation ihrer Hegemonie heranziehen. Aber die Vervielfältigung von Herrschaft dient auch ihrer Stabilisierung, da ihre Grundlagen unsichtbar werden. So stellt sich diese Aneignung als eine Verhaltenserweiterung im Repertoire hegemonialer Männlichkeit im Sinne flacherer Hierarchien dar. Auf die Anforderung zur Legitimierung reagiert Sven also mit einem Muster, welches an die von Connell beschriebene transnational business masculinities anknüpft. Diese verstehen es, feinere Distinktionen zu bedienen. Es kann auch als eine Form der ‚just-in-time'-Männlichkeit beschrieben werden, das heißt, dass Männlichkeiten nicht mehr als statischer, monolithischer Block erscheinen, sondern als eine Konfiguration flexibler und situationsangemessener Verhaltensweisen (vgl. Budde/Schulz 2003).

Beide Argumentationsstränge greifen auf eine Dramatisierung von Männlichkeit zurück. Den von der Lehrerin formulierten ‚Wunsch der Mädchen' beantwortet Sven dadurch, dass er die geschlechtliche Ebene wieder aufgreift. Auf den erhöhten Legitimierungsbedarf reagieren die Jungen also mit einer Reaktualisierung von Männlichkeit. Das mädchenprotegierende Verhalten der Lehrerin wird von den Jungen sowohl als Infragestellung der Legitimität männlicher Hegemonie als auch als eine Ungerechtigkeit verstanden. Die Ablehnung, welche die Lehrerin erfährt, kann auch daraus resultieren, dass sie gegen den schulischen Grundsatz der formalen Gleichberechtigung verstoßen hat. Auch der Begriff Rassismus von Sven dient dazu, Ungleichbehandlung und Benachteiligung mit anderen Kategorien sozialer Ungleichheit zu beschreiben.

Sowohl Silvia als auch Inga reagieren in den Beispielen übrigens sehr unaufgeregt. Sie lachen bzw. grinsen. Sollten die Formulierung von Sieghard, Sören oder Herrn Bartoldi als Provokation gemeint sein, so laufen sie ins

Leere. Silvia fühlt sich durch die Bezeichnung Feministin eher aufgewertet, sie kann – überlegen – lächeln, die Buhrufe von Sven treffen sie nicht, da die Legitimierungsstrategien nicht überzeugend wirken.

In dieser Sequenz wird deutlich, dass sich Männlichkeiten mit erhöhten Legitimierungsanforderungen auseinandersetzen müssen. Diese Anforderungen sind zu mächtig, als dass sie einfach ignoriert, entwertet oder bagatellisiert werden könnten. Allerdings wird die Aussage dadurch relativiert, dass zumindest im ersten Beispiel der Anlass von der Lehrerin ausgeht.

Auf die erhöhten Legitimierungsanforderungen reagieren die Jungen mit Strategien der Verteidigung. Wichtig ist ihnen, eine kollektive komplizenhafte Männlichkeit herzustellen, die als kollektive Deutungsfolie die Hegemonie absichert. Die Antworten müssen in einen gemeinsamen Deutungskontext eingebunden sein, da sie nur so als legitime Männlichkeitsinszenierungen gelten können. Nicht immer ist dieses Unterfangen jedoch erfolgreich.

6.2 Irritationen, Abweichungen und Brüche

Neben der Suche nach der Binnenrelation des Systems hegemonialer Männlichkeiten richtet diese Arbeit ihr Augenmerk insbesondere auf Abweichung und Irritationen. Als Maßstab von Abweichungen fungieren dabei tradierte männliche Stereotype. Sie sind also nicht immer vollständig verschiedene oder absolut neue, sondern relationale Veränderungen. Zum einen wird so im Sinne der Sequenzanalyse ein notwendiges Objektivierungskriterium angewandt, um existierende diskrete oder offensichtliche Vorannahmen zu überprüfen und offen zu legen. Verdeutlicht wird, an welcher Stelle die eigenen tradierten Bilder von Geschlecht den Blick auf die differenten Ausgestaltungen von Männlichkeit beeinträchtigen.

Da die vorliegende Arbeit nicht nur die Beschreibung der vorfindbaren Binnenrelation von Männlichkeit erforscht, sondern ebenfalls nach dem Potential für enthierarchisierende Transformationen, ist es zum zweiten auch im Sinne der Fragestellung unerlässlich, nach Brüchen im System hegemonialer Männlichkeiten zu suchen. Hier entlarven sich die alltäglichen Konstruktionsprozesse. Mehr noch, mit Connell u.a. dienen die Widersprüche nicht nur „der Verunsicherung", sondern stellen auch eine „ergiebige Quelle [...] des Wandels der gesamten Struktur" (Carrigan/Connell/Lee 1996: 60) dar. Sie wirken also nicht singulär, sondern haben einen Effekt auf das gesamte System hegemonialer Männlichkeiten. So wird die eingangs formulierte Fragestellung nach Dimension und Qualität eines Wandels von Männlichkeit wieder aufgegriffen.

Es zeigen sich unterschiedliche Indizien für Abweichungen vom männlichen Habitus. Ein häufig wiederkehrendes Muster ist dabei, wie bereits dargelegt, das Entdramatisieren geschlechtlich eindeutiger Inszenierungen zugunsten eines Verhaltens als doing student. Die ebenfalls existierenden Beispiele für eklatante Brüche mit der Ordnung der Geschlechter auf der Ebene des Körperkontakts, der Selbstinszenierungen und der Verwendung von Sprache stehen im Folgenden im Mittelpunkt.

6.2.1 Berührungen

Berührungen unter Jungen und Männern unterliegen, wie oben aufgezeigt wurde, einem strikten Reglement. Trotzdem gibt es häufiger Sequenzen, welche die Irritation dieses Berührungstabus zum Thema haben. In der A-Klasse findet sich ein offensichtliches Beispiel:

„Die Lehrerin ist gerade nach der Stunde aus dem Raum, als Christof auf Sven zugeht, der am Pult steht. Christof fasst Sven um die Hüfte, streckt seinen linken Arm aus und ‚tanzt' im klassischen Stil mit Sven durch den Gang, hin zu Svens Sitzplatz. Beide schwenken übertrieben die Arme von oben nach unten. Die klassische Tanzhaltung ist jedoch deutlich zu erkennen. Die beiden sehen sich jedoch nicht an. Ihre Augen richten sich jeweils auf andere und sie lachen.
Am Ende des Gangs löst sich die Umarmung und Sven setzt sich schnell auf seinen Platz. Er steht dann wieder auf. Es sieht so aus, als wäre der Sitzplatz ‚das Hola' (Eine Tabuzone beim Fangenspielen). Sven scheint sich nicht wirklich hinsetzen zu wollen, denn er steht sofort wieder auf. Aber sein Wunsch nach dem Hinsetzen löst den Tanz auf." (Ae80901n)

Kaum hat die Lehrerin die Klasse verlassen, unternimmt Christof mit Sven einen klassischen Paartanz. Er fasst ihn mit dem einen Arm um die Hüfte, den anderen schwenken sie im imaginären Takt. Zwar deuten sie durch ihre übertriebenen Gesten an, dass dies nur ein Spaß sei, trotzdem löst die Szene Irritationen aus. Denn zum einen ist klassischer Paartanz keine erwartete Bewegungs- oder Tanzform von 14jährigen Jungen; jugendsprachlich ausgedrückt ist Paartanz uncool.

Zum zweiten durchbrechen sie hier das Berührungstabu, durch welches sich das System hegemonialer Männlichkeiten auszeichnet. Abweichende Körperinszenierungen und körperlicher Kontakt mit anderen Jungen entsprechen grundsätzlich nicht diesem System. Wie vorne gezeigt wurde, ist die körperliche Inszenierung von Jungen auf Distanzierung und einem funktional-technischen Körperverständnis aufgebaut. Dies verschärft sich während der Adoleszenz im Zuge der gesteigerten Anforderung an eine geschlechtliche Eindeutigkeit. Deswegen werden gleichgeschlechtliche Berührungen als homosexuelle Handlungen interpretiert, sofern sie nicht in einen ritualisierten

Kontext (beispielsweise Handabklatschen bei Notenvergabe, spaßhafte Rangeleien o.ä.) eingebunden sind. Das Homosexualitätstabu wiederum ist für das System hegemonialer Männlichkeiten konstitutiv (vgl. Kap. 1.2.2). Durch die ständige (Re-)Konstruktion des Verbotes von Homosexualität entsteht die heterosexuelle Norm, die durch die verworfene Möglichkeit homosexuellen Begehrens zementiert wird. Diese Normierung umfasst auch den Umgang mit dem eigenen Körper.

Der Paartanz von Sven und Christof ist also ein offensives Unterlaufen des Tabus und damit eine Verweigerung gegenüber gängigen Männlichkeitsinszenierungen. Die beiden begeben sich in Gefahr, aufgrund dieser situations- und geschlechtsunangemessenen Interaktion ausgelacht zu werden. Dabei ist die Handlung frei gewählt, sie spielen mit der Geschlechterverwirrung und dekonstruieren so selber ihre eindeutige Zugehörigkeit zum System hegemonialer Männlichkeiten und entlarven durch ihr Handeln die Geschlechterstereotype. Christof und Sven benötigen keine Rechtfertigung für ihr Handeln, im Gegenteil, der Bruch wird durch die Veroffensichtlichung von ihnen geradezu herausgestrichen.

Die Spontaneität der Situation erlaubt es, das Tabu zu brechen. Zuerst scheint es Sven und Christof zu gefallen, miteinander durch die Klasse zu tanzen, die ausladenden Gesten können auch als ein körperlicher Ausdruck von Rumalbern verstanden werden. Ihr Bruch ist nicht klammheimlich oder en passant, sondern offensichtlich, aktiv und angenehm. Ihr Tanz erscheint ausgelassen und fröhlich.

Woher aber kommt die Freude an der Verwirrung? Hier bietet Butler einen Erklärungsansatz. Im Tanz taucht wieder auf, was durch die Errichtung des Gesetzes der heterosexuellen Matrix verunmöglicht wurde. Die Verwerfung der Homosexualität führt zu einem Schuldvorwurf, dem durch Entsagung der Lust begegnet wird (vgl. Kap. 1.2.2). In der Geschlechterparodie eröffnet sich ihrer Meinung nach die Möglichkeit zur Subversion, da diese das unaussprechliche Begehren und die unbenennbare Lust (vgl. Butler 1998: 299 ff.) berührt, welche die notwendige Zitierung des Geschlechtes verweigert, veralbert und verdreht. Es existiert ein Unterschied zwischen der sprachlich vorausgegangenen Äußerung und der Wiedereinsetzung. Die von Butler so genannten „queeren Realisierungen" (ebd.: 313) sichern den Spaß der Durchkreuzung der Normalität, vermutlich ein jugend- und insbesondere jungenspezifisches Phänomen.

Der ‚veraltete Paartanz' ermöglicht es, das Berührungstabu zu unterlaufen. Aber Christof und Sven sichern sich ab, da innerhalb des Paartanzes formalisierte Möglichkeiten und sogar Notwendigkeiten von körperlichen Berührungen existieren. Daher benutzen die beiden Schüler zusätzlich vielfältige Ironisierungen, um die Situation aus dem Bereich des homosexuellen Begehrens in den Bereich des Spaßes zu verlegen. Der ‚veraltete Paartanz' bietet allein aufgrund des altmodischen und unerwarteten Charakters Schutz vor Spötteleien und entwertenden Äußerungen. Zusätzlich führen sie übertriebene Bewegungen aus, das heißt sie verstärken den Tanz in eine, der ursprünglichen Absicht entgegengesetzten, Richtung.

Ähnliches bezweckt auch der gesuchte Blickkontakt zu den Mitschülern. Würden sich Sven und Christof anschauen, verstärkten sie den Tabubruch. Da sie aber den Rest der Klasse zu Zeugen ihres Handelns machen, unterstreichen sie den Spaßcharakter ihres Tanzes. Ihre Handlung ist zu auffällig und zu abweichend vom männlichen Habitus, als dass sie hoffen könnten, keine Beachtung zu finden. Die Blicke zu den anderen versuchen, den entwertenden Kommentaren zuvorzukommen: ‚wir sind nicht schwul, sondern wir führen euch einen Spaß vor'. Die Notwendigkeit, sich durch die Zuschauerschaft der anderen der Legitimität des eigenen Handelns zu versichern, verweist auf den prekären Status ihres Tanzes. Nur wenn es gelingt, ein komplizenhaftes Einverständnis der anderen Jungen herzustellen, verbleiben sie im System hegemonialer Männlichkeiten. Zusätzlich können sie sogar, wenn der Spaß gelingt, soziales und symbolisches Kapital einstreichen, denn sie trauen sich etwas und beweisen so durch die Hintertür Männlichkeit.

Durch die Ironisierung versuchen beide, die Situation abzumildern und ihr die riskante Schärfe zu nehmen. Denn wenn ihre Ironisierung misslingt und die Mitschüler nicht als Zeugen des Spaßes fungieren, dann droht für diese Inszenierung Marginalisierung. Diese Drohung nimmt Sven wahr, er entzieht sich dem Tanz durch schnelles Hinsetzen und stellt so ein abruptes Ende der Situation her. Wenige Sekunden später steht er wieder auf, tanzt aber nicht weiter. Das Hinsetzen dient also einzig und allein dem Beenden des Tanzes. Denn trotz aller Ironisierungsversuche bleibt die Situation prekär.

Beide Jungen schaffen selber den Anlass, das Homosexualitätstabu zu durchbrechen. Sven und Christof unterlaufen bewusst das System hegemonialer Männlichkeiten. Sie können sich im Vorfeld der Tragweite ihres Tabubruchs sicher sein, das Suchen nach Zeugen ihrer Spaßinszenierung kann als Beleg für diese Interpretation angesehen werden. Dass sie trotzdem miteinander tanzen bedeutet, dass sie in bewusster Absehung der Risiken diese Inszenierung vornehmen. Auch wenn der Tanz spontan zustande kommt, ist das Wissen um das Berührungstabu unter Jungen und Männern ‚in den Körper übergegangen', also inkorporiert. Aber sie übertreten nicht nur die Grenzen der Ordnung der Geschlechter, sondern durch die Ironisierungen auch die Ordnung der tradierten Konventionen, zu denen der Paartanz gehört. Ihre Inszenierung weist Züge jugendrebellierenden Verhaltens auf. Das Durchkreuzen normativer Arrangements dient dabei der Distinktion von den Erwachsenen.

Durch die Kürze der Sequenz wird deutlich, dass diese Form der Interaktion eine Besonderheit und keine habituelle Routine darstellt. Christof und Sven durchkreuzen offensichtlich und freudvoll die tradierten Körperkonzepte. Dieses tun sie in einer derart überzeugenden Art, dass entwertende Kommentare der Mitschüler ausbleiben, obwohl sie deren Tanz beobachtet haben werden.

Auch in der B-Klasse findet sich ein Hinweis auf ein spontanes Unterlaufen des Berührungstabus:

„Der Lehrer Herr Bartoldi kündigt an: ,In der heutigen Klassenstunde geht um die Telefonliste und die Sitzordnung.'
Mark sagt: ,Wir haben uns so aneinander gewöhnt!' Er legt den Arm um seine Nachbarin Melanie. Auch Knut legt jetzt den Arm um seine Nachbarin Sabine. Joe legt seinen Arm um Frederik." (By81007d)

In der B-Klasse ist die Sitzordnung häufig Gegenstand pädagogischer Interventionen, insbesondere seitens des Klassenlehrers Herrn Bartoldi. So kommt es in dieser Klasse auch häufiger zu gemischtgeschlechtlichen Tischen, eine Platzanordnung, die in den Klassen A und C kaum existiert.

In dieser Sequenz greifen doing student und doing gender ineinander. Der Lehrer plant, die Schülerinnen und Schüler umzusetzen. Diese wiederum möchten den Status quo beibehalten. Zuerst reagieren Mark und Knut, indem sie den Arm um ihre jeweilige Sitzpartnerin legen. Dieses Verhalten ist bemerkenswert, weil die gemischtgeschlechtliche Interaktion auf der körperlichen Ebene gerade in der 7. Jahrgangsstufe noch einem Tabu, beziehungsweise einer generellen Sexualisierbarkeit unterliegt. Mark und Knut protestieren gegen die Pläne des Lehrers und versuchen ihre Absicht, neben Melanie, bzw. Sabine zu sitzen, als komplizenhafte Männlichkeit durchzusetzen. Joe geht sogar noch einen Schritt weiter, indem er mit seinem Nachbarn Frederik die gleiche Inszenierung wiederholt und dadurch die gleichgeschlechtliche Berührung normalisiert, die eigentlich von einem noch stärkeren Tabu betroffen ist.

An diesem Punkt lässt die fehlende Reaktion auf die Umarmung auf eine Tendenz zu einem entdramatisierten Umgang mit gleichgeschlechtlichen Berührungen schließen, ohne dass dies eine umfassende Entdramatisierung von Homosexualität bedeutet. Denn sowohl Mark und Knut als auch Joe bleiben in der Situation aktiv handelnd, auf dieser symbolischen Ebene verstärken sie Männlichkeit. Was mit Frederik passiert, der die Situation passiv über sich ergehen lässt, ist nicht weiter protokolliert.

Das nächste Beispiel weist erstaunliche Parallelen auf:

„Colin, Jürgen (der die Zeit nutzt, um sich ‚hinten' zu tummeln), Normen, Anne und Luisa stehen zusammen und unterhalten sich über Noten. Jürgen und Normen kabbeln sich während der Unterhaltung ununterbrochen, aber es stört die Gruppe nicht. Die Körperkontakte werden schließlich immer länger und zum Schluss halten sich die beiden an Arm und Bauch und schaukeln nur noch hin und her.

Colin steht etwas nervös dabei und Anne ebenso. Anne fragt nun Jürgen, was er denn am Hals hat. Jürgen: ‚Ein Knutschfleck.' Anne ernst und interessiert: ‚Von wem?' Jürgen sagt irgendwas und Anne grinst und sagt nett: ‚Ach so steht das also mit Euch beiden!' (Meint Jürgen und Normen)." (Cb81127n)

In der Pause unterhalten sich zwei Schülerinnen und drei Schüler. Jürgen und Normen rangeln währenddessen miteinander, davon wird die Unterhaltung jedoch nicht unterbrochen. Auf den enger werdenden Körperkontakt von Jürgen und Normen reagieren Colin und Anne mit Irritation. Anne ergreift nun das Wort und fragt Jürgen nach dem Fleck an seinem Hals. Dieser antwortet, er habe einen „Knutschfleck" und lenkt dadurch das Interesse der anderen auf sich. Anne fragt nun ernsthaft interessiert nach, Jürgen antwortet unverständlich. Die beiden Jungen lösen ihre Umarmung auch nicht auf, als Anne einen – freundlich vorgetragenen – Homosexualitätsverdacht äußert. Diese Protokollpassage ist insofern besonders erhellend, als sich hier eine Auflösung des Tabus für Jungen zeigt, sich öffentlich gegenseitig liebevoll zu berühren. Jürgen scheint dabei keine homophobe Abgrenzung zum Ausdruck zu bringen. Die homosexuelle Selbstbezichtigung erregt – wie in dem vorangegangenen Beispiel – keine besondere Aufmerksamkeit. Auch dies ist ein Indiz für eine Entdramatisierung von Männlichkeiten.

6.2.2 Verwirrende Inszenierungspraktiken

Neben der Reglementierung legitimer körperlicher Kontakte existiert innerhalb des Systems hegemonialer Männlichkeiten gewöhnlicherweise eine normative Erwartungshaltung an die geschlechtlich eindeutige Selbstinszenierung. Sie muss eindeutig die Geschlechtszugehörigkeit symbolisieren und verlässlich sein (‚accountability') – auch im Bezug auf die körperliche Darstellung. Die symbolische Ordnung der Geschlechter teilt, wie auch schon an anderer Stelle dargestellt, die soziale Welt in zwei gegensätzliche, aber aufeinander bezogene, symbolische Sphären ein. Die Haarpraktiken von Jungen und Mädchen unterliegen dementsprechend gleichfalls dieser dichotomen geschlechtlichen Codierung. Dabei sieht die symbolische Ordnung für Jungen eine kurz geschnittene Frisur vor, während Mädchen in der Regel lange Haare tragen. Auch in den untersuchten Klassen lässt sich diese Form der Dichotomie wieder finden. Es existieren keine signifikanten Unterschiede zwischen den Klassen oder den Jahrgangsstufen, die Frisuren erweisen sich als sehr durchgängige und stabile Geschlechterpraktiken. Dazu zwei kurze Beispiele:

„Mir fällt zunächst auf, dass wirklich alle Mädchen lange Haare haben und alle Jungen kurze." (Cb91129s)

„Jens hat jetzt kurz geschnittene Haare, zwar nicht ganz kurzgeschoren, aber doch eher den üblichen Schnitt und nicht mehr diese auffällig längeren Haare, im Vergleich zu den anderen Jungen. Torsten hat keine so kurz geschnittenen Haare, wie es unter den Jungen üblich ist, seine reichen immerhin so weit, dass die längsten fast die Ohren berühren." (Cm00117d)

Es existieren also deutlich geschlechtsbezogen unterscheidbare Haarpraktiken. Während die Mädchen ihre – fast immer langen – Haare mit unterschiedlichen Frisuren, Zöpfen und Spangen verändern, benutzen die Jungen nur wenige Accessoires für ihre – fast immer sehr kurzen – Haare. Die Haarpraktiken der Jungen wirken eher als ein Instrument der Exklusion: wer nicht der allgemeinen Frisurnorm folgt, der wird – wie Joachim, dem häufiger zu lange und mädchenhafte Haare zugeschrieben werden – symbolisch verweiblicht (vgl. Kap. 4.1.2).

Knut aus der B-Klasse hingegen unterläuft die starre Ordnung:

„Knut setzt sich einen mit güldenem Flechtband verzierten Haarreif auf den Kopf. Zunächst hat er ihn richtig auf, dann schiebt er sich den Haarreif aber so auf den Hinterkopf, dass deutlich wird, dass er ihn wirklich nicht ernsthaft trägt (er hat zwar kurze Haare, aber erst das Zurückschieben des Haarreifes sieht zweckentfremdend aus). Er trägt ihn nun so, wie Baseballmützen und Sonnenbrillen nach ‚hintenrum' getragen werden." (Be81009n)

Das Benutzen des Haarreifs durch Knut durchbricht den männlichen Habitus, da dieser symbolisch weiblich belegt ist. Gesteigert wird die Symbolik noch durch die zusätzliche Verwendung der Begriffe „gülden" und „Flechtband". Die Auffälligkeit der beinah märchenhaften Beschreibung des Haarreifs verweist auf die tiefgehende Irritation der Protokollantin. Es kann davon ausgegangen werden, dass Knut sich der Grenzüberschreitung bewusst ist. An diesem Punkt lässt sich eine Transformation im System hegemonialer Männlichkeiten feststellen, denn es ist ihm möglich, sich ohne Anfechtungen mit weiblichen Symbolen zu inszenieren. Knut erfährt für seine ironische Inszenierung keinerlei Sanktionen, er kann seine Absicht widerspruchslos durchsetzten. Dies geschieht aber nicht zwangsläufig, sondern erst im Kontext der Situation.

Entweder funktioniert die Ironie, weil Knut zum Handlungsmuster hegemonialer Männlichkeit gehört, sein Status gewöhnlicherweise klar geregelt ist und er seine Absichten in der Regel im Klassenverband behauptet. In den wenigen Fällen, in denen seine Zugehörigkeit infrage gestellt wird, realisiert er seine Absichten mit unterschiedlichen Strategien. In dieser Argumentation stellt er seine Männlichkeit hegemonial her, indem er dafür sogar auf weibliche Symboliken zurückgreift, um Aufmerksamkeit zu erregen. Der fehlende Widerspruch verweist dann auf seine Souveränität. Oder aber seine Inszenierung bedeutet für die MitschülerInnen keine Irritation. In diesem Fall läge ein breites Verständnis erweiterter Handlungsoptionen vor.

In beiden Fällen zeigt sich auch in dieser Sequenz eine bedeutende Entdramatisierung von Männlichkeit. Die fehlende Kommentierung seitens der MitschülerInnen dokumentiert, dass ihnen – im Gegensatz zur den Ethnographinnen – die Inszenierung nicht besonders auffällig erscheint.

Von der hegemonialen Position aus ist ihm dann auch möglich, eine symbolische Umkehrung vorzunehmen. Knut ironisiert das Tragen des Haarreifs, indem er ihn betont cool – nämlich verkehrt herum – aufsetzt. So tragen Jungen sonst häufig Baseballcaps oder Sonnenbrillen. Dadurch verliert der Reif einen Teil seiner weiblichen Symbolik, er wird sozusagen seinem ursprünglichen Kontext entfremdet und mit einen neuen Bedeutungsgehalt versehen. An diesem Punkt konkurrieren dann die beiden unterschiedlichen Interpretationsfolien miteinander. So gelingt Knut eine Aufweichung der starren Dichotomie, er verwirrt die geschlechtliche Symbolik, da er nicht einfach eine Uminterpretation, sondern eine Irritation der Bedeutung herbeiführt.[64] Er wechselt nicht die geschlechtliche Position, er macht sich nicht zum Mädchen, er tut, als ob er ein Mädchen sei. Dieser Unterschied ist bedeutend, denn Knut bleibt in der Situation aktiv handelnd und erfüllt damit wieder die Erwartungshaltung an hegemoniale Männlichkeit. Durch seine aktive Rolle wird ihm seine Selbstironisierung ermöglicht, er kann von seinen Mitschülern nicht symbolisch verweiblicht werden. Mehr noch, er kann die symbolische Be-

---

64 Auf der Grundlage der Annahme einer sehr strikten und dichotomen Anordnung der geschlechtlichen Haarpraktiken stellt die Inszenierung von Knut einen Bruch mit der Norm dar. Allerdings lässt sich hieraus nicht notwendigerweise eine Entwicklung weg von normierten, hin zu individuellen Haarpraktiken festmachen. Denn historisch betrachtet lassen sich immer wieder Phasen erweiterter und verengter Inszenierungsmöglichkeiten finden. So waren beispielsweise in den 1970er Jahren lange Haare insbesondere im studentischen Protestmilieu eine legitime Frisur für Männer. Im Zuge der Punkbewegung fächerte sich dann die Bandbreite der Inszenierungsmöglichkeiten von Frisuren durch verschiedene Schnitt-, Rasier- und Färbetechniken noch einmal auf (vgl. Budde 2004). Dagegen mutet die am Edith Benderoth-Gymnasium herrschende Norm eher monoton und einseitig an. Der Bruch ist also kein genereller, sondern je Feld unterschiedlich kontextualisiert.

deutung teilweise umkehren und möglicherweise sein Kapital dadurch vermehren. Männlichkeit wirkt für ihn als symbolisches Kapital, welche die Marginalisierung verhindert.

Die Aneignung gelingt ihm deswegen so erfolgreich, weil er die zur symbolischen Verwirrung notwendigen Kapitalien besitzt. In einer solchen Interpretation bestärkt er hier sogar seine hegemoniale Position, da er die Selbstironisierung widerspruchfrei durchführen kann und möglicherweise symbolischen Gewinn einstreicht. Was für Schüler wie Joachim unweigerlich eine prekäre Infragestellung seiner Zugehörigkeit zum System hegemonialer Männlichkeiten darstellen würde, ist für Knut eine Erweiterung der Handlungsoptionen und damit seines symbolischen Kapitals. Die Veränderungen im System hegemonialer Männlichkeiten sind dementsprechend nicht nur ein Verlust, sondern können auch mit einem Kapaliengewinn einhergehen.[65] Hieraus lässt sich als These ableiten, dass ironische Spielereien mit gegengeschlechtlichen Symbolen deshalb auch eher dort stattfinden können, wo ‚man es sich leisten kann', das heißt wo die zur Verfügung stehende Kapitalmenge groß genug ist, um nicht aus dem legitimen Kreis der Männlichkeit herausdefiniert zu werden.[66]

Möglicherweise rekurriert der Haarreif aber gleichzeitig auf die exponierten Frisurpraktiken des Fußballstars David Beckham. Dieser modelliert sich die Haare in unterschiedlichsten Arten, zum Irokesenschnitt, mit Zopf oder eben zum Zeitpunkt der Studie mit einem Haarreif. Dabei gelingt diesem die Kombination eines maskulinen Auftretens mit als unmännlich codierten Haarpraktiken. Seine Kapitalien sind umfangreich genug, um einer symbolischen Verweiblichung zu entgehen, ja er kann sie als ‚Exot' sogar noch vermehren. Auch hier fällt die spielerische Ironisierung mit einem Gewinn an symbolischem Kapital zusammen, denn die patriarchale Dividende wird trotzdem gewährt. Auch der Tandemprotokollantin fällt diese Stelle auf, sie beobachtet sie aber nicht so genau:

---

65 Möglicherweise ist die Sorge vor Kapitalverlust aber auch deutlich ausgeprägter. Beispielsweise organisieren sich seit den 1990er Jahren einige Männer aus dem bürgerlichen Milieu in Männergruppen, um an einer Veränderung des Systems hegemonialer Männlichkeiten mitzuwirken. Es existiert also ein deutlicher, sogar demonstrierter Wille zur Veränderung. Da die meisten der dort Teilnehmenden aus dem bürgerlichen Milieu stammen, kann vom Besitz kulturellen, symbolischen, sozialen und zum Teil auch ökonomischen Kapitals ausgegangen werden. Der Veränderungswille und die Veränderungsmöglichkeit innerhalb dieser Gruppe endet aber genau an dem Punkt, wo es um den Verzicht auf privilegierende Kapitalien geht.

66 In eine ähnliche Richtung zielt der Befund, dass sich Theorie und Praxis der Geschlechterverwirrung mittlerweile in erster Linie an den Universitäten wieder findet, von einzelnen Orten der trans- und intergender-community einmal abgesehen.

„Knut hat einen Haarreif in seinem kurzen Haar. Nach einer Weile sehe ich, dass er ihn ein wenig weiter vorgeschoben hat. Knuts Haarreif ist nun nicht mehr in seinem Haar, er liegt nun auf Knuts Mäppchen." (Be81009d)

Auch Damaris Güting protokolliert keine Reaktionen mit, es kann also davon ausgegangen werden, dass das Aufsetzen des Haarreifes in der Tat unkommentiert bleibt und somit als nicht prekär angesehen wird. Beiden Protokollantinnen bemerken hingegen die kurze Inszenierung.

Oliver aus der C-Klasse wird ebenfalls beim spielerischen Umgang mit typisch weiblichen Accessoires beobachtet:

„Oliver ruft zu Torsten rüber. Er zeigt ihm seine Hand. Er hat sich rote künstliche Nägel angesteckt. Torsten und Jens lachen. Oliver macht die Nägel dann wieder ab." (Cd00111g)

Oliver benutzt mit den falschen roten Fingernägeln eindeutig weiblich belegte Inszenierungsformen. Bemerkenswert ist, dass Oliver diese Praktik selber sensationiert. Er ruft im Unterricht zu Torsten rüber, damit dieser ihn beachtet. Seine Sensationierung ist erfolgreich, sogar Jens wird aufmerksam. Möglicherweise hängt der Erfolg allerdings damit zusammen, dass die beiden als ziemlich kindlich beschrieben werden. Sie sehen möglicherweise weniger einen Bruch in der Geschlechterordnung, als vielmehr eine willkommene und lustige Abwechslung vom Unterricht.

Ähnlich wie bei Knut funktioniert auch hier die dramatisierende Durchkreuzung nur auf dem Hintergrund der bestehenden dichotomen Ordnung der Geschlechter. Nur weil Oliver weiß, dass seine Inszenierung eigentlich unmöglich ist, kann er sich exponieren. Das Gelächter von Torsten und Jens zeigt, dass er richtig liegt. Sie drohen nicht mit Marginalisierung, sondern bestätigen die künstlichen Fingernägel als gelungenen Witz. Der komplizenhafte homosoziale Jungenbund konstruiert sich durch das Gelächter und über die Geschlechterparodie von Oliver. Die Parodie wirkt allerdings nur, da sie eine Parodie ist, eine mögliche Unmöglichkeit. Dieses erinnert an Travestieshows, die der heterosexuellen Ordnung eine irritierende Faszination verleihen. Die Verunsicherung geschieht nicht im Sinne einer Auflösung, sondern die Travestie wird zu einem besonderen Faszinosium, einer Abweichung, die bestätigt, dass es Normalität gibt. In der Irritation konstruiert sich für den Zuschauer das behagliche Gefühl, sich seiner geschlechtlichen Sache sicher sein zu können. Dabei wird durch die Verhandlung von geschlechtlichen Inszenierungen gleichzeitig die Normativität der Ordnung der Geschlechter bestärkt.

Allerdings bleibt auch hier, wie beim Paartanz, ein Rest subversiver Freude bestehen, eine Abweichung, die sich dem normativen System entzieht.

6.2.3 Sprachlich vermittelte Irritationen

Desweiteren existieren Brüche im System hegemonialer Männlichkeiten, die sprachlich hergestellt werden. Der Sprache als elementarer Bestandteil symbolischer Auseinandersetzungen kommt bei der Herstellung von Geschlecht eine bedeutsame Rolle zu (vgl. Butler 1991, 1998). So wie die Sprache nicht ohne die materielle Welt existieren kann, gilt dies auch umgekehrt. Veränderungen in der Sprachpraxis markieren deswegen einen wichtigen Teil der Analyse abweichender Männlichkeiten.

Die folgenden Beispiele thematisieren Abweichungen und Irritation gegenüber der zu vermutenden Sprachpraxis:

„Siegfried hat mir vorher ungefragt erzählt, dass er ein Kaninchen, Schildkröten und ein Hamster hat, dafür aber keine Geschwister.
Siegfried: ‚Da musst du vorsichtig sein. Rudi kann beißen.'
Silvia: ‚Wieso, ich denk das ist ein Weibchen?'
Siegfried: ‚Ja, eben, Rudi halt'." (Ay80917n)

Entgegen der traditionell üblichen Erwartungshaltung, dass der Name eindeutig Auskunft über das Geschlecht zu geben hat, nimmt Siegfried hier eine ironische Umkehr vor. Sein weiblicher Hamster heißt Rudi, ein typisch männlicher Name. Die Irritationen, die diese Geschlechterverwirrung bei Silvia hervorruft, kommentiert er mit einem lakonischen „Ja eben", so als ob es die Regel sei. Sicherlich weiß auch er um die verwirrende Komponente, durch die Normalisierung steigert er die Verwirrung allerdings noch. Er nutzt den Spielraum zwischen Voraussetzung und Wiedereinsetzung für die Realisierung seine Absichten aus. Ein ähnlich spielerischer Umgang mit Namen lässt sich häufiger finden, beispielsweise in der oben schon zitierten Passage zwischen Herrn Bartoldi und Knut. Dieses Protokoll stammt allerdings von Damaris Güting, die einen geschlechterverwirrenden Aspekt beobachtet hat:

„Knut: ‚Haben wir dann 'ne Pause?' Der Lehrer Herr Bartoldi: ‚Ja, aber nicht in der Pause, sondern dann, wenn wir jetzt fertig sind.' Er beugt sich ein bisschen zu Knut hin und fügt hinzu: ‚Nur weil du 'ne kleine Süße von nebenan besuchen willst, müssen alle anderen 'ne halbe Stunde auf Dich warten?!' Gelächter von allen Seiten! U.a. dreht sich die ganze vordere Reihe um und guckt neugierig auf Knut. Jemand sagt: ‚Meike!' Weitere Lacher entstehen, Erik wirft einen weiteren Mädchennamen ein.
Langsam beruhigt sich die Klasse wieder, Knut wird nicht mehr so angeschaut. Eine kleine Weile später ruft Frederik: ‚Knut!'. Als Knut zu ihm rübberguckt, sagt Frederik, ein bisschen grinsend: ‚Torsten!' Auch Erik hinten hat es scheinbar gehört, der schlägt jetzt vor: ‚Sven!' Dirk sieht zu Knut und sagt: ‚Svenja!'" (By81111d)

231

Auf Knuts Frage, wann die Klasse Pause habe, sexualisiert der Lehrer Herr Bartoldi dessen Anliegen, indem er ihm unterstellt, Pause haben zu wollen, weil „'ne kleine Süße" auf ihn warte. Die Sexualisierung wird von der Klasse mit gemeinsamem, zustimmendem Gelächter aufgenommen und stellt so Komplizenhaftigkeit her. Einige Jungen beginnen daraufhin, Namen von Mädchen vorzuschlagen, die Knuts Freundin sein könnten. Zuerst werden, der heterosexuellen Ordnung entsprechend, Namen von Mädchen reingerufen. Als sich diese Form des Scherzes ausgereizt hat, ironisiert Frederik die Situation, indem er plötzlich mit Torsten einen Jungennamen vorschlägt. Dadurch verdreht er den bisherigen Bedeutungszusammenhang, denn plötzlich erscheint es sprachlich gleichberechtigt möglich, dass es sich auch um einen Jungen handeln könnte. Die Einführung eines Jungennamens verschiebt den Kontext der Sequenz. Erik greift diese Möglichkeit auf, indem er mit Sven einen weiteren Jungennamen vorschlägt.

Nun lanciert Dirk eine sprachliche Verdrehung, indem er an den Namen Sven zwei Buchstaben anhängt und so Svenja als potentielle Freundin vorschlägt. Auch wenn dieser Name die Situation re-heterosexualisiert und somit normalisiert, geschieht sprachlich vermittelt auch noch etwas anderes. Der Zusatz von zwei Buchstaben entscheidet in dieser Situation über legitimes und illegitimes Begehren und damit auch über legitime und illegitime Formen von Männlichkeit. Die scheinbare Eindeutigkeit der Geschlechterdichotomie reduziert sich An diesem Punkt auf ein spaßhaftes jonglieren mit den Buchstaben J und A, es blitzt die Fragilität der Ordnung auf. Dirk gelingt es, trotz der Normalisierung für Irritationen zu sorgen.

Knut reagiert nicht, weder auf die Homosexualisierung, noch auf die Nennung des Namens Svenja. Wie im Beispiel mit dem Haarreifen folgt keine Notwendigkeit, die spaßhafte Unterstellungen zurückzuweisen, nicht, weil er wie Joachim als untergeordnete Männlichkeit keine Handlungsalternative hat, sondern weil sein symbolisches Kapital ausreicht, sich souverän präsentieren zu können. Möglicherweise vermehrt die Aufmerksamkeit um den Namen seiner Freundin sogar noch seine hegemoniale Position, weil er so als kompetent im Umgang mit Mädchen erscheint.

Es lässt sich teilweise ein erweiterter Sprachrahmen feststellen, in dem Geschlecht verbalisiert und verhandelt werden kann. Dabei kommt dem Rekurs auf sprachliche Verweiblichung oder eigener Homosexualisierung wesentliche Bedeutung zu. Die sprachlichen Verdrehungen erscheinen als witzige Äußerungen, die entdramatisiert und routiniert eingesetzt werden. Häufig kommt es zu einem Zusammenspiel von witzigen und sexualisierten Kontexten.

6.3 Resümee – Entdramatisierte Selbstironie

Im vorausgehenden Kapitel ist deutlich geworden, dass sich Männlichkeiten mit erhöhten Legitimierungsanforderungen auseinandersetzen müssen. Die Anforderungen sind zu mächtig, als dass sie einfach ignoriert, entwertet oder bagatellisiert werden könnten. Allerdings wird die Aussage dadurch relativiert, dass zumindest in einem Beispiel der Anlass von der Lehrerin ausgeht. Auf die erhöhten Legitimierungsanforderungen reagieren die Jungen mit Strategien der Verteidigung. Wichtig ist ihnen, eine kollektive komplizenhafte Männlichkeit herzustellen, die als gemeinsame Deutungsfolie die Hegemonie absichert. Die Antworten müssen in einen gemeinsamen Deutungskontext eingebunden sein, da sie nur so als legitime Männlichkeitsinszenierungen gelten können.

Anhand der dargestellten Sequenzen kann geschlussfolgert werden, dass es Hinweise auf Irritationen und Brüche im System hegemonialer Männlichkeiten gibt. Diese finden einerseits im Bereich der Körper, andererseits in der Sprache statt. Bei den körperlichen Inszenierungen lässt sich eine Tendenz zu Selbstironisierung und Enttabuisierung feststellen. Die Jungen spielen in den meisten Passagen mit homosexualisierenden Selbstzuschreibungen, es herrscht das Muster der ironischen Durchkreuzung der heterosexuellen Matrix durch die Umkehr geschlechtseindeutiger Formulierungen vor. Dabei hält die ironische Homosexualisierung ein erhebliches Potential subversiver Freude bereit. Manchmal diskret, manchmal sensationiert, wird mit tradierten Männlichkeitsinszenierungen gespielt, ohne dass sich Anzeichen von Unwohlsein feststellen lassen. Im Bereich der Sprache wird die Ambivalenz zwischen Voraussetzung und Wiedereinsetzung ausgenutzt.

Die Sequenzen sind meist kurz und häufig Einzelinszenierungen. Es existiert also keine kollektive Praxis des Durchkreuzens der Geschlechterordnung. Die Irritationen können somit nicht als normalisierte Sicherheiten, als mögliche Dimension eines männlichen Habitus betrachtet werden, sondern als isolierte, aber undramatische Möglichkeiten.

Sie funktionieren, da die heterosexuelle Matrix bereits installiert ist. Denn die Beispiele rekurrieren allesamt auf die Folie dichotomer Zweigeschlechtlichkeit. Wichtig ist zumeist die Verknüpfung mit Ironie, welche als eine legitime und anerkannte Methode dient, um zu versichern, das die verwirrende Inszenierung nicht ‚echt‘, sondern ein Spaß ist. Die Verwirrung wird so als eine eigentliche Unmöglichkeit präsentiert, die dadurch die heterosexuelle Matrix quasi durch die Hintertür wiederbestätigt. Allen Inszenierungen liegt zugrunde, dass die Beteiligten genügend Kapitalien besitzen, um diese Ironisierung glaubhaft vorzubringen. Die Ironie verdeutlicht aber auch den Spaß, den es offensichtlich einigen Jungen bereitet, spielerisch unterschiedlichen Formen der Irritation zu benutzen.

Im Allgemeinen sind keine ablehnenden Reaktionen auf die Irritationen mitprotokolliert. Dies lässt auf einen entdramatisierten Umgang mit Brüchen, Irritationen und Abweichungen schließen. Die Sequenzen, die bei den Ethnographinnen Erstaunen hervorrufen, scheinen den MitschülerInnen gewöhnlich und nicht sensationell. Der spielerische Umgang mit homosexualisierenden Selbstzuschreibungen ist legitim, wobei es einen Unterschied macht, ob die Zuschreibungen selber oder von anderen vorgenommen werden. Die Selbstironisierung zieht in der Regel keine negativen Sanktionen nach sich, die Zuschreibung durch Mitschüler hingegen kann dann prekär werden, wenn die Kapitalien nicht ausreichen, den, um den Homosexualitätsverdacht zurückzuweisen. Auch hier findet sich die dichotome Einteilung in aktiv und passiv wieder, weil im ersten Fall die Schüler aktiv Handelnde sind, im zweiten hingegen passive Zielscheibe.

Deutlich wird, dass dem Handlungsmuter hegemoniale Männlichkeit die Möglichkeit offen steht, sich weiblich markierte Inszenierungen anzueignen. Der geschlechtliche Status ist sicher genug, um symbolische Verwirrung bis hin zur Umkehr geschlechtlicher Zugehörigkeit vorzunehmen. Auch in den anderen Kapiteln wurden an einigen Stellen Brüche deutlich. So kann Torstens Position zum Thema geschlechtsbezogene Berufe als ein Bruch mit hegemonialer Männlichkeit betrachtet werden. Er äußert eine reflektierte Meinung, die in Anerkennung bestehender Ungleichheiten Geschlecht entdramatisiert. Auch die Möglichkeit über männliche Prostitution zu reden, verdeutlicht eine Entdramatisierung im Umgang mit Sexualität.

7. Fazit – Jungen in der Schule

Die Ausgangsfrage der hier angestellten Überlegungen galt der den Jungen in der Schule. Wie gestallten sich unterschiedliche Männlichkeiten aus? Welche Relationen bestehen zwischen ihnen? Wo lassen sich Veränderungen abzeichnen? Zur Beantwortung werden nun wesentliche Erkenntnisse bezüglich der Konstruktion von Männlichkeit im gymnasialen Alltag resümiert. Das abschließende Kapitel beschäftigt sich mit der Relevanz für die pädagogische Praxis der Studie.

7.1 Männlichkeitsstrukturen in der Schule

Die Studie hatte zum Ziel, herauszuarbeiten, wie sich die Binnenrelation von Männlichkeiten im Schulalltag konkret ausgestaltet, um so eine Forschungslücke an der Schnittstelle zwischen Männlichkeits- und Schulforschung zu schließen. Es wurde aus der Sicht der Jungen untersucht, welche Interaktionsmuster und Inszenierungsformen realiter vorliegen. Zur systematischen Beantwortung lassen sich drei unterschiedliche Ebenen ausmachen, die für die Konstruktion von Männlichkeiten von entscheidender Bedeutung sind: die Binnenrelation des System hegemonialer Männlichkeiten, die gemischtgeschlechtlichen Interaktionen sowie generalisierbare Dimensionen von Männlichkeit. Eine Systematisierung nach unterschiedlichen Klassen oder Schulfächern hat sich dabei für die Untersuchung – wie im Methodenkapitel dargestellt – forschungspraktisch als wenig hilfreich herausgestellt.

Auf der ersten Ebene des Spannungsfeldes der Binnenrelation des Systems hegemonialer Männlichkeiten existieren nach Connell vier verschieden Handlungsmuster. Im Kapitel 3.2.4 wurde unter Verwendung des Begriffes der Absicht ein Analyseraster entwickelt, welches qualitativ auf das Datenmaterial angewendet wurde.

Das Handlungsmuster hegemonialer Männlichkeit zeichnet sich als ein überlegenes Handlungsmuster aus. Die eigenen Absichten werden mittels der Strategien Entwertung, Suprematie und Souveränität realisiert. Bemerkenswert ist in diesem Zusammenhang, dass Schüler, die sich gemäß diesem Handlungsmuster verhalten, häufiger selber ihre Position infrage stellen, ohne dass dies zu einer Unterordnung führt. So verstößt ein Schüler gleich mehrmals gegen die Grundprinzipien hegemonialer Männlichkeit: durch eine Niederlage im Tennis gegen ein Mädchen, durch Selbstethnisierung oder Strippimitationen. Dieser Schüler bewahrt seine Hegemonie, zur Not auch unter Androhung von Gewalt. Dies ließe sich erklären, wenn für hegemoniale Männlichkeit eine Transformation im Sinne der von Connell beschriebenen transnational business masculinities angenommen wird. Die zur Verfügung stehenden Kapitalien scheinen ausreichend zu sein, um auf eine offensichtliche Zur-Schau-Stellung von Männlichkeit verzichten zu können. Es winkt möglicherweise ein Gewinn aufgrund der Flexibilität, in unterschiedlichen Situationen kompetent und souverän reagieren zu können. Daraus resultiert, dass hegemoniale Männlichkeit nicht darauf angewiesen ist, die Suprematie permanent zu präsentieren.

Es zeigt sich desweiteren, dass hegemonialer Männlichkeit das legitime Recht zugebilligt wird, Definitionen und Codierungen vorzunehmen. So wie der eine Schüler die symbolische Codierung des Haarreifs durchkreuzen kann, steht dem anderen das Recht zu, Regeln des sozialen Miteinanders aufzustellen oder zu verwerfen.

Hegemoniale Männlichkeit zeichnet sich durch umfangreiches soziales Kapital zur Durchsetzung eigener Absichten und vielfältige Interaktionen in der Jungengruppe aus. Diese Schüler interagieren ebenfalls überdurchschnittlich viel mit ihren Mitschülerinnen. Dies wird erklärbar unter Hinzunahme von doing adult als Anforderung. Während sich Jungen im Grundschulalter gewöhnlicherweise von Mädchen separieren, verändert sich dieses mit dem Eintritt in die Adoleszenz. Nun gilt Kontakt mit Mädchen nicht mehr als Unterlaufen des Interaktionstabus, sondern als prestigeträchtiges Flirten. Damit wird Kompetenz, Aktivität und Attraktivität im Bereich Sexualität demonstriert. Für gelungene Inszenierungen von Flirts können Jungen Anerkennung von Mitschülerinnen und Mitschülern und somit soziales Kapital erlangen.

Dem Handlungsmuster hegemonialer Männlichkeit steht ferner erhebliches symbolisches Kapital zur Verfügung, wie sich in der Positionierung als Opinionleader bei Modefragen oder Frisurtechniken zeigt. Im Verhältnis zu den Lehrkräften legt dieses Handlungsmuster ebenfalls Souveränität an den Tag, indem gegen deren übergeordnete Position in Opposition gegangen wird. Gegenüber Lehrerinnen kommt die Konstitution einer Jungengruppe zum tragen, gegenüber Lehrern hingegen eher Elemente der Rebellion. Hegemoniale Männlichkeit verhält sich raumintensiv. Dabei stellt die Inanspruchnahme von Raum männliche Suprematie her, wie auch anders herum männliche Suprematie privilegierte Räume beansprucht. Das zumeist von hegemonialen Schülern übernommene Amt des Klassensprechers markiert eine privilegierte Position, in welcher soziales Kapital sowohl symbolisiert als auch gewährt wird.

Während hegemoniale Männlichkeit mit komplizenhaften Handlungsmustern interagiert, werden die Absichten untergeordneter Männlichkeit ignoriert, wie sich beispielsweise in der Kissenschlacht der A-Klasse zeigt.

Die komplizenhafte Männlichkeit der ‚ganz gewöhnlichen Jungen' erweist sich als eine bedeutende Stütze des Systems hegemonialer Männlichkeit. Herausragender Mechanismus zur Aufrechterhaltung dieses Handlungsmusters stellt die Verzahnung von Konkurrenz und Solidarität dar. Männlichkeit wird in Auseinandersetzungen um den jeweiligen Status hergestellt. Der Zusammenhang von Konkurrenz und Solidarität etabliert komplizenhafte Männlichkeit als maßgebliche Stütze der Binnenrelation. Komplizenhafte Männlichkeit bedeutet den gemeinsamen Anspruch auf Abgrenzung von abweichenden Schülern. Die Konkurrenz innerhalb der Jungengruppe und gegenüber den Mädchen führt wiederum zu männlichkeitsverstärkenden Inszenierungen. Der männliche Habitus ist integriert und dient als klarer Orientierungsrahmen.

Da die eigenen Absichten nicht widerspruchsfrei durchgesetzt werden können, wird häufig mit der Gleichzeitigkeit von Exklusion und Inklusion eine ‚Wir-Gruppe' hergestellt, welche grundlegend geschlechtshomogen und mädchenexkludierend angelegt ist. Unterordnung und marginalisierende Dramatisierung schaffen sozusagen durch die Hintertür für die Beteiligten komplizenhafte Männlichkeit. Leitend ist hierbei die Herstellung einer – mal diskreten, mal offensichtlichen – Norm, wie die Regulationsprozesse rund um das Thema Haare belegen. Die kollektive Ausgrenzung von Mitschülern („Alle auf Veith") illustriert diesen unmittelbaren Zusammenhang ebenfalls. Aber auch ökonomische Kriterien, wie beispielsweise der Preis bestimmter prestigeträchtiger Modeartikel, bestärken die Norm komplizenhafter Männlichkeit. Dieser Mechanismus funktioniert im untersuchten Material annähernd reibungslos.

Die Strategien, auf die zur Durchsetzung der gemeinsamen Absichten zurückgegriffen werden, sind unterschiedlich, am häufigsten werden Sexualisierungen gegen Mädchen und Homosexualitätsvorwürfe gegen Jungen verwendet. Auch Ironie spielt eine entscheidende Rolle, da sich diese zwischen Kommunikation, Entwertung und der Möglichkeit, alles ‚nur als Spaß' erscheinen zu lassen, bewegt. Gelungene Scherze stellen deswegen eine Möglichkeit dar, soziales Kapital zu gewinnen, ohne auf offensiv-maskulinistische

Strategien zurückgreifen zu müssen. Das auf Ironie folgende gemeinsame La-chen stellt wiederum häufig komplizenhafte Männlichkeit her. Aber auch tra-dierte Elemente, wie beispielsweise Sport, werden als Bestärkung der Nor-malität der eigenen geschlechtlichen Inszenierung genutzt. So errichtet das gemeinsame soziale Kapital eine stabile Absicherung des eigenen Status.

Als inkorporiertes Muster lässt sich das Handabklatschen beobachten, insbesondere in Verbindung mit Klausurnoten: die demonstrative ‚Coolness' kann als zentrale inkorporierte Strategie betrachtet werden. Einige Schüler mit dem Handlungsmuster komplizenhafter Männlichkeit versuchen ihr soziales Kapital durch Kontakte mit hegemonialen Schülern zu vermehren, hierbei nehmen sie manchmal die Position der ‚rechten Hand vom Chef' ein, eine Po-sition, die zwar qua Umweg über hegemoniale Männlichkeit Kapital sichert, durch die Unterordnung allerdings gleichzeitig nicht souverän ist.

Die momentan stattfindenden Transformationen der komplizenhaften Männlichkeit können mit dem Begriff der ‚just-in-time'-Männlichkeit be-schrieben werden. In diesem Handlungsmuster findet sich auch eine ‚mäch-tige Bastion' der Verteidigung gegen Delegitimierungen.

Als untergeordnete Männlichkeit wurde jenes Handlungsmuster begriffen, welches seine Absichten nicht realisieren kann. Es ist die Zielscheibe des Doppelmechanismus Exklusion und Inklusion. Die Methoden, auf diese Ent-wertungen zu reagieren, bewegen sich zwischen anpassen, symbolischem Wi-derstand und anbieten als Opfer. Selten können soziale und symbolische Ka-pitalien ins Spiel gebracht werden.

Es existieren unterschiedliche Unterordnungsstrategien, beispielsweise auf der sprachlichen Ebene. So markiert etwa die Zuschreibung „ein Nichts" die Gewalt der Exklusion, die sprachlichen Äußerungen innewohnen kann. Durch die fehlenden Möglichkeiten zum (männlich codierten) Widerstand wirkt die Zuschreibung performativ unterordnend. Auch der kollektive Ruf „Möcki, Möcki" rekurriert auf den gleichen Mechanismus. Nebeneffekt ist das Verunmöglichen einer Reaktion auf der verbalen Ebene, dem Unterge-ordneten wird durch die Unterordnung die Sprache geraubt.

Aber es werden auch weitere Artikulationsformen beschnitten. So können diese Handlungsmuster, im Unterschied zu hegemonialen Männlichkeiten, keine sozialen Regeln reklamieren, im Gegenteil: derartige Bemühungen werden ignoriert. Zur hegemonialen pflegen untergeordnete Männlichkeiten in aller Regel ein freundschaftliches – und einseitiges – Verhältnis. Der Sta-tusunterschied scheint so offensichtlich, dass Konkurrenz zwecklos ist. Die Kontakte mit Schülern anderer Handlungsmuster sind ambivalent. Marginali-sierungen werden zum Teil verstärkt, zum Teil existiert aber auch gemein-same Solidarität. Komplizenhafter Männlichkeit wird häufiger aggressiv be-gegnet, dieses ist auch nicht weiter erstaunlich, gehen doch von dort die meisten Unterordnungsprozesse aus. Desweiteren erfahren untergeordnete Männlichkeiten in der Regel nur dann Reaktionen und Anerkennung, wenn sie unter Verwendung tradierter Elemente von Männlichkeit aggressiv auftreten und ihre untergeordnete Position verlassen. Erst dann werden sie zu gleichberechtigten Interaktionspartnern komplizenhafter Männlichkeit, die sie nun nicht mehr ignorieren kann. Dieses Auflehnen ist in der Regel nur von kurzer Dauer und sichert keinen beständigen legitimen Status. Die ‚Anbiederungsstrategie' garantiert allerdings genauso wenig Erfolg. Auch hier bleibt der Statusunterschied häufig bestehen, die ‚Anbiederung' gilt als unmännlich und somit nur bedingt als Möglichkeit zur Anerkennung von Männlichkeit.

Zwar befinden sich Schüler untergeordneter Handlungsmuster selten in anderen Positionen, aber auch sie können situativ wechseln. Die selbstständige Einnahme der untergeordneten Position erweist sich als Subjektivation. Das Handlungsmuster wird nicht nur übergestülpt, sondern aktiv ausgefüllt.

Häufig reagieren die Schüler körperlich auf Unterordnung. Starres Grinsen und raumdefensives Zurückweichen verdeutlichen, dass die Unterordnung inkorporiert ist. Da ihnen das Kapital zur Realisierung ihrer Absichten fehlt, reagieren sie abwehrend. Das Postulat der männlichen Suprematie verunmöglicht allerdings genau dieses defensive Verhalten, so dass es als Ausweg zu spontanen körperlichen Reaktionen kommt. Wenn aber die Unterordnung gleichzeitig bis in die Körper eingeschrieben wird, dann bedeutet dies, dass das Erleben von Unterordnung eine körperliche Erfahrung vieler Schüler ist, da ja die meisten von Unterordnungen betroffen sind. Die schulimmanente Konkurrenz fordert so ihren Tribut, aus der es kein Entrinnen gibt. Es zeigt sich also, dass Untergeordnet-Werden, welches prinzipiell gegen Männlichkeit verstößt, gleichzeitig als fundamentale und kollektive Erfahrung im männlichen Sozialisationsprozess verstanden werden muss und so als eine zentrale habitusbildende Praxis wirkt. Diese Aporie führt – so konnte gezeigt werden – zu starren Körperkonzepten von Männlichkeit, denn es existieren keine anderen Reaktions- oder Bewältigungsstrategien. Sie fließt somit als Konstitutionsbedingung in den männlichen Habitus mit ein.

Mit diesem Status bleiben für untergeordnete Männlichkeiten nicht viele Inszenierungsmöglichkeiten. Zwei der öfter eingenommenen Positionen sind der Klassenclown und das Schlüsselamt. Auch wenn sie unterschiedlich codiert sind, garantieren sie jedoch wenigstens eine soziale Situierung. Mit Butler kann gefolgert werden, dass sie durch die Einnahme einer bestimmten Position in den Bereich der legitimen Subjekte aufgenommen sind, da für sie ein (sprachlich definierter) Platz in der symbolischen Ordnung existiert.

Als marginalisierte Männlichkeit wurden jene Männlichkeiten definiert, die durch die Androhung oder den Vollzug symbolischer Verweiblichung exponiert und damit aus dem Kreis der legitimen Männlichkeiten verstoßen werden. Die symbolische Verweiblichung wird über die Zuschreibung weiblicher Attribute (wie bei der Frisur oder dem Ausspruch: „Joachim und Veith kommen noch zu den Mädchen"), die Unterstellung von Homosexualität oder ethnische Dramatisierung realisiert. Die häufig mittels Sprache hergestellte Marginalisierung nimmt den Schülern dieses Handlungsmusters die Machtmittel zur Wiederherstellung ihrer geschlechtlichen Zugehörigkeit. Die marginalisierende Entwertung aufgrund ethnischer Zuschreibungen verknüpft Gender, soziale Schicht und Ethnizität in Form einer Sensationierung der vermeintlichen Abweichung miteinander. In dem Material der Studie spielt dieses Handlungsmuster allerdings keine gravierende Rolle. Zwar existieren einzelne Passagen der Marginalisierung, wie auch einzelne Schüler, die häufiger betroffen sind, aber nicht als habituelle Praxis. Doch auch wenn die Marginalisierung kein dauerhafter Zustand ist, wirkt sie dennoch durch ihren Charakter als permanente Drohung normierend.

Neben diesen vier Handlungsmustern präsentiert sich insbesondere der Schüler Torsten als alternative Männlichkeit (vgl. Connell 1999a: 143ff.). Während der Deutschstunde zum Thema Koedukation bezieht er eine geschlechteregalitäre Position unter Entlarvung des Zusammenhangs von Macht und Männlichkeit. Obwohl generell nicht besonders kapitalienreich, gelingt es ihm, seine Meinung erfolgreich zu vertreten. Er erntet zwar Widerspruch, kann aber für diesen entsolidarisierenden Bruch mit der komplizenhaften Männlichkeit nicht untergeordnet werden. Dies deutet darauf hin, dass alternative Männlichkeit situativ – und zwar nur situativ – mittlerweile als legitim anerkannt wird.

Alle vier Muster sind nicht personengebunden. Es zeigt sich empirisch, dass nicht die Schüler nicht konstant eine Position ‚innehaben', sondern sich zwischen hegemonialer, komplizenhafter und untergeordneter Männlichkeit bewegen. Die Handlungsmuster sind zwar nicht frei wählbar, aber für die pädagogische Perspektive eröffnet sich hier die Möglichkeit, Jungen unterschiedlichen Zugang zu den verschiedenen Handlungsmustern zu ermöglichen und so die hierarchische Struktur der Binnenrelation zu irritieren. So erhält die These unterschiedlicher Ausprägungen eines einzigen männlichen Habitus ihre theoretische Fundierung. Denn wenn die Zugehörigkeit zu einem Handlungsmuster stabil, aber nicht unveränderlich ist, dann ähnelt dies dem Habitusverständnis von Bourdieu. Es gibt also einen männlichen Habitus, der sich auf dieselbe Basis stützt. Die Unterschiedlichkeit der Existenzbedingungen aufgrund differenter Möglichkeiten zur Realisierung der Absichten hat jedoch bedeutenden Einfluss auf die Ausgestaltung des Habitus – und dies dann nicht nur individuell, sondern innerhalb der jeweiligen Handlungsmuster.

Es zeigt sich, dass das System hegemonialer Männlichkeiten bisher relativ stabil ist und auf einen zu weiten Teilen tradierten männlichen Habitus zurückgreifen kann. Die Handlungsmuster versprechen und gewähren bzw. entziehen symbolisches Kapital. Insofern ist Connells Befund zuzustimmen, dass die Geschlechterordnung von männlicher Seite aus als stabil wahrgenommen wird (vgl. Connell 2001; Budde 2003a).

Neben der geschlechterhomogenen Jungengruppe kommt dem Verhältnis zu den Mitschülerinnen als zweite Ebene eine wichtige Rolle bei den Konstruktionsprozessen von Männlichkeit zu. Allgemein zeigen sich die Sphären der Schülerinnen und Schüler als zwei getrennte Bereiche. Die Dichotomie der Geschlechter erstreckt sich über weite Teile des Schulalltags, von den Haarpraktiken bis zu den Rechtfertigungsstrategien der Unterrichtsverweigerung. Auch in der Anordnung des Raumes wird die Dichotomie deutlich sichtbar. Es existiert ein stabiler Zusammenhang in der Zusammensetzung von Banknachbarinnen und -nachbarn, die jeweils nach Geschlecht, Freundschaft und Kapitalien ausgesucht werden. Abweichungen von der geschlechtsgetrennten Sitzordnung werden von allen Beteiligten (Schülerinnen, Schülern und Lehrkräften) bemerkt und dramatisiert. Die Interaktionen zwischen Jungen und Mädchen sind mit einem Tabu belegt, so existieren nur wenige, häufig ritualisierte Anlässe, dieses Tabu zu durchkreuzen.

Es ergeben sich unterschiedliche Bereiche, die aufgrund ihrer eindeutigen symbolischen Codierung als männliches Geschlechterrevier bezeichnet werden können. Dazu zählen insbesondere das Klassensprecheramt, der Umgang mit Computern und der Sportunterricht. Dementsprechend erscheinen das Amt der Wahlhelferin und der Reproduktionsbereich als weibliches Geschlechterrevier. Zum Sport als männliches Geschlechterrevier ist kein Pendant ersichtlich.

Die Institution Schule hat selbst auch Einfluss auf die Dichotomie der Geschlechter. Dies zeigt sich beispielsweise bei der Aufgabenverteilung in der Physikarbeitsgruppe. Die unterschiedlichen Reviere haben zum Teil auch handfeste materielle Auswirkungen. So erhalten die Jungen im Schnitt bessere Zeugnisnoten in Biologie, obwohl sie schlechtere Klausurergebnisse erzielen. Die Geschlechterreviere sind als institutionelle Reflexivität geronnen und stabilisiert.

Der Bereich der Sexualisierungen markiert ein herausgehobenes und exklusiv männliches Geschlechterrevier, indem Mädchen zu Objekten sexualisierender Zuschreibungen gemacht werden. Dabei lassen sich sowohl Unterschiede in den Klassen als auch in den Jahrgangsstufen feststellen. Während in der A– und B-Klasse die Sexualisierungen Teil der Klassenkultur sind, erscheint dieses Muster in der C-Klasse an keiner Stelle. Sexualisierungen dienen also nicht allen Handlungsmustern von Männlichkeit als legitimes Mittel, sondern müssen in einen spezifischen Kontext, wie beispielsweise einer Klassenkultur, eingebunden sein, der männersolidarisches Verhalten bestärkt und unterstützt. Sexualisierungen werden nur von einigen Schülern aktiv verwendet, der Bedeutungshintergrund wird jedoch generell von allen geteilt, es findet sich kein Widerspruch. Häufig werden Sexualisierungen von eher kapitalienärmeren und jünger wirkenden Schülern vorgebracht. Die Umkehrung der Sexualisierung per Durchsage durch den Schullautsprecher spiegelt den inzwischen auch für Schüler gesteigerten Ästhetisierungszwang wider. Es existiert ein Zusammenhang zwischen Sexualisierung, körperlicher Integritätsverletzung und homosexuellen Zuschreibungen. Wer auf dem Gebiet der Sexualisierungen versagt, erweist sich als unmännlich.

Eine andere Möglichkeit der gemischtgeschlechtlichen Interaktion stellt das Flirten dar. Während Sexualisierungen unter dem Blickwinkel von doing adult eher als kindliches Muster von komplizenhaften und untergeordneten Männlichkeiten angewendet werden, so nehmen die flirtenden Kontakte im Laufe der Studie zu und werden insbesondere von Schülern des Handlungsmusters hegemonialer Männlichkeit eingesetzt. Dabei kann die hegemoniale Position durchaus verlassen werden, denn der gelungene Flirtkontakt mit Mädchen gewährt den Jungen zusätzliches symbolisches Kapital. Wichtig für die gelungene Kapitalienvermehrung ist dabei erstaunlicherweise die Jungengruppe, quasi als Resonanzboden. Wenn diese den Flirt als Bruch mit dem Interaktionstabu interpretiert, folgt in der Regel eine Sexualisierung des Kontakts und damit der Entzug sozialen Kapitals. Die Flirts in der Klasse sind weniger von Intimität und Privatheit gekennzeichnet, als vielmehr von deren Zur-Schau-Stellung.

Viele Mädchen aus der B-Klasse durchbrechen ihrerseits den dichotomen und hierarchischen Rahmen. Wiederholt taucht in den Protokollen die Interaktion ‚Mädchen schlägt Junge' auf. Dies hängt zusammen mit einem selbstbewussten und aggressiven Auftreten einzelner Schülerinnen in dieser Klasse und einer zahlenmäßig hohen Dominanz der Mädchengruppe. Hier wird deutlich, dass das System hegemonialer Männlichkeiten keineswegs stabil ist, sondern je nach Kontext an entscheidenden Punkten außer Kraft gesetzt, beziehungsweise umgedreht werden kann. In der C-Klasse wiederum erfährt der Zusammenhang von Macht und Geschlecht seitens der Mädchen die deutlichste Thematisierung. Lediglich in der jungendominierten A-Klasse spielen die Schülerinnen eine weniger wichtige Rolle.

Wie die Schüler zeigen auch die Schülerinnen eine erhebliche Bandbreite in den Interaktionen und Inszenierungen. Ebenso wenig, wie noch von einer eindeutigen Suprematie der Schüler ausgegangen werden kann, gilt die These, dass die Mädchen in der Schule unter einer einseitigen Unterdrückung leiden. In den alltäglichen Interaktionen werden zwar häufiger Entwertungen von

Jungen gegen Mädchen vorgebracht, die häufigsten und gravierendsten Entwertungen richten sich jedoch gegen andere Schüler. Es zeigt sich, dass die Mädchen ihrerseits die Hegemonie infrage stellen. Desweiteren existieren partnerschaftliche Kontakte, häufig in Verbindung mit dem institutionellen Erwartungskontext der Schule. Hier ist allerdings die Besonderheit des untersuchten Feldes einschränkend mit zu bedenken. Desweiteren zeigen die unsicheren Antwortinszenierungen im Unterricht beispielhaft, dass auch Mädchen an der Konstruktion von Geschlechterstereotypen beteiligt sind.

Als dritte Ebene ergeben sich in der Studie unterschiedliche Dimensionen des Systems hegemonialer Männlichkeiten, die aufgrund ihrer generalisierbaren Bedeutung als charakteristisch für die Herausbildung des männlichen Habitus angesehen werden können.

Körperliche Gewalt als reguläres Handlungsmuster, welche häufig im Zusammenhang mit Männlichkeit und Schule postuliert wird – wie beispielsweise aufgrund der Gewalttaten eines Schülers an einem Erfurter Gymnasium –, findet sich in dieser Studie kaum wieder (vgl. Faulstich-Wieland/Weber/Willems 2004: 221). Das körperliche Agieren der Schüler laviert vielmehr häufig zwischen spaß- und ernsthaften Inszenierungen hin und her, die Grenzen sind dabei fließend. Statt strategisch eingesetzter Gewalt gegenüber Mitschülern findet der Rückgriff auf Gewalt dort statt, wo die legitime Zugehörigkeit zum System hegemonialer Männlichkeiten mit anderen Mitteln nicht so erfolgreich abgesichert werden kann. Es lassen sich wenig Hinweise auf dauerhaft bedrohliche oder aggressive Strukturen finden, die Kapitalien sind zwischen den Schülern gleichmäßig genug verteilt.

Die körperliche Ebene spielt aber auch noch an einem anderen Punkt eine wichtige Rolle. Sie erscheint als eine mögliche Strategie, um negative Emotionen abzuwehren. Insbesondere das Abklatschen mit der Hand bei schlechten Schulnoten und die körperliche Fixierung bei Unterordnung können als inkorporierte Strategien betrachtet werden. Es wirkt, als ob eine Art minimiertes Körperkonzept zum Tragen käme, gerade so, als diene die inkorporierte Strategie dazu, die potentielle Angriffsfläche zu verkleinern. Der Abwehr negativer Emotionen kommt beim männlichen Habitus eine zentrale Rolle zu. Neben inkorporierten Strategien greifen die Schüler auf sprachliche Distanzierungen, Ausweichen, Schweigen und Kompetenz im Umgang mit Technik sowie – schon oben angeführt – Ironie und Sexualisierungen zurück.

Auch der Bereich der Entwertungen spielt eine bedeutsame Rolle bei der Konstruktion des Systems hegemonialer Männlichkeiten. Erfolgreiche Entwertungen bringen Kapitalgewinn für den Entwertenden und erwarten gleichzeitig vom Entwerteten, dass er dies nicht als Ungerechtigkeit, sondern als Spaß ansieht. Die Reaktion des Entwerteten hängt zusammen mit dem Bedrohungspotential aufgrund der Kapitalien des Entwerters und dem Reaktions-potential aufgrund der eigenen Kapitalien. Häufige Strategien sind Schimpf-wörter sowie symbolische Verweiblichung. Meist überwiegt die Absicht der eigenen Aufwertung gegenüber der strategischen und gezielten Unterord-nung.[67]

Der Tabuisierung und Unterdrückung von Homosexualität kam früher und kommt auch heute noch eine entscheidende Rolle bei der Herstellung norma-tiver Männlichkeit zu. So werden unterschiedliche Formen des Körperkon-takts zwischen Jungen ebenso wie Selbstbefriedigung häufig als „schwul" diskreditiert. Allerdings lassen sich Veränderungen registrieren. Im Paartanz, der das Homosexualitätstabu offensiv durchkreuzt, deutet sich beispielhaft an, dass ein entdramatisierter Umgang mit Homosexualität stattfindet. Auch die, im Vergleich, seltene Verwendung des Begriffes ‚schwul' weist – ebenso wie die wiederum relative Folgenlosigkeit dieser Bezichtigung – in die gleiche Richtung. Wesentlich prekärer als eine symbolische Verweiblichung aufgrund von Homosexualitätszuschreibungen sind ethnische Entwertungen, die nicht nur die Zugehörigkeit zur Gendergruppe, sondern ebenfalls die Zugehörigkeit zur Dominanzkultur absprechen. Hier fallen die Reaktionen heftiger aus. Der Zusammenhang der alltäglichen Konstruktionsprozesse von Männlichkeit und Ethnie im Bezug auf soziale Ungleichheiten stellt aber noch eine Lücke in der Forschung dar, die es – auch mit Blick auf die PISA-Daten – zu füllen gilt.

Das so beschriebene System hegemonialer Männlichkeiten funktioniert aller-dings nicht widerspruchsfrei, sondern bedarf aufgrund des Verlustes eindeuti-ger Macht zunehmend der Legitimierung. Die Strategien, um auf die Delegi-timierungen seitens der Mädchen, der Lehrkräfte und einzelner Mitschüler zu reagieren, sind beinah ebenso vielfältig wie die Konstruktionsmechanismen von Männlichkeit selber. Männersolidarische Strukturen, Konkurrenz, Natu-ralisierung, Abwehr, Frauenabwertung, sprachliche Verdrehungen feministi-schen Vokabulars und der Versuch, die männliche Suprematie zu verteidigen verdeutlichen, dass auf die Delegitimierungen mit Rekonstruktion geantwortet wird. In dieser Weise kann zum Beispiel die berufsbezogene Stereotypisie-rung von Frauen in Heilige und Hure in diesem Kontext verstanden werden. Dies muss jedoch notwendigerweise scheitern, denn auf die sich verändernde Geschlechterordnung wird nicht eingegangen. Auf die seitens der Mädchen stattfindende Verschiebung des Zusammenhangs von Macht und Geschlecht fehlen den Jungen bisher Antworten. An diesem Punkt erhält das ‚Trägheits-moment' des männlichen Habitus seine empirische Fundierung. Die ‚just-in-

---

67 Damit soll nicht die These vertreten werden, dass der Blick auf die eigene Auf-wertung eine enthierarchisierende Perspektive bietet, sondern dass zumeist keine beständige entwertende Absicht besteht.

time'-Männlichkeit, die sich bei den Schülern erst in ihrer Erprobungsphase befindet, bietet Möglichkeiten, die hegemoniale Position zu wahren.

Auffällig ist, dass die Delegitimierungen in der B- und C-Klasse stärker ausfallen, als in der jungendominierten A-Klasse. Das deutet darauf hin, dass das System hegemonialer Männlichkeiten dort am stärksten ist, wo es unwidersprochen und dadurch zweifelsfrei funktioniert. Dies ist nicht weiter erstaunlich, bemerkenswert ist hingegen, dass es dadurch nicht gleichzeitig zu einem konfliktfreieren Umgang innerhalb der Jungengruppe kommt. Die mögliche Annahme, dass eine stabile Hegemonie weniger Auseinandersetzungen bedarf, erweist sich als falsch. Der Unterschied besteht darin, dass in der A-Klasse die Konflikte ausschließlich unter den Jungen verlaufen, während in der B- und C-Klasse auch viele gemischtgeschlechtliche Auseinandersetzungen und auch ausschließlich in der Mädchengruppe auftretende Konflikte existieren. Schule birgt also als institutionelle Organisationsform generell Potential für Konflikte.

Jenseits der Beharrlichkeit des Systems hegemonialer Männlichkeiten lassen sich auch Hinweise finden, die als Indizien für eine Veränderung von Männlichkeit zu betrachten sind. Die Thematisierung auch von männlicher Prostitution kann ebenso wie die Entschärfung des Homosexualitätsabus als Hinweis für eine Entdramatisierung angesehen werden. Auch die spielerische Umkehr weiblicher Symboliken gehört in diesen Bereich. Ob Haarreif oder Paartanz, diese Verwirrungen funktionieren nur durch die zugrunde liegende Konstitution der heterosexuellen Matrix. Die Inszenierungen und Interaktionen sind jedoch in der Regel kurz und nicht habituell verankert. Von einem kollektiven Muster kann somit auf keinen Fall ausgegangen werden. Häufig benötigen die alternativen Inszenierungen ein (weibliches) Publikum zur Absicherung des scherzhaften Charakters. Die Veränderungen der Geschlechterordnung fußen also weniger auf queeren Praktiken, noch auf alternativer Männlichkeit, als vielmehr auf der Überlagerung unterschiedlicher Situationsanforderungen, einhergehend mit alltäglichen Entdramatisierungen. Eher wird der männliche Habitus abgeschwächt als modifiziert (vgl. Kap. 6).

Die Inszenierungen von Männlichkeit gleichen sich in den drei Jahren und den drei Klassen nicht, sondern es existieren diverse Unterschiede. Die zeitlichen Veränderungen lassen sich unter dem Stichwort doing adult fassen, indem eine Verlagerung der Inszenierungen stattfindet. Während der Klassenclown als eine legitime Inszenierungsform in der ersten Feldphase noch Zugang zu sozialem Kapital gewährleistet, wird diese ab der zweiten Feldphase als illegitime, weil kindliche Darstellung gewertet. Auch die Veränderungen im zwischengeschlechtlichen Kontakt mit den Mädchen sind bedeutsam.

Während in der 7. Klasse noch Sexualisierungen dominieren gewinnt in der letzten Feldphase das Flirten an Gewicht.

Dabei wird ebenfalls deutlich, dass Mädchen an der Konstruktion von Männlichkeit mit beteiligt sind. Auch sie tragen durch ihre Erwartungshaltung an eindeutige Inszenierungsformen von Männlichkeit zur Aufrechterhaltung von Geschlechterstereotypen bei.

Schule mit ihrem institutionellen Charakter trägt ungewollt zu einer Entdramatisierung im Sinne einer Dethematisierung von Geschlecht bei. Dies geschieht nicht hauptsächlich in kognitiven Prozessen, sondern in Form einer Überlagerung durch alternative institutionelle Anforderungen. Insofern irrt Hirschauer in seiner Beschreibung von undoing gender als einem bewussten Absehen von Geschlecht. Vielmehr wird Geschlecht durch routinierte Alltagsanforderungen unkenntlich gemacht. Es kann die Schlussfolgerung gezogen werden, dass der geschlechtliche Ausweisungs- und Inszenierungszwang im Kontext der Schule nicht omnipräsent ist, sondern von doing student-Prozessen überlagert wird. In Situationen, in denen institutionelle Anforderungen in den Vordergrund treten, wird Geschlecht weniger bedeutsam. Es zeigt sich bei beiden Geschlechtern eine Tendenz zum ‚Weg des geringsten Widerstandes' und zu einem unengagierten Erdulden des Unterrichts (eine Strategie, die weder aus der Geschlechter- noch aus der Schulperspektive erstrebenswert scheint). Damit einher geht ein taktisches Verhalten zwischen formaler Anpassung und Opposition, als Lernstrategie dominiert „defensives Bewältigungslernen" (Holzkamp 1993). Die Praxis der Zettelkommunikation kann ebenso wie die Wahl des Sitzplatzes bei Klassenarbeiten, als Ausdruck dieser Doppelstrategie verstanden werden. Wenn also andere Anforderungen an Bedeutung gewinnen, wird Männlichkeit entdramatisiert und zur ruhenden Ressource. So sind die Strategien, sich dem Unterricht angepasst zu verweigern, in einigen Situationen gegendert, dies ist aber nicht immer notwendig oder sinnvoll. In diesem Zusammenhang lässt sich schlussfolgern, dass der gymnasiale Habitus wichtiger ist und mehr Kapitalien verspricht als der männliche Habitus (vgl. Budde 2003b). Im Zusammenhang mit dem gymnasialen Habitus findet also eine Entdramatisierung und Bagatellisierung von Männlichkeit statt.

Interessant ist die Sonderrolle des Schülers Kurt, der intensiv über die Geschlechtergrenzen hinweg mit Mädchen agiert, ohne dafür mit irgendeiner Form von Entwertung konfrontiert zu sein. Dies kann ebenfalls als Hinweis auf eine Entdramatisierung von Geschlecht interpretiert werden.

Im Zentrum pädagogischer Diskurse steht in der Regel die Dramatisierung von Geschlecht, wohingegen aufgezeigt werden konnte, dass die Schüler selber weitreichende Praktiken der Entdramatisierung pflegen. Es scheint nötig, sich von defizitorientierten Festschreibungen zu verabschieden und anzuerkennen, dass die Schüler und Schülerinnen selber erhebliche Variationen ihrer Interaktionen an den Tag legen. Gerade im Zusammenhang mit dem Anforderungskontext des Gymnasiums kann nicht davon ausgegangen werden, dass Gender im Sinne einer omnirelevanten Kategorie permanent präsent ist.

Die Entdramatisierung von Männlichkeit bedeutet allerdings nicht notwendigerweise eine Enthierarchisierung. Schule als Institution ersetzt die geschlechtlich codierte männliche Konkurrenz durch das Konkurrenzprinzip um Noten und Abschlüsse. So werden alternative Hierarchisierungsebenen etabliert, die zwar zunehmend nicht mehr Gender als zentrale Kategorie gesellschaftlicher Ungleichheit verhandeln, dafür aber Bildungsabschlüsse, berufliche Chancen und soziale Lage.

Haupthindernis für Jungen bei der Entwicklung einer geschlechtergerechten Schule und einer damit einhergehenden Enthierarchisierung von Männlichkeit ist das Zusammenspiel von Exklusion und Inklusion, aus dem einerseits subordinierte Gruppierungen und andererseits die ‚Wir-Gruppe' legitimer Männlichkeit entsteht. Die Veränderung dieses Zusammenhangs in das Zentrum pädagogischer Bemühungen zu stellen, könnte Jungen zu einer enthierarchisierteren und risikoärmeren Identifizierung verhelfen. Nun eine neue Jungenbenachteiligung im schulischen Bildungssystem auszurufen verkennt, dass sich auch die Vorstellungen über Männlichkeit ändern müssen, um Geschlechtergerechtigkeit an Schulen zu realisieren denn die tradierten Bilder von Männlichkeit werden zunehmend dysfunktional. Die Bildungserfolge der Mädchen seit den 1970ern wurden nicht nur durch eine Veränderung der Schule möglich, sondern auch durch eine Veränderung der weiblichen Geschlechterstereotypen. Ähnliches wird auch für das Verhältnis von Jungen und Schule gelten.

Die ethnographische Methode erweit sich als besonders geeignet, die alltäglichen Konstruktionsprozesse des Systems hegemonialer Männlichkeiten detailliert zu rekonstruieren. Die Arbeit mit fremderhobenem Material stellte sich als eine große – und im positiven Sinne – bewältigbare Herausforderung dar. Gerade im, für stereotype Forschungen anfälligen, Bereich der Geschlechterforschung kann so eine Ebene der Distanzierung etabliert werden, die die Nachteile dieser Herangehensweise minimiert.

7.2 Dimensionen pädagogischer Praxis

Der detaillierte Blick in die Konstruktionsprozesse im schulischen Alltag offenbart, dass Männlichkeit eine fragile, für die Schüler aber wichtige und erstrebenswerte soziale Kategorie darstellt. Auch wenn die Benachteiligung der

Schülerinnen zurückgegangen ist, kann von einer geschlechtergerechten Schule noch keine Rede sein. Denn die Auseinandersetzungen der Schüler mit der Ordnung der Geschlechter zeigen, dass viele tradierte Bestandteile von Männlichkeit weiterhin wirksam sind und als patriarchale Dividende Gewinn versprechen. In der Studie hat sich desweiteren gezeigt, dass die Suche nach Antworten auf die zunehmenden Delegitimierungen notwendig ist und seitens der Schüler intensiv betrieben wird. Auch hier bedient sich ein Teil männlichkeitsverstärkender Handlungsmuster. Daneben existiert eine große Spannweite alltäglicher, unspektakulärer und routinierter Konstruktionsakte von Männlichkeit, die nicht besonders problematisch erscheinen. Diese fußen zwar zum Teil auf Entwertung und Unterordnung, verhelfen aber zu einer legitimen Situierung innerhalb des sozialen Klassengefüges.

Dies bedeutet nicht, dass alles in bester Ordnung sei. Jungen benötigen – ebenso wie Mädchen – Hilfe und Unterstützung im Prozess der geschlechtlichen Identifizierung. Gerade die Schule als eine zentrale pädagogische Institution ist an diesem Punkt gefordert. Nicht nur die Binnenrelation, die gemischtgeschlechtlichen Interaktionen sowie die institutionellen Rahmenbedingungen der Schule beeinflussen die Konstruktion von Männlichkeit, sondern auch die Lehrkräfte. Deren Handlungsspielräumen wendet sich die Arbeit zum Abschluss zu, um von hier aus einen Blick auf die Dimensionen der pädagogischen Praxis zu richten.

Als häufigste Positionierung zur Gender-Thematik seitens der Lehrkräfte lässt sich Desinteresse attestieren, welches zwischen Entdramatisierung und Ignorieren schwankt. Die eindeutige dichotome Separierung der Sitzplätze zeigt auf, dass das Desinteresse seitens der Lehrkräfte nicht notwendigerweise zu einem Verschwinden der sozialen Kategorie Geschlecht führt. Desweiteren führt die Tatsache, dass hier Geschlecht im Unterricht nicht als wichtige Variable im Vordergrund steht, noch lange nicht zu ‚besserem' Unterricht. Am Beispiel der Videomitschnitte aus dem Physikunterricht zeigt sich undoing gender, jedoch ist das Lernverhalten der Schülerinnen und Schüler durch defensives Bewältigungslernen gekennzeichnet (Kap. 5.1). Dies stellt im Sinne einer geschlechtergerechteren Schule keine Verbesserung dar, sondern nur eine Hierarchieverschiebung. Die Hierarchie der Geschlechter wird durch ein Beharren auf der Hierarchie zwischen Lehrkraft und Lernenden ersetzt. Die starre Unterrichtsform und der existierende Notendruck entdramatisiert zwar Geschlecht, fördert aber auf der institutionellen Ebene Konkurrenz und Distanz, die wiederum männlichkeitsverstärkend wirken kann, wie sich am Beispiel der Rückgabe der Biologieklausuren zeigt (Kap. 5.2.2).

In jenen Situationen, in denen Geschlecht relevant wird, geschieht dies in der Regel unter einem problemorientierten Fokus, beispielsweise beim stereotypabweichenden Verhalten der Mädchen der B-Klasse. Auch die allgemeine aufgeregte Diskussion über die eskalierende Gewalt von Jungen in der Schule deutet in eine ähnliche Richtung, sobald sie mit der Genier-Thematik verknüpft wird (Kap. 3.1.1). Das Verhältnis aus Desinteresse und Entdramatisierung kann aber auch – wie beim Mikroskopieren – zu einer Enthierarchisierung führen (Kap. 5.1.1).

Bei einigen Lehrkräften lässt sich eine Dramatisierung der Gender-Thematik feststellen. Sie gehen das Risiko ein, Geschlecht in ihrem Unterricht – aber auch in Pauseninteraktionen mit den Schülerinnen und Schülern – zu thematisieren. Die Dramatisierung basiert dabei auf der Annahme einer dauerhaften Geschlechterdifferenz. So stellt Frau Danker im Fach Deutsch die Aufgabe, Argumentationen am Beispiel Koedukation zu lernen (Kap. 5.3.3), oder Frau Helfrich schlägt vor, gemischtgeschlechtliche Klassensprecherteams zu wählen, weil diese alle Interessen vertreten könnten (Kap. 5.2.1). Im Querschnitt der Untersuchung geschieht dies durch relativ wenige Lehrkräfte. Dabei lässt sich grob vereinfacht folgender geschlechtsspezifischer Unterschied feststellen:

Einige Lehrerinnen handeln mit mädchenprotegierendem Anspruch und werden dabei weder den Absichten der Schülerinnen noch denen der Schüler gerecht. Dieses zeigt sich beispielsweise in der Art, wie Frau Danker mit dem unterschiedlichen Interesse am Computerkurs umgeht (Kap. 5.3.2). Häufig wird die Geschlechtszugehörigkeit der Jungen dramatisiert, oder sie werden unter einen gegenderten ‚Pauschalverdacht' gestellt, den sie nicht entkräften können. Denn entweder sie verhalten sich gemäß der Stereotype und bekräftigen so das Bild der Lehrerin (wie beim Vorschlag für die Einteilung der Gruppen beim Sexualkundeunterricht), oder sie verweigern die geschlechtliche Inszenierung, verlieren dann ihren Status im System hegemonialer Männlichkeiten und bleiben von der Lehrerin unberücksichtigt (wie bei der Ironisierung der Beschwerde über eine Ungleichbehandlung, Kap. 5.3.2; vgl. auch Budde 2003e).

Bei den Lehrern, die Geschlecht thematisieren, herrscht häufig ein ironisch-kumpelhafter Ton vor, mit dem des öfteren entwertende Botschaften und sexuell konnotierte Grenzübertretungen einhergehen, dem sich die Schüler aufgrund des Hierarchiegefälles nur schwer widersetzten können. Dabei werden insbesondere Handlungsmuster hegemonialer Männlichkeit zur Zielscheibe der Lehrer, wie beispielsweise bei Herrn Blümer (Kap. 5.3.1). So entsteht durch die teils subtile, teils offensive Dramatisierung von Geschlecht ein ambivalentes Verhältnis aus Konkurrenz und Solidarität, welches tradierte Elemente von Männlichkeit verstärkt. Die Lehrer konstruieren somit verdeckte geschlechtliche Stereotype. Hier handelt es sich um eine Art Doppelstruktur: Zum einen interagieren sie mit den Schülern auf einer männersolidarischen Ebene durch Ausgrenzung. Zum anderen etabliert sie Konkurrenz und

Hierarchie als Auseinandersetzungsform, die wiederum anschlussfähig an Männlichkeit ist.

Beides führt im Unterricht häufig zu einer Dramatisierung von Geschlecht, die eher negative Auswirkungen hat. Beispielsweise die Kennzeichnung des Sitzplatzes von Klaus zwischen den Mädchen als Versteck durch Frau Ferreira oder die Grenzüberschreitungen von Herrn Bartoldi. Bei beiden Mustern, so engagiert oder „schülernah" sie auch gemeint sein mögen, verhindert die Dramatisierung auf der Basis der heterosexuellen Matrix eine mögliche Enthierarchisierung: Jungen wie Mädchen werden geschlechtlich naturalisiert. Als pädagogischer Ausweg bietet sich hingegen für alle Lehrkräfte ein Paradoxon, nämlich ein größeres Wissen um der Absichten der Jungen und gleichzeitig eine praktische Entdramatisierung von Geschlecht. Die Lehrkräfte scheitern in ihren Bemühungen nicht, weil sie nicht engagiert genug sind, sondern weil ihre geschlechtlichen Stereotypen zu wenige Auswege bieten.

Notwendig ist die Dramatisierung von Gender in den Köpfen, denn als erste Voraussetzung für die Gestaltung einer geschlechtergerechteren Schule benötigen die Lehrkräfte ein fundiertes theoretisches Wissen um die spezifischen Konstruktionsmechanismen von Männlichkeit und Weiblichkeit und von den geschlechtlichen Identifikationsprozessen ihrer Schülerinnen und Schüler.

Die Jungen in der Vielfältigkeit ihrer eigenen Dramatisierungen und Entdramatisierungen anzuerkennen, scheint zwar eine triviale Forderung, ist aber in der Praxis ebenso erforderlich wie kompliziert. Grundbedingung dafür ist ein sensibler und genauer Blick auf deren Absichten. Im Gegensatz zum doing student der Schülerinnen und Schüler brauchen die Lehrkräfte für zielgerichtete geschlechtergerechte Prozesse, nämlich ein bewusstes Absehen von Geschlecht. Dieses ist nur herzustellen, wenn zuerst eine Dramatisierung im Sinne einer Thematisierung stattgefunden hat, ohne die Stereotype zu bekräftigen. An diesem Punkt wiederum ist Hirschauer zuzustimmen, dass die geschlechtlichen Konstruktionsprozesse erst dann zurücktreten können, wenn sie zuerst einmal den Lehrkräften deutlich geworden sind. Die Hierarchie verschwindet nicht durch das reine Postulat der Gleichbehandlung.

Wichtig ist, dass die Persönlichkeit der Lehrkräfte zentral für die Vermittlung alternativer Genderkompetenz ist. Dabei geht am männlichen Pädagogen kein Weg vorbei, denn bei der Suche nach Antworten auf die Delegitimierungen können gerade sie Unterstützung bieten. Das Klischeebild, dass die Jungen in der Grundschule als einzige Männer auf den Hausmeister und den Direktor treffen, stimmt selbst dann, wenn es zwar auch männliche Lehrkräfte gibt, diese aber noch nicht auf eine Thematisierung von Geschlecht und eine Reflexion der eigenen Gendering-Prozesse zurückgreifen können. Deswegen ist es zwar notwendig, aber nicht hinreichend, die Jungenpädagogik an die Lehrer zu delegieren. Denn der reine Kontakt mit Männern reicht nicht aus, sondern bedarf wiederum deren kritischer (Selbst-)Reflexion. Aber neben den Lehrern haben auch die Lehrerinnen Anteil an der Konstruktion von Männlichkeit. So führt die Präsentation des Computerkurses ebenso zu komplizenhafter Männlichkeit, wie die entwertende Definition von Leistung im Physikunterricht. Generell benötigen Lehrkräfte nicht nur ein fundiertes Wissen über die Konstruktion von Geschlecht, sondern als zweiten Schritt zusätzlich die Reflexion der eigenen doing gender-Prozesse. Welche diskreten Zuschreibungen existieren? Wie wird Ironie, Lob und Kritik verteilt? Wie wird auf Schüler reagiert, die den eigenen geschlechtlichen Vorstellung nicht entsprechen? Existiert ein Konkurrenzverhältnis um symbolisches Kapital zu den Schülern, insbesondere zu den Handlungsmustern hegemonialer Männlichkeit? Was wird unter Geschlechtergerechtigkeit verstanden? Bei der Vertiefung der Frage nach geschlechtlichen Dramatisierungs- und Entdramatisierungsprozessen seitens der Lehrkräfte besteht noch weiterer Forschungsbedarf.

Mit größerem theoretischen Vorverständnis und einer kritischen (Selbst-)Reflexion sind zwei wesentliche Voraussetzungen für eine Enthierarchisierung von Geschlecht geschaffen, die auf eine Dramatisierung – eine stärkere Präsenz des Themas – in den Köpfen abzielt. Im schulischen Alltag benötigt es dann im Gegenzug Entdramatisierungen, wie die Beispiele offensiver Thematisierung von Geschlecht zeigen.

Bei dem Bemühen um geschlechtergerechte und enthierarchisierte Strukturen kommt dem Körper eine wichtige Position zu, nicht nur als ‚Platzanweiser‘, sondern auch als Feld der Auseinandersetzungen selber. Auch hier ist vor einfachen Stereotypen zu warnen, denn beispielsweise raumoffensives Verhalten konstruiert nicht in jedem Fall hegemoniale Männlichkeit, wie der Unterschied zwischen Rangelei und Paartanz zeigt. Viele Schüler (und Schülerinnen) haben Spaß und Interesse an Bewegung, welches in der Schule häufig nicht abgedeckt wird. Da Unterordnung als inkorporierte Strategie Eingang in den geschlechtlichen Habitus gefunden hat, und in starren Körperkonzepten mündet, folgt notwendigerweise, dass der Körper stärker in den Blick (schul-)pädagogischer Bemühungen rücken sollte.

Nicht nur beim traditionell dafür vorgesehenen Sport, sondern auch in Pausen und Unterricht können auf körperlicher Ebene alternative Männlichkeitskonzepte ausprobiert werden. Wobei sich für den Sportunterricht Experimente mit erlebnispädagogischen oder auf Kooperation ausgerichteten Elementen als wichtige Bereicherung erweisen können. Aber auch an anderen Stellen finden sich häufig tradierte und stereotype Körperkonzepte, wie beispielsweise im Biologieunterricht. Alternative körperliche Erfahrungen ermöglichen den Schülern, die starre Abwehr von Emotionen aufzuweichen.

Gerade Jungen, für die die offensiv-körperliche Ebene eine wichtige Inszenierungsplattform darstellt, können an diesem Punkt pädagogisch angesprochen und durch körperliche Erfahrungen zu Entdramatisierungen tradierter Männlichkeitsinszenierungen angeregt werden. Es existieren mit Toberäumen, bewegten Pausen und ähnlichen Ideen bereits Konzepte, die auch einer geschlechterreflektierenden und entdramatisierenden Praxis zugute kämen. Es muss nicht das oft bemühte Rad neu erfunden, sondern neu verwendet werden.

Zur Entwicklung geschlechtergerechter Strukturen in der Schule ist desweiteren die komplizenhafte Männlichkeit von zentraler Bedeutung. Da Männlichkeit als Gruppen- und eben nicht als Einzelphänomen funktioniert, installieren die Schüler eine männersolidarisch strukturierte Jungengruppe zur Absicherung ihrer geschlechtlichen Zugehörigkeit, indem sie auf die Dramatisierung von Geschlecht zurückgreifen. Da diese eine wesentliche Stütze des Systems hegemonialer Männlichkeiten darstellt, sollten die Interaktionen in der Klasse darauf ausgerichtet sein, den Einflussbereich dieser Strukturen zu minimieren. Dies bedeutet aber gerade nicht das Unterbinden von Freundschaften zwischen Jungen, sondern die Etablierung eines Klimas, in dem männersolidarische Strukturen tendenziell wirkungslos sind. Es gilt diesen Strukturen, wenn sie ein hierarchisches Gefälle in der Klasse etablieren, die Unterstützung zu entziehen, indem genau die Schüler und Schülerinnen in ihren Absichten gestärkt werden, die kein Teil der ‚Wir-Gruppe' sind.

Der Begriff der Gerechtigkeit deutet an, dass es auch um die Stärkung untergeordneter und marginalisierter Männlichkeiten geht. Da die Handlungsmuster keine starren identitären Merkmale darstellen, sondern kontextualisierte soziale Positionen, sollten die Übergänge für die Schüler variabel gestaltet werden. So kann allen Schülern Zugang zu den spezifischen Erfahrungen der unterschiedlichen Handlungsmuster ermöglicht werden, um die Struktur der Binnenrelation zu irritieren und somit Hierarchien abzubauen. Es ist eine einfache Wahrheit, dass die beste Methode gegen die Etablierung männersolidarischer Strukturen in einem enthierarchisierten Klassenklima liegt, zu dem Mädchen wie Jungen gleichermaßen beitragen.

Auch die Erfahrung des Versagens und der Unterordnung sollte, wenn möglich, vermieden werden. Nicht aus falsch verstandener ‚Rücksichtnahme', sondern weil die Erfahrung von Unterordnung den Schülern die Sprache und damit die Artikulationsmöglichkeiten raubt. Es ergeben sich auf diese Art keine Handlungsalternativen für die Schüler. Nicht erst durch die der geschlechterreflektierenden Perspektive ist bekannt, dass ein Unterschied zwischen Kritik und Entwertung auch auf Seiten der Lehrkräfte existiert.

Die Schüler selber bieten Auswege an. Das Handlungsmuster alternativer Männlichkeit, welches die Möglichkeit der Entdramatisierung und Enthierarchisierung zugleich bietet, weist eine Richtung auf, in die Schüler unterstützt werden können. Die ‚just-in-time'-Männlichkeit, die sich bei den Schülern erst in ihrer Erprobungsphase befindet, bietet hingegen mehr Möglichkeiten, die hegemoniale Position zu wahren.

Allerdings kann die Dramatisierung von Geschlecht im schulischen Alltag auch geschlechtergerechtere Prozesse in Gang setzten. Beispielsweise bei der zeitweiligen Geschlechtertrennung im Unterricht oder bei der Bearbeitung emotional brisanter Themen. Dieses wird jedoch nur zu einem Mehr an Geschlechtergerechtigkeit führen, wenn nicht mit stereotypen Vorstellungen laboriert wird, sondern auch innerhalb der geschlechterhomogenen Gruppe die Ordnung der Geschlechter thematisiert wird. Die Idee, den Sexualkundeunterricht geschlechtlich zu trennen, ist nicht falsch, sondern die stereotypen geschlechtlichen Vorannahmen erst führen zu den skizzierten geschlechtlichen Tradierungen.

Für den pädagogischen Umgang mit Jungen wird es zunehmend wichtiger, Schule derart zu gestalten, dass sie in ihrer individuellen Suche jenseits von Defizitorientierungen oder Wiederherstellungsversuchen männlicher Hegemonie unterstützt werden. Den Schülern Orientierung beim stattfindenden Transformationsprozess zu bieten, ist pädagogisch eine große Herausforderung. Denn es zeigt sich die Notwendigkeit, die Suche der Jungen nach Antworten ernst zu nehmen und moderierend zu begleiten.

Dabei sind einzelne Ansätze sehr zu begrüßen. Wirklichen Erfolg wird eine Schule jedoch vermutlich erst dann haben, wenn geschlechtsbewusste Pädagogik im Spannungsfeld zwischen Dramatisierung und Entdramatisierung als Querschnittsaufgabe für sämtliche Bereiche der Schulorganisation begriffen wird. Dafür ist es notwendig, nicht ausschließlich Jungenarbeit als ‚neues Allheilmittel' anzusehen, sondern Jungen und Mädchen gemeinsam zu berücksichtigen. Denn die Dramatisierung von Männlichkeit führt ebenso wenig zu einer geschlechtergerechteren Schule wie die von Weiblichkeit.

Für die unterrichtliche Praxis bedeutet dieses, viel stärker die einzelnen Schüler und Schülerinnen in den Blick zu bekommen, anstatt nun einen an Geschlecht angepassten Unterricht zu gestalten. Individualisiertes Lernen und das Lernen voneinander könnte bei den Schülern (wie auch den Schülerinnen) mehr eigenes Interesse wecken – unabhängig davon, ob Thema oder Didaktik nun besonders ‚jungen- oder mädchenfreundlich' ist.

Geschlechtergerechtigkeit bedeutet auch, die Partizipationsmöglichkeiten aller Schülerinnen und Schüler zu stärken. Denn Gerechtigkeit wird nur hergestellt werden, wenn die Bemühungen im Interesse aller an der Institution Schule Beteiligten liegen. Dabei stellt Geschlecht nur eine Kategorie sozialer Ungleichheit dar. Der hier entwickelte detaillierte Einblick in die Lebenslagen

253

von Jungen im gymnasialen Alltag kann durch diese Dramatisierung dazu beigetragen, Schule geschlechtergerechter zu gestalten.

Literatur

Althuser, Lois (1977): Ideologie und ideologische Staatsapparate. Hamburg/ Westberlin.

Arbeitsgruppe Bielefelder Soziologen (Hrsg.) (1976): Kommunikative Sozial-forschung. München.

Baumert, Jürgen (2000): Pisa 2000, Basiskompetenzen von Schülerinnen und Schülern im internationalen Vergleich. Opladen.

Barfuss, Thomas (1998): Insel in der Insel. Fremdheit und Entfremdung bei Gramsci, in: Hirschfeld, Uwe (Hrsg.): Gramsci Perspektiven. Hamburg.

Barrett, Frank/Whitehead, Stephen (2001): The Sociology of Masculinity, in: Barrett, Frank/Whitehead, Stephen (Hrsg.): The masculinities reader. Cambridge, S. 1–26.

BauSteineMänner (Hrsg.) (1996): Kritische Männerforschung. Neue Ansätze in der Geschlechtertheorie. Berlin, Hamburg.

Behnke, Cornelia (1997): Frauen sind wie vom anderen Planeten. Das Geschlechterverhältnis aus männlicher Sicht. Frankfurt/Main.

Behnke, Cornelia/Loos, Peter/Meuser Michael (1998): Habituelle Männlichkeit. Existentielle Hintergründe kollektiver Orientierungen von Männern, in: Bohnsack, Ralf/Marotzki, Winfried (Hrsg.): Biographieforschung und Kulturanalyse. Transdisziplinäre Zugänge qualitativer Forschung. Opladen, S. 225–242.

Behnke, Cornelia/Meuser, Michael (1998): Tausendundeine Männlichkeit? Männlichkeitsmuster und sozialstrukturelle Einbindungen, in: Widersprüche, Zeitschrift für sozialistische Politik im Bildungs-, Gesundheits- und Sozialbereich, Heft 67, März 1998, S. 7–23.

Behnke/Cornelia/Meuser, Michael (1999): Geschlechterforschung und quantitative Methoden. Opladen.

Benhabib, Seyla (1993): Feminismus und Postmoderne. Ein prekäres Bündnis, in: Benhabib, Seyla/Butler, Judith/Cornell, Drucilla/Fraser, Nancy (Hrsg.): Der Streit um Differenz. Feminismus und Postmoderne in der Gegenwart. Frankfurt/Main.

Bernhard, Claudia (1999): Ballast abwerfen und durchstarten. Patriarchale Radikalisierung im schlanken Kapitalismus, in: Alaska. Zeitung für Internationalismus, Heft 229, Dezember 1999, S. 4–6.

Bette, Karl-Heinrich (1989): Körperspuren: Zur Semantik und Paradoxie moderner Körperlichkeit. Berlin.

Bilden, Helga (1998): Geschlechtsspezifische Sozialisation, in: Hurrelmann, Klaus/Ulich, Dieter (Hrsg.): Handbuch der Sozialisationsforschung (5. neu ausgestattete Auflage). Weinheim.

Blazek, Helmut (1999): Männerbünde. Eine Geschichte von Faszination und Macht, Berlin.

Böhnisch, Lothar/Winter, Reinhard (1994): Männliche Sozialisation. Bewältigungsprobleme männlicher Geschlechtsidentität im Lebenslauf (2. Auflage). Weinheim, München.

Böhnisch, Lothar (2003): Die Entgrenzung der Männlichkeit. Verstörungen und Formierungen des Mannseins im gesellschaftlichen Übergang, Opladen.

Bohnsack, Ralf (1984): Alltagsinterpretationen und soziologische Rekonstruktion. Opladen.

Bohnsack, Ralf (1993): Rekonstruktive Sozialforschung. Einführung in die Methodologie und Praxis qualitativer Forschung (2. Auflage). Opladen.

Bohnsack, Ralf (1997): Dokumentarische Methode, in: Hitzler, Ronald/Honer, Anne (Hrsg.): Sozialwissenschaftliche Hermeneutik. Eine Einführung. Opladen, S. 191–212.

Bohnsack, Ralf (2001): Der Habitus der ,Ehre des Mannes'. Geschlechtsspezifische Erfahrungsräume bei jugendlichen türkischer Herkunft, in: Döge, Peter/Meuser, Michael (Hrsg.): Männlichkeit und soziale Ordnung. Neue Beiträge zur Geschlechterforschung. Opladen, S. 49–72.

Bohnsack, Ralf/Nohl, Arndt-Michael (2001): Exemplarische Textinterpretation. Die Sequenzanalyse als dokumentarische Methode, in: Bohnsack, Ralf/Nentwig-Geseman, Iris/Nohl, Arnd-Michael (Hrsg.): Die dokumentarische Methode und ihre Forschungspraxis. Grundlagen qualitativer Sozialforschung. Opladen, S. 303–308.

Bourdieu, Pierre/Jean-Claude Passeron (Hrsg.) (1971): Die Illusion der Chancengleichheit. Stuttgart.

Bourdieu, Pierre (1976): Entwurf einer Theorie der Praxis auf der ethnologischen Grundlage der kabylischen Gesellschaft. Frankfurt/Main.

Bourdieu, Pierre (1982): Die feinen Unterschiede. Kritik der gesellschaftlichen Urteilskraft, Frankfurt/Main.

Bourdieu, Pierre (1987): Sozialer Sinn. Kritik der theoretischen Vernunft. Frankfurt/Main.

Bourdieu, Pierre (1992a): Die verborgenen Mechanismen der Macht, Schriften zu Politik und Kultur 1. Hamburg.

Bourdieu, Pierre (1992b) : Rede und Antwort. Frankfurt/Main.

Bourdieu, Pierre (1993): Sagten Sie „populär"?, in: Gebauer, Gunter/Wolf, Christoph (Hrsg.) Praxis und Ästhetik. Neue Perspektiven im Denken Pierre Bourdieus. Frankfurt/Main, S. 72–92.

Bourdieu, Pierre (1994): Eine sanfte Gewalt. Pierre Bourdieu im Gespräch mit Irene Dölling und Margareta Steinrücke, in: Dölling, Irene/Krais, Beate (Hrsg.): Ein alltägliches Spiel. Geschlechterkonstruktion in der sozialen Praxis. Frankfurt/Main, S. 218–230.

Bourdieu, Pierre (1996): Zum Begriff des Habitus, in: Bourdieu, Pierre/Wacquant, Lois J. D.: Reflexive Anthropologie. Frankfurt/Main, S. 147–175.

Bourdieu, Pierre (1997): Die männlich Herrschaft, in: Dölling, Irene/Krais, Beate (Hrsg.): Ein alltägliches Spiel. Geschlechterkonstruktion in der sozialen Praxis. Frankfurt/Main, S. 153–216.

Bourdieu, Pierre (1998): Der Einzelne und sein Eigenheim. Hamburg.

Brandes, Holger (2002): Der männliche Habitus, Teil 2. Opladen.

Breidenstein, Georg/Kelle, Helga (1998): Geschlechteralltag in der Schulklasse: ethnographische Studien zur Gleichaltrigenkultur. Weinheim.

Breidenstein, Georg/Kelle, Helga (2002): Die Schulklasse als Publikum, in: Die deutsche Schule 3/2002, S. 318–329.

Breidenstein, Georg/Combe, Arno/Helsper, Werner/Stelmaszyk, Bernhard (Hrsg.) (2002): Forum Qualitative Schulforschung, 2. Interpretative Unterrichts- und Schulbegleitforschung. Opladen.

Bröckling, Ulrich/Krasmann, Susanne/Lemke, Thomas (Hrsg.) (2000): Gouvernementalität der Gegenwart. Studien zur Ökonomisierung des Sozialen. Frankfurt/Main.

Budde, Jürgen (2003a): Zwischen Macho, Freak und Onkel. Männlichkeitsinszenierungen in der Reality Soap „Big Brother", in: Luca, Renate (Hrsg.): Medien.Sozialisation.Geschlecht. Fallstudien aus der sozialwissenschaftlichen Forschungspraxis. München, S. 69–84.

Budde, Jürgen (2003b): Männlichkeitskonstruktionen in der Institution Schule, in: Zeitschrift für Frauenforschung und Geschlechterstudien, 21. Jahrgang, Heft 1/2003, S. 91–101.

Budde, Jürgen (2003c): Dynamische Männlichkeiten. Zwischen Transformation und Tradition, in: Standpunkt Sozial, Heft 2/2003, S. 5–11.

Budde, Jürgen (2003d): Die Geschlechterkonstruktion in der Moderne, in: Luca, Renate (Hrsg.): Medien.Sozialisation.Geschlecht. Fallstudien aus der sozialwissenschaftlichen Forschungspraxis. München, S. 11–26.

Budde, Jürgen (2003e): Jungenarbeit – Kein Selbstzweck, in: hlz/Zeitschrift der GEW Hamburg 4/03. Hamburg, S. 44–45.

Budde, Jürgen (2004): Interaktion und Distinktion. Haarpraktiken bei Schülern, in: Janecke, Christian (Hrsg.): Haare tragen. Eine kulturwissenschaftliche Annäherung. Köln, Weimar, Wien, S. 195–208.

Budde, Jürgen/Schultz, Berend (2003): Just-in-time. Moderne Produktion von Männlichkeiten, in: Analyse und Kritik – zeitung für linke debatte und praxis, Jg. 33, Heft 478, S. 12.

Butler, Judith (1991): Das Unbehagen der Geschlechter. Frankfurt/Main.

Butler, Judith (1993): Kontingente Grundlagen. Der Feminismus und die Frage der ‚Postmoderne‘, in: Benhabib, Seyla/Butler, Judith/Cornell, Drucilla/Fraser, Nancy: Der Streit um Differenz. Feminismus und Postmoderne in der Gegenwart. Frankfurt/Main, S. 31–58.

Butler, Judith (1995): Körper von Gewicht. Die diskursiven Grenzen des Geschlechts. Berlin.

Butler, Judith (1998): Hass spricht. Zur Politik des Performativen. Hamburg.

Butler, Judith (2001a): Macht und Körper, Vortrag auf der Tagung: Michel Foucault. Zwischenbilanz einer Rezension in Frankfurt/Main.

Butler, Judith (2001b): Psyche der Macht. Frankfurt/Main.

Carrigan, Tim/Connell, Robert W./Lee, John (1996): Ansätze zu einer neuen Soziologie der Männlichkeit, in: BauSteineMänner (Hrsg.): Kritische Männerforschung. Neue Ansätze in der Geschlechtertheorie. Berlin, Hamburg, S. 38–75.

Connell, Robert W. (1977): Ruling Class, Ruling Culture. Cambridge.

Connell, Robert W. (1987): Gender and Power. Society, the Person and Sexual Politics. Cambridge, Oxford.

Connell, Robert W. (1995a): The big picture. Formen der Männlichkeit in der neueren Weltgeschichte, in: Widersprüche. Zeitschrift für sozialistische Politik im Bildungs-, Gesundheits- und Sozialbereich: Männlichkeiten, Heft 56/57, September 1995, S. 23–46.

Connell, Robert W. (1995b): Politics of Changing Men, in: Socialist Review, Heft 25/1995, S. 135–159.

Connell, Robert W. (1995c): Neue Richtungen für Geschlechtertheorie, Männlichkeitsforschung und Geschlechterpolitik, in: Armbruster, Christof L./Müller, Ursula/Stein-Hilbers, Marlene (Hrsg.): Neue Horizonte? Sozialwissenschaftliche Forschung über Geschlechter und Geschlechterverhältnisse. Opladen, S. 61–83.

Connell, Robert W. (1998): Männer in der Welt: Männlichkeit und Globalisierung, in: Widersprüche, Zeitschrift für sozialistische Politik im Bildungs-, Gesundheits- und Sozialbereich, Heft 67, März 1998, S. 91–104.

Connell, Robert W. (1999a): Der gemachte Mann. Konstruktion und Krise von Männlichkeit. Opladen

Connell, Robert W. (1999b): Political Movements of One, Interview, in: Männerrundbrief Nr.13. Münster, Dezember 1999, S. 36–42.

Connell, Robert W. (2000a): The man and the boys. Cambridge.

Connell, Robert W. (2000b): Arms and the man: using the new research on masculinity to understand violence and promote peace in the contemporary world, in: Breines, Ingeborg/Connell, Robert W./Eide, Ingrid (Hrsg.): Male roles, masculinities and violence. A culture of peace perspektive. Paris, S. 21–34.

Connell, Robert, W. (2001): Die Wissenschaft von der Männlichkeit, in: Bosse, Hans/King, Vera (Hrsg.): Männlichkeitsentwürfe. Wandlungen und Widerstände im Geschlechterverhältnis. Frankfurt/Main, New York, S. 17–28.

Connell, Robert, W. (2002a): Debates about men, new research on masculinities, in: Flintoff, Anne/Scraton, Sheila (Hrsg.): Gender and Sport – A Reader. London, S. 161–168.

Connell, Robert W. (2002b): Gender. Cambridge.

Curry, Timothy Jon (2002): Fraternal bonding in the locker room: A profeminist analysis of talk about competition and women, in: Flintoff, Anne/Scraton, Sheila (Hrsg.): Gender and Sports – A Reader, London. S. 169–187.

Dürr, Renate (1998): „... die Macht und Gewalt der Priester aber ist ohne Schrancken". Zum Selbstverständnis katholischer Seelsorgegeistlicher im 17. und 18. Jahrhundert, in: Dinges, Martin (Hrsg.): Hausväter, Priester, Kastraten. Göttingen, S. 75–93.

Enders-Dragässer, Uta/Fuchs, Claudia (1989): Interaktionen der Geschlechter. Sexismusstrukturen in der Schule. Weinheim.

Enders, Ursula (Hrsg.) (1995): Zart war ich, bitter war's. Köln.

Faulstich-Wieland, Hannelore (Hrsg.) (1987): Abschied von der Koedukation. Frankfurt/Main.

Faulstich-Wieland, Hannelore (1991): Koedukation – Enttäuschte Hoffnungen? Darmstadt.

Faulstich-Wieland, Hannelore/Gast-von der Haar, Nicola/Güting, Damaris (2000): Soziale Konstruktion von Geschlecht in schulischen Interaktionen in der Sekundarstufe I – Werkstattbericht aus einem Forschungsprojekt, in: Lemmermöhle, Doris/Fischer, Dietlind/Klika, Dorle/Schlüter, Anne (Hrsg.): Lesarten des Geschlechts. Zur De-Konstruktionsdebatte in der erziehungswissenschaftlichen Geschlechterforschung. Opladen, S. 173–188.

Faulstich-Wieland, Hannelore/Willem, Katharina (2002): Unterrichtsstrukturen im Vergleich: Deutsch und Physik, in: Breidenstein, Georg/Combe, Arno/Helsper, Werner/Stelmaszyk, Bernhard (Hrsg.): Forum Qualitative Schulforschung 2. Interpretative Unterrichts- und Schulbegleitforschung. Opladen, S. 111–132.

Faulstich-Wieland, Hannelore/Weber, Martina/Willems, Katharina (2004): Doing Gender im heutigen Schulalltag. Empirische Studien zur sozialen Konstruktion von Geschlecht in schulischen Interaktionen. Weinheim, München.

Fenstermaker, Sarah/West, Candace (2001): ‚Doing difference' revisited. Probleme, Aussichten und der Dialog in der Geschlechterforschung, in: Heintz, Bettina (Hrsg.): Kölner Zeitschrift für Soziologie und Sozialpsychologie, Geschlechtersoziologie, Sonderheft 41/2001. Wiesbaden, S. 236–249.

Flick, Uwe/von Kardorff, Ernst/Steinke, Ines (2000): Qualitative Forschung. Ein Handbuch. Reinbek bei Hamburg.

Focus, Der (2002): Heft Nr. 32/2002. Jungen – das schwächere Geschlecht. S. 110–112.

Foucault, Michel (1976): Mikrophysik der Macht. Über Strafjustiz, Psychiatrie und Medizin. Berlin.

Foucault, Michel (1992): Der Wille zum Wissen. Sexualität und Wahrheit I (6. Auflage). Frankfurt/Main.

Foucault, Michel (1994): Überwachen und Strafen. Die Geburt des Gefängnisses. Frankfurt/Main.

Foucault, Michel (1997): Der Gebrauch der Lüste. Sexualität und Wahrheit II (5. Auflage). Frankfurt/Main.

Frevert, Ute (1995): Ehrenmänner. Das Duell in der bürgerlichen Gesellschaft. München.

Gebauer, Gunter/Wulf, Christoph (1993): Praxis und Ästhetik. Neue Perspektiven im Denken Pierre Bourdieus. Frankfurt/Main.

GEO (2003): Jungs. Werden sie die Sorgenkinder unserer Gesellschaft?, Heft Nr. 03/2003.

Gilligan, Carol (1985): Die andere Stimme. Lebenskonflikte und Moral der Frau (2. Auflage). München.

Glücks, Elisabeth/Ottemeier-Glücks, Franz-Gerd (1994): Geschlechtsbezogene Pädagogik. Münster.

Götsch, Silke (1999): Geschlechterforschung und historische Volkskultur. Zur Rekonstruktion frühneuzeitlicher Lebenswelten von Männern und Frauen, in: Köhle-Hezinger, Christel/Scharfe, Martin/Bredenich, Rolf Wilhelm (Hrsg.): Männlich. Weiblich: Zur Bedeutung der Kategorie Geschlecht in der Kultur. Münster, New York, München, Berlin, S. 1–17.

Goffman, Erving (1994): Interaktion und Geschlecht. Frankfurt/Main.

Hageman-White, Carol (1984): Sozialisation: weiblich – männlich? Opladen.

Hageman-White, Carol (1993): Die Konstrukteure des Geschlechts auf frischer Tat ertappen? Methodische Konsequenzen einer theoretischen Einsicht, in: Feministische Studien Heft 2, Jg. 11, S. 69–78.

Haindorff, Götz (1997): Auf der Suche nach dem Feuervogel. Junge Männer zwischen Aggression, Eros und Autorität, in: Möller, Kurt (Hrsg.): Nur Macher und Macho? Geschlechtsreflektierende Männer- und Jungenarbeit. Weinheim, München.

Hall, Stuart (1981): Encoding/Decoding, in: Hall, Stuart/Hobson, Dorothy (Hrsg.): Culture, Media, Language. London, S. 128–138.

Helsper, Werner/Böhme, Jeanette/Kramer, Thorsten/Lingkost, Angelika (2001): Schulkultur und Schulmythos. Gymnasien zwischen elitärer Bildung und höher Volksschule im Transformationsprozess. Opladen.

Hilgers, Andrea (1994): Geschlechterstereotype und Unterricht. Zur Verbesserung der Chancengleichheit von Mädchen und Jungen in der Schule. Weinheim, München.

Hirschauer, Stefan (1994): Die Soziale Fortpflanzung der Zweigeschlechtlichkeit, in: Kölner Zeitschrift für Soziologie und Sozialpsychologie, Heft 4, Jg. 46, S. 668–692.

Hirschauer, Stefan/Amann, Klaus (Hrsg.) (1997): Die Befremdung der eigenen Kultur. Zur ethnographischen Herausforderung soziologischer Empirie. Frankfurt/Main.

Hirschauer, Stefan (2001): Das Vergessen des Geschlechts. Zur Praxeologie einer Kategorie sozialer Ordnung, in: Heintz, Bettina (Hrsg.): Kölner Zeitschrift für Soziologie und Sozialpsychologie, Geschlechtersoziologie, Sonderheft 41, J5 53. 2001, S. 208–235.

Hollenstein, Walter (1992): Männer – unbelehrbar oder im Aufbruch? Interview mit Wieck, Wilfried, in: Mathias Jung (Hrsg.): Männer lassen Federn. Unbelehrbar oder im Aufbruch? Reinbek bei Hamburg.

Holzkamp, Klaus (1993): Lernen. Subjektwissenschaftliche Grundlegung. Frankfurt/Main.

Horstkemper, Marianne (1987): Schule, Geschlecht und Selbstvertrauen. Eine Längsschnittstudie über Mädchensozialisation in der Schule. Weinheim, München.

<http://www.gim-goettingen.de>,11.12.2004.

<http://www.maennerrat.de>, 11.12.2004.

<http://www.vaeteraufbruch.de>, 11.12.2004.

Jablonka, Frank (1998): War Gramsci ein Postrukturalist „avant la lettre"? Zum linguistic turn bei Gramsci, in: Hirschfeld, Uwe (Hrsg.): Gramsci-Perspektiven. Hamburg, S. 22–36.

Jantz/Grote (2003): Perspektiven der Jungenarbeit. Konzepte und Impulse aus der Praxis. Opladen

Kampshoff, Marita (2000): Doing gender und Doing pupil – erste Annäherungen an einen komplexen Zusammenhang. Oder: Welche Erträge bieten sozialkonstruktivistische Ansätze für die feministische Schulforschung?, in: Lemmermöhle, Doris/Fischer, Dietlind/Klika, Dorle/Schlüter, Anne

(Hrsg.): Lesarten des Geschlechts. Zur De-Konstruktionsdebatte in der erziehungswissenschaftlichen Geschlechterforschung. Opladen, S. 189–203.

King, Vera (2002): Die Entstehung des Neuen in der Adoleszenz. Individuation, Generativität und Geschlecht in modernisierten Gesellschaften. Opladen.

Kohlberg, Lawrence (1981): The philosophy of moral development, moral stages and the idea of justice. San Francisco.

Koppetsch, Cornelia/Maier, Maja S. (2001): Vom Patriarchat zur Partnerschaft. Männer im Milieuvergleich, in: Döge, Peter/Meuser, Michael (Hrsg.): Männlichkeit und soziale Ordnung. Opladen, S. 27–48.

Krappmann, Lothar/Oswald, Hans (1995): Alltag der Schulkinder. Beobachtungen und Analysen von Interaktionen und Sozialbeziehungen. Weinheim.

Krebs, Andreas (2002): Sichtweisen und Einstellungen heranwachsender Jungen. Ergebnisse einer Befragung an Hamburger Schulen. Hamburg.

Laqueur, Thomas (1996): Auf den Leib geschrieben. Die Inszenierung der Geschlechter von der Antike bis Freud. München.

Lee, Carol (1998): Hilflose Helden. Wenn Junge keine Vorbilder mehr finden. Reinbek bei Hamburg.

Lemke, Thomas (2000): Die Regierung der Risiken. Von der Eugenik zur genetischen Gouvernementalität, in: Bröckling, Ulrich/Krasmann, Susanne/Lemke, Thomas (Hrsg.): Gouvernementalität der Gegenwart. Studien zu Ökonomisierung des Sozialen. Frankfurt/Main, S. 227–264.

Lenz, Claudia (2003): Männlichkeit – Gemeinschaft – Nation. Historische Studien zur Geschlechterordnung des Nationalen. Opladen.

Letts, Will (2001): Boys will be boys (if they pay attention in science class), in: Martino, Wayne/Meyenn, Bob (Hrsg.): What about the boys. Issues of masculinity in schools. Buckingham, Philadelphia.

Liebau, Eckart/Mack, Wolfgang/Scheilke, Christoph Th. (1997): Das Gymnasium. Alltag, Reform, Geschichte, Theorie. Weinheim, München.

Lösel, Friedrich/Bliesener, Thomas (2003): Aggression und Delinquenz unter Jugendlichen. Untersuchung von kognitiven und sozialen Bedingungen. München, Neuwied.

Loos, Peter (1999): Zwischen pragmatischer und moralischer Ordnung. Der männliche Blick auf das Geschlechterverhältnis im Milieuvergleich. Opladen.

Maihofer, Andrea (1994): Geschlecht als hegemonialer Diskurs – Ansätze zu einer kritischen Theorie des Geschlechts, in: Wobbe, Theresa/Lindemann, Gesa (Hrsg.): Denkachsen – Zur theoretischen und institutionellen Rede von Geschlecht. Frankfurt/Main, S. 236–263.

Maihofer, Andrea (1995): Geschlecht als Existenzweise. Frankfurt/Main.

Männerforschungskolloquium Tübingen (1995): Die patriarchale Dividende: Profit ohne Ende? in: Widersprüche. Zeitschrift für sozialistische Politik im Bildungs-, Gesundheits- und Sozialbereich, Heft 56/57, September 1995. Offenbach/Main, S. 47–62.

Martino, Wayne/Meyenn, Bob (Hrsg.) (2001): What about the boys. Issues of masculinity in schools. Buckingham, Philadelphia.

Mayers großes Taschenlexikon (1992): Band 8 (4. vollständig überarbeitete Auflage). Mannheim, Leipzig, Wien, Zürich.

Meuser, Michael (1998): Geschlecht und Männlichkeit. Soziologische Theorie und kulturelle Deutungsmuster. Opladen.

Meuser, Michael (2002): Männerwelten. Zur kollektiven Konstruktion hegemonialer Männlichkeit. Vortragsmanuskript.

Moser, Heinz (2001): Einführung in die Praxisforschung, in: Hug, Theo (Hrsg.): Wie kommt Wissenschaft zum Wissen? Band 3. Hohengehren, S. 314–325.

Möller, Kurt (Hrsg.) (1997): Nur Macher und Macho? Geschlechtsreflektierende Männer- und Jungenarbeit. Weinheim, München.

Münst, Agnes Senganata (2002): Wissensvermittlung und Geschlechterkonstruktionen in der Hochschullehre. Ein ethnographischer Blick auf natur- und ingenieurwissenschaftliche Studienfächer. Weinheim.

Nayak, Anoop/Kehily, Mary Jane (2001): 'Learning to laugh': A study of schoolboy humour in the English secondary school, in: Martino, Wayne/Meyenn, Bob (Hrsg.): What about the boys. Issues of masculinity in schools. Buckingham, Philadelphia, S. 110–123.

Oevermann, Ulrich/Allert, Tilman/Konau, Elisabeth/Krambeck, Jürgen (1979): Die Methodologie einer ‚objektiven Hermeneutik' und ihre allgemeine forschungslogische Bedeutung, in: Soeffner, Hans-Georg (Hrsg.): Interpretative Verfahren in den Sozial- und Textwissenschaften. Stuttgart, S. 352–434.

Pech, Detlef (2002): „Neue Männer" und Gewalt. Gewaltfacetten in reflexiven männlichen Selbstzuschreibungen. Opladen.

Popp, Ulrike (2002): Geschlechtersozialisation und schulische Gewalt. Geschlechtstypische Ausdrucksformen und konflikthafte Interaktionen von Schülerinnen und Schülern. Weinheim.

Prenzel, Manfred u.a. (Hrsg.) (2004): PISA 2003. Der Bildungsstand der Jugendlichen in Deutschland – Ergebnisse des zweiten internationalen Vergleichs, Münster.

Rauw, Regina (2001): Die Angst der Frauen vor der Autonomie, in Rauw, Regina u.a. (Hrsg.): Perspektiven geschlechtsbezogener Pädagogik, Opladen, S. 117–126.

Remtsema, Reemt (2003): Vom Waschbrettbauch zum Online-Broker. Das Ästhetik-Dispositiv am Beispiel der Zeitschrift „fit for fun", in: Luca, Renate (Hrsg.): Medien.Sozialisation.Geschlecht. Fallstudien aus der sozial-wissenschaftlichen Forschungspraxis. München, S. 69–84.

Reiter, Birgit-Michel (1997): „Menschen denken polar, die Natur ist es nicht". Zur Komplexität biologischer Geschlechter, in: Sista – die Zeitung aus Bremen für Lesben und Andere, Nr. 7, Oktober 1997, S. 21–26.

Rohrmann, Tim (1994): Junge, Junge – Mann, o Mann. Die Entwicklung zur Männlichkeit. Reinbek bei Hamburg.

Rommelspacher, Birgit (1998): Dominanzkultur: Texte zu Fremdheit und Macht (2. Auflage). Berlin.

Roper, Lyndal (1992): Männlichkeit und männliche Ehre, in: Hausen, Karin/Wunder, Heide (Hrsg.): Frauengeschichte – Geschlechtergeschichte. Frankfurt/Main, S. 154–172.

Rosenzweig, Beate (2000): Opfer, Verliererinnen, ungleiche Schwestern?, in: Zeitschrift: „Der Bürger im Staat": Deutschland Ost – Deutschland West, 50. Jg. 4/2000, S. 225–231.

Saussure, Ferdinand de (1967): Grundlagen der allgemeinen Sprachwissenschaft (2. Auflage). Berlin.

Schmidt, Jens: (2000): Sich hart machen, wenn es gilt. Männlichkeitskonzeptionen in Illustrierten in der Weimarer Republik. Münster, Hamburg, Berlin, Wien, London.

Schnack, Dieter/Neutzling, Rainer (1990): Kleine Helden in Not. Jungen auf der Suche nach Männlichkeit. Reinbek bei Hamburg.

Schroeder, Joachim (1996): Ungleiche Brüder. Männerforschung im Kontext sozialer Benachteiligung, in: BauSteineMänner (Hrsg.): Kritische Männerforschung. Neue Ansätze in der Geschlechtertheorie. Berlin, Hamburg, S. 300–326.

Seifert, Ruth (1996): Militär, Kultur Identität: Individualisierung, Geschlechterverhältnisse und die soziale Konstruktion des Soldaten. Bremen.

Shell-Studie (2002): Jugend 2002. Frankfurt/Main.

Singer, Peter (1994): Praktische Ethik (2. erweiterte Auflage). Stuttgart.

Spiegel, Der (2002): Heft Nr. 20/2002.

Steinke, Ines (1999): Kriterien qualitativer Sozialforschung: Ansätze zur Bewertung qualitativ-empirischer Sozialforschung. Weinheim.

Terlitt, Hermann (1996): Turkish Power Boys. Ethnographie einer Jugendbande. Frankfurt/Main.

Theweleit, Klaus (1995): Männerphantasien Band 2: Zur Psychoanalyse des weißen Terrors. München.

Thies, Wiltrud/Röhner, Charlotte (2002): Erziehungsziel Geschlechterdemokratie. Interaktionsstudie über Reformansätze im Unterricht. Weinheim, München.

Tillner, Georg (2000): The identity of dominance: maculinity and xenophobia, in: Breines, Ingeborg/Connell, Robert W./Eide, Ingrid (Hrsg.): Male roles, masculinities and violence. A culture of peace perspective. Paris, S. 53–60.

Thorne, Barrie (1993): Gender Play: Boys and Girls in School. New Brunswick.

Tzankoff, Michaela (1992): Interaktionsforschung und Geschlechtersozialisation, in: Tillmann, Klaus-Jürgen (Hrsg.): Jugend weiblich – Jugend männlich. Opladen, S. 124–133.

Wagner, Hans-Josef (1993): Sinn als Grundbegriff in den Konzeptionen von George Herbert Mead und Pierre Bourdieu. Ein kritischer Vergleich, in: Gebauer, Gunter/Wolf, Christoph (Hrsg.): Praxis und Ästhetik. Neue Perspektiven im Denken Pierre Bourdieus. Frankfurt/Main, S. 317–340.

Wayand, Gerhard (1998): Pierre Bourdieu: Das Schweigen der Doxa aufbrechen, in: Imbusch, Peter (Hrsg.): Macht und Herrschaft. Sozialwissenschaftliche Konzeptionen und Theorien. Opladen, S. 221–237.

Weber, Martina (2003): Heterogenität im Schulalltag: Konstruktion ethnischer und geschlechtlicher Unterschiede. Opladen.

Weidle, Renate/Wagner, Angelika C. (1982): Die Methode des Lauten Denkens, in: Huber, Günther L./Mandl, Heinz (Hrsg.): Verbale Daten. Eine Einführung in die Grundlagen und Methode der Erhebung und Auswertung. Weinheim, S. 81–103.

West, Candace/Zimmerman, Don H. (1991): Doing gender, in: Lorber, Judith/Farell, Susan A. (Hrsg.): The social construction of gender. London, New Delhi, S. 13–37.

Wetterer, Angelika (2002): Arbeitsteilung und Geschlechterkonstruktion. „Gender at Work" in theoretischer und historischer Perspektive. Konstanz.

Wieck, Wilfried (1988): Männer lassen lieben. Die Sucht nach der Frau (10. Auflage). Stuttgart.

Winter, Reinhard/Willems, Horst (1991): Was fehlt sind Männer! Schwäbisch Gmünd, Tübingen.

Willems, Katharina (2005): Fachkulturen und Geschlechter in der Schule. Eine ethnographische Studie zu gendering-Prozessen im Physik- und Deutschunterricht. Dissertation Hamburg

Willis, Paul (1979): Profane culture. Rockers, Hippies: Subversive Stile der Jugendkultur. Frankfurt/Main.

Zimmermann, Peter (1999): Junge, Junge! Theorien zur geschlechtstypischen Sozialisation und Ergebnisse einer Jungenbefragung. Dortmund.

Zinnecker, Jürgen (1995): Pädagogische Ethnographie. Ein Plädoyer, in: Behnken, Imbke/Jaumann, Olga (Hrsg.): Kindheit und Schule. Kinderleben im Blick von Grundschulpädagogik und Kindheitsforschung. Weinheim, S. 21–38.

Zinnecker, Jürgen (2000a): Pädagogische Ethnographie, in: Zeitschrift für Erziehungswissenschaft Heft 3, S. 381–400.

Zinnecker, Jürgen (2000b): Soziale Welten von Schülern und Schülerinnen. Über populare, pädagogische und szientifische Ethnographien, in: Zeitschrift für Pädagogik 46 Heft 5, S. 667–690.

Zulehner, Paul/Volz, Rainer (1998): Männer im Aufbruch. Wie Deutschlands Männer sich selbst und wie Frauen sie sehen. Ein Forschungsbericht. Ostfildern.

Dank

Mein Dank gilt vor allem jenen, die durch intensive Anregungen und Diskussionen diese Arbeit überhaupt möglich gemacht haben, insbesondere an Hannelore Faulstich-Wieland für die intensive Betreuung und vielfältige Unterstützung, an Katharina Willems für die zahlreiche gute Ideen und kritische Einwände, sowie dem ganzen Forschungsteam.

Mein Dank gilt weiterhin der Universität Hamburg für die großzügige Gewährung eines Stipendiums und dem transcript verlag für die gute Betreuung.

Persönlicher Dank gilt all jenen lieben Menschen, die durch vielfältige fachliche Beiträge und emotionale Unterstützung dazu beigetragen haben, dass mir die Zeit des Schreibens Spaß gemacht hat. Dank an all die Menschen, die Teile meiner Arbeit gelesen, korrigiert und diskutiert haben, Dank an Sonja für so vieles, an Christoph für den Mut, an Michael für wichtige Gedanken.

Einen wichtigen, wenngleich schwer zu beschreibenden Anteil an dem Zustandekommen dieses Buches haben zwei Personen, denen mein besonderer Dank gilt: Yelva und Elke.

Weitere Titel zum Thema Bildung/Erziehung

Thorsten Kubitza
Identität – Verkörperung –
Bildung
Pädagogische Perspektiven der
Philosophischen Anthropologie
Helmuth Plessners

Februar 2005, ca. 340 Seiten,
kart., ca. 27,80 €,
ISBN: 3-89942-318-6

Andrea Liesner,
Olaf Sanders (Hg.)
Bildung der Universität
Beiträge zum Reformdiskurs

Januar 2005, 164 Seiten,
kart., 16,80 €,
ISBN: 3-89942-316-X

Ellen Schwitalski
»Werde, die du bist«
Pionierinnen der
Reformpädagogik.
Die Odenwaldschule im
Kaiserreich und in der
Weimarer Republik

April 2004, 394 Seiten,
kart., 28,80 €,
ISBN: 3-89942-206-6

Thomas Brüsemeister,
Klaus-Dieter Eubel (Hg.)
Zur Modernisierung der
Schule
Leitideen – Konzepte – Akteure
Ein Überblick

2003, 426 Seiten,
kart., 26,80 €,
ISBN: 3-89942-120-5

Thomas Höhne
Pädagogik der
Wissensgesellschaft

2003, 326 Seiten,
kart., 25,80 €,
ISBN: 3-89942-119-1

Werner Friedrichs,
Olaf Sanders (Hg.)
Bildung / Transformation
Kulturelle und gesellschaftliche
Umbrüche aus bildungstheore-
tischer Perspektive

2002, 252 Seiten,
kart., 24,80 €,
ISBN: 3-933127-94-7

Leseproben und weitere Informationen finden Sie unter:
www.transcript-verlag.de